NOVO REGIME
DO ARRENDAMENTO URBANO

LEI N.º 6/2006, DE 27 DE FEVEREIRO
e
LEGISLAÇÃO COMPLEMENTAR

ANA SARDINHA
ADVOGADA
FRANCISCO CABRAL METELLO
ADVOGADO

NOVO REGIME DO ARRENDAMENTO URBANO

LEI N.º 6/2006, DE 27 DE FEVEREIRO
e
LEGISLAÇÃO COMPLEMENTAR

Decreto-Lei n.º 156/2006, de 8 de Agosto
Decreto-Lei n.º 157/2006, de 8 de Agosto
Decreto-Lei n.º 158/2006, de 8 de Agosto
Decreto-Lei n.º 159/2006, de 8 de Agosto
Decreto-Lei n.º 160/2006, de 8 de Agosto
Decreto-Lei n.º 161/2006, de 8 de Agosto

– **Portaria n.º 1151/2006, de 30 de Outubro**
(Preço de construção da habitação para efeitos de cálculo da renda condicionada – 2007)
– **Portaria n.º 1152/2006, de 30 de Outubro**
(Factores de Correcção extraordinária das rendas habitacionais – 2007)
– **Portaria n.º 1192-A/2006, de 3 de Novembro**
(Aprova o modelo único simplificado)
– **Portaria n.º 1192-B/2006, de 3 de Novembro**
(Aprova a ficha de avaliação para determinação do nível de conservação)

Anotado – Comentado

Jurisprudência – Doutrina
Coeficiente de actualização rendas – 2007
(Aviso n.º 9635/2006, de 7 de Setembro – Rectificação n.º 1579/2006, de 23 Outubro)
Contrato de Arrendamento – Minutas – Requerimentos
Petição Inicial

ALMEDINA

NOVO REGIME DO ARRENDAMENTO URBANO
(LEI N.º 6/2006, DE 27 DE FEVEREIRO E LEGISLAÇÃO COMPLEMENTAR)

AUTORES
ANA SARDINHA • FRANCISCO CABRAL METELLO

EDITOR
EDIÇÕES ALMEDINA, SA
Avenida Fernão de Magalhães, n.º 584, 5.º Andar
3000-174 Coimbra
Tel.: 239 851 904
Fax: 239 851 901
www.almedina.net
editora@almedina.net

PRÉ-IMPRESSÃO • IMPRESSÃO • ACABAMENTO
G.C. – GRÁFICA DE COIMBRA, LDA.
Palheira – Assafarge
3001-453 Coimbra
producao@graficadecoimbra.pt

Abril, 2007

DEPÓSITO LEGAL
257532/07

Os dados e as opiniões inseridos na presente publicação
são da exclusiva responsabilidade do(s) seu(s) autor(es).

Toda a reprodução desta obra, por fotocópia ou outro qualquer processo,
sem prévia autorização escrita do Editor,
é ilícita e passível de procedimento judicial contra o infractor.

ANTELÓQUIO

Ao longo dos últimos anos, e, muito em especial, nestes derradeiros meses, foi debatida com alguma frequência e veemência – quase até à exaustão –, a premente necessidade de revisão do Regime do Arrendamento Urbano (RAU). Facto que reunia um consenso generalizado na sociedade.

Logo à partida, o primordial desafio – a ultrapassar pelo legislador –, prendia-se com a extrema urgência de actualização do montante das rendas. Essencialmente, nos contratos anteriores ao Decreto-lei n.º 321-B/90, de 15 de Outubro (RAU) e, ao Decreto-lei n.º 257/95, de 30 de Setembro.

Motivos díspares, muito para além da actualização das rendas (frequente e corriqueiramente designadas por: *"congeladas"*), ainda concorreram para tão ambicionado desiderato. Mais propriamente: a gradual degradação do parque habitacional, por força de algum desinteresse dos *senhorios* (proprietários) pela manutenção dos *seus* bens (edifícios); a reabilitação humana, e finalmente, (re) incrementar o mercado do arrendamento urbano.

Neste *ratio*, e na prossecução de uma das principais tarefas do Estado, o legislador procedeu a diversas alterações no ordenamento jurídico português. Nomeadamente: Código Civil, Código de Processo Civil, Código do Registo Predial, e Imposto Municipal sobre Imóveis.

As várias circunstâncias que ocasionaram a composição do presente trabalho merecem, sem dúvida, uma ligeira explicação.

Acima de tudo, um desafio a que nos havíamos proposto outrora!... Por outro, como autores de uma outra obra – *"Manual do Condomínio (Propriedade Horizontal) e Legislação Comentada"* –, absoluta e intimamente "familiarizada" face à problemática do arrendamento urbano, não poderíamos ficar – de modo algum – indiferentes, tal o elevado grau de conectividade. Acresceram, particularmente, solicitações e insistências de vária ordem!... Mas, também, a oportunidade de trazer à luz do dia um singelo trabalho de reflexão e investigação!...

Assim, pela respectiva importância, pretendemos oferecer informações rápidas, objectivas, rigorosas e criteriosas, relativamente às principais alterações neste *instituto* jurídico.

Seguramente, a profunda análise ao Novo Regime do Arrendamento Urbano e respectiva legislação complementar, afigura-se uma tarefa árdua!... Naturalmente, só possível ao longo dos próximos anos!... Tais, são as inovações introduzidas. E, para as quais não existe, por ora, jurisprudências!... Mesmo assim, pretendemos alertar para todos aqueles aspectos que foram modificados e, para todas as questões que se afiguram mais importantes, contribuindo – ainda que de forma modesta –, para a eficaz interpretação do Novo Regime do Arrendamento Urbano.

Oxalá, o presente trabalho se enquadre nas expectativas de todos!... E, constitua o dínamo necessário para outros estudos!...

À Pi a melhor irmã do Mundo. E, aos meus Pais, por estarem sempre presentes, mesmo quando ausentes.

(Ana)

"Há homens que lutam um dia e são bons. Há outros que lutam um ano e são melhores. Há os que lutam muitos anos e são muito bons. Mas há os que lutam toda a vida e estes são imprescindíveis."

BERTOLD BRECHT
(Dramaturgo e poeta alemão, 1898-1956)

In memoriam,
Luís Xavier

(Francisco)

CONSTITUIÇÃO DA REPÚBLICA

ARTIGO 13.º
Princípio da Igualdade

1. Todos os cidadãos têm a mesma dignidade social e são iguais perante a lei.

2. Ninguém pode ser privilegiado, beneficiado, privado de qualquer direito ou isento de qualquer dever em razão de ascendência, sexo, raça, língua, território de origem, religião, convicções políticas ou ideológicas, instrução, situação económica ou condição social.

Anotações:

"...estamos perante um princípio estruturante de todo o sistema jurídico, um princípio multifacetado (que tanto proíbe discriminações como impõe diferenciações – as chamadas discriminações positivas) e complexo (quer por desempenhar inúmeras funções dentro do sistema quer, por exemplo, por ser discutida a determinação da respectiva eficácia no domínio das relações entre particulares).

É igualmente discutida a natureza constitucional do princípio da igualdade; parecendo mais do que uma garantia institucional, já não é tão seguro que seja um direito fundamental, embora o regime destes – e, mais concretamente, dos direitos, liberdades e garantias – se lhe deva estender.".[1]

ARTIGO 52.º
Direito de petição e direito de acção popular

1. Todos os cidadãos têm o direito de apresentar, individual ou colectivamente, aos órgãos de soberania, aos órgãos de governo próprio

---

[1] In *Constituição da República Portuguesa*, Comentada, de MARCELO REBELO DE SOUSA e JOSÉ DE MELO ALEXANDRINO, Lex, 2000, pág. 90.

das regiões autónomas ou a quaisquer autoridades petições, representações, reclamações ou queixas para defesa dos seus direitos, da Constituição, das leis ou do interesse geral e, bem assim, o direito de serem informados, em prazo razoável, sobre o resultado da respectiva apreciação.

2. A lei fixa as condições em que as petições apresentadas colectivamente à Assembleia da República e às Assembleias Legislativas das regiões autónomas são apreciadas em reunião plenária.

3. É conferido a todos, pessoalmente ou através de associações de defesa dos interesses em causa, o direito de acção popular nos casos e termos previstos na lei, incluindo o direito de requerer para o lesado ou lesados a correspondente indemnização, nomeadamente para:

a) Promover a prevenção, a cessação ou a perseguição judicial das infracções contra a saúde pública, os direitos dos consumidores, a qualidade de vida, a preservação do ambiente e do património cultural;

b) Assegurar a defesa dos bens do Estado, das regiões autónomas e das autarquias locais.

Anotações:

"O direito de petição aparece-nos aqui sob as vestes de direito político, quando mais se justificaria a sua presença aos direitos pessoais, daí precisamente que a lei, e bem, o tenha reconhecido também aos estrangeiros. Já o mesmo não se passa com o direito de acção popular."[2]

"A Lei n.º 83/95, de 31 de Agosto, reconhece o direito de acção popular não só aos cidadãos e associações de defesa dos interesses em causa como ainda às fundações e às autarquias locais em relação aos interesses de que sejam titulares residentes na área respectiva. Mas também o Ministério Público tem legitimidade, quer à luz do CPC quer à luz de legislação avulsa."[3]

"VII – O direito de acção popular é, desde logo, um verdadeiro direito de acção judicial com as inerentes características. O n.º 3 obriga, porém, também a discernir.

Sob o mesmo nome, ele contempla duas realidades: a defesa de determinados interesses difusos [alínea a)] e a defesa de bens do Estado, das regiões autónomas e das autarquias locais [alínea b)], aquela susceptível de ser promovida por qualquer

---

[2] In *Constituição da República Portuguesa*, Comentada, de MARCELO REBELO DE SOUSA e JOSÉ DE MELO ALEXANDRINO, Lex, 2000, pág. 90.

[3] In *Constituição da República Portuguesa*, Comentada, de MARCELO REBELO DE SOUSA e JOSÉ DE MELO ALEXANDRINO, Lex, 2000, pág. 155.

Constituição da República 11

pessoa, portuguesa ou estrangeira, ou por associação de defesa dos interesses em causa e esta só susceptível de ser promovida por cidadãos portugueses ou de Estados de língua portuguesa com estatuto de igualdade.

São, evidentemente, diversos interesses colectivos ou comunitários, ou de um conjunto maior ou menor e indeterminado de indivíduos, e que eles têm o direito de prosseguir, se necessário, por via contenciosa; e interesses públicos ou entidade públicas, a prosseguir pelos órgãos e por qualquer cidadão na veste de membro do populus.

De resto, o direito de acção judicial para defesa de interesses difusos reveste--se de maior amplitude do que a acção popular tradicional, visto que, para lá da "prevenção, da cessação ou da perseguição judicial da infracção", pode ter por objecto a obtenção de uma indemnização; e porque os danos tanto podem ser individuais como colectivos, também a indemnização tanto pode ser pedida por uma pessoa singular como por um conjunto de pessoas, por uma comunidade."[4]

ARTIGO 62.º
Direito de propriedade privada

1. A todos é garantido o direito à propriedade privada e à sua transmissão em vida ou por morte, nos termos da Constituição.

2. A requisição e a expropriação por utilidade pública só podem ser efectuadas com base na lei e mediante o pagamento de justa indemnização.

Anotações:

"A colocação sistemática do direito de propriedade, arrumado entre os «direitos económicos», não deixa de ser relevante para efeitos do seu entendimento constitucional. Está muito longe a concepção constitucional liberal-burguesa, que fazia do direito de propriedade o primeiro dos direitos fundamentais, porque supostamente era condição de todos os outros, a começar pela liberdade.

Teoricamente o direito de propriedade abrange pelo menos quatro componentes: a) o direito de a adquirir; b) o direito de usar e fruir dos bens de que se é proprietário; c) o direito de a transmitir; d) o direito de não ser privado dela.

.... Um dos aspectos explicitamente garantidos é a liberdade de transmissão, inter vivos ou mortis causa (n.º 1, in fine), não podendo haver bens vinculados ou sujeitos a interdição de alienação. Este direito deve ser entendido no sentido restrito de direito de não ser impedido de a transmitir, mas não no sentido genérico de liberdade de transmissão, a qual pode ser mais ou menos profundamente limitada

---

[4] In *Constituição Portuguesa Anotada*, de Jorge Miranda e Rui Meireles, Tomo I, Coimbra Editora, pág. 496.

por via legal, quer quanto à transmissão inter vivos (obrigações de venda, direito de preferência, etc.), quer quanto à transmissão mortis causa (limites à liberdade de disposição testamentária, desde logo, a sucessão legitimaria).

Quanto à liberdade de transmissão hereditária, deve notar-se que a lei (C.Civil, arts. 2024.º e sgs.) continua a estabelecer menos limites à liberdade de disposição testamentária do que muitos ordenamentos jurídicos tributários de concepções liberal-capitalistas."[5]

ARTIGO 65.º
Habitação e urbanismo

1. Todos têm direito, para si e para a sua família, a uma habitação de dimensão adequada, em condições de higiene e conforto e que preserve a intimidade pessoal e a privacidade familiar.

2. Para assegurar o direito à habitação, incumbe ao Estado:

a) Programar e executar uma política de habitação inserida em planos de ordenamento geral do território e apoiada em planos de urbanização que garantam a existência de uma rede adequada de transportes e de equipamento social;

b) Promover, em colaboração com as regiões autónomas e com as autarquias locais, a construção de habitações económicas e sociais;

c) Estimular a construção privada, com subordinação ao interesse geral, e o acesso à habitação própria ou arrendada;

d) Incentivar e apoiar as iniciativas das comunidades locais e das populações, tendentes a resolver os respectivos problemas habitacionais e a fomentar a criação de cooperativas de habitação e a autoconstrução.

3. O Estado adoptará uma política tendente a estabelecer um sistema de renda compatível com o rendimento familiar e de acesso à habitação própria.

4. O Estado, as regiões autónomas e as autarquias locais definem as regras de ocupação, uso e transformação dos solos urbanos, designadamente através de instrumentos de planeamento, no quadro das leis respeitantes ao ordenamento do território e ao urbanismo, e procedem às

---

[5] In *Constituição da República Portuguesa, Anotada*, de J. J. GOMES CANOTILHO e VITAL MOREIRA, Volume I, Coimbra Editora, 2.ª Edição, págs. 332/335.

expropriações dos solos que se revelem necessárias à satisfação de fins de utilidade pública urbanística.

5. É garantida a participação dos interessados na elaboração dos instrumentos de planeamento urbanístico e de quaisquer outros instrumentos de planeamento físico do território.

Anotações:

"O direito à habitação é, não apenas um direito individual, mas também um direito das famílias (cfr. também art. 68°); em segundo lugar, ele é uma garantia do direito à intimidade da vida privada e familiar (n.º 1, in fine, e art. 26°-1, in fine); finalmente, ele engloba um direito aos equipamentos sociais adequados – água, saneamento, electricidade, transportes e demais equipamento social (cfr. n.º 2/a, in fine) – que permitam a sua fruição. É por isso que o direito à habitação implica uma política urbana global que tem directamente a ver com a gestão do território e do ambiente (cfr. n.º 2/a e 66°-2/b).

O direito à habitação não terá um mínimo de garantia se as pessoas não tiverem possibilidade de conseguir habitação própria ou de obter uma por arrendamento em condições compatíveis com os rendimentos familiares (n.º 3). Cumpre ao Estado garantir os meios que facilitem o acesso à habitação própria (fornecimento de terrenos urbanizados, créditos bonificados, acessíveis à generalidade das pessoas, direito de preferência na aquisição da casa arrendada, etc.) e de controlo e limitação das rendas (tabelamento das rendas, subsídios públicos à famílias mais carecidas, criação de um parque imobiliário público com rendas limitadas, etc.)."[6]

"O direito à habitação constitucionalmente consagrado visa a todos "o direito a habitar, não o de não habitar" (Acórdão n.º 32/97 – cfr. ainda Acórdãos n.os 570/01 e 212/03).

Concretamente, do artigo 65.º não decorre qualquer pretensão do arrendatário a "não habitar, por tempo indeterminado, o prédio arrendado", não sendo consequentemente inconstitucional a admissibilidade da extinção do contrato de arrendamento com fundamento na falta de residência permanente do inquilino (ainda que, por exemplo, o inquilino deixe de residir no imóvel arrendado por ter emigrado para o estrangeiro – Acórdãos n.os 32/97 e 212/03). Por um lado, a extinção se o contrato de arrendamento se mantivesse, mesmo contra a vontade do senhorio, estar-se-ia a impor uma limitação intolerável e desproporcionada de direitos de terceiros e, designadamente, do direito de propriedade privada, fazendo-se "perdurar a protecção vinculístico do arrendamento para além do seu fundamento, que é a protecção do direito à habitação de alguém realizado através da sua residência permanente num determinado sítio" (Acórdãos n.os 575/95, 633/95 e 212/03).[7]

---

[6] In *Constituição da República Portugue*sa, Anotada, de J. J. Gomes Canotilho e Vital Moreira, Volume I, Coimbra Editora, 2.ª Edição, págs. 346/347.

[7] In *Constituição Portuguesa Anotada*, de Jorge Miranda e Rui Meireles, Tomo I, Coimbra Editora, pág. 666.

ARTIGO 165.º
Reserva relativa de competência legislativa

1. É da exclusiva competência da Assembleia da República legislar sobre as seguintes matérias, salvo autorização ao governo:

a) Estado e capacidade das pessoas;

.....

h) Regime geral do arrendamento rural e urbano;

Anotações:

"Define-se aqui um segundo nível de competência legislativa da AR: uma esfera reservada apenas relativamente, visto que a própria AR pode autorizar o Governo a legislar sobre estas matérias. A figura da reserva (relativa) de competência legislativa surgiu com a Constituição de 1933 (revisão de 1945), como único limite (aliás pouco extenso) aos amplos poderes legislativos que o Governo veio a adquirir no domínio dessa Constituição.

A CRP de 1976 não aboliu a figura do Governo-legislador, mas, primeiro alargou substancialmente o elenco das matérias reservadas (primitiva redacção do art. 167.º) para, depois, na revisão constitucional de 1982, criar uma esfera de reserva absoluta (actual art. 167.º), aumentando ao mesmo tempo a esfera de reserva legislativa.

...

Também em matéria de arrendamento (al. h) a reserva legislativa da AR se limita ao «regime geral», admitindo que eventuais regimes especiais sejam definidos pelo Governo (ou, se for caso disso, pelas assembleias das RAS), naturalmente com respeito pelos princípios fundamentais do regime geral. Em qualquer caso, trata-se entre outras coisas, de dar execução às directivas constitucionais do art. 65.º (arrendamento urbano) e do art. 101.º-1 (arrendamento rural)."[8]

"*Quanto às exigências de determinação normativa*, estando nós em pleno domínio da reserva de lei, a Constituição impõe à lei uma densidade suficiente, quer em extensão quer em profundidade, «sob pena de desvio de poder»; de haver lei: no que vai implicada a fixação primária do sentido normativo pela lei, não faria qualquer sentido que sendo o *Estado Constitucional* o Estado submetido aos direitos fundamentais, a reserva de lei nesse domínio não levasse necessariamente implicadas as exigências de precisão e determinabilidade normativas. Todavia, como salienta Vieira de Andrade, «(...temos de concluir, em face da variedade dos

---

[8] In *Constituição da República Portuguesa, Anotada*, de J. J. Gomes Canotilho e Vital Moreira, Volume II, Coimbra Editora, 2.ª Edição, págs. 197/200.

Constituição da República   15

preceitos relativos aos direitos, liberdades e garantias e da consequente diversidade das relações entre a lei e a Constituição – designadamente, das diferenças entre o legislador que promove, o legislador que acomoda, o legislador que regula, o legislador que condiciona, o legislador que limita ou o legislador que restringe um direito fundamental – que não pode exigir-se o mesmo grau de densidade normativa a todas as leis, independentemente da sua função relativamente ao preceito constitucional. São diversas as exigências de garantia, porque é diferente o grau de perigo para o direito fundamental e, só por isso, já se vê que as possibilidades de o legislador graduar a intensidade da sua normanação têm de ser distintas»"[9]

---

[9] In *Constituição da República Portuguesa*, Comentada, de MARCELO REBELO DE SOUSA e JOSÉ DE MELO ALEXANDRINO, Lex, 2000, págs. 281 e 282.

LEI N.º 6/2006
de 27 de Fevereiro

Aprova o Novo Regime do Arrendamento Urbano (NRAU), que estabelece um regime especial de actualização das rendas antigas, e altera o Código Civil, o Código de Processo Civil, o Decreto-Lei n.º 287/2003, de 12 de Novembro, o Código do Imposto Municipal sobre Imóveis e o Código do Registo Predial

A Assembleia da República decreta, nos termos da alínea *c)* do artigo 161.º da Constituição, o seguinte:

TÍTULO I
Novo Regime do Arrendamento Urbano

ARTIGO 1.º
Objecto

A presente lei aprova o Novo Regime do Arrendamento Urbano (NRAU).

Considerações Gerais:

Como facilmente se depreende, qualquer estudo ou reflexão em torno do *instituto* do arrendamento urbano – dada a sua extrema utilidade social e, simultaneamente, económica – encerra de *per si*[10], toda uma complexa problemática (interna e externa) quanto à aplicabilidade das normas no tempo. Por assim ser, consideramos de vital interesse, analisar numa primeira etapa, as respectiva e inerentes implicações (alterações). Naturalmente, para uma segunda etapa, reservamos uma breve abordagem comparativa.

---

[10] Por si. Por si mesmo.

I

1. Antes de mais, ao iniciar e debruçarmo-nos sobre o presente diploma, somos desde logo tentados, e – porque não dizer –, quase compelidos a efectuar uma ligeira referência quanto à técnica utilizada e desenvolvida pelo legislador ao longo do presente diploma legal.

In concreto[11], somos mesmo forçados, a examinarmos e, pronunciarmo-nos sobre a escolha – muito ou pouco afortunada –, desta nova denominação: "**NRAU**" (**Novo Regime do Arrendamento Urbano**). Efectivamente, esta recente opção terminológica parece enquadrar-se e justificar-se amplamente, porquanto – conforme resulta da análise ao presente diploma no seu Título III, sob a epígrafe "Normas Finais" e, sobretudo no seu artigo 59.º "Aplicação no tempo" –, o **NRAU** sucede *in tempore*[12], a um *outro* diploma legal que revoga: aquele comsummente denominado por, "**RAU**" (Regime do Arrendamento Urbano – Decreto Lei n.º 321- -B/90, de 15 de Outubro).

Não obstante, alguns sectores da sociedade, têm utilizado frequentemente a expressão "*nova lei das rendas*". Contudo, não comungamos de tal opinião, atendendo ao complexo e, sempre, problemático regime transitório consagrado na presente diploma.

Atente-se, porém, à permanência e inalterabilidade no ordenamento jurídico, do disposto no clausulado do artigo 107.º do Regime do Arrendamento Urbano, como resulta do n.º 4 do artigo 26.º do NRAU. Donde resulta uma grande ilação: a irrevogabilidade desse preceito legal. Porém, não se esgotam, neste simples exemplo, o rol de excepções. Assim, por força do artigo 61.º do NRAU, também o regime de renda condicionada constante nos artigos 77.º a 81.º-A do RAU e, do Decreto-Lei n.º 329-A/2000, de 22 de Dezembro, bem como o regime de renda apoiada, regulado e previsto no artigo 82.º do RAU e, do Decreto-Lei n.º 166/93, de 7 de Maio, mantiveram-se em vigor, até à entrada da respectiva legislação complementar. Mais propriamente, as Portarias n.os 1151/2006 e 1152/2006, de 30 de Outubro.

Mas, observando mais detalhadamente esta mesma questão; agora, por um outro prisma, dir-se-á que a opção terminológica "NRAU" não passa – afinal de contas –, de um falso problema!... Bem vistas as coisas, o primordial fundamento do NRAU – entre muitos outros –, centraliza-se no montante de actualização de rendas **pré-RAU** e, pré-Decreto-Lei n.º 257/95, de 30 de Setembro. Motivo, pelo qual o legislador introduziu um vasto conjunto de "*Normas transitórias*" (artigos 26.º e, 27.º a 59.º do NRAU).

Uma vez **extintos** – pelo decorrer do tempo –, todos os aludidos contratos, cingir-nos-emos então, ao regime geral e, consequentemente à livre autonomia de vontade entre os vários intervenientes na relação arrendatícia (*senhorio* e *arrendatário*).

---

[11] Em concreto.
[12] Em tempo oportuno.

Esquematicamente, poderemos resumir todo o exposto, da seguinte forma:

RAU	NRAU
Decreto-Lei n.º 321-B/90, de 15 de Outubro.	Lei n.º 6/2006, de 27 de Fevereiro.
Decreto-Lei n.º 257/95, de 30 de Setembro.	
Artigos 26.º a 59.º "Regime Transitório"	

Há, porém, que ter em especial consideração, duas datas indispensáveis, para uma melhor exposição e/ou clarificação:

a) **19 de Novembro de 1990** – data da entrada em vigor do **RAU** (contratos habitacionais);

b) **5 de Outubro de 1995** – data da entrada em vigor do **Decreto-Lei n.º 257/ /95, de 30 de Setembro** (contratos não habitacionais).

Uma vez munidos, destes dois elementos, poderemos, então, completar o quadro anterior:

	RAU e Dec.-Lei 257/95, 30/9	**NRAU**
Pré	19 de Novembro de 1990	Lei n.º 6/2006, de 27/2
	5 de Outubro de 1995	
Artigos 26.º a 59.º "Regime Transitório"		

2. Em segundo lugar, importa analisar os principais objectivos, do presente diploma: **Novo Regime do Arrendamento Urbano**.

Na verdade, este recente "trabalho" legislativo rejeitou limitar-se, única e simplesmente, à despretensiosa aprovação do Novo Regime do Arrendamento Urbano. Vai mesmo muito mais longe, nos respectivos propósitos!... Propõe-se – como dimanam alguns dos principais princípios constitucionais –, corrigir eventuais desigualdades económicas e sociais, tendo como intento *"promover o bem- -estar e a qualidade de vida do povo e a igualdade real entre os portugueses"*[13]!... E, muito particularmente, actualizar num curto e breve período de tempo (regra geral: faseado ao longo de cinco anos!... – excepcionalmente, em dois ou dez anos!...), as 449 mil rendas actualmente congeladas[14] – rendas desactualizadas e anteriores ao RAU –, para valores mais próximos do mercado.

---

[13] Alínea *d)* do artigo 9.º Constituição da República Portuguesa.

[14] Segundo números publicamente divulgados pelo Instituto Nacional da Habitação.

E, tendo em especial consideração o(s) valor(es) dos imóveis e, o respectivo "**estado de conservação**" (sujeito a apreciação pelas entidades competentes, conferindo o designado: "**coeficiente de conservação**" – artigos 32.º e 33.º do NRAU – através de critérios previamente estabelecidos e definidos na "**ficha de avaliação**" e, constantes na Portaria n.º 1192-B/2006, de 3 de Novembro).

Mas, acima de tudo, o **NRAU** tem como desiderato efectuar uma profunda reforma e, primordialmente, inovar e revolucionar!... Inclusive, pretende a muito breve trecho, dinamizar, renovar, requalificar o próprio património edificado e – acima de tudo (re)impulsionar o <u>mercado</u> de arrendamento urbano. Situação só possível, e alcançável com um maior aumento da oferta!... Desse modo e, na prossecução de todos estes objectivos passam a ser penalizados, em sede de IMI (Imposto Municipal sobre Imóveis) os legítimos e legais proprietários/*senhorios* de prédios que não traduzam na sua plenitude a respectiva função social e, se considerem <u>devolutos</u> (conforme resulta do estatuído no Decreto-Lei n.º 159/2006, de 8 de Agosto).

Esta nova perspectiva, parece contrariar, evidentemente a própria *essência* do IMI. Visto, esta forma de tributação constituir um imposto sobre o *património* e, nunca de forma alguma, um imposto sobre a *forma* como se utiliza ou, como se gere o próprio *património*. Além disso, subjacente a toda a caracterização do regime jurídico da <u>*propriedade*</u>, deve incumbir ao Estado, a implementação de políticas (i.e. mecanismos) que fomentem a introdução desses prédios desocupados no mercado de arrendamento através de estímulos fiscais, nunca através de formas sancionatórias.

À parte, todas estas observações, foram perfilhados para o efeito, diversos mecanismos de intervenção coerciva, no intuito obviar e punir todos aqueles que, até ao momento – frequentemente –, têm optado pela gradual degradação dos respectivos edifícios, até à correspondente destruição (nalguns casos: transformando esses mesmos edifícios em autênticas ruínas "históricas" nos principais centros urbanos!...). Isto tudo, na mira de uma substituição mais "generosa" (isto só mesmo, para não dizer, mais lucrativa!...), por uma nova edificação!...

Em suma: o **NRAU** além de proceder à actualização de rendas **pré-RAU**, ambiciona solucionar muitos outros problemas. Designadamente: a gradual desertificação dos grandes centros urbanos, a ausência de vivência nos principais centros das cidades e, a progressiva proliferação de prédios devolutos. Poderá, quase concluir-se, pela existência de aspirações de natureza urbanística em sede do *instituto* do arrendamento!... Quiçá, uma reabilitação das cidades!... Tal atitude, representa seguramente – segundo cremos –, o distanciamento da "velhinha" política do "*bota-a baixo*" e "*cresce-para-cima*"!...

Sem dúvida, hoje em dia, revela-se de extrema dificuldade apurar o sentido e alcance do conceito *cidade* (centro urbano), tais são as múltiplas diversidades de formas, estilos de vida e, culturas que se cruzam e enquadram nessa mesma designação. Curiosa e caricatamente, já Fernão Lopes ao referir-se à Lisboa quatrocentista afirmava: "*muitas e variegadas gentes*". Com efeito, ainda hoje, tal definição mantém a sua oportunidade!... Todavia, as "muralhas" – imaginárias das cidades – já se desvaneceram por completo no tempo!... A própria regressão económica agrícola, o progressivo aumento de conurbações, originou – simultânea e paralelamente – a colonização turística nos meios rurais (o designado: turismo rural e, de segunda habitação). Dito isto, e parafraseando Luís de Camões, *"mudam-se os tempos, mudam-se as* (cidades…) *vontades"*!...

3. Neste *ratio*[15], o Novo Regime do Arrendamento Urbano encerra, de *per si*, todo um conjunto de profundas e significativas alterações legislativas que assentam fundamentalmente em quatro grandes "alicerces", a sustentarem esta "jovem edificação":

a) O regresso do regime do arrendamento urbano ao Código Civil, de onde saíra por via do Decreto-Lei n.º 321-B/90, de 15 de Outubro (artigos 2.º e 3.º do NRAU);
b) Alterações ao Código de Processo Civil (artigos 4.º e 5.º do NRAU);
c) Disposições Gerais (artigos 9.º a 25.º do NRAU);

Onde se destacam:

– Comunicações entre as partes (artigos 9.º e 11.º do NRAU);
– Acção de despejo (artigo 14.º do NRAU);
– Justo impedimento (artigo 16.º do NRAU);
– Consignação em depósito (artigo 17.º do NRAU);

d) Normas transitórias (artigos 26.º e, 27.º a 59.º do NRAU).

Naturalmente, o presente trabalho não possui como principal objectivo efectuar desenvolvidas e consideráveis apreciações sobre o alcance e significado do NRAU, restantes diplomas complementares e, subsequentes portarias. Até mesmo, por motivos manifesta e perfeitamente compreensíveis!... Convém relembrarmo-nos que, o *Direito* em qualquer das *suas* vertentes, não se circunscreve, nem sequer se restringe ao simples papel de mero interprete (por vezes, desempenhando o papel de autêntico espectador!...), entroncado num *"sistema de normas de conduta social, assistido de protecção coactiva"*[16]. O *Direito* é (e, continuará – pelo menos assim o desejamos!...), igualmente dinâmico!... Mas, primordial e particularmente interventivo e/ou correctivo!... O *Direito* encontra-se, sistemática e permanentemente, numa constante mutação e evolução!... E, como qualquer outro *"guardião do Templo"*, sempre atento!... Mas primordialmente atento e, vigilante quanto às múltiplas exigências da sociedade!...

Nesta linha de pensamento, o Novo Regime do Arrendamento Urbano – como já tivemos oportunidade de afirmar – manifesta profundos propósitos transversais nas mais diversas áreas do *Direito*!... Logo, revela-se quase impossível e, inoportuno efectuar uma análise profunda!...

---

[15] Razão.
[16] In *Introdução ao Estudo do Direito*, Obras Completas Prof. Doutor João Castro Mendes, Editora Danúbio, 1984, pág. 17.

Por outro lado, sempre que ocorre uma qualquer reforma, os respectivos resultados só se reflectem – normalmente – decorridos entre dois a quatro anos!... Isto, no mínimo!... A tudo isto, acresce a introdução de novos conceitos jurídicos, novos mecanismos legais, bem como a ausência de jurisprudência nalgumas matérias.

Em resumo: só o decurso do tempo, o surgimento de eventuais litígios, com o consequente recurso aos tribunais competentes e, com as subsequentes decisões judiciais, permitirão analisar e aquilatar os respectivos resultados práticos desta profunda reforma ao *instituto* do arrendamento urbano!...

Em todo o caso – embora de forma modesta, e até mesmo pelo mero e simples exercício académico –, somos forçosamente tentados a efectuar algumas ligeiras observações. Mas, nunca prescindindo de algum sentido crítico!...

Numa simples e mera visão analítica, saudamos a reintrodução do diploma autónomo (NRAU) no Código Civil (artigos 1022.º a 1113.º). Facto que constitui, seguramente, um extraordinário esforço de codificação e, muito natural e provavelmente, facilitará a actividade de todos os profissionais do foro.

Mas, para além disso tudo, somos desde logo confrontados com alguma complexidade normativa, que levanta – igualmente – outras tantas perplexidades. Aliás, intervenções deste género levantam sempre a *vexata quaestio*[17], da certeza e da segurança jurídica!...

Senão, vejamos!... Por um lado, são apresentadas normas de carácter *adjectivo* em sede de NRAU; por outro lado, normas de natureza *substantiva* no Código Civil; assomam, ainda, normas *adjectivas* no Código de Processo Civil e, finalmente, despontam novos diplomas e, novas normas de cariz *registal* e *fiscal*, em sede própria. E, como se ainda não bastasse, até mesmo de natureza *administrativa*!... Inclusive, do resultado de uma segunda avaliação do prédio/fracção autónoma cabe recurso para os tribunais administrativos e fiscais... O que vem contrariar – como aludimos anteriormente – um dos principais princípios fiscais, segundo o qual os <u>bens</u> devem ser tributados em função dos valores que geram. Sucede que, face à nova legislação e restantes diplomas complementares, verifica-se a inversão desse princípio: é o valor fiscal que vai determinar o rendimento gerado por esse *bem*!... Situação que, eventualmente, poderá acarretar (novas) graves injustiças sociais!...

Por outro lado, o NRAU parece afectar a livre negociação – autonomia da vontade – entre os contraentes, incumbindo agora aos serviços de finanças uma "nova" função jurisdicional, que o artigo 202.º da Constituição reserva – ou, reservava, até à presente data – aos Tribunais competentes.

Enfim, é caso para concluir e, não será por demasiado exagerado afirmar: o legislador encetou, num futuro muito próximo uma autêntica estratégia concertada em várias frentes interdependentes. Uma verdadeira "batalha às rendas", e, à requalificação do mercado do arrendamento urbano!... E, tendo em vista uma "vitória" nesta matéria, parece ter adoptado a não menos famosa "táctica do

---

[17] Questão em debate, muito controversa e debatida na doutrina. Questão de impossível solução.

quadrado", que tão bons lucros e resultados alcançaram na célebre "Batalha de Aljubarrota"!... Resta, agora, apurar nesta gigantesca "batalha" – e, só o tempo o permitirá! ...–, o desempenho eficaz da "*ala dos namorados*", da "*ala da madressilva*" ou, até mesmo da "retaguarda", na perspectiva do Novo Regime do Arrendamento Urbano.

No entanto, há que convir – contrariamente a esse célebre "encontro" histórico –, nem tudo parece correr como o desejado!... Na verdade, e muito ao de relance, podemos notar/apontar alguma deficiência na "táctica" utilizada (entenda-se: técnica legislativa!...), porquanto, neste novo cenário legislativo vislumbram-se, desde logo algumas incongruências!... Sem pretendermos, revelarmo-nos demasiado exaustivos, debrucemo-nos – unicamente – em três situações:

– Confronte-se a alínea *g*) do artigo 1038.º do Código Civil «São obrigações do locatário: *comunicar ao locador, dentro de 15 dias, a cedência do gozo da coisa ...*», com o n.º 2 do artigo 1109.º do Código Civil «*A transferência temporária e onerosa de estabelecimento instalado em local arrendado não carece de autorização do senhorio, mas deve ser-lhe comunicada no prazo de um mês*», ambos do Código Civil. Quer dizer: de um lado temos um prazo de 15 (quinze) dias, de outro, um prazo de 30 (trinta) dias!... Posto isto, será caso para utilizar aquela velha máxima: "*Quid Júris*"? Afinal, é verdade que, numa primeira leitura, o intérprete é levado infalivelmente a alguma confusão. Contudo, deparamo-nos com dois regimes distintos!...

– Confronte-se, de igual modo, o n.º 1 do artigo 29.º do NRAU, com o disposto no n.º 5 do artigo 1074.º do Código Civil. Afinal, acabamos por encontrar uma manifesta repetição normativa!...

– Confronte-se, para encerrar esta breve incursão, o artigo 1273.º (Benfeitorias necessárias e úteis)[18], com o n.º 5 do artigo 1074.º (Obras), ambos do Código Civil. Como resultado, à primeira vista, parece confrontarmo-nos com benfeitorias em sede do arrendamento urbano e, benfeitorias em sede do regime geral da locação. Mais uma vez, somos forçados à velha máxima: "*Quid Júris*"?

4. Assim – e, tal como tivemos oportunidade de afirmar no ponto 2. –, na senda de tão "dignas e nobres" intenções legislativas, foram publicados em 8 de

---

[18] Artigo 1273.º (Benfeitorias necessárias e úteis)

"*1 – Tanto o possuidor de boa fé como o de má fé têm direito a ser indemnizados das benfeitorias necessárias que hajam feiro, e bem assim a levantar as benfeitorias úteis realizadas na coisa, desde que o possam fazer sem detrimento dela.*

2 – Quando, para evitar o detrimento da coisa, não haja lugar ao levantamento dos benefícios, satisfará o titular do direito ao possuidor o valor delas, calculado segundo as regras do enriquecimento sem causa."

24 Novo Regime do Arrendamento Urbano

Agosto de 2006, um vasto leque de diplomas complementares ao NRAU. Mais propriamente:

- Decreto-Lei n.º 156/2006, de 8 de Agosto
  (Aprova o regime de determinação e verificação do coeficiente de conservação).
- Decreto-Lei n.º 157/2006, de 8 de Agosto
  (Aprova o regime jurídico das obras em prédios arrendados).
- Decreto-Lei n.º 158/2006, de 8 de Agosto
  (Aprova os regimes de determinação do rendimento anual bruto corrigido e a atribuição do subsídio de renda).
- Decreto-Lei n.º 159/2006, de 8 de Agosto
  (Aprova a definição do conceito fiscal de prédio devoluto).
- Decreto-Lei 160/2006, de 8 de Agosto
  (Aprova os elementos do contrato de arrendamento e os requisitos a que obedece a sua celebração).
- Decreto-Lei 161/2006, de 8 de Agosto
  (Aprova e regula as comissões arbitrais municipais).

Por sua vez, **as Portarias n.ᵒˢ 1192-A/2006** e **1192-B/2006**, ambas de 3 de Novembro, vieram, regulamentar os *«procedimentos relativos à actualização das rendas relativas a contratos de arrendamento habitacionais celebrados antes da entrada em vigor do Decreto-Lei n.º 321-B/90, de 15 de Outubro (RAU), e não habitacionais antes da vigência do Decreto-Lei n.º 257/95, de 30 de Setembro, em especial, os pedidos de avaliação fiscal dos prédios e a determinação do seu nível de conservação»* e, a *«ficha de avaliação»*, respectivamente.

Também, nesta matéria vale a pena interrogarmo-nos e, apurar a (in) constitucionalidade destes mesmos diplomas regulamentares, tão frequentemente reclamada pelos diversos intervenientes ao longo de todo o processo de revisão ao Regime do Arrendamento Urbano.

Como é do conhecimento geral – por força da alínea *h*) do n.º 1 do artigo 165.º da Constituição da República Portuguesa –, *"o regime geral do arrendamento rural e urbano"*, constitui matéria da *"reserva relativa de competência legislativa"* da Assembleia da República. Daqui resulta, uma importante ilação!... Sem pretendermos enfatizar esta questão, cremos à primeira vista, e salvo melhor opinião em contrário, que as normas constantes – em especial e particularmente – no Decreto-Lei n.º 157/2006, de 8 de Agosto, enfermam de alguma – senão mesmo total e absoluta – inconstitucionalidade orgânica, dado não se encontrarem abrangidas por autorização legislativa. Aliás, sobre esta mesma temática, várias opiniões antagónicas surgiram nos últimos tempos. Matéria, a retomar e, para desenvolver ao longo do presente trabalho.

Vide, anotações aos artigos 62.º e 165.º da Constituição da República Portuguesa.

Lei n.º 6/2006, de 27 de Fevereiro

5. Num segundo plano, uma palavra quanto ao momento de entrada em vigor do Novo Regime do Arrendamento Urbano, diplomas complementares e, respectivas portarias.

Assim, quatro momentos se vislumbram:

– O **Novo Regime do Arrendamento Urbano** entrou em vigor no dia **28 de Junho de 2006** e, excepcionalmente, por força do disposto no artigo 65.º do NRAU, os artigos 63.º e 64.º entraram imediatamente em vigor no ordenamento jurídico no dia 28 de Fevereiro do ano transacto;
– **O Decreto-Lei n.º 160/2006, de 8 de Agosto**, entrou em vigor no dia seguinte ao da sua publicação (**9 de Agosto**);
– Os restantes diplomas complementares entraram em vigor no dia 7 de Setembro do ano transacto.
– **As Portarias n.ᵒˢ 1192-A/2006 e 1192-B/2006**, ambas publicadas em 3 de Novembro, entraram em vigor no dia seguinte imediato (**4 de Novembro**).

Esquematicamente, poderemos resumir todo o exposto, da seguinte forma:

Entrada em vigor	NRAU	Decreto-Lei n.º 160/2006, de 8 de Agosto	Decreto-Lei n.ᵒˢ 156, 157, 158, 159 e 161/2006 de 8 de Agosto	**Portarias** 1192-A/2006 e 1192-B/2006, de 3 de Novembro
Data	**28/Junho/2006**	9/Agosto/2006	**7/Setembro/2006**	*4/Novembro/2006*

Neste sentido, existe aqui – sem margem para dúvidas –, uma questão de pormenor e, de extremo interesse e importância prática, quer para *senhorio* (s) quer para *inquilino* (s)/*arrendatário* (s), que urge desenvolver para uma completa clarificação. Ou seja: o **momento** a partir do qual se torna exigível, o montante de actualização da nova renda.

Se bem que, o Novo Regime do Arrendamento Urbano já se encontre em vigor – desde 28 de Junho de 2006, como tivemos oportunidade de afirmar –, a respectiva formalização (sob iniciativa do *senhorio* – artigo 34.º do NRAU e, em conformidade com as Portarias 1192-A/2006 e 1192-B/2006, ambas de 3 de Novembro), para determinação do "*coeficiente de conservação*" e, subsequente actualização do valor da renda –, deve ser correctamente, dirigido às competentes **Comissões Arbitrais Municipais**. Ora, as competentes *comissões* só recentemente foram criadas através de diploma próprio (Decreto-Lei 161/2006, de 8 de Agosto).

Logo, chega-se à seguinte conclusão: o montante de actualização da nova renda, só se torna – muito provavelmente –, passível de ***aplicabilidade***, perante os *arrendatários*, a partir de Janeiro de 2007. E, cumulativamente, na eventualidade do (s) *senhorio* (s) ter (em) despoletado – atempadamente –, e cumprido todos os mecanismos legais exigíveis por lei. Sublinhe-se, ainda a este propósito, que muitos proprietários (*senhorios*), confrontar-se-ão entre a actualização "*extraordinária*" da(s) renda(s) e, a nova fórmula de tributação.

Por outro lado, segundo este método, da "inauguração" do processo, à realização das obras (quando exigíveis para determinação do nível "suficiente"), até à avaliação do locado, ocorrerá – possivelmente – um hiato de um a dois anos. Só, o factor tempo constituirá o denominador comum de todas as definições, desempenhando uma função de tal modo relevante na estrutura reformista. Uma vez, decorrido todo esse período, as 449 mil rendas, "congeladas", encontrar-se-ão em condições de actualização; criando, assim, como tanto ambiciona o legislador um mercado mais competitivo.

Esquematicamente, poderemos resumir todas as fases processuais, da seguinte forma:

Direito substantivo	Direito adjectivo	Aplicação
Lei 6/2006, de 27 de Fevereiro (NRAU)	Decreto-Lei n.º 156/2006, de 8 de Agosto	*Portaria n.º 1182-A/2006, de 3 de Novembro*
	Decreto-Lei n.º 157/2006, de 8 de Agosto	
	Decreto-Lei n.º 158/2006, de 8 de Agosto	
	Decreto-Lei n.º 159/2006, de 8 de Agosto	
	Decreto-Lei n.º 160/2006, de 8 de Agosto	*Portaria n.º 1182-B/2006, de 3 de Novembro*
	Decreto-Lei n.º 161/2006, de 8 de Agosto	

6. Face à nova legislação, o arrendamento urbano, é a partir deste momento definido e dividido em dois grandes sectores:

– Arrendamento habitacional (artigo 1067.º e, 1092.º a 1107.º do Código Civil);
– Arrendamento não habitacional (artigos 1108.º a 1113.º do Código Civil).

Como facilmente se depreende, dada a presente configuração do *instituto* do arrendamento urbano, o legislador repeliu as clássicas – quadripartidas – categorias: *arrendamento habitacional, arrendamento para comércio ou indústria, arrendamento para o exercício de profissão liberal* ou, ainda, para *outra aplicação lícita* do prédio.

A *summa divisio*[19] entre *uns* e *outros* (*arrendamento habitacional e, não habitacional),* circunscreve-se na aplicação lícita do prédio/fracção autónoma arrendada. Quer dizer, na mais absoluta e estreita sintonia com o fim da ___licença de utilização___. No entanto, a simples utilização deste critério, apresenta-se amiúde escorregadiço. Porquanto, segundo a exigibilidade deste documento, só opera nos prédios edificados pós Decreto-Lei n.º 38 382, de 7 de Agosto de 1951 (vulgarmente, designado

---

[19] Grande divisão.

Lei n.º 6/2006, de 27 de Fevereiro 27

por RGEU – Regulamento Geral das Edificações Urbanas)[20]. Não querendo, nem pretendendo anteciparmo-nos numa mera análise de prognose – muito provavelmente –, a maior parte dos prédios/fracções autónomas, agora susceptíveis de actualização de rendas, enquadram-se num período anterior a *essa* mesma data!...

A solução, agora adoptada pelo legislador – e sem querer recorrer exaustivamente aos princípios de Direito Comparado[21] –, não se distancia de forma alguma, da L 29/1994 (***Ley de Arrendamientos Urbanos***)[22] em vigor em Espanha. Em

---

[20] Artigo 8.º do RGEU. *"A utilização de qualquer edificação nova, reconstruída, ampliada ou alterada quando da alteração resultem modificações importantes nas suas características, carece de licença municipal.*

§1.º As câmaras municipais só poderão conceder as licenças a que este artigo se refere em seguida à realização de vistoria nos termos do § 1.º do artigo 51.º do Código Administrativo, destinada a verificar se as obras obedeceram às condições da respectiva licença, ao projecto aprovado e às disposições legais e regulamentares aplicáveis.

§ 2.º A licença de utilização só pode ser concedida depois de decorrido sobre a conclusão das obras o prazo fixado nos regulamentos municipais, tendo em vista as exigências da salubridade relacionadas com a natureza da utilização.

§ 3.º O disposto neste artigo é aplicável à utilização das edificações existentes para fins diversos dos anteriormente autorizados, não podendo a licença para este efeito ser concedida sem que se verifique a sua conformidade com as disposições legais e regulamentares aplicáveis".

[21] Rechtsvergleichung, em alemão.

[22] *"I – Desde la entrada en vigor de la L 29/1994 (LAU) el 1-1-1995, es necesario para enfocar cualquier problema arrendaticio urbano tener en cuenta, en primer lugar, la fecha del contrato o la de inicio de la relación arrendaticia.*

Así, conviven en la actualidad hasta tres regulaciones arrendaticias. En ocasiones guardan una cierta uniformidad de contenido y las soluciones que ofrecen son iguales o similares, pero en otras son antagónicas.

a) arrendamientos anteriores a 9-5-1985. Se celebraron cuando estaba vigente de forma imperativa la institución de la prórroga forzosa (Lau/64 art.57). Su régimen jurídico ha sido objeto de modificaciones trascendentes y de una derogación parcial por LAU dis.trans. 2.ª, 3.ª e 4.ª. Cabe afirmar que, en la actualidad, estos arrendamientos se regulan legalmente por lo establecido en las mencionadas disposiciones transitorias y, en lo no modificado o establecido por esta normativa transitoria, por LAU/64.

b) Arrendamientos concertados entre el 9-5-1985 y el 1-1-1995. Son los celebrados a partir de la entrada en vigor del RDL 2/1985 (decreto Boyer) y antes de la entrada en vigor de la LAU. Como el decreto Boyer suprimió para los contratos de arrendamiento celebrados a partir del 9-5-1985 la inoperatividad u obligatoriedad de la prórroga legal establecida en LAU/64 art.57, éstos pudieron concertarse con sujeción o no a dicha prórroga legal por voluntad de las partes (RDL 2/1985 art.9). Estos contratos se rigen por lo dispuesto en LAU disp.trans.primera, en cuanto derogue o modifique lo establecido en LAU/64, y, en los demás, por lo establecido en LAU/64.

c) Arrendamientos celebrados a partir del 1-1-1995. Estos contratos se rigen en todo por la LAU y no ofrecen mayor complejidad respecto del texto legal aplicable. De alguna manera, la Ley arrendaticia de 1994 trata de simplificar, trazando una nítida

28 Novo Regime do Arrendamento Urbano

qualquer destes sistemas, verifica-se uma separação entre arrendamento habitacional e não habitacional, bem como a adopção de um outro critério: *pré* e *pós* determinado momento.

Num país, não muito mais distante – França –, a mesma filosofia foi utilizada nas sucessivas alterações a este mesmo *instituto*. A Loi n.º 89-462 du juillet 1989 (***Baux d'habitation et mixtes***), no seu Titre II. *"Dispositions Diverses"*[23], também consagra normas de cariz transitório.

7. Com esta alteração legislativa – nova nomenclatura –, os contratos de *"arrendamento para fins não habitacional"*, vêem automaticamente englobar e aglutinar os anteriormente denominados contratos para comércio, indústria e exercício de profissões liberais (regulados e previstos nos artigos 110.º a 123.º do RAU).

8. Na sequência da profunda reforma ao Regime do Arrendamento Urbano e, com a adopção do conceito «arrendamento para fins não habitacionais», assume particular relevância científica efectuar alguma reflexão no que tange aos – não menos importantes!... – arrendamentos rústicos. Assim sendo, quaisquer arrendamentos rústicos não sujeitos a regimes especiais (v.g.: que não se destinem a fins rurais, florestais ou pecuários), encontram-se automaticamente abrangidos nesta "jovem" classificação do Novo Regime do Arrendamento Urbano.

9. Todavia, nem sempre é fácil traçar a linha fronteiriça entre "urbano" e "rústico" no *instituto* do arrendamento. Confrontando, conjugando e escalpelizando os artigos 1064.º, 1066.º e 1067.º do Código Civil; com o disposto no artigo 1108.º do mesmo Código e, integrado na secção «*arrendamento para fins não habitacionais*», somos forçados a chegar ao seguinte desenlace: o arrendamento rústico infere-se à *contrario sensu*[24] do arrendamento urbano. E, o *primeiro*, caracteriza-se em relação ao *segundo*, pelo tipo de prédio – rústico ou urbano (artigo 204.º do Código Civil[25]).

---

distinción entre los arrendamientos celebrados sobre finca urbana destinada a vivienda habitual y aquelles otros pactados para un uso distinto al de vivienda." – In Memento Práctico Arrendamientos Urbanos 2006-2007, Ediciones Francis Lefebvre, 2005, pág. 9.

[23] *"Art.40 – II – Les dispositions des articles 3, 8 à 20, du premier alinéa de l'article 22 et de l'article 24 ne sont pas applicables aux logements dont le loyer est fixé en application des dispositions du chapitre III de la loi n.º 48-1360 du 1er septembre 1948 précitée."* – in, Code Civil, 104.ª édition, 2005, Daloz, pág. 1646.

[24] Em sentido e razão contrárias; inversamente.

[25] Artigo 204.º Código Civil (Coisas imóveis):
"1. São coisas imóveis:
a) Os prédios rústicos e urbanos;
b) As águas;
...
2. Entende-se por prédio rústico uma parte delimitada do solo e as construções nele existentes que não tenham autonomia económica, e por prédio urbano qualquer edifício incorporado no solo, com os terrenos que lhe sirvam de logradouro."

Lei n.º 6/2006, de 27 de Fevereiro   29

10. Muito embora, o regime do arrendamento urbano se enquadre no âmbito da autonomia da vontade, permitindo aos diversos intervenientes (*senhorio* (s)/ /*arrendatário* (s)) a livre celebração de contratos habitacionais, o legislador entendeu por bem, conferir alguma protecção àquele (s) que considera – tradicionalmente – mais desfavorecido (s) na relação arrendatícia: o (s) *arrendatário* (s).

Como tal, a manutenção do «*direito de preferência*» do *arrendatário* (artigo 1091.º do Código Civil), a existência de duas modalidades de arrendamento, a tipificação de «*denúncia*» quando operada pelo (s) proprietário (s)/*senhorio* (s) (artigo 1101.º do Código Civil) ou, até mesmo a «*actualização faseada do valor da renda*» (artigo 38.º do NRAU), representam, asseguram e traduzem uma profunda "garantia" de estabilidade ao (s) *arrendatário* (s)/*inquilino* (s).

Efectivamente, tais medidas, traduzem, asseguram e garantem – justamente –, um dos primordiais *direitos* constitucionalmente consagrados: o *direito à habitação*.

11. Aliás, o próprio interesse e, a efectiva segurança jurídica do *arrendatário*, aquando da celebração de contratos de arrendamento para fins habitacionais, são simultaneamente assegurados, quer por via do disposto no n.º 5 do artigo 5.º do Código de Registo Predial, quer inclusivamente pelo mais recente Decreto-Lei n.º 160/2006, de 8 de Agosto (que aprova os elementos do contrato de arrendamento e, os requisitos a que *deve* obedecer a sua celebração).

12. Curiosamente, na actualidade, têm-se questionado – quase insistentemente –, a natureza análoga a "*direito, liberdade e garantia do direito à habitação*". Sem pretendermos efectuar um estudo demasiado exaustivo quanto às formas de domínio permitidas no sistema jurídico, importa reter acima de tudo a ideia básica que norteiam, as diversas formas de aproveitamento dos bens. Sendo certo que a *propriedade* é concebida em termos funcionais e, a noção deste *instituto* é de tal modo ampla, que não se pode limitar ao exercício de poderes autónomos exclusivos sobre uma coisa. Parece, encontrarmo-nos, acima de tudo, diante de um *direito positivo*. Ou seja, o *direito a habitar* de forma plena e efectiva o local legítima e regularmente arrendado. Desta forma, afasta-se liminarmente o *direito a não habitar*. Aliás, esta última tomada de posição, até constitui pressuposto, de maior, para uma subsequente acção de despejo: a «*falta de residência permanente do arrendatário*» ou, «*outra residência ou a propriedade de imóvel para habitação adquirido após o início da relação de arrendamento*» (conforme resulta da análise ao n.º 2 do artigo 14.º do NRAU). Certamente, esta mais recente opção legislativa (punir por não habitar!...), decorre(rá) muito naturalmente de algum desenvolvimento da doutrina e jurisprudência constitucional.

Na verdade, nesta questão, o legislador parece ter enveredado e adoptado pela política espanhola: "***una falta de uso, pudiendo este no uso ser causa de resolución contractual.***"[26]

Neste mesmo propósito, vide anotações ao artigo 65.º da Constituição da República Portuguesa.

---

[26] In Memento Práctico Arrendamientos Urbanos 2006-2007, Ediciones Francis Lefebvre, 2005, pág. 33.

30   *Novo Regime do Arrendamento Urbano*

13. Num pólo absoluta, manifesta e diametralmente antagónico, encontra-se o «*arrendamento para fins não habitacionais*». Neste caso, entendeu o legislador reduzir a sua função intervencionista. Assim, ao nível da «*duração, denúncia ou oposição à renovação*» (artigo 1110.º do Código Civil) ou, responsabilidade pela execução de «obras» de conservação (artigo 1111.º do Código Civil), faculta(m)-se às partes a livre criação de um modelo contratual que melhor se ajuste e adapte à(s) respectiva(s) necessidade(s) e vontade(s).

Talvez, à primeira vista pareça imprudente e inadequada tal atitude. Porém, como qualquer das antigas categorias, anteriormente previstas e enunciadas – *arrendamento para comércio, arrendamento para indústria, arrendamento para o exercício de profissões liberais* –, revelam-se primordialmente económicas; não se vislumbra – nem se antevê – qualquer inferioridade e/ou enfraquecimento *inter partes*[27].

14. Prevalecem, contudo no NRAU duas figuras de "combinação" contratual (artigo 1094.º do Código Civil). Os agora designados contratos de "prazo certo" (correspondem à anterior "**duração limitada**" previstos e regulados no RAU – artigos 98.º a 101.º) e, por sua vez, os contratos de "**duração indeterminada**" (**contratos sem duração limitada** – n.º 1 do artigo 68.º do RAU). No entanto, convém especificar todo este ponto com melhor minúcia.

O contrato de "**prazo certo**" (**duração limitada**), regulado e previsto no artigo 1095.º do Código Civil (anterior artigo 98.º do RAU), terá uma duração mínima de cinco (5) anos, renovável se por acaso, nenhuma das partes (*senhorio*(s)/ *arrendatário*(s)) a tal não se opuser.

Por sua vez, com a recente figura do contrato de arrendamento de "**duração indeterminada**" (artigo 1099.º do Código Civil), concede-se ao(s) *arrendatário*(s) a possibilidade de «denúncia» a qualquer momento. Mas, sob *conditio*[28]: "*comunicação ao senhorio com a antecedência não inferior a cento e vinte dias*".

Sinalagmaticamente, a «denúncia» efectuada pelo(s) proprietário(s)/ *senhorio*(s) só poderá ocorrer perante justificação tipificada na lei (v.g.: denúncia para habitação, denúncia justificada ou, um pré-aviso de cinco anos).

15. Entrando, objectiva e especificamente, num dos motivos impulsionadores do NRAU, senão mesmo o mais importante e acutilante objectivo – actualização do montante das rendas "congeladas" –, constata-se, porventura, alguma parcimónia na respectiva aplicabilidade.

Em primeiro lugar, o legislador estabeleceu – desde logo –, uma distinção básica a este propósito, pelo conjunto de **normas transitórias** constantes no **NRAU**:

– Contratos habitacionais celebrados anteriormente à vigência do RAU
    Ou,
    Contratos habitacionais celebrados anteriormente ao Decreto-lei n.º 257/95, de 30 de Setembro.
E,

---

[27] Entre as partes.
[28] Condição.

Lei n.º 6/2006, de 27 de Fevereiro 31

– Contratos habitacionais celebrados após a entrada em vigor do RAU
Ou,
Contratos não habitacionais após a entrada em vigor do Decreto-lei n.º 257/95, de 30 de Setembro.

Quer dizer: genericamente, poderemos (vide ponto 1.) designar por contratos de arrendamento **pré-RAU** ou **pós-RAU**. Aos primeiros (artigos 27.º a 58.º do NRAU), as rendas serão actualizadas em conformidade com o resultado da avaliação realizada por força do disposto nas normas constantes em sede do Código do Imposto Municipal sobre Imóveis (artigo 32.º do NRAU), com o **montante e limite máximo anual de 4%**, relativamente ao valor do locado (artigo 31.º do NRAU).

Todavia, o apuramento do montante de renda, encontra-se limitado por lei e, depende da avaliação do imóvel nos termos previstos no CIMI, bem como da determinação de um "**coeficiente de conservação**" (novo conceito jurídico, introduzido por via do Decreto-Lei n.º 156/2006, de 8 de Agosto e, **Portarias 1192-A/ /2006** e **1192-B/2006**, ambas de 3 de Novembro), a definir "*por arquitecto ou engenheiro inscrito na respectiva ordem profissional*", que ateste o estado de conservação do prédio/fracção autónoma e, simultaneamente, a existência de infra-estruturas básicas (n.ºs 1 e 3 do artigo 33.º do NRAU). Como condição, *sine qua non*[29], numa escala de cinco níveis entendeu e estabeleceu o legislador, a classificação mínima de "suficiente" – nível 3. –, para actualização do montante da renda.

Por outras palavras e, em resumo: qualquer *senhorio* para actualização do montante da renda necessita, cumulativamente, da conjugação de duas componente: avaliação do imóvel (competência das Finanças) – efectuada há menos de três anos – e, determinação do nível de conservação – coeficiente nunca inferior ao nível 3.

Só e, quando na posse destes dois elementos, o *senhorio* pode(rá) actualizar "**extraordinariamente**" o montante da renda, devendo para o efeito comunicar ao *inquilino* – tal intenção –, através de **carta registada com aviso de recepção** ou, entregue em mão (o vulgarmente apelidado: **livro de protocolo**) mediante aposição de assinatura do *inquilino* numa cópia.

Por sua vez, já no que tange aos segundos. Isto é, quanto aos contratos de arrendamento para habitação celebrados após a entrada em vigor do RAU, assim como, aos contratos para fins não habitacionais (Decreto-Lei n.º 275/95, de 30 de Setembro), a actualização anual será efectuada nos termos em vigor (ou seja: em função dos valores de inflação), sendo o respectivo coeficiente de actualização publicado anualmente. Aliás, em redor desta mesma matéria, o artigo 24.º do NRAU, confere ao Instituto Nacional de Estatística, legitimidade e competência para o apuramento do coeficiente de actualização anual das rendas.

Ainda, sobre este mesmo assunto, refira-se por último, o montante do **coeficiente de actualização** dos diversos tipos de arrendamento, para vigorar no ano civil de 2007, corresponde a: **1,031**.[30]

---

[29] Sem o qual não (ex. condição...).

[30] Aviso n.º 9635/2006, Diário da República, II Série – N.º 173 – 7 de Setembro de 2006. Rectificação n.º 1579/2006, de 23 de Outubro.

32 *Novo Regime do Arrendamento Urbano*

Esquematicamente, poderemos resumir todo o exposto, da seguinte forma:

NRAU	
Normas Transitórias	
Capítulo I (Artigo 26.º)	Capítulo II (Artigos 27.º a 58.º)
Contratos habitacionais celebrados na **vigência do RAU** e contratos não habitacionais celebrados depois do Decreto-Lei n.º 257/95, de 30 de Setembro.	Contratos habitacionais celebrados **antes** da vigência do **RAU** e contratos não habitacionais celebrados **antes** do **Decreto-Lei n.º 257/95**, de 30 de Setembro.

Em suma: não será por demais excessivo, referir a maior importância quanto à determinação do *coeficiente de conservação*. Pois, para além, de constituir um elemento determinante ao influenciar o cálculo do montante da "*nova*" renda – para os contratos habitacionais – (artigos 31.º e 32.º do NRAU), a atribuição de um nível inferior a 3, inviabiliza as pretensões do *senhorio* no intuito proceder à actualização da renda (alínea *b*) do artigo 35.º do NRAU).

Excepcionalmente, todo este procedimento pode(rá) ser dispensado quando o(s) *senhorio*(s) considere(m) que o local arrendado se encontra num estado de conservação equivalente a *Bom* ou *Excelente*. Nesse caso, deve(rá) providenciar todas as diligências necessárias junto da ***Comissão Arbitral Municipal*** competente. Porém, só deve(rá)/pode(rá) actualizar o montante da renda utilizando o *coeficiente de conservação* de **0,9**. Ou seja, o nível 3. "suficiente" (médio).

Há, no entanto, e no seguimento de todo o exposto, dois outros pontos a merecerem, ainda, algumas palavras. Traduzem-se, na profissionalização da avaliação do prédio/fracção autónoma e, na respectiva responsabilização do técnico responsável. Nessa linha, e dada a extrema importância prática que reveste a problemática da avaliação do prédio/fracção autónoma, a Portaria n.º 1192-B/2006, de 3 de Novembro, veio definir e estabelecer critérios de avaliação, bem como, as regras necessárias atinentes à determinação do nível de conservação, ao abrigo do disposto no n.º 2 do artigo 1.º do Decreto-Lei n.º 156/2006, de 8 de Agosto, e do coeficiente de conservação previsto na alínea *c*) do n.º 1 do artigo 49.º do NRAU e, no artigo 15.º do Decreto-Lei n.º 161/2006, de 8 de Agosto. Neste mesmo sentido, saliente-se a extraordinária importância prática – para todos os profissionais – do **MAEC** (*método de avaliação do estado de conservação de edifícios*), desenvolvimento pelo Laboratório Nacional de Engenharia Civil (LNEC). Cujo desiderato visa a determinação com rigor, objectividade e transparência o estado de conservação dos edifícios e, simultaneamente, a existência de infra-estruturas básicas.

16. Uma palavra, ainda, relativamente aos ***montantes*** de actualização da(s) renda(s), bem como, ao respectivo e competente ***momento*** de actualização. Ou seja,

o *instante* a partir do qual se torna exigível a nova renda. Neste capítulo, refira-se que a actualização "**extraordinária**" de rendas, encontram-se completamente circunscritas. O legislador entendeu – tal como referimos em momento precedente –, efectuar uma actualização faseada. Dessa forma, no primeiro ano, o montante de actualização da renda, tem como limite máximo um montante de cinquenta euros mensais e, do segundo ao quarto ano o valor de setenta e cinco euros (conforme resulta do disposto no n.º 2 do artigo 40.º do NRAU). Já, quanto ao instante (entenda-se: momento de actualização) – e, após observados todos os mecanismos e formalidades legais, só se torna devida no terceiro mês seguinte ao da respectiva e competente comunicação do *senhorio* (vide artigo 43.º do NRAU).

Vide, também, neste mesmo sentido, ponto 5, destas anotações.

17. Num outro patamar "admiravelmente" distinto, encontram-se os contratos de arrendamento para fins não habitacionais. Nestes últimos, a actualização do montante da renda, efectuar-se-á independentemente do nível de conservação do locado, a decorrer ao longo de um período de cinco (5) ou dez (10) anos (conjugação entre os artigos 50.º, 52.º, 53.º e 54.º do NRAU).

18. Passados, em revista, alguns dos pontos essenciais ao NRAU e, na sequência de tudo o que foi dito, importa – ainda – efectuar alguma reflexão atinente à problemática da actualização das rendas. Há, obviamente, uma diferença de princípios, com reflexos indiscutivelmente evidentes e distintos. Enquanto, no n.º 1 do artigo 24.º do NRAU, se prevê um *"coeficiente de actualização"* quanto ao montante das rendas para os "diversos tipos de arrendamento"; nos artigos 30.º e seguintes (artigo 58.º) do presente diploma, estabelecem-se os pressupostos quanto à possibilidade de uma **actualização** *"extraordinária"* **de rendas**.

Na sequência do exposto, nem tudo se apresenta ou encontra resolvido. A preocupação que, agora nos domina, respeita à eventual utilização cumulativa destes dois critérios. Efectivamente, são configuráveis duas soluções: «actualização anual da renda» e, «actualização extraordinária». Nessa linha e, como se infere pela análise ao presente diploma, a possibilidade de **actualização** *"extraordinária"* do montante das rendas, apenas e só, se aplica aos contratos de arrendamento habitacionais **pré-RAU** e, aos contratos não habitacionais **pré-Decreto-Lei n.º 257/ /95, de 30 de Setembro**. Logo, a possibilidade de utilização, em simultâneo, destes dois critérios (aumentos), encontra-se total e redondamente afastada.

19. Outra das grandes linhas mestras de orientação do NRAU, respeita às normas de cariz adjectivo "residentes" no RAU, que se espalhavam ao longo dos artigos 59.º a 61.º e 102.º a 106.º, que transitam, agora, para o Código de Processo Civil. Entre os diferentes meios de defesa e/ou contenda, colocados à disposição do(s) *senhorio*(s)/*arendatário*(s) (v.g.: acção de despejo…) destacam-se:

a) Suspensão da execução (artigo 5.º do NRAU e, artigo 930.º-B do C.P.C.);
b) Diferimento da desocupação (artigo 5.º do NRAU; artigo 930.º-C e D do C.P.C.);
c) Responsabilidade do exequente (artigo 5.º do NRAU e, artigo 930.º-E do C.P.C.).

Tal como já tivemos oportunidade de afirmar, em termos gerais, o NRAU não alterou – unicamente – o *direito substantivo* intrínseco. Com efeito, toda a matéria respeitante à desocupação do arrendado, transferiu-se para o campo de intervenção da acção executiva – **entrega de coisa certa** –, tendo sido aditados ao Código de Processo Civil os artigos 930.°-*B* a 930.°-*E*. Para sustentar e complementar esse "campo de manobra" ao(s) proprietário(s)/*senhorio*(s) e ao(s) *inquilinos*(s)/arrendatário(s) o legislador veio desenvolver um vasto conjunto de "normas de conduta" através do vertido ao longo dos artigos 9.° a 16.° do NRAU.

20. Merece, particular atenção, a introdução – por via do NRAU – no ordenamento jurídico de "novos" documentos a constituírem – ora avante – fundamento à execução para entrega do local arrendado. Afinal, a almejada agilização da acção de despejo passa na actualidade e, com as mais recentes alterações, a algumas normas constantes no Código de Processo Civil, pela clara separação entre *acção declarativa* e *executiva*.

21. Mas, volvendo e reatando a temática dos títulos executivos – como teremos oportunidade de desenvolver pormenorizadamente, em local mais apropriado –, a intenção do legislador ao alterar o artigo 930.°-A do Código de Processo Civil e, ao adicionar os artigos 930.°-B a 930.°-E, parece absolutamente compreensível.

Afinal, a **acção de despejo** (n.°1 do artigo 14.° do NRAU) destina-se somente a *"fazer cessar a situação jurídica do arrendamento"*. Por sua vez, o deferimento de desocupação do local arrendado constitui, sem margem para dúvidas, um incidente de instância.

Desse modo, os recentes artigos aditados ao aludido Código de Processo Civil, vêem criar no ordenamento jurídico mais um novo *"instrumento jurídico"*: a acção de *"execução para entrega de coisa imóvel arrendada "* (denominada por: **EPECIA**).

O conteúdo deste "fresco" instrumento jurídico tem como escopo a efectiva desocupação do local arrendado (após a extinção/acção de despejo do contrato de arrendamento).

22. Da avaliação e conjugação dos prazos constantes no diploma em apreciação, facilmente acercamo-nos do seguinte desfecho: em caso de incumprimento de renda, o *senhorio* comunicará – caso o deseje – ao(s) *arrendatário*(s) a resolução do contrato, podendo *este(s)* último(s) sanar o incumprimento nos noventa (90) dias subsequentes (n.ᵒˢ 3 dos artigos 1083.° e 1084.° do Código Civil), acrescido de um montante de 50% (artigo 1041.° do Código Civil). Na eventualidade de subsistência desse incumprimento, ao(s) *senhorio*(s) é legítimo, findos os aludidos noventa (90) dias, intentar **acção executiva** para desocupação do local arrendado «*entrega de coisa certa*», constituindo-se o <u>contrato</u> e, a respectiva e <u>*competente comunicação*</u> – regularmente efectuada – ao(s) arrendatário(s) como <u>títulos executivos</u> (alínea *e*) do n.° 1 e n.° 2 do artigo 15.° do NRAU).

Nesta mesma ordem de razão, cumpre – de igual forma –, adiantar algumas precisões a propósito das normas de *"garantia"* do(s) *arrendatário*(s). Se, no prazo

Lei n.º 6/2006, de 27 de Fevereiro 35

para a oposição, o(s) *arrendatário*(s) pagar(em), depositar(em) ou consignar(em) em depósito o valor das rendas em dívida, acrescidas do montante de 50% (conforme imana o n.º 1 do artigo 1048.º do Código Civil), faz(em) cessar de imediato a resolução do contrato. Faculdade que, em **fase judicial**, o(s) *arrendatário*(s) só pode(m) exercer uma única e simples vez (como também resulta do n.º 2 do artigo 1048.º do Código Civil).

Mutatis mutandis[31], o mesmo princípio será aplicável aos encargos e despesas que nos termos do contrato decorram por responsabilidade do(s) *arrendatário*(s), conforme resulta, respectivamente, da conjugação do n.º 3 do artigo 1048.º, com o artigo 1078.º, ambos do Código Civil.

23. Outra grande inovação no *instituto* do arrendamento, prende-se com a introdução de um conjunto de "regras de conduta" a observar entre as duas partes (a que o legislador designou no artigo 9.º do NRAU por: " **Forma da comunicação**").

Na verdade, conscientes, agora – *senhorio*(s) e *arrendatário*(s) –, da extrema importância prática, atinente à problemática externa de quaisquer correspondências *inter partes* e *inter vivos*[32], veio o legislador ao longo do disposto no clausulado nos artigos 9.º a 11.º do NRAU, estabelecer todo um conjunto de "regras de conduta" – a observar – entre os diversos intervenientes na relação arrendatícia. Com efeito – e só a título exemplificativo –, quaisquer comunicações emitidas pelo(s) *senhorio*(s), tendo em vista a «actualização de rendas», devem ser correctamente endereçadas a todos os signatários, constantes do contrato de arrendamento. Trata-se, no fundo, da reafirmação de uma das principais pedras angulares do *Direito*: *"princípio da igualdade"*. Neste caso, a igualdade entre os *arrendatários*. Paralelamente, a norma em apreço, "parece abraçar" o *instituto* da compropriedade (vide: artigos 1403.º e 1404.º do Código Civil[33]).

E, nessa mesma linha de pensamento – compropriedade –, o legislador vem aceitar outras formas de comunicação: *"o escrito assinado pelo declarante pode, ainda, ser entregue em mão"* (n.º 6 do artigo 9.º do NRAU). Quer dizer: o legislador

---

[31] Mudando o que deve ser mudado; fazendo as necessárias modificações ou adaptações.

[32] Entre os vivos.

[33] Artigo 1403.º Código Civil (Noção):

"1. Existe propriedade em comum, ou compropriedade, quando duas ou mais pessoas são simultaneamente titulares do direito de propriedade sobre a mesma coisa.

2. Os direitos dos consortes ou comproprietários sobre a mesma coisa comum são qualitativamente iguais, embora possam ser quantitativamente diferentes; as quotas presumem-se, todavia, quantitativamente iguais na falta de indicação em contrário do título constitutivo."

Artigo 1404.º Código Civil (Aplicação das regras da compropriedade a outras formas de comunhão).

"As regras da compropriedade são aplicáveis, com as necessárias adaptações, à comunhão de quaisquer outros direitos, sem prejuízo do disposto especialmente para cada um deles."

Novo Regime do Arrendamento Urbano

parece ter ido ao encontro do "recibo de recepção" (livro de protocolo), tão frequentemente utilizado na convocação das assembleias de condóminos (n.º 1 do artigo 1432.º do Código Civil[34], *in fine*[35]).

24. No "campo de intervenção" da vertente *substantiva* do arrendamento urbano, atente-se à recente "importação" do conceito de *"justo impedimento"* (artigo 16.º do NRAU) constante no Código de Processo Civil (artigo 146.º). Contudo, não basta que, um *direito* exista, é necessário que possa ser demonstrado, provado e aceite pela contraparte. Motivo, pelo qual, levou o legislador a prever em última instância o recurso à via judicial.

25. Outra das grandes linhas mestras de orientação do NRAU e, revestindo um carácter absolutamente reformador reporta-se à «resolução do contrato pelo senhorio». Até à entrada em vigor do NRAU, a resolução do contrato só se encontrava admitida pelo recurso à via judicial. Presentemente, o legislador optou e, de forma manifestamente inovadora – igualmente –, pela admissibilidade de resolução extrajudicial.

26. Um dos aspectos mais polémicos do NRAU, de matriz declaradamente *sui generis*[36] – quase mesmo "revolucionária" –, é a recente norma segundo a qual, confere ao(s) *arrendatário*(s) a possibilidade de uma eventual aquisição do **«*locado pelo valor da avaliação feita nos termos do CIMI*»** (alínea *c*) do n.º 4 do artigo 48.º do NRAU). Todavia, embora, a regulamentação desta matéria se encontre prevista – e remetida –, para «diploma próprio»; muito possível e, naturalmente, poderá suscitar algumas dúvidas e interrogações!... A começar na duvidosa constitucionalidade da norma (sobreposição do «*direito à habitação*» ao «*direito de propriedade*»?...); passando até mesmo, pela tipificação de acção judicial a intentar ao(s) legítimos e legais proprietário(s), para finalizar na própria situação jurídica do prédio (propriedade horizontal? Aquisição total ou parcial do edifício?...). De facto, tudo merece ser debatido, porquanto configura uma nova "ordem" jurídica!... Como se vê, todo este expediente demonstra a preocupação dominante na requalificação das cidades. Naturalmente, o Decreto-Lei n.º 157/2006, de 8 de Agosto fornece (algumas) respostas adequadas a estas mesmas questões!... De qualquer modo, encontramo-nos perante um novo conceito jurídico, só o tempo permitirá avaliar as consequências.

Vide, igualmente ponto 4., *in fine*, destas anotações.

---

[34] Artigo 1432.º Código Civil (Convocação e funcionamento da assembleia).
"*1. A assembleia é convocada por carta registada, enviada com 10 dias de antecedência, ou mediante aviso convocatório feito com a mesma antecedência, desde que haja recibo de recepção assinado pelos condóminos.*"
[35] No fim.
[36] Especial, único.

Lei n.º 6/2006, de 27 de Fevereiro

27. Ainda, no que toca aos *"encargos e despesas correntes"* – e, na senda do ponto 22 destas "Considerações" –, o legislador estabeleceu ao longo de todo o normativo do artigo 1078.º do Código Civil, uma distinção clara e inequívoca entre:

– Despesas de administração, conservação e fruição das partes comuns do edifício,
E,
– Encargos e despesas atinentes ao fornecimento de bens e serviços do arrendado.

Logicamente – em perfeita sintonia com os n.ºs 1 e 3 do artigo 1083.º do Código Civil –, o incumprimento de quaisquer *«encargos ou despesas»* constitui de *per si*, fundamento para a resolução do contrato de arrendamento pelo *senhorio*.

28. A título de curiosidade, e, pelas subsequentes implicações que se adivinham, num futuro muito próximo, atente-se – de igual modo –, a outras disposições legais, particularmente relevantes.
Nomeadamente:

– **Decreto-Lei n.º 78/2006, de 4 de Abril** que aprovou o **Sistema Nacional de Certificação Energética e da Qualidade de Ar no Interior nos Edifícios**;
– **Decreto-Lei n.º 79/2006, de 4 de Abril** que aprovou Regulamento dos Sistemas Energéticos de Climatização em Edifícios (**RSECE**),
– **Decreto-Lei n.º 80/2006, de 4 de Abril** que aprovou o Regulamento das Características de Comportamento Térmico dos Edifícios (**RCCTE**).

Efectivamente, todos estes recentes diplomas vêem – ora avante –, adicionar na já tão extensa lista de documentos, imprescindíveis para a celebração de escrituras notariais de contratos de venda ou locação de imóveis, a apresentação de um *"certificado energético e da qualidade do ar no interior nos edifícios"*. Recordando, a "velha" máxima de Lavoisier *"na natureza nada se perde, tudo se transforma"*, encontramos os princípios inatos ao conceito de sustentabilidade. A aplicação dessas regras, para além de minimizar a produção de resíduos, proporciona uma significativa diminuição de custos com gastos de energia e de água. Desta forma, ocorrerá uma aplicação faseada abrangendo todos os grandes edifícios habitacionais e de serviços, a construir.

Já, quanto aos edifícios residenciais existentes, cujos proprietários também devem possuir um certificado informativo sobre os consumos energéticos previstos, tendo em vista a venda, locação ou arrendamento, efectuar-se-á uma aplicação progressiva[37].

---

[37] Sistema Nacional de Certificação Energética e da Qualidade do Ar Interior dos Edifícios (designado por SCE) – Artigo 3.º (Âmbito de aplicação):
"1 – Estão abrangidos pelo SCE, segundo calendarização a definir por portaria

38   *Novo Regime do Arrendamento Urbano*

Como facilmente se observa de todo o exposto, ocorre uma mudança radical no *instituto* do arrendamento. A tendência actual, centra-se, sobretudo, na *qualidade* e na *responsabilidade*. Prevê-se assim, de harmonia com o disposto nestes diplomas e, em conjugação com o n.º 1 do artigo 1083.º do Código Civil, fundamento para resolução contratual. Note-se, igualmente, sobre esta mesma matéria, a inexistência de qualquer tipo de jurisprudência associada aos diplomas *sub judice*.

29. O último e derradeiro estádio, neste gigantesco processo reformista – regime do arrendamento urbano –, culminou nas normas atinentes à **"Transmissão"** do local arrendado (para habitação e/ou para fins não habitacionais). É claro, por via de análise aos artigos 57.º e 58.º do NRAU e, aos artigos 1106.º a 1108.º do Código Civil que, deparamo-nos – *grosso modo*[38] –, com duas situações que importa clarificar:
- Os dois primeiros artigos respeitam aos contratos habitacionais celebrados pré-RAU
     Ou,
     Contratos não habitacionais celebrados pré-Decreto-Lei n.º 257/95, de 30 de Setembro.

- Os últimos artigos respeitam aos contratos habitacionais celebrados pós--RAU
     Ou,
     Contratos não habitacionais pós-Decreto-Lei n.º 257/95, de 30 de Setembro.

30. A finalizar, uma palavra atinente a conceitos absoluta e completamente inovadores em sede do *instituto* em análise. Designadamente: "casa de morada de

---

conjunta dos ministros responsáveis pela áreas da energia, do ambiente, das obras públicas e da administração local os seguintes edifícios:
   a) Os novos edifícios, bem como os existentes sujeitos a grandes intervenções de reabilitação, nos termos do RSECE e do RCCTE, independentemente de estarem ou não sujeitos a licenciamento ou a autorização, e da entidade competente para o licenciamento ou autorização, se for o caso;
   b) Os edifícios de serviços existentes, sujeitos periodicamente a auditorias, conforme especificado no RSECE;
   c) Os edifícios existentes, para habitação e para serviços, aquando da celebração de contratos de venda e de locação, incluindo o arrendamento, casos de em que o proprietário deve apresentar ao potencial comprador, locatário ou arrendatário o certificado emitido no âmbito do SCE.
   2 – A calendarização a definir nos termos do número anterior tem por base a tipologia, o fim e área útil dos edifícios.
   3 – Excluem-se do âmbito de aplicação do SCE as infra-estruturas militares e os imóveis afectos ao sistema de informações ou a forças de segurança que se encontrem sujeitos a regras de controlo e confidencialidade."
   [38] Aproximadamente, mais ou menos.

família" (artigo 12.º do NRAU), "justo impedimento" (artigo 16.º do NRAU), "RMNA" (abreviatura de: Retribuição Mínima Nacional Anual), "RABC" (abreviatura de: Rendimento Anual Bruto Corrigido) – alínea *a*) do n.º 3 do artigo 37.º do NRAU, "colaboração do arrendatário" ou, até mesmo a estreita conexidade "iniciativa do senhorio/resposta do arrendatário", entre muitas outras situações!....

Quanto à primeira situação, o legislador – por via de outras disposições legais dispersas no ordenamento jurídico –, pretendeu essencialmente proteger todo o agregado familiar. Para tanto, baseou-se quer nos conceitos ínsitos ao artigo 1793.º do Código Civil (Casa de morada de família); quer até mesmo noutros diplomas legais avulsos: Lei n.º 6/2001, de 11 de Maio (protecção das pessoas que vivam em economia comum) e, Lei n.º 7/2001, de 11 de Maio (protecção das uniões de facto).

No entanto, face à solução agora adoptada, julgamos constituir – eventualmente – alguma dificuldade de cariz operacional para muitos *senhorios*. Porquanto, faz recair sobre o(s) *senhorio*(s) a obrigação de apurar/saber sobre o "significado" do locado (constituir ou não "casa de morada de família").

Por sua vez, os mais recentes conceitos jurídicos – "**RMNA**" e "**RABC**" –, surgem com o propósito de delimitar, com alguma rectidão e imparcialidade, o montante de actualização das rendas pré-RAU. Nesse sentido, o conceito ao redor do "RMNA" equivale, no fundo, à totalidade da "*retribuição mínima mensal garantida*" – consagrada constitucionalmente (alínea *a*) do n.º 2 do artigo 59.º da CRP[39]) e, assegurado no n.º 1 do artigo 266.º do Código de Trabalho[40] – auferida durante os últimos quatorze meses. Cenário diferente se vislumbra quanto à relevância prática do "RABC". Traduz-se, no conjunto de rendimentos auferidos pelo agregado familiar do arrendatário, nos últimos quatorze meses. Desse modo, compete ao *arrendatário*, o respectivo e competente *ónus* da prova, conforme resulta do disposto na alínea *a*) do n.º 3 do artigo 37.º do NRAU.

Por mera curiosidade, refira-se o valor da remuneração mínima mensal – € 403,00 –, a vigorar durante o ano de 2007[41].

Já, no que tange ao recente conceito "colaboração do arrendatário" – previsto e regulado no artigo 36.º do NRAU – e, perante o *espírito do sistema* encetado e adoptado pelo legislador, somos mais uma vez confrontados, com *outra* grande "novidade": a eventual *resolução do contrato*. Atitude que, à primeira vista, se afigura algo excessiva.

---

[39] Artigo 59.º da Constituição da República Portuguesa: *"N.º 2. Incumbe ao Estado assegurar as condições de trabalho, retribuição e repouso a que os trabalhadores têm direito, nomeadamente: a): O estabelecimento e a actualização do salário mínimo nacional, tendo em conta, entre outros factores, as necessidades dos trabalhadores, o aumento do custo de vida, o nível de desenvolvimento das forças produtivas, as exigências de estabilidade económica e financeira e a acumulação para o desenvolvimento;"*

[40] *"A todos os trabalhadores é garantida uma retribuição mínima mensal com o valor que anualmente for fixado por legislação especial, ouvida a Comissão Permanente de Concertação Social"*.

[41] Decreto-Lei n.º 2/2007, de 3 de Janeiro.

No campo do relacionamento "iniciativa do *senhorio* (artigo 34.º do NRAU)/ /resposta do *arrendatário* (artigo 37.º do NRAU)", não será por demais inoportuno reforçar a importância prática dessas mesmas normas. Da leitura conjunta desses dois artigos, em sintonia com o artigo 38.º do NRAU, chegamos às seguintes conclusões: a comunicação do *senhorio* para actualização do montante de renda – sob pena de ineficácia –, deve obedecer aos requisitos legais; ao *arrendatário* reserva-se-*lhe* o *direito* de resposta num prazo de 40 (quarenta) dias. E, numa última instância – dentro do mesmo prazo –, a possibilidade e faculdade do *arrendatário* "*requerer a realização de nova avaliação do prédio ao serviço de finanças competente, dando disso conhecimento ao senhorio*". Uma vez mais, regista-se nova incongruência. Com alguma perplexidade, o pedido de nova avaliação não constitui carácter suspensivo, quanto à exigibilidade da nova renda.

Coloca-se, então, uma questão. Imagine-se, o *arrendatário* que não possui quaisquer meios económicos suficientes para suportar o montante da nova renda e, consequentemente deixa de *a* liquidar, incorrendo desse modo em incumprimento; enquanto isso, decorre nova avaliação. Mais uma vez: "*Quid Júris*"? Certo, é que, não existe qualquer jurisprudência sobre esta mesma matéria.

Cabe aqui, sem pôr em causa, a legitimidade relativamente à composição da comissão de avaliação, alertar para os respectivos prazos legais, bem como, alguma imprudência do legislador. Na eventualidade do *senhorio* integrar a dita comissão, ou se fazer representar, esta passa a ser constituída por quatro membros!... Situação, que poderá acarretar – eventualmente – algumas dificuldades de funcionamento!...

Questão a merecer de igual modo, algum tratamento, prende-se com a realização de <u>obras de conservação e benfeitorias</u>. Como afirmámos, anteriormente, o estado de "saúde" – entenda-se: conservação – do edifício/fracção autónoma, constitui condição, *sine qua non,* para uma eventual actualização do(s) montante(s) da(s) renda(s). E, neste sentido, interessa-nos, particularmente, examinar todo o clausulado no artigo 48.º do NRAU e, no Decreto-Lei n.º 157/2006, de 8 de Agosto. Por força destes dois diplomas legais e, como anteriormente aludimos, o (mero) *arrendatário* – na ausência de obras de conservação –, pode tornar-se/transformar-se em absoluto *proprietário*, penalizando dessa forma o(s) *proprietário(s)* (*senhorios*) originário(s). Caso este mecanismo legal venha a ser despoletado e/ou accionado, encontrar-nos-emos perante uma aquisição forçada e, por um valor – seguramente – inferior ao de mercado; dado ser fixado pela avaliação resultante em sede de CIMI. Acresce, a tudo isto, ainda a *susceptível* violação ao disposto no artigo 62.º da Constituição da República Portuguesa. Ou seja, sobreposição dos *direitos obrigacionais* aos *direitos reais*? Repare-se que o n.º 2 do citado artigo 62.º, admite a "*requisição e expropriação por utilidade pública, com base na lei e mediante o pagamento de justa indemnização*".

Nesta mesma medida, a possibilidade de actualização das rendas, pode constituir uma verdadeira armadilha fiscal. Na medida em que, o aumento da renda poderá não ser o suficiente para "satisfazer" os (novos) encargos provenientes do agravamento do IMI. Note-se, porém, que este recurso não deixa de ser admirável e incompreensível!... Porquanto, o mesmo legislador que tomou em especial consideração a defesa de todas as circunstâncias económicas e de vida do *arrendatário*;

parece não ter tomado em atenção, a situação económica dos *senhorios*, sancionando-os com esta alienação forçada.

31. Efectuando um balanço final a tudo o que, até ao momento, foi enumerado e analisado, pode(rá) estar-se perante uma de duas situações: ou, o NRAU soluciona de uma vez por todas, a célebre problemática do "congelamento das rendas" e, desta forma consegue agradar a "gregos" e "troianos" (i. e.: *senhorios* e *inquilinos*) ou, debateremo-nos – novamente – num enorme e gigantesco marasmo legislativo. Fazemos votos para que, o Novo Regime do Arrendamento Urbano, ao aspirar à correcção de profundas injustiças do passado, não venha no futuro a originar "novas" injustiças para *senhorios* ou, até mesmo para *arrendatários*.

32. Finalmente, *"the last but not the least"*, importa efectuar uma breve incursão ao *instituto* da propriedade horizontal – regulado e previsto nos artigos 1414.º a 1438.º-A, no Capítulo VI, do Título II, do Livro III, do Código Civil, sob a epígrafe "Direito das Coisas". Tal como afirmámos anteriormente, o *Direito* encontra-se, sistemática e permanentemente, numa constante mutação e evolução!... E, na realidade, esta constante evolução do *Direito* – agora bem patente e, transmitida pelo Novo Regime do Arrendamento Urbano –, levou à "prolificação" de outra forma de constituição da propriedade horizontal (artigo 1417.º do Código Civil), designadamente: a ***"decisão administrativa"***. Bem ao espírito dos "novos tempos" e, tendo em vista a "vitória" nesta "batalha às rendas"!... O legislador "abre a porta" (entenda-se: possibilita ao(s) *arrendatário*(s)) – na ausência de obras de conservação e beneficiação – , a aquisição do local respectivo arrendado. Trata-se, no fundo, de mais uma forma de constituição da propriedade horizontal. Desta vez, por decisão administrativa!... Contudo, parece-nos de alguma forma algo excessiva e coerciva esta sanção. Senão mesmo, uma forma indirecta de expropriação!... Isto, para além de revestir uma eventual e hipotética (in)constitucionalidade orgânica, a que já nos referimos num momento precedente!... (vide, neste mesmo sentido, ponto 4. destas anotações).

33. Por último, mais na lógica da exposição, que não da execução, terminamos esta simples e singela decomposição, fixando-nos – embora muito ao de leve –, nos diversos aspectos processuais previstos no NRAU.

Quatro hipóteses, surgem no ordenamento jurídico:

a) Acção declarativa de despejo (artigo 14.º do NRAU);

b) Acção Executiva para Entrega de Coisa Imóvel Arrendado (EPECIA) – (artigo 15.º do NRAU);

c) Acção Executiva para Pagamento de Rendas (artigo 15.º do NRAU);

d) Suspensão e diferimento da desocupação do locado (artigos 930.º-B e 930.º-C do Código de Processo Civil).

Sem alongarmo-nos muito mais – qualquer destas matérias merecerá tratamento adequado em local e sede apropriada –, resta-nos, como seria de esperar, analisar a estrutura e, os princípios ínsitos ao cabal funcionamento deste recente

42 *Novo Regime do Arrendamento Urbano*

quadro *adjectivo*. Por tradição metodológica, a "acção declarativa de despejo" sempre constituiu um mecanismo processual, tendo em vista a cessação do contrato de arrendamento. Muitas vezes, nem sempre eficaz!... Outrora, entre o reconhecimento de um *direito* e, a observância do mesmo, ocorria um hiato deveras pesaroso, especialmente para o(s) *senhorio*(s)... A natureza, destes recentes mecanismos processuais – **acção *executiva para entrega de coisa imóvel arrendada* (EPECIA)**, regulada e prevista no n.º do artigo 15.º do NRAU e, a **acção *executiva para pagamento de rendas*** (n.º 2 do mesmo artigo) –, centram-se, eventual e hipoteticamente, nalguma celeridade processual, tendo em vista colmatar essa "caminhada" desgostosa para muitos! ... Resta, futuramente, apurar os respectivos resultados. Infelizmente, ao longo dos últimos anos tem sido apanágio estabelecer novas normas, quando não se conseguem cumprir as vigentes. Na verdade, e neste concerne, o problema não se centra na falta de legislação, mas, isso sim, na sua problemática externa – a subsequente aplicabilidade.

Seguramente, todas estas preocupações legislativas, contribuíram decisivamente para algumas modificações introduzidas nos artigos 1083.º e 1084.º do Código Civil. Perante a nova redacção, na actualidade, o elenco das causas de exclusão, é meramente exemplificativo. Atente-se que, o n.º 2 do artigo 1083.º do Código Civil, utiliza o advérbio de modo *"designadamente"*. Eliminou-se, assim, a taxatividade das causas de resolução do contrato por parte do *senhorio*.

Esta recente orientação e solução estrutural apresentada, deriva no essencial, de novos condicionalismos: a possibilidade de qualquer das *partes* (senhorio/arrendatário) ***resolver*** o contrato de arrendamento com base em incumprimento pela contraparte do contrato. Situação, muito distinta, da existente em sede de RAU. No qual, se previa a possibilidade do *arrendatário*, resolver o contrato de arrendamento com fundamento no incumprimento do *senhorio* e, por sua vez, a possibilidade do *senhorio* apenas poder resolver o contrato nos casos especificamente tipificados na lei.

Comparativamente, com o RAU, a existência de uma tipologia fechada, no que concerne às causas de resolução do contrato de arrendamento, não oferecia dúvidas. E, se dúvidas houvessem, bastaria, para removê-las à luz dessa tipologia, a existência de doutrina e jurisprudência definitivamente assentes. Com as novas medidas recentemente produzidas, devolvem-se aos Tribunais competentes, quaisquer discussões e, subsequentes decisões relativamente aos incumprimentos que, pela sua gravidade ou consequências, tornem inexigíveis a quaisquer das *partes*, a manutenção do contrato de arrendamento.

34. Dada a natureza e posição assumida pelo legislador, face ao Novo Regime do Arrendamento Urbano, é de relevante importância proceder à análise das matérias contidas nos vários diplomas regulamentares e, respectivas e competentes Portarias.

Efectivamente, toda essa questão, não se reveste meramente de interesse teórico, pois nela encontra-se a delimitação de fronteiras *substantivas* e *adjectivas*.

Para essa tarefa – actualização do montante das rendas –, dispomos essencialmente de duas portarias, cuja interpretação, consubstanciam a materialização do Novo Regime do Arrendamento Urbano.

35. Assim, antes de qualquer incursão, na especialidade convirá efectuar uma sucinta abordagem na generalidade.

Como ponto de partida, a **Portaria n.º 1192-A/2006, de 3 de Novembro** consagra um **modelo único simplificado**. A nota mais importante, respeita à respectiva utilização. Tanto *senhorios*, bem como *arrendatários*, podem realizar um ou mais pedidos ou, comunicações nesse <u>modelo</u> e, no mesmo acto. Neste <u>*requerimento/modelo*</u>, podem os *senhorios* solicitar/requerer a avaliação fiscal do locado, solicitar a determinação do nível de conservação do prédio urbano ou de uma fracção autónoma – ou até mesmo, a respectiva dispensa –, solicitar comprovativo do RABC do agregado familiar, entre outras situações.

Por sua vez, o *arrendatário* pode utilizar o **modelo único simplificado** para solicitar/requerer a realização de nova avaliação fiscal do locado, obter comprovativo de mircroempresa ou comprovativo de um RABC inferior a 3 ou 5 RMNA, requerer a atribuição do subsídio de renda ou, até mesmo, solicitar a determinação do nível de conservação.

36. Já, relativamente à **Portaria n.º 1192-B/2006, de 3 de Novembro**, saliente--se que surge no ordenamento jurídico, na sequência do disposto no n.º 2 do artigo 1.º do Decreto-Lei n.º 156/2006, de 8 de Agosto, e vem aprovar a "**Ficha de avaliação do nível de conservação de edifícios**". Primordialmente, visa integrar os elementos do locado imprescindíveis para determinação do nível de conservação dos edifícios e, a existência de infra-estruturas básicas, a observar presencialmente por **técnico** (devidamente) **qualificado** (engenheiro, arquitecto ou engenheiro técnico), durante a realização de uma vistoria, como resulta de todo o estabelecido no n.º 2 do artigo 33.º do NRAU.

Assim, face à entrada em vigor destes dois diplomas legais – Portaria n.º 1192-A/2006 e Portaria n.º 1192-B/2006, de 3 de Novembro – ficaram, finalmente, reunidas todas as condições necessárias para os proprietários/*senhorios* promoverem a **actualização "extraordinária" de rendas,** previstas e reguladas nas "**normas transitórias**" do NRAU.

É, ainda, importante não perder de vista outros propósitos, previamente anunciados nestes dois recentes diplomas legais. De entre todos, saliente-se ainda, a desmaterialização, «através da disponibilização no endereço na Internet <u>www.portal</u>dahabitação.pt/nrau de todas as funcionalidades necessárias aos senhorios, aos arrendatários e aos vários serviços da Administração Pública, através do qual todos poderão formular pedidos, proceder a comunicações e saber, em cada momento, em que fase se encontra o pedido ou comunicação feita no âmbito do NRAU.».

II

Ao longo da precedente exposição, por necessidade de compreensão, analisámos as principais soluções apontadas pelo NRAU. Todavia, a preocupação que agora nos domina é outra. Trata-se, de apurar, numa perspectiva global, e por referência ao RAU, algumas das principais modificações introduzidas no *instituto*

44 *Novo Regime do Arrendamento Urbano*

do arrendamento urbano. Encetamos desse modo, segundo o esquema prévia e oportunamente anunciado, uma breve análise comparativa.

Destacamos e, debruçar-nos-emos, em quatro pontos essenciais: a exigência de *escritura pública*, a *denúncia*, a *resolução* e, a *licença de utilização*.

37. No confronto entre o _RAU_ e o **NRAU**, constata-se uma profunda alteração, no que versa quanto à exigência de **escritura pública**. Enquanto, no anterior regime, a exigência de _escritura pública_ incidia sobre os contratos de «arrendamento sujeitos a registo» ou, «arrendamentos para o comércio, indústria ou exercício de profissão liberal»; perante o actual regime é suficiente a _forma escrita._

Aliás, sobre esta mesma matéria, note-se que, por força da simplificação introduzida por via do Decreto-Lei n.º 64-A/2000, de 22 de Abril, a exigência de _escritura pública_ nos contratos de arrendamento urbano «para comércio, indústria ou de exercício de profissão liberal», foi dispensada, revogando tacitamente a alínea *b*) do n.º 1 do artigo 1029.º do Código Civil.

38. Cabe, igualmente analisar as subsequentes alterações, atinentes à _denúncia_ nos contratos de **duração indeterminada**. Ao contrário do que sucedia no anterior regime (artigos 68.º e 69.º do RAU) – operava nas situações de «necessidade do prédio para habitação» ou «ampliação do prédio» –; os artigos 1101.º e 14104.º do Código Civil vêm possibilitar a **denúncia**, **decorridos cinco anos**, e, após uma **dupla comunicação** efectuada pelo proprietário(s)/*senhorio*(s).

39. O mais importante, o que importa agora assinalar, respeita ao _direito de resolução contratual_ por incumprimento de rendas. No âmbito do anterior regime (RAU), ocorria a caducidade, caso a dívida fosse liquidada. É aqui que ocorre uma mudança radical. Não há mais lugar à reincidência. Este aspecto, em termos futuros, revela-se extremamente importante. Com efeito, esta mudança, pretende – bem vistas as coisas – evitar o recurso reiterado e sistemático às vias judiciais.

Vide, neste mesmo sentido, ponto 22 destas considerações.

40. *Ad ultimum*[42], importa efectuar uma breve referência, quanto à "**licença de utilização**". *Quid novi?* [43]

De plano[44], torna-se claro que o caminho encetado pelo legislador reflecte a opção encetada pelo artigo 3.º do **NRAU**: arrendamentos para habitação e arrendamentos para fins não habitacionais (n.º 1 do artigo 1067.º do CC). Encontramo-nos, de qualquer modo, perante uma nova _**funcionalidade**_ da "*licença de utilização*". Enquanto, *ex ante*[45], na ausência de referência, o *arrendatário* só poderia utilizar o prédio/fracção autónoma para habitação; *ex nunc*[46], a "*licença de utilização*" vem

---

[42] Finalmente, por fim.
[43] O que há de novo? Quais as novidades?
[44] Sumariamente; por direito evidente. De entrada, à cabeça, à primeira vista.
[45] Antes; anteriormente.
[46] Desde agora, presentemente.

Lei n.º 6/2006, de 27 de Fevereiro   45

atestar a própria aptidão sobre o locado. É fundamentalmente por esta via que poderão ser acautelados os interesses do(s) *arrendatário*(s). Recorde-se, ainda, neste mesmo propósito, o disposto no **R.G.E.U.** (Decreto-Lei n.º 38 382, de 7 de Agosto de 1951 – Regulamento Geral das Edificações Urbanas). Ou seja: a exigibilidade quanto à *licença de utilização*, só opera nos prédios edificados **pós** R.G.E.U.

Mesmo para terminar, importa efectuar uma breve reflexão, em torno do relacionamento **NRAU** e **Decreto-Lei n.º 160/2006**, de 8 de Agosto. Tenha-se, ainda, em especial consideração: o **NRAU** constitui um diploma de cariz *estrutural* no ordenamento jurídico. Por assim ser e, face à luz de todas estas considerações, a **licença de utilização**, constitui(rá) carácter de raiz *administrativo* e *regulamentar*. Nestes moldes muito sintéticos, justifica-se – amplamente – o total afastamento da *"licença de utilização"* do Código Civil.

Vide, neste mesmo sentido, ponto 6 destas considerações.

Esquematicamente, poderemos resumir todo o exposto, da seguinte forma:

RAU	NRAU
Exigência de *escritura publica*: arrendamentos sujeitos a registo e/ou comércio, indústria ou exercício de profissão liberal. (Artigo 1029.º CC)	É suficiente a **forma escrita** para contratos de arrendamento urbano. (Artigo 1029.º CC)
Denúncia, contratos de duração indeterminada. Condição: habitação do senhorio e/ou realização de obras. (Artigo 1047.º CC)	É possível a denúncia para o fim de um período de cinco anos. Condição: **dupla comunicação** do *senhorio*. (Artigos 1101.º e 1104.º CC)
Direito **resolução contratual**: caducava com a liquidação do montante em dívida.	Faculdade a exercer em fase judicial **uma única vez** (n.º 2 do artigo 1048.º CC)
LICENÇA de UTILIZAÇÃO	
Artigo 8.º n.º 2 al. *c*) e Artigo 9.º.	Artigos 1067.º e 1070-º do CC. **Artigo 5.º Decreto-Lei n.º 160/2006.**
Alusão obrigatória à finalidade da licença no contrato.	Licença de utilização **atesta** a aptidão do locado.
Licença emitida por autoridade municipal mediante vistoria com menos de 8 anos.	Elemento obrigatório.
Incumprimento: coima / resolução contrato (arrendatário) ou realização de obras (renda igual).	Incumprimento: coima ou resolução do contrato pelo *arrendatário*.

CAPÍTULO I
Alterações legislativas

ARTIGO 2.º
Alteração ao Código Civil

1. São revogados os artigos 655.º e 1029.º do Código Civil.

2. Os artigos 1024.º, 1042.º, 1047.º, 1048.º, 1051.º, 1053.º a 1055.º, 1417.º e 1682.º-B do Código Civil, aprovado pelo Decreto-Lei n.º 47 344, de 25 de Novembro de 1966, passam a ter a seguinte redacção:

………………..

Comentários:

Na presente obra, por uma questão de sistematização, todas as alterações, encontram-se reproduzidas em capítulo mais adequado.

Vide, anotação ao artigo precedente.

ARTIGO 3.º
Aditamento ao Código Civil

Os artigos 1064.º a 1113.º do Código Civil, incluindo as correspondentes secções e subsecções, são repostos com a seguinte redacção:

………………..

Comentários:

1. Acima de tudo, uma simples e mera "exteriorização": saudamos, com agrado, o regresso do regime *substantivo* do arrendamento urbano ao Código Civil.

2. Bem ao estilo dos "novos tempos", os artigos agora repostos sofreram, na maior parte dos casos – meramente – pequenas alterações circunstanciais de redacção.

3. À margem do Código Civil, todo um conjunto de "regras" de procedimento processual (i.e. o designado, *direito adjectivo*) dos contratos de arrendamento (habitacional ou, não habitacional), introduzidos pelos artigos 4.º e 5.º do NRAU no Código de Processo Civil.

4. Também, no mesmo sentido, as normas constantes nos artigos 13.º, 14.º e 15.º deste diploma.

Vide, ainda, anotação ao artigo 1.º NRAU.

ARTIGO 4.º
Alteração ao Código de Processo Civil

Os artigos 678.º, 930.º e 930.º-A do Código de Processo Civil, aprovado pelo Decreto-Lei n.º 44129, de 28 de Dezembro de 1961, passam a ter a seguinte redacção:

....

Comentários:

1. Há uma tendência histórica para regular o regime do contrato de arrendamento, ao longo de diversos diplomas legais. A colocação de normas de natureza processual ou *adjectiva* em diplomas estruturalmente substantivos consubstancia de *per si* precisamente tal ideia.

2. Com efeito, neste caso particular, tropeçamos com normas de cariz processual ou *adjectivas* em sede própria (Código de Processo Civil), mas também ao longo do próprio **NRAU**. Mais precisamente nos artigos 13.º a 15.º e, até 16.º.

3. Afinal, as linhas mestras de orientação, relativas a acções judiciais para apreciação da *validade*, *subsistência* ou, até mesmo, *cessação* do contrato de arrendamento, foram alteradas pelo artigo em análise.

4. Integrado no *espírito* encetado pelo legislador e, face à recente opção adoptada – *arrendamentos habitacionais* e *arrendamentos não habitacionais* –, quaisquer situações atinentes a eventuais litígios – que se enquadrem na *validade*, *subsistência* ou *cessação* do contrato de arrendamento – admitem, sempre, Recurso para as respectivas e competentes instâncias jurisdicionais superiores (Tribunal da Relação).

Actualmente, o valor da alçada do Tribunal de 1ª Instância (Tribunal de Comarca) é de € 3 740,98 e, a alçada do Tribunal da Relação de € 14 963,94, conforme resulta do disposto no n.º 1 do artigo 24.º da Lei 3/99, de 13 de Janeiro.

5. Nesta ordem de razão, o recurso para o Tribunal da Relação, ocorre independentemente do *valor da causa* e da *sucumbência*.

6. Curiosamente, tal consideração, não encontrava qualquer acolhimento jurídico, no anterior regime (RAU).

7. De acordo com a nova legislação, excepcionam-se todas as situações relativas a «*habitação não permanente ou, para fins especiais transitórios*».

8. Tome-se, todavia, em especial consideração que, as possibilidades de recurso *ordinário* se traduzem por via de *agravo* e *apelação*.

9. Na hipótese de interposição de recurso, estabelece-se, todavia – quanto às respectivas repercussões (entenda-se: *efeitos do recurso*) –, um efeito *suspensivo*, conforme resulta do disposto na alínea *b*) do n.º 2 do artigo 692.º.

48   *Novo Regime do Arrendamento Urbano*

10. Ao invés, tendo em consideração toda a exposição que acabámos de efectuar, a conclusão a que se chega, abre-nos caminho para concluir pela natureza jurídica e sentido – excluídos do âmbito e alcance do n.º 5 do artigo 678.º do Código de Processo Civil: *contratos para habitação não permanente* ou *para fins especiais transitórios –*, cujos *efeito do recurso* se traduzem de natureza *devolutiva.*

Compreendemos perfeitamente, esta preocupação legislativa, e dai não a pretendermos tratá-la em pormenor. Parece-nos, acima de tudo, retratar a solução mais razoável. Seria, absoluta e manifestamente, inaceitável conceder "voz" e expressão, significativa a quaisquer contratos cuja vocação se abstêm de forma contínua ou, que se destinam a servir – única e simplesmente –, uma finalidade transitória.

11. De qualquer modo, e apesar de todas essas circunstâncias, o Recurso terá sempre efeito *suspensivo* na eventualidade do requerente alegar que, a execução da decisão lhe causa *«prejuízo considerável»* e, cumulativa e concomitantemente *«prestar caução»*, conforme resulta da análise ao disposto no n.º 3 do artigo 692.º do Código de Processo Civil.

Na presente obra, por uma questão de sistematização, todas as alterações, encontram-se reproduzidas em capítulo mais adequado.

Vide, pontos 19. 21. 22. da anotação ao artigo 1.º NRAU.

ARTIGO 5.º
Aditamento ao Código de Processo Civil

São aditados ao Código de Processo Civil os artigos 930.º-B a 930.º-E, com a seguinte redacção:

....

Comentários:

1. Uma das primordiais preocupações do Novo Regime do Arrendamento Urbano (além da proclamada actualização do montante das rendas "congeladas"), prende-se com a reposição – tal como já referimos anteriormente –, de algumas normas de direito *"adjectivo"* em local próprio (i.e.: Código de Processo Civil).

2. O aditamento ao Código de Processo Civil de mais quatro artigos (artigos 930.º-B a 930.º-E) vem corroborar essa mesma preocupação legislativa. As novas medidas recentemente produzidas, visam disciplinar todo o processo comum de execução para "entrega de imóvel arrendado" e, conferir uma maior celeridade processual.

3. Por outro lado saliente-se que, a *"execução para entrega de coisa certa"* (ou, execução para entrega de local arrendado), pode ser consubstanciada nalgum dos títulos executivos extrajudiciais recentemente produzidos e, enumerados ao longo do artigo 15.º do NRAU.

Na presente obra, por uma questão de sistematização, todas as alterações, encontram-se reproduzidas em capítulo mais adequado.

Vide, ponto 19, 21 e 25. da anotação ao artigo 1.º NRAU.

ARTIGO 6.º
Alteração ao Decreto-Lei n.º 287/2003, de 12 de Novembro

1. É revogado o artigo 18.º do Decreto-Lei n.º 287/2003, de 12 de Novembro, que aprova o Código do Imposto Municipal sobre Imóveis e o Código do Imposto Municipal sobre as Transmissões Onerosas de Imóveis, altera o Código do Imposto do Selo, altera o Estatuto dos Benefícios Fiscais e os Códigos do IRS e do IRC e revoga o Código da Contribuição Predial e do Imposto sobre a Indústria Agrícola, o Código da Contribuição Autárquica e o Código do Imposto Municipal de Sisa e do Imposto sobre as Sucessões e Doações.

2. Os artigos 15.º a 17.º do diploma referido no número anterior passam a ter a seguinte redacção:

....

Comentários:

1. Já em tempos, o legislador referia no preâmbulo ao Código do Imposto Municipal sobre Imóveis (IMI): *"Há muito tempo que se formou na sociedade portuguesa um largo consenso do carácter profundamente injusto do regime actual de tributação estática do património imobiliário.*

...

O sistema de avaliações até agora vigente foi criado para uma sociedade que já não existe, de economia rural e onde a riqueza imobiliária era predominantemente rústica. Por essa razão, o regime legal de avaliação da propriedade urbana é profundamente lacunar e desajustado da realidade actual."

2. Desde essa data, até ao preciso momento, operou-se *"uma profunda reforma do sistema de avaliação da propriedade, em especial da propriedade urbana."*.

3. Nesta mesma linha de pensamento – cálculo do montante de actualização das rendas –, o legislador "recorreu" a um *princípio* de índole meramente fiscal: «actualização do valor matricial dos prédios». No fundo, em termos históricos, não se afasta das anteriores intervenções legislativas.

4. Perante a alteração introduzida pelo n.º 2 do preceito em referência, há por óbvio, uma modificação de critérios, com reflexos evidentes.

Cabe aqui apurar a intenção do legislador, no que concerne à avaliação dos prédios já inscritos na matriz e à actualização do valor patrimonial. As novas medidas recentemente produzidas, aplicam-se a todos os prédios urbanos, encontrem-se ou não arrendados. Isto tudo, sem prejuízo do artigo 17.º, cuja nova redacção fixa um regime transitório.

Na presente obra, por uma questão de sistematização, todas as alterações, encontram-se reproduzidas em capítulo mais adequado.

ARTIGO 7.º
Alteração ao Código do Imposto Municipal sobre Imóveis

Os artigos 61.º e 112.º do Código do Imposto Municipal sobre Imóveis passam a ter a seguinte redacção:

………………..

Comentários:

1. Segundo veio estabelecer o artigo 60.º do CIMI (Código do Imposto Municipal sobre Imóveis), a avaliação de prédios urbanos recai sobre a Comissão Nacional de Avaliação de Prédios Urbanos (CNAPU) – organismo então criado – *"funcionando junto da DGCI, que lhe presta o necessário apoio administrativo"* (n.º 2 do artigo 60.º, *in fine*).

2. É de destacar, na sua nova composição, a inclusão de mais um vogal – a ser indicado pela *associação de inquilinos.*

3. Na eventualidade das entidades referidas nas alíneas *f)* a *i)* do artigo 61.º do CIMI não chegarem a acordo relativamente aos vogais que lhes compete indicar, será proposto pelo Presidente (Director Geral dos Impostos) um vogal de entre os indicados.

4. Esta norma, ainda traduz mais uma preocupação legislativa: os prédios que se afastem da respectiva função social. Por outras palavras: prédios devolutos.
Nesta matéria, elevam-se ao dobro as taxas do imposto municipal sobre imóveis que se enquadrem nessa previsão.

5. Decreto-Lei n.º 159/2006, de 8 de Agosto (Aprovou a definição do conceito fiscal de prédio devoluto).
Na presente obra, por uma questão de sistematização, todas as alterações, encontram-se reproduzidas em capítulo mais adequado.

Vide, ponto 2. e 15. da anotação ao artigo 1.º NRAU.

ARTIGO 8.º
Alteração ao Código do Registo Predial

O artigo 5.º do Código do Registo Predial, aprovado pelo Decreto-Lei n.º 224/84, de 6 de Julho, passa a ter a seguinte redacção:

………………..

Comentários:

1. Por força da alínea m) do n.º 1 do artigo 2.º do Código de Registo Predial, o contrato de «*arrendamento por mais de seis anos e as suas transmissões ou sublocações, exceptuando o arrendamento rural*», encontram-se sujeitos a registo.

2. Tal previsão, representa uma indiscutível mais-valia, na medida em que tais contratos oneram e limitam a propriedade dos prédios assim arrendados.

São vários os motivos que levaram o legislador, a optar por tal medida. Obviamente, o registo tem como função primordial dar publicidade à situação jurídica dos prédios, conferindo desse modo uma maior segurança aos titulares dos direitos inscritos, no comércio jurídico imobiliário.

3. Segundo as novas medidas recentemente produzidas, revela-se bastante, a forma escrita.

Na presente obra, por uma questão de sistematização, todas as alterações, encontram-se reproduzidas em capítulo mais adequado.

Vide, ponto 40. da anotação ao artigo 1.º NRAU.

CAPÍTULO II
Disposições gerais

SECÇÃO I
Comunicações

ARTIGO 9.º
Forma da comunicação

1. Salvo disposição da lei em contrário, as comunicações legalmente exigíveis entre as partes, relativas a cessação do contrato de arrendamento, actualização da renda e obras, são realizadas mediante escrito assinado pelo declarante e remetido por carta registada com aviso de recepção.

2. As cartas dirigidas ao arrendatário, na falta de indicação deste em contrário, devem ser remetidas para o local arrendado.

3. As cartas dirigidas ao senhorio devem ser remetidas para o endereço constante do contrato de arrendamento ou da sua comunicação imediatamente anterior.

52 *Novo Regime do Arrendamento Urbano*

4. Não existindo contrato escrito nem comunicação anterior do senhorio, as cartas dirigidas a este devem ser remetidas para o seu domicílio ou sede.

5. Qualquer comunicação deve conter o endereço completo da parte que a subscreve, devendo as partes comunicar mutuamente a alteração daquele.

6. O escrito assinado pelo declarante pode, ainda, ser entregue em mão, devendo o destinatário apor em cópia a sua assinatura, com nota de recepção.

7. A comunicação pelo senhorio destinada à cessação do contrato por resolução, nos termos do n.º 1 do artigo 1084.º do Código Civil, é efectuada mediante notificação avulsa, ou mediante contacto pessoal de advogado, solicitador ou solicitador de execução, sendo neste caso feita na pessoa do notificando, com entrega de duplicado da comunicação e cópia dos documentos que a acompanhem, devendo o notificando assinar o original.

I – Referência histórica:

Norma absoluta e, manifestamente inovadora, em sede do *instituto* do arrendamento urbano.

II – Comentários:

1. Este artigo vem introduzir significativas alterações nas normas de "correspondência" (**comunicações**) a "observar" entre os múltiplos intervenientes nas relações arrendatícias (*senhorio*(s), *arrendatário*(s), fiador(es), entre outros intervenientes na relação arrendatícia e, em redor de direitos reais: v.g. superficiário, usufrutuário).

Assim, tendo em vista acautelar futuras e eventuais "guerras" jurídicas ou, até mesmo doutrinais – por vezes, autênticas "batalhas" processuais que se arrasta(va)m *ad aeternum*[47] pelos corredores dos tribunais –, entendeu o legislador aplicar e exigir certos e determinados requisitos, na mais estreita sintonia com o conteúdo das respectivas comunicações.

2. Antes de mais e, até prova em contrário (comunicação atempada, de qualquer dos intervenientes – *senhorio*, *arrendatário* e *fiador* –, em sentido diverso), as comunicações *devem* ser correctamente efectuadas para os locais previamente

---

[47] Até à eternidade; para sempre.

Lei n.º 6/2006, de 27 de Fevereiro 53

designados, aquando da celebração do respectivo e competente contrato de arrendamento.

Ou seja: até indicação em contrário, qualquer comunicação emitida pelo proprietário(s)/*senhorio*(s) deve(m) ser correctamente endereçada(s) para o local arrendado pelo(s) *arrendatário*(s). Inversamente (comunicação do *arrendatário* ao *senhorio*), para o local previamente convencionado pelo(s) proprietário(s)/ /*senhorio*(s).

Em suma, agregando todos estes indicadores – e a *contrario sensu*[48] –, chegamos à seguinte conclusão: recai quer ao(s) *senhorio*(s), quer ao(s) *arrendatário*(s), quer ao(s) *fiador*(es) a <u>obrigação </u>(legal) <u>de comunicar</u>(em) *inter partes*, <u>eventuais mudanças de endereço.</u>

3. Embora, toda a profundidade das alterações introduzidas no regime *substantivo* do *instituto* do arrendamento e, dos recentes aditamentos ao Código de Processo Civil (artigos 930.º-B a 930.º-E), ainda assim, permanecem e persistem no Novo Regime do Arrendamento Urbano "regras de conduta" de carácter exclusivamente *adjectivo* (processual). Senão, atente-se – como resulta da análise ao n.º 1 deste artigo –, a três situações a requer e merecerem um tratamento mais delicado:

- – Actualização das rendas;
- – Realização de obras,

E,

- – Cessação de arrendamento;

4. Atendendo a todos os motivos apontados, duas grandes modalidades, na regulamentação das comunicações, se estabelecem:

    a) Carta registada com aviso de recepção

        E/ou,

        Aposição de assinatura (numa cópia);

    b) Notificação avulsa.

5. No fundo, qualquer destas modalidades traduzem "regras de conduta" distintas em função das razões das respectivas e competentes comunicações.

A **regra geral**, traduzir-se-á, na <u>carta registada com aviso de recepção</u>, aplicando-se a todas as comunicações respeitantes especialmente à <u>actualização do montante de rendas</u>, <u>realização de obras </u>e <u>cessação do contrato de arrendamento.</u>

A **excepção** (*nulla regula sine exceptione*[49]) – obriga a um maior formalismo –, reporta-se à <u>cessação do contrato de arrendamento</u>, consubstanciada em mora superior a três meses no pagamento do montante da renda (eventualmente, acrescido de encargos ou despesas (artigo 1078.º do Código Civil)); bem como, à <u>oposição do arrendatário à realização de obra ordenada por autoridade pública</u>.

---

[48] Pelo contrário; pela razão contrária; em sentido e razão contrárias; inversamente.
[49] Não há regra sem excepção.

54   *Novo Regime do Arrendamento Urbano*

As quais, devem ser regularmente realizadas por via de notificação avulsa (artigos 261.º e 262.º do Código de Processo Civil[50]).

Todavia, o legislador admite ainda outras formas de comunicação. Tais, como:
- Contacto pessoal de advogado;
- Solicitador;

Ou
- Solicitador de execução.

No entanto, na hipótese da comunicação ocorrer por via de algum destes intervenientes, só se revelará eficaz, quando efectuada *"na pessoa do notificando"* e, cumulativamente, *"devendo o notificando assinar o original"* (n.º 7 do artigo *sub judice*[51]).

Em suma, poderemos representar esquematicamente todas estas previsões, do seguinte modo:

Comunicações					
Tipologia	Cessação contrato	Actualização montante da renda	Realização de Obras	Cessação contrato (mora + 3 meses)	*Oposição Inquilino realização obras*
Formalismo	Carta Registada c/ Aviso recepção	Carta Registada c/ Aviso recepção	Carta Registada c/ Aviso recepção	**Notificação avulsa** ou Pessoal	**Notificação avulsa** ou Pessoal
Competência	Senhorio	Senhorio	Senhorio	Senhorio / *Advogado* Solicitador **Solicitador execução**	**Inquilino** / *Advogado* Solicitador **Solicitador execução**

---

[50] Artigo 261.º Código de Processo Civil (Como se realizam):

"1. As notificações avulsas dependem de despacho prévio que as ordene e são feitas pelo funcionário de justiça, na própria pessoa do notificando, à vista do requerimento, entregando-se ao notificado o duplicado e cópia dos documentos que a acompanhem.

2. O funcionário lavra certidão do acto, que é assinada pelo notificado.

3. O requerimento e a certidão são entregues a quem tiver requerido a diligência.

4. Os requerimentos e documentos para as notificações avulsas são apresentados em duplicado; e, tendo de ser notificada mais de uma pessoa apresentar-se-ão tantos duplicados quantas forem as que vivam em economia separada."

Artigo 262.º Código de Processo Civil (Inadmissibilidade de oposição às notificações avulsas)

"1. As notificações avulsas não admitem oposição alguma.

Os direitos respectivos só podem fazer-se valer nas acções competentes.

2. Do despacho de indeferimento da notificação cabe agravo, mas só até à Relação".

[51] Sob juízo; em análise.

6. Assim, quaisquer comunicações efectuadas *inter partes* com quebra e/ou violação dos formalismos legalmente exigíveis são automaticamente consideradas **nulas**, como resulta do disposto no artigo 220.º do Código Civil[52].

7. Há, por óbvio, uma diferença de competências, com reflexos evidentes quanto à notificação avulsa. Nesse sentido, registe-se:

"O solicitador de execução tem competência para praticar os actos necessários a dar início e assegurar o andamento dos processos comuns de execução baseados em decisão judicial ou arbitral, requerimento de injunção, ao qual tenha sido aposta a fórmula executória, documento exarado ou autenticado por notário, ou documento particular, com reconhecimento da assinatura do devedor."[53]

8. Como já anteriormente tivemos oportunidade de afirmar [comentários ao artigo 1.º (ponto 23.)], revitaliza-se e, reafirma-se o *princípio* incito ao designado "livro de protocolo".

9. Recuperando, toda a problemática em torno das "regras" de comunicações a observar entre as partes e, anteriormente desenvolvidas; não obstante, o legislador (n.º 1 do artigo em epígrafe) exigir *"escrito assinado pelo declarante e remetido por carta registada com aviso de recepção"*, nada inviabiliza e/ou contraria a utilização de notificação avulsa.

Neste mesmo sentido, refira-se:

"Coloca-se o problema de saber se o formalismo previsto no artigo é imperativo. Quanto ao previsto no n.º 7, pensamos que a resposta deve ser afirmativa. A razão de ser da norma é a segurança jurídica e a protecção do arrendatário, não se vislumbrando que outro procedimento possa existir capaz de alcançar esses objectivos.

Mas quanto ao formalismo previsto no n.º 1 pensamos que poderá ser substituído, por iniciativa do autor da comunicação, pelos procedimentos previstos no n.º 7, face à segurança acrescida de que se revestem, evitando assim as vicissitudes inerentes à comunicação via postal (cfr. art. 10.º das "Disposições gerais da NLAU"), a invocação de justo impedimento (cfr art. 16.º das "Disposições gerais da NLAU) ou os possíveis litígios relacionados com o conteúdo real das cartas enviadas."[54]

Vide, pontos 16, 19 e 23 da anotação ao artigo 1.º NRAU.
Vide, anotação ao artigo 1054.º do Código Civil.
Vide, anotação ao artigo 1078.º do Código Civil.

---

[52] Artigo 220.º Código Civil (Inobservância da forma legal) *"A declaração negocial que careça da forma legalmente prescrita é nula, quando outra não seja a sanção especialmente prevista na lei."*

[53] In *Novo Regime do Arrendamento Urbano – Anotações e Comentários*, 3.ª Edição Actualizada, MARGARIDA GRAVE, 2006, pág. 123.

[54] In *Arrendamento Urbano – Novo regime e legislação complementar*, LAURINDA GEMAS, ALBERTINA PEDROSO e JOÃO CALDEIRA JORGE, Quid Júris, 2006, pág. 140.

ARTIGO 10.º
Vicissitudes

1. A comunicação prevista no n.º 1 do artigo anterior considera-se realizada ainda que:

a) A carta seja devolvida por o destinatário se ter recusado a recebê-la ou não a ter levantado no prazo previsto no regulamento dos serviços postais;

b) O aviso de recepção tenha sido assinado por pessoa diferente do destinatário.

2. O disposto no número anterior não se aplica às cartas que constituam iniciativa do senhorio para actualização de renda, nos termos do artigo 34.º, ou integrem ou constituam título executivo para despejo, nos termos do artigo 15.º

3. Nas situações previstas no número anterior, o senhorio deve remeter nova carta registada com aviso de recepção decorridos que sejam 30 a 60 dias sobre a data do envio da primeira carta.

4. Se a nova carta voltar a ser devolvida, nos termos da alínea *a)* do n.º 1, considera-se a comunicação recebida no 10.º dia posterior ao do seu envio.

I – Referência histórica:

Norma inovadora, em sede do *instituto* do arrendamento urbano.

II – Comentários:

1. O presente artigo e, na mesma linha de continuidade do artigo precedente, tem como objectivo fundamental, conferir uma resposta satisfatória à problemática operacional das comunicações entre os diversos intervenientes nos contratos de arrendamento (*senhorio* e *arrendatário*).

2. Curiosa e, contrariamente – aos princípios gerais de direito –, o legislador veio por via do NRAU, introduzir no ordenamento jurídico vigente algumas inovações.

No fundo – como se se tratasse de um *"direito a acrescer"* –, o legislador, numa conjugação de esforços entre direito *substantivo* e direito *adjectivo*, complementa (em sede de arrendamento) todas as normas constantes nos n.ᵒˢ 1

Lei n.º 6/2006, de 27 de Fevereiro

e 2 do artigo 224.º, sob a epígrafe "Eficácia da declaração negocial", do Código Civil[55].

3. Por força da conjugação deste artigo com o n.º 1 do artigo anterior, a partir deste momento, todas e quaisquer comunicações, independentemente da correspondência ser devolvida por o destinatário se recusar a recebê-la ou, não a ter levantado no prazo estabelecido no regulamento dos serviços postais, consideram-se como efectivamente realizadas.

4. Todavia, o presente normativo prevê conjunturas excepcionais.

Situações existem que, necessitam de um maior *dever* de cuidado. Nomeadamente, quaisquer comunicações do(s) proprietário(s)/senhorio(s) atinentes à *actualização da renda* (artigo 34.º) ou, sempre que a comunicação constitua título executivo para *acção de despejo* (artigo 15.º); carecem de outros requisitos, para se tornarem efectivamente eficazes.

5. Nestas duas situações, o(s) proprietário(s)/senhorio(s) devem – decorridos que sejam trinta dias e, até um prazo máximo de sessenta dias –, "*remeter nova carta registada com aviso de recepção*". (n.º 4).

6. Uma vez concluídos todos estes prazos e mecanismos legais, a comunicação considera-se efectivamente realizada em duas situações:

- No próprio dia ("*aviso de recepção assinado por pessoa distinta do destinatário*");
- No 10.º dia posterior ao envio da segunda comunicação (n.º 4):
  - Caso o arrendatário tenha recusado "*recebê-la*";
  - Caso o arrendatário "*não a ter levantado no prazo previsto no regulamento dos serviços postais*".

7. Sem pretender antecipar matéria que, em local próprio será devidamente analisada, uma rápida referência à "*invocação de justo impedimento*" (artigo 16.º NRAU). Naturalmente, o exercício desse "*direito*" faz cessar automaticamente o presente dispositivo legal.

Vide, pontos 16. e 21. da anotação ao artigo 1.º NRAU.

Vide, anotação ao artigo 16.º do NRAU.

---

[55] "*1. A declaração negocial que tem um destinatário torna-se eficaz logo que chega ao seu poder ou dele é conhecida; as outras, logo que a vontade do declarante se manifesta na forma adequada.*

2. É também considerada eficaz a declaração que só por culpa do destinatário não for por ele oportunamente recebida."

ARTIGO 11.º
Pluralidade de senhorios ou de arrendatários

1. Havendo pluralidade de senhorios, as comunicações devem, sob pena de ineficácia, ser subscritas por todos, ou por quem a todos represente, devendo o arrendatário dirigir as suas comunicações ao representante, ou a quem em comunicação anterior tenha sido designado para as receber.

2. Na falta da designação prevista no número anterior, o arrendatário dirige as suas comunicações ao primeiro signatário e envia a carta para o endereço do remetente.

3. Havendo pluralidade de arrendatários, a comunicação do senhorio é dirigida ao que figurar em primeiro lugar no contrato, salvo indicação daqueles em contrário.

4. A comunicação prevista no número anterior é, contudo, dirigida a todos os arrendatários nos casos previstos no n.º 2 do artigo anterior.

5. Se a posição do destinatário estiver integrada em herança indivisa, a comunicação é dirigida ao cabeça-de-casal, salvo indicação de outro representante.

6. Nas situações previstas nos números anteriores, a pluralidade de comunicações de conteúdo diverso por parte dos titulares das posições de senhorio ou de arrendatário equivale ao silêncio.

I – Referência histórica:

Norma inovadora em sede do *instituto* do arrendamento urbano.

II – Comentários:

1. A norma *sub judice,* na mesma linha de continuidade com o artigo precedente – demonstrando e denotando alguma preocupação, designadamente, o efectivo e eficaz conhecimento das comunicações *inter partes* e *inter vivos* –, vem determinar todo um conjunto de "regras de conduta" destinadas a disciplinar as relações/comunicações entre os diversos intervenientes num caso: pluralidade de *proprietários/senhorios* ou de *arrendatários*.

Mais uma vez, o legislador, não afastou – sob pena de incoerência – um dos fundamentais princípios de *direito* e, ínsito ao *instituto* da compropriedade: a igualdade entre as partes.

Independentemente, dos direitos dos consortes ou comproprietários *"possam ser quantitativamente diferentes"* os *"direitos dos consortes ou comproprietários sobre a mesma coisa comum são qualitativamente iguais"*.

Quer isto dizer: apesar de em determinadas situações os consortes possuírem quotas distintas, tal facto não favorece – neste caso "comunicações" – os que possuam quotas maioritárias.

Em suma: mais uma vez, pretende-se acautelar ocasionais conflitos entre os diversos intervenientes nas relações arrendatícias.

2. Na hipótese de uma pluralidade de *proprietários/senhorios*, salienta-se a necessidade de comunicação subscrita por **todos**, sob pena de ineficácia[56].

Porém, em sentido inverso (quer dizer: do *arrendatário* para uma pluralidade de *proprietários/senhorios*), a comunicação deve ser efectuada na pessoa por quem a todos represente.

3. Contudo, as exigências não se quedam por aqui.

Na hipótese de uma pluralidade de *arrendatários*, regra geral, a comunicação do *proprietário/senhorio* é enviada ao que constar em primeiro lugar no contrato de arrendamento. A menos que exista comunicação em sentido contrário e, no maior respeito pelas regras constantes no artigo 9.º do NRAU.

Contrária e excepcionalmente – ainda na suposição de uma pluralidade de *arrendatários* –, qualquer correspondência no intuito proceder a uma actualização de renda, deve ser expedida para todos os *arrendatários*.

4. O legislador, antevendo a possibilidade da emissão de comunicações com conteúdos distintos – quer por parte dos *proprietários*, quer por parte dos *arrenda-tários* –, considerou aquelas equivalerem ao silêncio[57]. Quer isto dizer: nada valem! Não produzem quaisquer efeitos jurídicos. Trata-se, essencialmente, de uma presunção *juris et de jure*[58]

---

[56] *"Ineficácia do acto jurídico (sentido lato) – consiste em a lei considerar o acto jurídico inadequado para produzir os efeitos que o seu autor ou autores tinham em vista (J. Oliveira Ascensão, O Direito, Introdução e Teoria Geral, 3.ª Edição)"*, in Dicionário de Conceitos e Princípios Jurídicos, de João Melo Franco e Herlander Antunes Martins, Almedina, 3.ª Edição, 1991.

"Ineficácia do negócio jurídico (sentido amplo) – tem lugar sempre que um negócio não produz, por impedimento decorrente do ordenamento jurídico, no todo ou em parte, os efeitos que tenderia a produzir, segundo o teor das declarações respectivas (Mota Pinto, Teor. Ger. Dir. Civil, 3.ª Edição)" in Dicionário de Conceitos e Princípios Jurídicos, de João Melo Franco e Herlander Antunes Martins, Almedina, 3.ª Edição, 1991.

[57] Artigo 218.º do Código Civil (O silêncio como meio declarativo)
"O silêncio vale como declaração negocial, quando esse valor lhe seja atribuído por lei, uso ou convenção."

[58] Presunção absoluta, irrefutável, que não admite prova em contrário. Literalmente significa «*de direito e por direito*».

60 *Novo Regime do Arrendamento Urbano*

"A aplicação das regras da compropriedade à comunhão de quaisquer outros direitos tem importância, designadamente para efeitos de direito de preferência. Também se verifica em relação à situação de comunhão, por exemplo, de uma quota social, aquele mesmo direito de preferência que tem lugar na compropriedade, ou seja, na comunhão na titularidade de um direito de propriedade; qualquer dos contitulares de uma quota social tem preferência na alienação que o outro faça da sua parte ideal nessa quota (Mota Pinto, Direitos Reais. 1970/1971, pág. 252)."[59]

"Refira-se o facto de se encontrar previsto, no n.º 6 do artigo em anotação, que a existirem várias comunicações com conteúdo diverso, seja por parte do dos titulares da posição de senhorio, seja por parte dos titulares da posição de arrendatário, o seu valor jurídico equivale ao silêncio, ou seja, não produzem quaisquer efeitos jurídicos"[60]

5. Contudo, quaisquer comunicações que se enquadrem nos termos do artigo 15.º (título executivo para acção de despejo) e, do artigo 34.º (actualização da renda sob iniciativa do senhorio), devem ser obrigatória e regularmente endereçadas a todos os arrendatários.

6. Sobre o conceito de cabeça de casal refira-se: é aquele a quem compete a *"administração da herança até"* à respectiva e competente *"liquidação e partilha"*, conforme resulta do artigo 2079.º do Código Civil.

Vide, anotação ao artigo 1.º NRAU.

ARTIGO 12.º *
Casa de morada de família

1. Se o local arrendado constituir casa de morada de família, as comunicações previstas no n.º 2 do artigo 10.º devem ser dirigidas a cada um dos cônjuges.

2. As comunicações do arrendatário podem ser subscritas por ambos ou por um só dos cônjuges.

3. Devem, no entanto, ser subscritas por ambos os cônjuges as comunicações que tenham por efeito algum dos previstos no artigo 1682.º-B do Código Civil.

---

[59] In *Código Civil Anotado*, de ABÍLIO NETO e HERLANDER MARTINS, 7.ª Edição, Livraria Petrony, Lda, pág. 1059.

[60] In *Novo Regime do Arrendamento Urbano – Anotações e Comentários*, 3.ª Edição Actualizada, MARGARIDA GRAVE, 2006, pág. 126.

* A redacção do n.º 1 é a que lhe foi dada pela Declaração de Rectificação n.º 24/ /2006, de 17 de Abril.

Lei n.º 6/2006, de 27 de Fevereiro

I – Referência histórica:

Norma inovadora em sede do *instituto* do arrendamento urbano.

II – Comentários:

1. De notar, antes de mais – como já tivemos oportunidade de o afirmar – a extrema preocupação do legislador: a protecção do agregado familiar.

2. Saliente-se a estreita e, íntima relação dos conceitos "residência da família", "alienação ou oneração de imóveis", "estabelecimento comercial", "disposição do direito ao arrendamento", "casa de morada de família" e "atribuição da casa de morada de família" constantes – respectivamente – nos artigos 1673.º, 1682.º-A, 1682.º-B, 1793.º do Código Civil[61] e, finalmente no artigo 1413.º do Código de Processo Civil[62].

---

[61] Artigo 1673.º do Código Civil (Residência da família):

"1. Os cônjuges devem escolher de comum acordo a residência da família, atendendo, nomeadamente, às exigências da sua vida profissional e aos interesses dos filhos e procurando salvaguardar a unidade da vida familiar."

Artigo 1682.º-A do Código Civil (Alienação ou oneração de imóveis e de estabelecimento comercial):

"1. Carece do consentimento de ambos os cônjuges, salvo se entre eles vigorar o regime de separação de bens:

a) A alienação, oneração, arrendamento ou constituição de outros direitos pessoais de gozo imóveis próprios ou comuns;"

Artigo 1682.º-B do Código Civil (Disposição do direito de arrendamento):

"Relativamente à casa de morada de família, carecem do consentimento de ambos os cônjuges:

a) A resolução ou denúncia do contrato de arrendamento pelo arrendatário;"

Artigo 1793.º Código Civil (Casa de morada de família):

"1. Pode o tribunal dar de arrendamento a qualquer dos cônjuges, a seu pedido, a casa de morada de família, quer esta seja comum quer própria do outro, considerando, nomeadamente, as necessidades de cada um dos cônjuges e o interesse dos filhos do casal."

[62] Artigo 1413.º Código de Processo Civil (Atribuição da casa de morada de família)

"1 – Aquele que pretenda a atribuição da casa de morada de família, nos termos do artigo 1793.º do Código Civil, ou a transferência do direito ao arrendamento, nos termos do artigo 84.º do Regime do Arrendamento Urbano, deduzirá o seu pedido, indicando os factos com base nos quais entende dever ser-lhe atribuído o direito.

2 – O juiz convoca os interessados ou ex-cônjuges para uma tentativa de conciliação a que se aplica com as necessárias adaptações, o preceituado nos n.os 1, 5 e 6 do artigo 1407.º, sendo porém, o prazo de oposição o previsto no artigo 303.º.

3 – Haja ou não contestação, o juiz decidirá depois de proceder às diligências necessárias, cabendo sempre de decisão apelação, com efeito suspensivo.

4 – Se estiver pendente ou tiver corrido acção de divórcio ou de separação litigiosos, o pedido é deduzido por apenso."

62 *Novo Regime do Arrendamento Urbano*

3. Em função do disposto no n.º 1 do artigo em anotação, o legislador atribuiu (indirectamente) ao *proprietário*(s)/*senhorio*(s) o ónus de apurar se o local arrendado constitui ou não casa de morada de família. Consequentemente, a própria identificação do cônjuge do arrendatário. Este preceito, nalgumas situações, poderá constituir um autêntico entrave à actuação do(s) *proprietário*(s)/*senhorio*(s). Por outro lado, exige-se, desse modo, um maior *dever* de cuidado.

Significa isto, o *"direito e o dever"* do(s) *proprietário*(s)/*senhorio*(s) examinarem – regularmente – a coisa locada, como resulta da alínea *b*) do artigo 1038.º do Código Civil. Por essa via, o(s) *proprietário*(s)/*senhorio*(s) podem "fiscalizar" eventuais alterações.

4. Qualquer correspondência, emitida pelo(s) proprietário(s)/senhorio(s) possua como intuito a *"actualização de rendas"* (artigo 34.º) ou, constitua *"título executivo"* (artigo 15.º) para acção de despejo, deve ser correctamente endereçada – individualmente – a cada um dos cônjuges.

5. Em sentido oposto – excepcionando as regras constantes na alínea *a*) do artigo 1682.º-B (assinatura por ambos os cônjuges) –, torna-se suficiente a subscrição por qualquer dos cônjuges.

6. Atente-se, igualmente, ao artigo 57.º do presente diploma.

7. Sobre a responsabilidade pelo pagamento da renda, tanto corre por conta do *arrendatário*, bem como pelo seu cônjuge. Qualquer dívida relativa à *"casa de morada de família"* deve ser considerada e entendida como *"encargos normais da vida familiar"*, como resulta – *in fine* – da alínea *b*) do n.º 1 do artigo 1691.º do Código Civil[63].

> *"II – A casa de morada de família, quer esta seja comum quer própria de um dos cônjuges, pode ser dada de arrendamento pelo Tribunal a qualquer dos cônjuges nas condições mais vantajosas de renda, pois «só toma de arrendamento quem quer»."* (Ac. Rel. Lisboa de 26/02/1982, Col. De Jur. II, 151).

> *"Havendo simples separação de facto dos cônjuges, não é permitida a transmissão forçada de posição de arrendatário da casa de morada da família para o que não tem aquela qualidade."* (Ac. Rel. Coimbra, de 26/02/1991, Col. De Jur., I, 85).

> *"I – A atribuição da casa de mora de família não se traduz em ordenar-se a saída de um dos cônjuges para ali residir o outro, antes em*

---

[63] Artigo 1691.º (Dívidas que responsabilizam ambos os cônjuges)
"1. São da responsabilidade de ambos os cônjuges:
a) As dívidas contraídas, antes ou depois da celebração do casamento, pelos dois cônjuges, ou por um deles com o consentimento do outro;
b) As dívidas contraídas por qualquer dos cônjuges, antes ou depois da celebração do casamento, para ocorrer aos encargos normais da vida familiar:".

atribuir a casa àquele dos cônjuges que mais carecido dela se mostrar, podendo para isso o tribunal impor ao senhorio como arrendatário o cônjuge que o não era como constituir uma nova relação de arrendamento contra a vontade do ex-cônjuge proprietário da casa de família, estabelecendo os termos do contrato.

II – Sendo assim, o cônjuge que pretende lhe seja atribuída a casa de morada de família tem que alegar e provar encontrar-se em situação que permitisse a intervenção do tribunal ao abrigo do disposto nos artigos 84.º do RAU e 1793.º do Código Civil.

Não o tendo feito, improcede o direito de atribuição da casa de morada de família." (Ac. Rel. Évora de 24/2/94, Col. de Jur., I, 286).

"A casa de morada da família própria de um dos ex-cônjuges, só pode ser atribuída em arrendamento ao outro, a seu pedido, caso o dono da mesma não fique em situação económica de não lhe permitir encontrar habitação." (Ac. do S.T.J. de 15/12/1998, Col. De Jur., S III, 164).

Vide, pontos 28. e 30 da anotação ao artigo 1.º NRAU.
Vide, ponto 8 da anotação ao artigo 14.º do NRAU.
Vide:

– Lei 6/2001, de 11 de Maio (Adopta medidas de protecção às pessoas que vivam em economia comum).
– Lei 7/2001, de 11 de Maio (Adopta medidas de protecção às uniões de facto).

SECÇÃO II
Associações

ARTIGO 13.º
Legitimidade

1. As associações representativas das partes, quando expressamente autorizadas pelos interessados, gozam de legitimidade para assegurar a defesa judicial dos seus membros em questões relativas ao arrendamento.

2. Gozam do direito referido no número anterior as associações que, cumulativamente:

a) Tenham personalidade jurídica;
b) Não tenham fins lucrativos;
c) Tenham como objectivo principal proteger os direitos e interesses dos seus associados, na qualidade de senhorios, inquilinos ou comerciantes;

64 *Novo Regime do Arrendamento Urbano*

d) Tenham, pelo menos, 3000, 500 ou 100 associados, consoante a área a que circunscrevam a sua acção seja de âmbito nacional, regional ou local, respectivamente.

I – Referência histórica:

Norma inovadora em sede do *instituto* do arrendamento urbano.
O preceito *sub judice* teve como procedência:
– O artigo 16.º do Decreto Preambular ao RAU.

II – Comentários:

1. Trata-se de um preceito específico para todas as associações representativas dos direitos e interesses (porque não dizer: deveres?...) dos respectivos associados: senhorios, inquilinos, ou comerciantes. Felizmente, o presente artigo amplia o seu campo de intervenção a todas as associações representativas. Situação que, até ao momento, só era admissível às associações de *inquilinos*. Facto que nos apraz vivamente, porquanto vem reafirmar – mais uma vez – um dos fundamentais princípios constitucionais: o *princípio da igualdade*.

2. Este preceito, tendo em vista a representação judicial dos respectivos membros, pretende conferir competência e legitimidade processual às mais variadas associações (associações de proprietários, associações de inquilinos e as associações de comerciantes).

3. Esta legitimidade processual deriva da tutela dos interesses difusos que essas instituições prosseguem (Cfr. artigo 26.º-A do Código de Processo Civil)[64].

4. Do mesmo modo e, tal como resulta da conjugação no n.º 2 do artigo 49.º do NRAU, com o artigo 4.º do Decreto-Lei n.º 161/2006, de 8 de Agosto, integram as Comissões Arbitrais Municipais (CAM), representantes dos *senhorios* e, de igual modo, dos *arrendatários*.

Vide:

– Artigos 17.º e 18.º da Lei n.º 24/96, de 31 de Julho[65];

---

[64] Artigo 26.º-A do Código de Processo Civil
(Acções para a tutela de interesses difusos)
"Têm legitimidade para propor e intervir na acções e procedimentos cautelares, destinados, designadamente, à defesa da saúde pública, do ambiente, da qualidade de vida, do património cultural e do domínio público, bem como à protecção do consumo de bens e serviços, qualquer cidadão no gozo dos seus direitos civis e políticos, as associações e fundações defensoras dos interesses em causa, as autarquias locais e o Ministério Público, nos termos previstos na lei."
[65] Artigo 17.º (Associação de Consumidores)
1 – As associações de consumidores são associações dotadas de personalidade

Lei n.º 6/2006, de 27 de Fevereiro

– Artigo 20.º da Lei n.º 83/95, de 31 de Agosto[66].

"«*Os interesses difusos são interesses cuja titularidade pertence a todos e a cada um dos membros de uma comunidade ou de um grupo, mas que são susceptíveis de apropriação individual por qualquer desses membros» (M. Teixeira de Sousa, As Partes, o Objecto e a Prova na Acção Declarativa, 1995, pág. 55), de que são exemplos típicos os mencionados neste artigo 26.º-A, ou seja, os que se referem à saúde pública, ao ambiente, à qualidade de vida e ao património cultural.*
Para tutela dos referidos interesses, o n.º 3 do art. 52.º da CRP, na redacção da LC n.º 1/89, estatui «é conferido a todos, pessoalmente ou através de associações de defesa dos interesses em causa, o direito de acção popular nos casos e nos termos previstos na lei, nomeadamente o

---

jurídica, sem fins lucrativos e com o objectivo principal de proteger os direitos e os interesses dos consumidores em geral ou dos consumidores seus associados.

2 – As associações de consumidores podem ser de âmbito nacional, regional ou local, consoante a área a que circunscrevam a sua acção e tenham, pelo menos, 3.000, 500 ou 100 associados, respectivamente.

3 – As associações de consumidores podem ser ainda de interesse genérico ou de interesse específico:

a) São de interesse genérico as associações de consumidores cujo fim estatutário seja a tutela dos interesses dos consumidores em geral e cujos órgãos sejam livremente eleitos pelo voto universal e secreto de todos os seus associados;

b) São de interesse específico as demais associações de consumidores de bens e serviços determinados, cujos órgãos sejam livremente eleitos pelo voto universal e secreto de todos os seus associados.

4 – As cooperativas de consumo são equiparadas, para os efeitos do disposto no presente diploma, às associações de consumidores.

Artigo 18.º (Direitos das Associações de Consumidores).

1 – As associações de consumidores gozam dos seguintes direitos:

... *n)* Direito à isenção do pagamento de custas, preparos e imposto de selo, nos termos da Lei 83/95, de 31 de Agosto.

[66] Artigo 20.º (Regime especial de preparos e custas).

1 – Pelo exercício do direito de acção popular são exigíveis preparos.

2 – O autor fica isento do pagamento de custas em caso de procedência parcial do pedido.

3 – Em caso de decaimento total, o autor interveniente será condenado em montante a fixar pelo julgador entre um décimo e metade das custas que normalmente seriam devidas, tendo em conta a situação económica e a razão formal ou substantiva de improcedência.

4 – A litigância de má fé rege-se pela lei geral.

5 – A responsabilidade por custas dos autores intervenientes é solidária, nos termos gerais.

66 Novo Regime do Arrendamento Urbano

direito de promover a prevenção, a cessação ou a perseguição judicial das infracções contra a saúde pública, a degradação do ambiente e da qualidade de vida ou a degradação do património cultural, bem como de requerer para o lesado ou lesados a correspondente indemnização» (vide., sobre o âmbito deste preceito, J J Gomes Canotilho e Vital Moreira, Constituição da República Portuguesa, Anot., 3.ª Edição., 1993, págs. 281 e sgs).[67]

"A autorização prevista no n.º 1 do artigo deverá constar de documento escrito, por não se vislumbra melhor forma de comprovar nos autos a sua existência. Admite-se, no entanto, que a sua falta possa ser suprida nos termos conjugados dos art.ᵒˢ 508.º n.º 1 al. a) e 265.º, n.º 2, ambos do Código de Processo Civil. Poderá também no decurso da audiência preliminar tal falta de autorização ficar sanada se os interessados presentes, membros da associação que está em juízo, declararem expressamente que a autorizam a assegurar a sua defesa judicial e ratificarem o anterior processado, consignando-se em acta essa declaração".[68]

SECÇÃO III
Despejo

ARTIGO 14.º
Acção de despejo

1. A acção de despejo destina-se a fazer cessar a situação jurídica do arrendamento, sempre que a lei imponha o recurso à via judicial para promover tal cessação, e segue a forma de processo comum declarativo.

2. Quando o pedido de despejo tiver por fundamento a falta de residência permanente do arrendatário e quando este tenha na área dos concelhos de Lisboa ou do Porto e limítrofes, ou no respectivo concelho quanto ao resto do País, outra residência ou a propriedade de imóvel para habitação adquirido após o início da relação de arrendamento, com excepção dos casos de sucessão mortis causa, pode o senhorio, simultaneamente, pedir uma indemnização igual ao valor da renda determinada nos termos dos artigos 30.º a 32.º desde o termo do prazo para contestar até à entrega efectiva da habitação.

---

[67] In *Código de Processo Civil*, Anotado, de ABÍLIO NETO, Ediforum.

[68] In *Arrendamento Urbano – Novo regime e legislação complementar*, LAURINDA GEMAS, ALBERTINA PEDROSO e JOÃO CALDEIRA JORGE, Quid Júris, 2006, pág. 277.

Lei n.º 6/2006, de 27 de Fevereiro

3. Na pendência da acção de despejo, as rendas vencidas devem ser pagas ou depositadas, nos termos gerais.

4. Se o arrendatário não pagar ou depositar as rendas, encargos ou despesas, vencidos por um período superior a três meses, é notificado para, em 10 dias, proceder ao seu pagamento ou depósito e ainda da importância de indemnização devida, juntando prova aos autos, sendo, no entanto, condenado nas custas do incidente e nas despesas de levantamento do depósito, que são contadas a final.

5. Se, dentro daquele prazo, os montantes referidos no número anterior não forem pagos ou depositados, o senhorio pode pedir certidão dos autos relativa a estes factos, a qual constitui título executivo para efeitos de despejo do local arrendado, na forma de processo executivo comum para entrega de coisa certa.

I – Referência histórica:

O preceito *sub judice* teve como procedência:

– Os artigos 55.º (parcialmente revogado) e, 56.º do RAU.
– Tem alguma correspondência com o artigo 64.º do RAU.

II – Comentários:

1. *"A acção de despejo destina-se a fazer cessar a situação jurídica do arrendamento quando essa cessação decorre da resolução ou da denúncia do contrato de arrendamento (...) ou quando o arrendatário não aceita ou não executa o despedimento resultante de qualquer outra causa de cessação do contrato de arrendamento".*[69]

"É aquela em que um indivíduo, fundando-se num contrato de arrendamento válido e num facto susceptível de fazer cessar os efeitos ou de produzir a rescisão desse contrato, pede que o arrendatário seja condenado a despejar ou desocupar o prédio". (João de Matos, Acção de despejo)[70]

"Por despejo entende-se o desalojamento dos prédios ocupados pelos arrendatários e a expressão é utilizada, também, para qualificar as acções que se destinam àquele fim."[71]

---

[69] In *"A Acção de Despejo"* de MIGUEL TEIXEIRA DE SOUSA, Lex., 1995, pág. 14.

[70] In *Dicionário de Conceitos e Princípios Jurídicos*, de JOÃO MELO FRANCO e HERLANDER ANTUNES MARTINS, Almedina, 3.ª Edição, pág. 27.

[71] In *Regime do Arrendamento Urbano*, Anotações e Comentários de MARGARIDA GRAVE, 2.ª Edição, pág. 129.

68 *Novo Regime do Arrendamento Urbano*

Em suma: encontramo-nos em posição de definir *despejo* como o desalojamento de um *arrendatário*, fundando-se num contrato de arrendamento. Todavia, importa distinguir dois momentos: o do reconhecimento desse *direito* e, o respectivo e competente exercício.

2. *Grosso modo*[72], a acção de despejo, baseia-se essencialmente no incumprimento do contrato de arrendamento pela parte contrária e, logicamente pressupõe a violação de normas de conduta, de forma grave e reiterada, que tornem insustentável e inexigível a subsistência da manutenção do contrato de arrendamento.

3. A acção declarativa de despejo não constitui um processo especial, mas sim, uma forma de processo comum. Como tal tratado em conformidade com as regras processuais, com as modificações previstas nesta lei.

4. Como se acaba de observar, por todo o clausulado existem, quer na lógica da exposição, quer da execução, uma multiplicidade de fundamentos para o recurso à acção de despejo.

Observemos:

1.º *"A violação reiterada e grave de regras de higiene, de sossego, de boa vizinhança"*, bem como das *"normas constantes no Regulamento do Condomínio"*. (alínea *a*) do n.º 2 do artigo 1083.º do Código Civil);

2.º *"A utilização do prédio contrária à lei, aos bons costumes ou à ordem pública"* (alínea *b*) do n.º 2 do artigo 1083.º do Código Civil);

3.º *"O uso do prédio para fim diverso daquele a que se destina"* (alínea *c*) do n.º 2 do artigo 1083.º);

4.º *"O não uso do locado por mais de um ano, salvo"* por motivos de força maior: doença ou cumprimento de obrigações profissionais do próprio ou do cônjuge do arrendatário ou, de pessoa que com este viva em união de facto (alínea *d*) do n.º 2 do artigo 1083.º do Código Civil);

5.º *"A cessão, total ou parcial, temporária ou permanente e onerosa ou gratuita, quando ilícita, inválida ou ineficaz perante o senhorio"* (alínea *e*) do n.º 2 do artigo 1083.º do Código Civil);

6.º Oposição do arrendatário à realização de actos necessários à avaliação fiscal ou, à determinação do coeficiente de conservação do local arrendado (n.º 3 do artigo 36.º do NRAU).

7.º *"Denúncia do arrendatário por necessidade de habitação pelo próprio ou pelos seus descendentes em 1.º grau"* ou, para *"demolição ou realização de obras de remodelação ou restauro profundos"* (alíneas *a*) e *b*) do n.º 2 do artigo 1101.º do Código Civil).

5. Constituindo a resolução do contrato de arrendamento como fundamento a *"falta de residência permanente do arrendatário"*, pode o senhorio exigir *"uma indemnização igual ao valor da renda determinada"*, desde o termo do prazo para contestar até à efectiva entrega do local arrendado, como resulta da aplicação e conjugação dos artigos 30.º a 32.º do NRAU.

---

[72] Aproximadamente. Sem penetrar no âmago da questão.

O recurso a esta indemnização depende da confirmação dos seguintes pressupostos:

a) Possuir o arrendatário em qualquer área do concelho, onde se situa o prédio arrendado, outro locado arrendado para habitação;

b) Possuir a propriedade de imóvel para habitação, adquirido inter vivos, após a celebração do contrato de arrendamento do local a despejar.

Na linha do disposto, no n.º 2 do artigo em anotação, o *senhorio* (Autor, na acção de despejo), pode, na qualidade de legítimo titular de um *direito*, intentar e cumular – contra o *arrendatário*, agora Réu – na mesma acção, o pedido de despejo do locado e, a respectiva indemnização[73].

"I – O pedido de despejo, com fundamento na resolução de um contrato de arrendamento, para que a lei prescreve a forma de processo especial, não pode ser cumulado com o pedido de indemnização por incumprimento do contrato-promessa de compra e venda, do prédio, objecto do contrato de arrendamento, a que corresponde a forma de processo comum. II – São cumuláveis, nos termos do disposto no artigo 470.º do Cód. Proc. Civil, os pedidos de indemnização pelo incumprimento do contrato promessa de compra e venda e de reivindicação do prédio, objecto deste contrato, conforme o disposto no artigo 311.º do Cód. Civil, cabendo a ambos a forma de processo comum". (Ac. RE, de 2.7.1975: BMJ, 250.º-221).[74]

"I – Por não revestir a natureza de uma indemnização, mas antes de uma prestação de facto, não é cumulável com o pedido de resolução do contrato de arrendamento e consequente despejo do prédio arrendado e do pagamento de rendas em dívida, o pedido formulado na acção de despejo de condenação do R. a repor três lampiões que existiam na casa arrendada e que este terá deixado partir. II – Havendo essa acumulação a petição inicial é inapta. III – Não havendo indeferimento liminar, o juiz no despacho saneador deve absolver o R. da instância". (Ac. RL, de 30.7.1976: Col. Jur., 1976, 3.º-796)[75]

---

[73] Artigo 470.º Código de Processo Civil.

"1. Pode o autor deduzir cumulativamente contra o mesmo réu, num só processo, vários pedidos que sejam compatíveis, se quanto à forma do processo e quanto à competência do tribunal não existirem os obstáculos fixados no artigo 31.º.

2. A diversidade da forma do processo não obsta, porém, a que o autor possa cumular o pedido de despejo com o de rendas ou indemnização, nem a que cumule, o pedido de manutenção ou de restituição de posse com o de indemnização. Nestes casos, observar-se-á, relativamente a todos os pedidos, a forma de processo estabelecida para o despejo ou para as acções possessórias".

[74] In *Código de Processo Civil*, 11.ª Edição Refundida e Actualizada de Abílio Neto, pág. 396.

[75] In *Código de Processo Civil*, 11.ª Edição Refundida e Actualizada de Abílio Neto, pág. 396.

70 Novo Regime do Arrendamento Urbano

"I – A lei não estabelece forma de processo especial para a atribuição do direito ao arrendamento da casa de morada de família. II – Nada se opõe à cumulação deste pedido com o de divórcio nos termos do artigo 470.º n.º 2 do Código de Processo Civil". (Ac. Rel, de 31.5.1984; BMJ, 334-450)[76]

"É admissível, na petição inicial da acção de despejo, pedir a resolução do contrato de arrendamento com base na falta de pagamento destas, tanto vencidas como vincendas e, subsidiariamente, para a não procedência daqueles pedidos, a denúncia do contrato para o termo da renovação em curso, por os AA. Necessitarem do arrendado para sua habitação". (Ac. RP, de 11.1.1990: Col. Jur., 1990, 1.º-227)[77]

6. Consequentemente, enquanto se encontrar pendente a competente acção de despejo e, independentemente do respectivo fundamento, as rendas entretanto vincendas (após a data de recebimento da petição inicial na secretária judicial competente – *lex rei sitae*[78]), continuam a ser devidas ao legítimo proprietário/ /*senhorio. Mutatis mutandis*, no que concerne aos encargos ou despesas que decorram por mera responsabilidade do *arrendatário* e, paralelamente, devidos ao *senhorio*, conforme resulta do plasmado ao longo do clausulado no artigo 1078.º do Código Civil. Porém, torna-se necessário, avaliar até que ponto o incumprimento de tais encargos ou despesas (caso o arrendatário efectue regularmente a liquidação da renda) assume, de *per si*, gravidade de sobeja para justificar o recurso à resolução do contrato de arrendamento.

7. Na falta de pagamento ou depósito das rendas, encargos ou despesas, vencidos por um período superior a três meses, o *arrendatário* é notificado, para em dez dias, proceder ao respectivo pagamento ou depósito; bem como do montante correspondente à indemnização devida ao *senhorio*. Nestas circunstâncias, ocorre cumulativamente a condenação do Réu (*arrendatário*) nas custas do incidente e, nas despesas de levantamento do depósito. As quais, são contadas a final.

8. Caso o montante da renda não seja regularmente liquidada ou depositada, faculta-se ao *senhorio* a possibilidade de solicitar certidão relativa aos factos ocorridos (i.e. falta de liquidação das rendas vencidas). Quando na posse desse documento (certidão) – constitui título executivo –, o senhorio *pode* accionar a tão ambicionada acção de despejo do local arrendado, sob a forma de processo executivo comum para entrega de coisa certa.

9. Por força do regime de comunicabilidade do arrendamento, previsto e regulado no artigo 1069.º do Código Civil, a acção de despejo tem de ser intentada

---

[76] In *Código de Processo Civil*, 11.ª Edição Refundida e Actualizada de Abílio Neto, pág. 398.

[77] In *Código de Processo Civil*, 11.ª Edição Refundida e Actualizada de Abílio Neto, pág. 398.

[78] Lei do lugar da situação das coisas, onde o *bem* se encontra.

Lei n.º 6/2006, de 27 de Fevereiro

contra ambos os cônjuges. Excepcionalmente, se o regime de bens dor o da separação e, se cumulativamente, não se tratar de casa de morada de família.

10. Sobre a função do título constitutivo e espécies de títulos constitutivos, cfr. artigos 45.º e 46.º do Código de Processo Civil.[79]

> *"Para que seja executivo «o título tem que constituir ou certificar a existência da obrigação, não bastando que preveja a constituição desta. Assim é que o documento particular no qual se fixe a cláusula penal correspondente ao não cumprimento de qualquer obrigação contratual não constitui título executivo em relação à quantia da indemnização ou da cláusula penal estabelecida, por não fornecer prova sobre a constituição da respectiva obrigação»* (A. Varela, Manual, 74/75)[80]

> *"Se a mora do arrendatário persistir durante mais de três meses, o autor pode requerer nos autos que ele seja notificado para em 10 dias proceder ao seu pagamento ou depósito, com a indemnização devida e para juntar aos autos prova de tal pagamento ou depósito.*
> *A indemnização devida é igual a 50% do montante das rendas (artigo 1041.º n.º 1 do Código Civil) e, quanto aos encargos e despesas, aos juros moratórios calculados à taxa legal supletiva desde o momento do respectivo vencimento até efectivo pagamento (artigo 559.º n.º 1 e 806.º n.º 1 do Código Civil."*[81]

> *"Perante o pagamento da renda e da indemnização devida terá de se entender que "caduca" o direito à resolução do contrato. Quanto ao*

---

[79] Artigo 45.º (Função do título constitutivo)

1 – Toda a execução tem por base um título, pelo qual se determinam o fim e os limites da acção executiva.

2 – O fim da execução, para o efeito do processo aplicável, pode consistir no pagamento de quantia certa, na entrega de coisa certa ou na prestação de facto, quer positivo, quer negativo.

Artigo 46.º (Espécies de títulos constitutivos)

À acção apenas pode servir de base:

a) As sentenças condenatórias;

b) Os documentos exarados ou autenticados por notário que importem constituição ou reconhecimento de qualquer obrigação;

c) Os documentos particulares, assinados pelo devedor, que importem constituição ou reconhecimento de obrigações pecuniárias, cujo montante seja determinado ou determinável nos termos do artigo 805.º, ou de obrigação de entrega de coisas móveis ou de prestação de facto;

d) Os documentos a que, por disposição especial, seja atribuída força executiva.

[80] In *Código de Processo Civil*, 11.ª Edição Refundida e Actualizada de Abílio Neto, pág. 59.

[81] In Arrendamento Urbano 2006, de Fernando Augusto Cunha de Sá e Leonor Coutinho, Almedina, pág. 36.

72   *Novo Regime do Arrendamento Urbano*

momento da "indemnização devida" a que se refere o n.º 4, importa considerar o disposto no n.º 1041.º e 1048.º do CC e anotações respectivas. Os Drs. Cunha de Sá e Leonor Coutinho consideram que, relativamente aos encargos e despesas, a "indemnização devida" corresponde aos juros moratórios calculados à taxa legal supletiva desde o momento do vencimento até efectivo pagamento (art. 559.º n.º 1 e 806.º n.º 1 do CC). Discordamos. De facto, parece-nos que a indemnização devida tem de resultar da aplicação conjugada dos art.ºˢ 1041.º e 1048.º, pelo que corresponderá sempre a 50% das rendas e eventuais encargos ou despesas que forem devidos. É a solução que tem correspondência na letra e espírito da lei e se mostra mais adequada à natureza do incidente em causa, até porque seria complicado obrigar o arrendatário a calcular juros sobre quantias que podiam ter datas de vencimento diversas."[82]

TRAMITAÇÃO POCESSUAL

11. Conforme resulta da conjugação dos n.ºs 1 e 2 do artigo 305.º do Código de Processo Civil, sob a epígrafe *"Atribuição de valor à causa e sua influência"*, a qualquer acção judicial corresponde sempre um valor:

> "1. A toda a causa deve ser atribuído um valor certo, expresso em moeda legal, o qual representa a utilidade económica imediata do pedido.
>
> 2. *A este valor se atenderá para determinar a competência do tribunal, a forma do processo comum e a relação da causa com a alçada do tribunal.";*

12. Consequentemente, a determinação do valor da "acção de despejo" resulta da aplicação e, subsequente conjugação com o n.º 1 do artigo 307.º do Código de Processo Civil, sob a epígrafe "Critérios Especiais":

> "*1. Nas acções de despejo, o valor é o da renda anual, acrescido das rendas em dívida e da indemnização requerida".*

13. Como se extrai do preceito em análise, a acção de despejo segue a forma do processo comum de declaração.

O valor da alçada do Tribunal de 1.ª instância, neste momento, é de € 3 740,98 e, do Tribunal da Relação de € 14 963,94, conforme resulta da conjugação do n.º 1 do artigo 24.º da Lei n.º 3/99, de 13 de Janeiro.

Vale isto dizer: se o valor da acção de despejo exceder a alçada do Tribunal da Relação, emprega-se o processo ordinário; se não exceder, empregar-se-á o processo sumário (n.º 1 do artigo 462.º do Código de Processo Civil).

---

[82] In *Arrendamento Urbano – Novo regime e legislação complementar*, LAURINDA GEMAS, ALBERTINA PEDROSO e JOÃO CALDEIRA JORGE, Quid Júris, 2006, pág. 280.

Lei n.º 6/2006, de 27 de Fevereiro

14. De salientar, e realçar a extrema importância processual da notificação, referida no n.º 4 do artigo *sub judice*. Coloca-se a seguinte questão prévia que, importa clarificar e solucionar. Esta notificação deve ser realizada oficiosamente pela secretaria judicial ou, ordenada pelo juiz competente?[83]

Estamos em crer que deverá ser ordenada por Juiz, dado não se englobar no âmbito dos actos a efectuar pela secretaria.

"4. A notificação referida no n.º 4, trata-se, é certo, de notificação processual, regulada no Código de Processo Civil. É também claro que tem de ser uma notificação pessoal. Mas será oficiosa ou terá de ser ordenada pelo juiz?

Pensamos que essa notificação não pode ser feita oficiosamente pela secretaria, antes deverá ser ordenada pelo juiz na sequência de requerimento apresentado pelo autor/senhorio que dá início ao procedimento incidental em causa.

Do mesmo modo, deverá ser o juiz a ordenar (/ou não) a passagem da certidão a que alude o n.º 5, a requerimento do autor/senhorio, pois terá de ser o juiz a verificar se os montantes alegadamente em dívida foram pagos ou depositados.

Assim, não vislumbramos, antes pelo contrário, que o novo regime represente ganhos ao nível da simplificação e celeridade do incidente de despejo imediato. Há apenas uma aparente simplicidade, já que, na prática, continuará a ser necessária a intervenção d juiz, parecendo-nos muito negativo, do ponto de vista da almejada celeridade, que depois do tribunal ver verificado essa falta de pagamento, não possa logo ordenar o despejo imediato, mas apenas a passagem de certidão, tendo o senhorio, que já teve de esperar 3 meses para poder lançar mão do incidente, necessidade de instaurar acção executiva para obter a entrega do locado. Tanto mais que na execução poderá ainda o arrendatário, em sua defesa, deduzir oposição, apresentando meios de prova que lhe estavam vedados no incidente de despejo imediato, já que neste só é admitida prova documental, como resulta da natureza simplificada do incidente e da expressão legal "juntando prova aos autos".

5. O incidente de despejo imediato não pode ser usado quando a mora respeita apenas a encargos ou despesas. A propósito vejam-se o art. 1078.º do CC e respectivas anotações e o art. 1083, n.º 3 do CC e a nota 10 a este artigo.[84-85]

Vide, ponto 32. da anotação ao n.º 1 do NRAU.

---

[83] Artigo 229.º Código de Processo Civil (Notificações Oficiosas da Secretaria)

"1. A notificação relativa a processo pendente deve considerar-se consequência necessária do despacho que designa dia para qualquer acto em que devam comparecer determinadas pessoas ou a que as partes tenham o direito de assistir; devem também ser notificados, sem necessidade de ordem expressa, as sentenças e os despachos que a lei mande notificar e todos os que possam causar prejuízo às partes.

2- Cumpre ainda à secretaria notificar oficiosamente as partes quando, por virtude da disposição legal, possam responder a requerimentos, oferecer provas ou, de um modo geral, exercer algum direito processual que não dependa de prazo a fixar pelo juiz nem de prévia citação."

[84] *"A primeira delas, prevista na 1.ª parte do n.º 3, é a falta de pagamento da renda, encargos ou despesas em caso de mora superior a 3 meses. Está relacionada com*

ARTIGO 15.º
Título executivo

1. Não sendo o locado desocupado na data devida por lei ou convenção das partes, podem servir de base à execução para entrega de coisa certa:

a) Em caso de cessação por revogação, o contrato de arrendamento, acompanhado do acordo previsto no n.º 2 do artigo 1082.º do Código Civil;

b) Em caso de caducidade pelo decurso do prazo, não sendo o contrato renovável por ter sido celebrado para habitação não permanente ou para fim especial transitório, o contrato escrito donde conste a fixação desse prazo;

c) Em caso de cessação por oposição à renovação, o contrato de arrendamento, acompanhado do comprovativo da comunicação prevista no artigo 1097.º do Código Civil;

d) Em caso de denúncia por comunicação, o contrato de arrendamento, acompanhado dos comprovativos das comunicações previstas na alínea c) do artigo 1101.º do Código Civil e no artigo 1104.º do mesmo diploma;

e) Em caso de resolução por comunicação, o contrato de arrendamento, acompanhado do comprovativo da comunicação prevista no n.º 1 do artigo 1084.º do Código Civil, bem como, quando aplicável, do comprovativo, emitido pela autoridade competente, da oposição à realização da obra;

f) Em caso de denúncia pelo arrendatário, nos termos do n.º 5 do artigo 37.º ou do n.º 5 do artigo 43.º, o comprovativo da comunicação da iniciativa do senhorio e o documento de resposta do arrendatário.

---

a obrigação de pagamento de renda prevista na al. a) do art. 1038.º do CC e com o disposto no art.º 1078.º do CC sobre encargos e despesas.

Basta o atraso durante mais de 3 meses no pagamento de, pelo menos, uma renda para fundamentar a resolução extrajudicial do contrato de arrendamento, mesmo que o arrendatário cumpra o pagamento de rendas posteriores ou de encargos ou despesas.

Mas não nos parece que a falta de pagamento de renda só poderá fundamentar a resolução do contrato se existir mora superior a 3 meses. Tal falta de pagamento também poderá fundamentar a resolução do contrato mesmo quando a mora tenha duração inferior, em mora, nesse caso, a resolução opere por via judicial, tendo de ser decretada em acção de despejo (cfr. art.º 1084.º, n.º 2 do CC, e art.º 14.º da "Disposições gerais do NRAU". In Arrendamento Urbano – Novo regime e legislação complementar, Laurinda Gemas, Albertina Pedroso *e* João Caldeira Jorge, *Quid Júris, 2006, pág. 170.*

[85] *In Arrendamento Urbano – Novo regime e legislação complementar,* Laurinda Gemas, Albertina Pedroso *e* João Caldeira Jorge, *Quid Júris, 2006, pág. 279.*

Lei n.º 6/2006, de 27 de Fevereiro

2. O contrato de arrendamento é título executivo para a acção de pagamento de renda quando acompanhado do comprovativo de comunicação ao arrendatário do montante em dívida.

I – Referência histórica:

Norma inovadora em sede do *instituto* do arrendamento urbano.

II – Comentários:

1. Em sede de execução, entende-se por título executivo qualquer documento, pelo qual se determinam o *fim* e os *limites* da acção executiva.

"*É o documento de acto constitutivo ou certificativo de obrigações, a que a lei reconhece a eficácia de servir de base ao processo executivo. (M. Andrade, No. Elementares Proc. Civil, 2.ª Ed., 58).*[86]

2. Quanto à finalidade da **acção executiva** pode consistir no *pagamento de quantia certa*, na *entrega de coisa certa* ou, ainda, na *prestação de facto positivo ou negativo*.

3. Além dos títulos executivos já existentes no ordenamento jurídico, o legislador veio – numa linha de complementaridade entre normas *adjectivas* e *substantivas* –, conceber e acrescentar um vasto conjunto de "modernos" títulos executivos de natureza puramente extra-judicial.

4. De acordo com o que vimos de dizer – comentários ao artigo 1.º (pontos 19 e 20) –, a acção de *execução para entrega de coisa imóvel arrendada* (**EPECIA**) constitui doravante um "novo" instrumento jurídico.

Enquanto no RAU, apenas se previa o recurso à via judicial (acção de despejo), para "*fazer cessar a situação jurídica de arrendamento*"; o **NRAU**, propõe-se efectuar o ressarcimento de um *direito* violado (n.º 2 do artigo 4.º do Código de Processo Civil). Quer dizer: o *dever* de restituir o local arrendado ao(s) legítimo(s) proprietário(s)/senhorio(s).

5. Perante qualquer das previsões constantes ao longo de todo o elencado, facilmente se depreenderá tratar-se de uma presunção *juris et de jure*. Ou seja: não são admissíveis quaisquer outros documentos.

6. Quanto ao formalismo das comunicações, atente-se para o disposto nos artigo 9.º a 12.º do NRAU.

7. Em conformidade com o enunciado, o elenco dos títulos executivos revela-se significativamente ampliado, conferindo-se força executiva aos documentos particulares, que importem constituição ou reconhecimento de *direitos/obrigações*.

8. Partindo dessa base, permite-nos traçar um quadro exemplificativo de acções e títulos executivos.

---

[86] In *Dicionário de Conceitos e Princípios Jurídicos*, de João Melo Franco e Herlander Antunes Martins, Almedina, 3.ª Edição, pág. 845.

Novo Regime do Arrendamento Urbano

Acção Executiva para Entrega de Imóvel Arrendado

Acção	Título Executivo
Cessação por revogação	– Contrato de Arrendamento; – Acordo revogatório do contrato (n.º 2 do artigo 1082.º do Código Civil)
Cessação por caducidade do prazo de arrendamento	Contrato escrito de arrendamento para habitação não permanente ou para fim especial transitório donde conste a fixação do prazo de caducidade
Cessação por oposição à renovação	– Contrato de Arrendamento; – Comunicação escrita ao arrendatário impedindo a renovação automática com antecedência não inferior a um ano do termo do contrato (artigo 1097.º Código Civil)
Denúncia por comunicação	– Contrato de Arrendamento; – Comunicação ao arrendatário com antecedência não inferior a cinco anos sobre a data da cessação; – Comunicação confirmatória com a antecedência de 15 meses a 1 ano sobre a data de efectivação
Resolução por comunicação de obrigação incumprida	– Contrato de arrendamento; – Comunicação ao arrendatário onde se invoque fundamentadamente a obrigação incumprida de mora superior a 3 meses no pagamento de renda, encargos ou despesas (n.º 3 do artigo 1083.º e n.º 1 do artigo 1084.º Código Civil)
Resolução por comunicação de obrigação incumprida	– Contrato de arrendamento; – Comunicação ao arrendatário onde se invoque fundamentadamente a obrigação incumprida (oposição à realização de obras); – Comprovativo emitido pela autoridade competente da oposição à realização de obras ordenadas por autoridade pública
Denúncia pelo arrendatário	– Contrato de arrendamento; – Comunicação da denúncia do contrato pelo arrendatário em consequência de oposição à actualização das rendas (n.º 5 do artigo 37.º e n.º 5 do artigo 43.º NRAU)
Reconhecimento da obrigação de entrega pelo arrendatário	– Documento particular assinado pelo arrendatário comprovando a extinção do contrato e a consequente obrigação de entregar o imóvel (alínea c) do n.º 1 do artigo 46.º do NRAU)
Comunicação impedir a renovação automática do contrato	– Contrato de arrendamento; – Comunicação destinada a impedir a renovação automática do contrato (artigo 1098.º do Código Civil)
Comunicação efectuar a denúncia no arrendamento de "duração ilimitada"	– Contrato de arrendamento; – Comunicação destinada a efectuar a denúncia do arrendamento nos contratos de duração indeterminada (artigo 1100.º do Código Civil)

Vide, pontos 17 e 18 da anotação ao artigo 1.º NRAU.

Vide, anotação ao artigo 10.º NRAU.

SECÇÃO IV
Justo impedimento

ARTIGO 16.º
Invocação de justo impedimento

1. Considera-se justo impedimento o evento não imputável à parte em contrato de arrendamento urbano que obste à prática atempada de um acto previsto nesta lei ou à recepção das comunicações que lhe sejam dirigidas.

2. O justo impedimento deve ser invocado logo após a sua cessação, por comunicação dirigida à outra parte.

3. Compete à parte que o invocar a demonstração dos factos em que se funda.

4. Em caso de desacordo entre as partes, a invocação do justo impedimento só se torna eficaz após decisão judicial.

I – Referência histórica:

Norma inovadora em sede do *instituto* do arrendamento urbano, e, muito especialmente em sede de direito *substantivo*.

II – Comentários:

1. Este artigo tipifica uma "garantia" – quase como uma "lei travão"[87] – para qualquer dos intervenientes na relação arrendatícia. A respectiva materialização ocorre, sempre que qualquer das partes não pôde – por motivos absolutamente alheios à sua própria vontade – acusar atempadamente a recepção de determinada comunicação ou, não pôde praticar certo e determinado acto.

---

[87] "Lei travão (Dir. Fin.) – *é a lei segundo a qual se proibia que durante o período da discussão do orçamento os parlamentares apresentassem propostas que envolvessem aumento de despesas ou diminuição de receitas, ficando o governo com a faculdade de não dar execução a quaisquer leis que implicassem redução de receitas ou acréscimo de despesas quando não houvessem sido criadas e realizadas receitas compensadoras.*" (Braz Teixeira, Introdução ao Dir. Financeiro, 1980-69), in *Dicionário de Conceitos e Princípios Jurídicos*, de João Melo Franco e Herlander Antunes Martins, Almedina, 3.ª Edição, 1991.

78 Novo Regime do Arrendamento Urbano

2. E, neste concerne, saliente-se a importação do conceito de «*justo impedimento*» previsto e regulado no artigo 146.º do Código de Processo Civil[88].

"*A invocação do justo impedimento, para evitar o efeito extintivo do decurso do prazo, tem de ser feita logo que cesse a causa impeditiva.*"[89]

"*O justo impedimento só se verifica quando a pessoa que devia praticar o acto foi colocada na impossibilidade absoluta de o fazer, por si ou por mandatário, em virtude da ocorrência de um facto independente da sua vontade e que um cuidado e diligências normais não o fariam prever.*"[90]

"*I – A avaria de automóvel, designadamente em local de difícil acesso a outro meio de transporte ou a telefone, pode integrar justo impedimento. II – A sua invocação não beneficia de qualquer prazo, geral ou especial, e deve ser feita com a maior diligência possível, em face das circunstâncias de cada caso.*" (Ac. RP, de 87.03.10, CJ, 1987, 2.º pág. 208).[91]

"*Os atrasos dos serviços dos correios superiores a 3 dias são, em princípio, considerados anormais e, como tal, integradores de justo impedimento* (AC. RC, de 21.12.1982: Col. Jur., 1982, 5.º-56)"[92].

I – A avaria de automóvel, designadamente em local de difícil acesso a outro meio de transporte ou a telefone, pode integrar justo impedimento. II – A sua invocação não beneficia de qualquer prazo, geral ou especial, e deve ser feita com a maior diligência possível, em face das circunstâncias de cada caso (Ac. RP, de 10.3.1987: Col. Jur., 1987, 2.º-208)."[93]

"*Justo impedimento é o evento normalmente imprevisível e estranho à vontade da parte, que a coloca na impossibilidade de praticar o acto por si ou por mandatário.*" (Ac. R.C. de 1-2-67, Jur. Rel. 13.º-211. Ac. R.P. de 22-3-69, Jur. Rel., 15.º-263).[94]

---

[88] Artigo 146.º do Código de Processo Civil (Justo impedimento) – "*1. Considera-se justo impedimento o evento não imputável à parte nem aos seus representantes ou mandatários, que obste à prática atempada do acto.*

2. A parte que alegar o justo impedimento oferecerá logo a respectiva prova; o juiz, ouvida a parte contrária, admitirá o requerente a praticar o acto fora do prazo, se julgar verificado o impedimento e reconhecer que a parte se apresentou a requerer logo que ele cessou."

[89] In *Código de Processo Civil*, Anotado, de Abílio Neto, Ediforum, 11.ª Edição, pág. 149.

[90] In ibidem.

[91] In *Código de Processo Civil*, Anotado Doutrina – Jurisprudência, de Miguel Telles e Marcelino Ferreira, Editora Rei dos Livros, 1997, pág. 281.

[92] In *Código de Processo Civil*, Anotado, de Abílio Neto, Ediforum, 11.ª Edição, pág. 151.

[93] In ibidem.

[94] In *Dicionário de Conceitos e Princípios Jurídicos*, de João Melo Franco e Herlander Antunes Martins, Almedina, 3.ª Edição, pág. 525.

Lei n.º 6/2006, de 27 de Fevereiro 79

3. Tratando-se de uma "garantia", o efectivo exercício desse "direito" compete à parte alegante. Consequentemente, compete e incumbe-*lhe*, automaticamente, o ónus da prova: a demonstração dos factos em que se funda.

4. A invocação do *justo impedimento* deve de ser exercida, logo que cesse a causa impeditiva. Recorrendo a um exercício puramente académico, configuremos a seguinte situação: Determinado arrendatário, hospitalizado em virtude de um acidente de viação, ficou impossibilitado de proceder à recepção de uma comunicação, nos serviços dos CTT competentes. Face ao disposto nos n.º 2 e 3, logo que lhe seja concedida alta médica, deve enviar uma comunicação, invocando justo impedimento.

5. Quanto à forma de comunicação, apesar da lei não estabelecer de forma expressa, entendemos que decorre do disposto no artigo 9.º do NRAU. Ou seja: deve ser efectuada através de carta registada com aviso de recepção.

6. Na eventualidade de a contraparte não aceitar o motivo invocado como causa de justo impedimento, a parte interessada terá de recorrer ao Tribunal (v.g. acção de simples apreciação), fornecendo as provas em que o mesmo se baseou.

Vide, pontos 23. e 29 da anotação ao artigo 1.º NRAU.

SECÇÃO V
Consignação em depósito

ARTIGO 17.º
Depósito das rendas

1. O arrendatário pode proceder ao depósito da renda quando ocorram os pressupostos da consignação em depósito, quando lhe seja permitido fazer cessar a mora e ainda quando esteja pendente acção de despejo.

2. O previsto na presente secção é aplicável, com as necessárias adaptações, ao depósito do valor correspondente a encargos e despesas a cargo do arrendatário.

I – Referência histórica:

O preceito *sub judice* teve como procedência:
– O artigo 22.º do RAU.
– O artigo 991.º do Código de Processo Civil.

II – Comentários:

1. Conforme resulta dos artigos 841.º e 846.º do Código Civil, a consignação em depósito, constitui uma forma de extinção das obrigações.

2. Em termos *adjectivos*, a consignação em depósito, encontra o seu enquadramento legal entre os artigos 1024.º a 1032.º do Código de Processo Civil. Quer como processo autónomo, bem como acto preparatório de uma acção (artigo 1031.º), quer ainda como incidente de acção ou execução pendente (artigo 1032.º).

3. Da análise ao artigo sub judice, infere-se a existência de três fundamentos:

a) Ocorrer os pressupostos da consignação em depósito;
b) Arrendatário entre em mora e lhe seja lícito purgar a mora;
c) Pendente acção de despejo.

Da respectiva interpretação conclui-se, igualmente, revelar-se a consignação em depósito facultativa. Não é de modo algum, uma obrigação do devedor (arrendatário); mas surge no interesse e benefício de quem a originou.

4. Em perfeita sintonia com os artigos 767.º e 768.º do Código Civil, não é só o *arrendatário* que pode efectuar a consignação em depósito, também pode ser realizada por *"terceiro, interessado ou não no cumprimento da obrigação"*.[95]

5. Contrariamente ao disposto no n.º 1 do artigo 24.º do RAU – facultativo – , sublinhe-se a obrigatoriedade de comunicação ao *senhorio*, conforme resulta do n.º 1 do artigo 19.º deste diploma.

6. Na mesma ordem de razão, quanto aos valores correspondentes a encargos e despesas, que decorram por responsabilidade do *arrendatário*.

7. Relativamente à responsabilidade pelo pagamento das rendas, no caso de *"casa de morada de família"*, atente-se ao disposto na alínea *b)* do n.º 1 do artigo 1691.º.
Ou seja, tanto incumbe ao arrendatário, bem como ao seu cônjuge. E, independentemente do regime de casamento.

---

[95] Artigo 767.º Código Civil.
(Quem pode fazer a prestação)
"1. A prestação pode ser feita pelo devedor como por terceiro, interessado ou não no cumprimento da obrigação.
2. O credor não pode, todavia, ser constrangido a receber de terceiro a prestação, quando se tenha acordado expressamente em que esta deve ser feita pelo devedor, ou quando a substituição o prejudique."
Artigo 768.º Código Civil
(Recusa da prestação pelo credor)
"1. Quando a prestação puder ser efectuada por terceiro, o credor que a recuse incorre em mora perante o devedor.
2. É, porém, lícito ao credor recusá-la, desde que o devedor se oponha ao cumprimento e o terceiro não possa ficar sub-rogado nos termos do artigo 592.º; a oposição do devedor não obsta a que o credor aceite validamente a prestação."

Lei n.º 6/2006, de 27 de Fevereiro 81

8. No mesmo sentido, *mutatis mutandis*, relativamente às "pessoas que vivam em economia comum" (Lei 6/2001, de 11 de Maio) ou, às uniões de facto (Lei 7//2001, de 11 de Maio).

Vide: ponto 7. da anotação ao artigo 12.º do NRAU.
Vide: artigos 1041.º, 1042.º, 1048.º e n.º 2 do 1075.º todos do Código Civil.

ARTIGO 18.º
Termos do depósito

1. O depósito é feito em qualquer agência de instituição de crédito, perante um documento em dois exemplares, assinado pelo arrendatário, ou por outrem em seu nome, e do qual constem:

a) A identidade do senhorio e do arrendatário;
b) A identificação do locado;
c) O quantitativo da renda, encargo ou despesa;
d) O período de tempo a que ela respeita;
e) O motivo por que se pede o depósito.

2. Um dos exemplares do documento referido no número anterior fica em poder da instituição de crédito, cabendo o outro ao depositante, com o lançamento de ter sido efectuado o depósito.

3. O depósito fica à ordem do tribunal da situação do prédio ou, quando efectuado na pendência de processo judicial, do respectivo tribunal.

I – Referência histórica:

O preceito *sub judice* teve como procedência:
– O artigo 23.º do RAU.
– O artigo 992.º do Código de Processo Civil.

II – Comentários:

1. Ao passo que em sede de RAU era obrigatório o depósito na Caixa Geral de Depósitos; com o NRAU, em perfeita sintonia com o n.º 2 do artigo 1042.º do Código Civil, traz uma absoluta e completa liberdade de escolha ao(s) *arrendatário*(s). Afinal, a partir deste momento, o depósito pode ser realizado em qualquer instituição de crédito.

2. Em termos formais e superficiais, o documento relativo ao depósito deve mencionar:
– Identidade do senhorio e do arrendatário;

82   *Novo Regime do Arrendamento Urbano*

- Identidade do prédio / fracção autónoma (designadamente, pelo menos um dos seguintes elementos: localização, artigo matricial ou, ficha do registo predial);
- Quantia depositada, com descrição pormenorizada do montante da renda e, ainda, encargos ou despesas (se for o caso).
- Fundamentação para o acto (depósito).

Compreensivelmente, o documento (comprovativo) relativo ao depósito deve ser sempre assinado pelo *arrendatário* (depositante).

3. Obviamente, por força do n.º 2 do artigo 21.º do NRAU, o senhorio tem de intentar a respectiva e competente acção de despejo no prazo de 20 dias, caso pretenda resolver judicialmente o contrato de arrendamento com esse fundamento.

4. O n.º 3 do artigo em análise vem reafirmar – em qualquer dos casos: *"à ordem do tribunal"* ou *"na pendência de processo judicial"* –, um dos essenciais princípios de direito registral: *lex rei sitae*.

5. Na eventualidade de depósito efectuado na pendência de acção de despejo – nos termos do disposto no n.º 4 do artigo 14.º –, incumbe ao *arrendatário* proceder à junção aos autos da respectiva e competente prova (fotocópia).

ARTIGO 19.º
Notificação do senhorio

1. O arrendatário deve comunicar ao senhorio o depósito da renda.

2. A junção do duplicado ou duplicados das guias de depósito à contestação, ou figura processual a ela equivalente, de acção baseada na falta de pagamento produz os efeitos da comunicação.

I – Referência histórica:

O preceito *sub judice* teve como procedência:
- O artigo 24.º do RAU.
- O artigo 993.º do Código de Processo Civil.

II – Comentários:

1. Note-se que, na presente disposição, duas questões são aqui suscitadas:
a) Depósito efectuado sem se encontrar pendente qualquer acção de despejo ou processo executivo;
b) Depósito na pendência de acção de despejo ou, de execução para entrega de prédio arrendado ou, para pagamento de quantia certa.

Lei n.º 6/2006, de 27 de Fevereiro

2. Enquanto em sede de RAU, a notificação ao *proprietário/senhorio* era facultativa; perante o NRAU tal formalidade reveste-se, agora, obrigatória. Como é óbvio, esta nova opção legislativa – notificação de depósito da renda ao *senhorio* –, satisfaz-nos amplamente, até mesmo por uma questão de princípio.

3. De tudo o que temos vindo a afirmar, rapidamente, se depreende a existência de uma manifesta proximidade entre o n.º 1 deste artigo e, todo o *espírito do sistema* encetado pelo legislador ao longo dos artigos 9.º, 10.º e 11.º do NRAU. Muito embora, tal previsão não se enquadre na taxatividade do n.º 1 do artigo 9.º do NRAU; certamente, no sentido prevenir e tornar eficaz o relacionamento entre as partes, traduzir-se-á numa boa prática. Razão pela qual – em nossa opinião –, a forma de comunicação *desse* depósito deve ser concretizada, através de carta registada com aviso de recepção, acompanhada de comprovativo (cópia do duplicado do documento de depósito).

4. Cumpre, ainda, efectuar um esclarecimento. Na sequência do ponto 4 das anotações ao artigo 17.º, sem prejuízo do depósito ser efectuado por um terceiro, interessado (v.g. *fiador*) ou não no cumprimento da liquidação das rendas; essa comunicação recai sempre sobre a pessoa do *arrendatário*.

5. Curiosamente não se encontra, porém, pré-estabelecido qualquer tipo de prazo quanto à realização dessa comunicação ao *senhorio*. No entanto, estamos em crer que deverá ocorrer – preferencialmente – ainda antes do vencimento de nova prestação arrendatícia.

6. Desde logo, quaisquer duplicados de depósitos, efectuados pelo *arrendatário*, na pendência de acção de despejo ou, de execução para entrega de prédio arrendado ou, ainda, para pagamento de quantia certa, devem ser juntos aos autos, aquando do momento de apresentação da contestação à acção de despejo ou da oposição à execução (conforme resulta do n.º 2 do artigo em análise).

7. Por sua vez, o n.º 2 deste artigo constitui – primordialmente – uma norma procedimental de índole manifestamente *adjectiva*.

ARTIGO 20.º
Depósitos posteriores

1. Enquanto subsistir a causa do depósito, o arrendatário pode depositar as rendas posteriores, sem necessidade de nova oferta de pagamento nem de comunicação dos depósitos sucessivos.

2. Os depósitos posteriores são considerados dependência e consequência do depósito inicial, valendo quanto a eles o que for decidido em relação a este.

84 Novo Regime do Arrendamento Urbano

I – Referência histórica:

O preceito *sub judice* teve como procedência:
- O artigo 25.º do RAU.
- O artigo 996.º do Código de Processo Civil.

II – Comentários:

1. Também aqui, consideramos, tratar-se de uma norma de carácter *adjectivo*; facultando ao *arrendatário* [agora Réu na acção de despejo ou, sob qualquer outra forma de processo executivo (execução para entrega de prédio arrendado ou para pagamento de quantia certa)], todos os mecanismos procedimentais atinentes à liquidação de rendas por depósito.

2. Com efeito, um desses mecanismos respeita, pura e simplesmente, à respectiva e competente comunicação. Basicamente, o *arrendatário* deve liquidar as rendas que se forem vencendo, sem qualquer necessidade de oferecer as rendas subsequentes, nem sequer de comunicar os posteriores e sucessivos depósitos.

3. Vale, tudo isto, para todos os depósitos efectuados na mesma instituição bancária. Caso contrário – depósitos subsequentes realizados em diferentes instituições bancárias –, deve o *arrendatário* comunicar ao *senhorio*.

4. Incumbe ao tribunal decidir sobre o primeiro depósito, repercutindo-se tal decisão nos depósitos posteriores.

"A eficácia liberatória do primeiro depósito só se comunica aos depósitos posteriores enquanto subsistir a sua causa determinante. Não se encontrando presente no local do pagamento da renda o senhorio para receber a renda do dia contratualmente fixado, há fundamento para depósito dela mas, como se trata de facto diferente da recusa, os depósitos posteriores não têm eficácia liberatória, pelo que não obstam à mora do arrendatário"[96]

ARTIGO 21.º
Impugnação do depósito

1. A impugnação do depósito deve ocorrer no prazo de 20 dias contados da comunicação, seguindo-se, depois, o disposto na lei de processo sobre a impugnação da consignação em depósito.

---

[96] In *Arrendamento Urbano Anotado e Comentado*, de JORGE ALBERTO ARAGÃO SEIA, Almedina 3.ª Edição, 1995, pág. 203, citação do Ac. Relação de Évora de 15/10/1981, Col. Jur. VI. 4, 279.

Lei n.º 6/2006, de 27 de Fevereiro

2. Quando o senhorio pretenda resolver judicialmente o contrato por não pagamento de renda, a impugnação deve ser efectuada em acção de despejo a intentar no prazo de 20 dias contados da comunicação do depósito ou, estando a acção já pendente, na resposta à contestação ou em articulado específico, apresentado no prazo de 10 dias contados da comunicação em causa, sempre que esta ocorra depois da contestação.

3. O processo de depósito é apensado ao da acção de despejo, em cujo despacho saneador se deve conhecer da subsistência do depósito e dos seus efeitos, salvo se a decisão depender da prova ainda não produzida.

I – Referência histórica:

O preceito *sub judice* teve como procedência:

– O artigo 26.º do RAU.
– O artigo 994.º do Código de Processo Civil.

II – Comentários:

1. Em termos comparativos com o RAU, verifica-se uma dilação nos respectivos prazos.

Enquanto, no anterior regime – para impugnação do depósito e, resposta à contestação –, se limitavam a 14 e 7 dias; face à nova previsão, os prazos foram alargados para 20 e 10 dias, respectivamente.

2. Acrescente-se que – caso o senhorio discorde do depósito efectuado –, pode impugná-lo do seguinte modo:

– Acção judicial, a intentar no prazo de 20 dias a contar a partir do momento da comunicação do depósito, nos termos dos artigos 1027.º, 1028.º e 1029.º do Código de Processo Civil;
– Acção de despejo pendente:
    a) Resposta à contestação
    b) Fase de resposta à contestação ultrapassada: articulado autónomo, no prazo de 10 dias a contar da data da comunicação.
– Acção de despejo, a intentar no prazo de 20 dias, a contar da comunicação do depósito, caso pretenda a resolução do contrato, por falta de pagamento da renda e, impugnando a consignação em depósito.

3. Impõe-se destacar: a impossibilidade do *senhorio* levantar os montantes depositados sem prévia autorização judicial, caso tenha impugnado o depósito, como resulta do n.º 3 do artigo 22.º do NRAU.

"A hipótese do n.º 2, na parte em que se refere à "acção pendente" para resolução judicial do contrato por não pagamento de renda, será de

86 Novo Regime do Arrendamento Urbano

aplicação residual, já que muito provavelmente o senhorio que pretenda resolver o contrato com esse fundamento aguardará que a mora seja superior a 3 meses para proceder à resolução extrajudicial do contrato de arrendamento (cfr. art.ºs 1083.º, e 1084.º, n.º 1, ambos do CC) Assim, admitimos que a "acção pendente" a que o preceito alude seja a execução para entrega de coisa certa.

Pela mesma razão deverá entender-se que a "acção de despejo" e o "despacho saneador" referidos no n.º 3 poderão ser a execução para entrega de coisa certa e o despacho saneador do respectivo apenso de oposição à execução.

Aliás, estando pendente acção (declarativa ou executiva), também não tem de ser feita a comunicação a que alude a parte final do n.º 2, pois a simples junção do(s) duplicado(s) das guias de depósito substitui tal comunicação (cfr. art.º 19.º, n.º 2, das "Disposições gerais da NLAU" e nota 2 a este artigo)"[97].

ARTIGO 22.º
Levantamento do depósito pelo senhorio

1. O senhorio pode levantar o depósito mediante escrito em que declare que não o impugnou nem pretende impugnar.

2. O escrito referido no número anterior é assinado pelo senhorio ou pelo seu representante, devendo a assinatura ser reconhecida por notário, quando não se apresente o bilhete de identidade respectivo.

3. O depósito impugnado pelo senhorio só pode ser levantado após decisão judicial e de harmonia com ela.

I – Referência histórica:

O preceito *sub judice* teve como procedência:
– Os artigos 27.º e 28.º do RAU.
– Os artigos 975.º e 997.º do Código de Processo Civil.

II – Comentários:

1. Como referimos, o depósito impugnado pelo senhorio, só pode ser objecto de movimentação bancária (levantamento), após prévia decisão judicial.

---

[97] In *Arrendamento Urbano – Novo regime e legislação complementar*, Laurinda Gemas, Albertina Pedroso e João Caldeira Jorge, Quid Júris, 2006, pág. 296.

2. O senhorio só pode proceder ao levantamento do valor do depósito, mediante documento escrito em que declare que não efectuou a impugnação do depósito, nem o pretende efectuar.

3. Este documento, deve ser assinado pelo senhorio ou quem o represente, devendo a assinatura ser reconhecida presencialmente pelo notário.

ARTIGO 23.º
Falsidade da declaração

Quando a declaração referida no artigo anterior seja falsa, a impugnação fica sem efeito e o declarante incorre em multa equivalente ao dobro da quantia depositada, sem prejuízo da responsabilidade penal correspondente ao crime de falsas declarações.

I – Referência histórica:

O preceito *sub judice* teve como procedência:

– O artigo 29.º do RAU.
– O n.º 1 do artigo 997.º do Código de Processo Civil.

II – Comentários:

Segundo este artigo, estabelecem-se dois tipos de sanções: uma de carácter pecuniário, outra no quadro da responsabilidade penal (Artigo 360.º do Código Penal.)[98].

---

[98] Artigo 360.º do Código Penal.
"1 – Quem, como testemunha, perito, técnico, tradutor ou intérprete, perante tribunal ou funcionário competente para receber como meio de prova, depoimento, relatório, informação ou tradução, prestar depoimento, apresentar relatório, der informações ou fizer traduções falsas, é punido com pena de prisão de 6 meses a 3 anos ou com pena de multa não inferior a 60 dias.
2 – Na mesma pena pode incorrer quem, sem justa causa, se recusar a depor ou a apresentar relatório, informação ou tradução.
3 – Se o facto referido no n.º 1 for praticado depois de o agente ter prestado juramento e ter sido advertido das consequências penais a que se expõe, a pena é de prisão até 5 anos ou de multa até 600 dias.".

SECÇÃO VI
Determinação da renda

ARTIGO 24.º
Coeficiente de actualização

1. O coeficiente de actualização anual de renda dos diversos tipos de arrendamento é o resultante da totalidade da variação do índice de preços no consumidor, sem habitação, correspondente aos últimos 12 meses e para os quais existam valores disponíveis à data de 31 de Agosto, apurado pelo Instituto Nacional de Estatística.

2. O aviso com o coeficiente referido no número anterior é publicado no Diário da República até 30 de Outubro de cada ano.

I – Referência histórica:

O preceito *sub judice* teve como procedência:

– O n.º 3 do artigo 32.º do RAU.

II – Comentários:

1. O respectivo e competente aviso a que alude o n.º 2 do artigo *sub judice*[99] é regularmente publicado na II Série do Diário da República.

2. Nada obsta, que a respectiva e competente actualização anual do montante da renda, seja devidamente acordada entre os diversos intervenientes da relação arrendatícia.

3. Consequentemente e, só por exclusão, só na eventualidade de falta de convenção entre as partes, se aplica o *"coeficiente de actualização anual"* – cfr. artigo 1077.º do Código Civil.

4. Em conformidade com a alínea *c)* do artigo 1077.º do Código Civil, a notificação ao *arrendatário/inquilino* tem de ocorrer, pelo menos, com 30 dias de antecedência, sobre a data em que se torna exigível a nova renda.

5. Esta comunicação deve respeitar os formalismos constantes nos artigos 9.º a 12.º do NRAU.

"I – Para efeitos de actualização acelerada da renda a parte decimal do coeficiente de actualização representa o montante da actualização

---

[99] Em análise.

Lei n.º 6/2006, de 27 de Fevereiro

stricto sensu, enquanto a unidade que constitui a parte inteira representa a renda vigente no momento de aplicação do coeficiente, pelo que o produto desta renda por um coeficiente assim materialmente expresso representará o valor da renda nova já actualizada. II – O dobro do coeficiente para actualização acelerada é igual a duas vezes a sua parte decimal." (Ac. STJ, de 14-01-1998, Revista n.º 911/97 – 1.º, Bol. Sum., www.stj.pt)

Quadro evolutivo do coeficiente de actualização anual

Ano	Coeficiente	Portaria/Aviso
1986	1,13 (1,14 para renda condicionada e contratos não habitacionais)	Portarias 179/86, de 09-05, 29/86, de 22-01, e 926/85, de 03-12.
1987	1,85 (1,90 para renda condicionada e contratos não habitacionais)	Portarias 604/86, de 19-10, 605/86, de 16-10, 617/89, de 23-10.
1988	1,074	Portaria 847-A/87, de 31-10
1989	1,073	Portaria 725-A/88, de 31-10
1990	1,10	Portaria 965-D/89, de 31-10
1991	1,11	Portaria 1001-E/60, de 31-10
1992	1,1150	Portaria 1133-A/91, de 31-10
1993	1,08	Portaria 1024/92, de 31-10
1994	1,0675	Portaria 1103-A/93, de 30-10
1995	1,045	Portaria 975-A/94, de 31-10
1996	1,037	Portaria 1300-A/95, de 31-10
1997	1,027	Portaria 616-A/96, de 30-10
1998	1,023	Portaria 1089-C/97, de 31-10
1999	1,023	Portaria 946-A/98, de 31-10
2000	1,028	Portaria 982-A/99, de 30-10
2001	1,022	Portaria 1062-A/00, de 31-10
2002	1,043	Aviso 13052-A/01, de 30-10
2003	1,036	Aviso 10012/02, de 26-09
2004	1,037	Portaria 1238/03, de 29-10
2005	1,025	Aviso 9277/04, de 7-10
2006	1,021	Aviso 8475/05, de 30-09
2007	1,031	Aviso 9635/2006, de 07-09

Vide, pontos 16 da anotação ao artigo 1.º NRAU.
Vide: artigo 1077.º do Código Civil.

ARTIGO 25.º
Arredondamento

1. A renda resultante da actualização referida no artigo anterior é arredondada para a unidade euro imediatamente superior.

2. O mesmo arredondamento se aplica nos demais casos de determinação da renda com recurso a fórmulas aritméticas.

I – Referência histórica:

O preceito *sub judice* teve como procedência:

– O n.º 3 do artigo 32.º do RAU.

II – Comentários:

1. Na continuidade do artigo anterior, a actualização do montante da renda é anualmente efectuada com recurso ao coeficiente apurado pelo Instituto Nacional de Estatística e, posteriormente publicado na 2.ª Série do Diário da República, podendo dar lugar a um resultado decimal.

2. Sempre que tal ocorra, o valor apurado da nova renda será imediatamente arredondado para a unidade euro imediatamente superior.

3. Também, o arredondamento para a unidade euro imediatamente superior, é da exclusiva competência e iniciativa do senhorio.

4. A título exemplificativo, debrucemo-nos sobre o seguinte caso:

A actualização de uma renda no valor de € 500.

Por força da aplicação do coeficiente fixado para 2007, resulta no montante de € 516. Observemos, melhor, o respectivo procedimento.

Valor da Renda: € 500 x **1,037**[100] = € 515,5 (arredondamento dá o montante de € 516).

5. Encontram-se abrangidos à fórmula aritmética os regimes da "renda condicionada" e da "renda apoiada", conforme resulta do artigo 61.º do NRAU.

6. Num pólo manifestamente oposto, encontra-se a hipótese de "Redução da renda ou aluguer" (Cfr. artigo 1040.º do Código Civil).

---

[100] Aviso n.º 9635/2006, Diário da República, II Série – N.º 173 – 7 de Setembro de 2006. Rectificação n.º 1579/2006, de 23 de Outubro.

TÍTULO II
Normas transitórias

CAPÍTULO I
Contratos habitacionais celebrados na vigência do Regime do Arrendamento Urbano e contratos não habitacionais celebrados depois do Decreto-Lei n.º 257/95, de 30 de Setembro

ARTIGO 26.º
Regime

1. Os contratos celebrados na vigência do Regime do Arrendamento Urbano (RAU), aprovado pelo Decreto-Lei n.º 321-B/90, de 15 de Outubro, passam a estar submetidos ao NRAU, com as especificidades dos números seguintes.

2. À transmissão por morte aplica-se o disposto nos artigos 57.º e 58.º

3. Os contratos de duração limitada renovam-se automaticamente, quando não sejam denunciados por qualquer das partes, no fim do prazo pelo qual foram celebrados, pelo período de três anos, se outro superior não tiver sido previsto, sendo a primeira renovação pelo período de cinco anos no caso de arrendamento para fim não habitacional.

4. Os contratos sem duração limitada regem-se pelas regras aplicáveis aos contratos de duração indeterminada, com as seguintes especificidades:

    a) Continua a aplicar-se o artigo 107.º do RAU;

    b) O montante previsto no n.º 1 do artigo 1102.º do Código Civil não pode ser inferior a um ano de renda, calculada nos termos dos artigos 30.º e 31.º;

    c) Não se aplica a alínea *c)* do artigo 1101.º do Código Civil.

5. Em relação aos arrendamentos para habitação, cessa o disposto nas alíneas *a)* e *b)* do número anterior após transmissão por morte para filho ou enteado ocorrida depois da entrada em vigor da presente lei.

6. Em relação aos arrendamentos para fins não habitacionais, cessa o disposto na alínea *c)* do n.º 4 quando:

a) Ocorra trespasse ou locação do estabelecimento após a entrada em vigor da presente lei;

b) Sendo o arrendatário uma sociedade, ocorra transmissão inter vivos de posição ou posições sociais que determine a alteração da titularidade em mais de 50% face à situação existente aquando da entrada em vigor da presente lei.

I – Referência histórica:

Norma inovadora em sede do *instituto* do arrendamento urbano.

II – Comentários:

1. Antes de mais, atente-se ao "*princípio geral da aplicação das leis no tempo*", consagrado no artigo 12.º do Código Civil.

"*É tarefa do direito transitório – expressão adoptada para designar aquele conjunto de princípios e de regras cuja função é delimitar entre si os âmbitos de aplicação temporal de cada lei – coordenar a aplicação de dois sistemas jurídicos que se sucedem no tempo. Desta sua missão, que o obriga a optar pela lei antiga, ou pela lei nova, há-de ele desempenhar--se com base na ponderação de certos interesses que se contrapõem, apontando, um, para a aplicação daquela lei e, o outro ou outros, para a aplicação desta.*

Esses interesses são, principalmente, dois: o interesse da estabilidade e o interesse na adaptação, os quais hão-de ser devidamente ponderados e confrontados a propósito de cada problema típico de direito transitório.

O interesse dos indivíduos na estabilidade da ordem jurídica, o que lhes consentirá a organização dos seus planos de vida e lhes evitará o mais possível a frustração das suas expectativas fundadas, pode achar-se mais ou menos fortemente radicado: podem, designadamente, aparecer posições jurídicas particularmente merecedoras de tutela, como o seriam aquelas que certa doutrina qualifica de "direitos legitimamente adquiridos" e que, afinal, se trata de uma modalidade do interesse da segurança jurídica.

A este interesse contrapõe-se um outro: o interesse público na transformação da antiga ordem jurídica e na sua adequação a novas necessidades e concepções sociais, mesmo à custa de posições jurídicas e de expectativas fundadas no antigo estado do direito. Este interesse pode ser mais ou menos premente, e tanto pode abranger o interesse de terceiro, o interesse da segurança do comércio jurídico, como um interesse público

Lei n.º 6/2006, de 27 de Fevereiro

geral, a saber, um interesse geral da comunidade jurídica (interessa na adaptação às novas realidades sociais) ou um interesse de política legislativa (interesse na unidade e homogeneidade do ordenamento, factores de segurança e pressupostos jurídicos)." (Parecer da P-G da República, de 21-12-1977: DR, II Série, de 30-3-1978, pág. 1804).[101]

"A lei reguladora dos contratos será a de que cada contrato tem em princípio como estatuto definidor do seu regime, a lei vigente à data da sua celebração. E à luz desse pensamento deve ser interpretada e aplicada a norma inscrita no art. 12.º segundo a qual "a lei só dispõe para o futuro" sem prejuízo da outra directriz que decorre da parte final do n.º 2 do mesmo art. mesmo ao conteúdo das relações contratuais de carácter duradouro." (A. Varela, RLJ, 114.º-16)[102]

2. O legislador, por via do presente **Novo Regime do Arrendamento Urbano**, procedeu a uma revogação do **Regime do Arrendamento Urbano**, aprovado pelo Decreto-Lei n.º 321-B/90, de 15 de Outubro e, estabelece para os **contratos não habitacionais celebrados** depois do Decreto-Lei n.º 257/95, de 30 de Setembro, um conjunto de *"normas transitórias"*.

3. O artigo *hic et nunc*[103] em análise – conjugado com o artigo 28.º do diploma em análise –, constitui, essencialmente, a *"pedra angular"* do **Novo Regime do Arrendamento Urbano**.

Assim, o *"novo regime"* aplicar-se-á a todos e quaisquer contratos celebrados **pré** ou **pós** RAU, bem como aos *contratos não habitacionais* celebrados **pré** ou **pós** Decreto-Lei n.º 257/95, de 30 de Setembro, em sintonia com o disposto no artigo 59.º do NRAU. Ou seja: a todos os arrendamentos urbanos do pretérito que, ainda, subsistam à data de entrada do NRAU.

4. À semelhança do RAU, o **Novo Regime do Arrendamento Urbano**, estabelece e define **dois tipos de contratos** (artigo 1094.º do Código Civil): o **"contrato com prazo certo"** e, o **"contrato com duração indeterminada"**.

5. Em termos comparativos, os **"contratos com prazo certo"** correspondem – em sede de RAU – aos *"contratos de duração limitada"*. Por sua vez, na mesma ordem de razão, os actuais **"contratos de duração indeterminada"** correspondem aos anteriores *"contratos sem duração limitada"*.

6. Por outro lado, atendendo à conjugação dos diversos tipos de contratos (**prazo certo** e **duração indeterminada**) e, perante a nova nomenclatura adoptada

---

[101] *Código Civil Anotado*, de Abílio Neto e Herlander Martins, 7.ª Edição Actualizada, 1990, pág. 28.

[102] *Código Civil Anotado*, de Abílio Neto e Herlander Martins, 7.ª Edição Actualizada, 1990, pág. 28.

[103] Aqui e agora, sem demora.

(arrendamento **habitacional** e **não habitacional**), resultam formas de "tratamento" diferentes.
Nomeadamente:

– **Contratos de duração limitada** (renovam-se automaticamente – n.º 3).

Na presente tipologia contratual estabelece-se uma **renovação automática** – quando não denunciada por qualquer dos intervenientes na relação arrendatícia –, de **3 anos** (na inexistência de prazo superior) ou, de **5 anos**, conforme se trate de arrendamento **habitacional** ou **não habitacional**, respectivamente.

Atente-se, ainda, muito particularmente, aos requisitos (**comunicação** e **prazo**) a observar nas situações de denúncia (oposição à renovação) do contrato de arrendamento.

Conforme resulta do n.º 1 do artigo 9.º do NRAU, em conjugação com o n.º 1 do artigo 1054.º do Código Civil, revela-se imprescindível a realização de **comunicação escrita**.

Por sua vez, quanto ao **prazo**, deparamo-nos com duas situações: 1 ano no caso de resultar da iniciativa do proprietário/senhorio, ou 120 dias no caso do arrendatário, conforme resulta dos artigos 1097.º e 1098.º do Código Civil.

– **Contratos sem duração limitada** (n.º 4)

Regem-se pelos contratos de duração indeterminada – artigo 1099.º do Código Civil / Artigo 107.º do RAU.
Contudo, apresentam algumas especificidades.
Designadamente:

1 – Limitações ao direito de denúncia

a) Ter o arrendatário 65 ou mais anos de idade ou, independentemente desta, se encontre na situação de reforma por invalidez absoluta, ou, não beneficiando de pensão de invalidez, sofra de incapacidade total para o trabalho, ou seja portador de deficiência a que corresponda incapacidade superior a dois terços;

b) Manter-se o arrendatário no local arrendado há 30 ou mais anos, nessa qualidade, ou por um período de tempo mais curto previsto em lei anterior e decorrido na vigência desta.

c) Considera-se como tendo a qualidade de arrendatário o cônjuge a quem tal posição se transfira, contando-se a seu favor o decurso de tempo de que o transmitente já beneficiasse.

2 – Indemnização

"Pagamento do montante equivalente a um ano de renda" (n.º 1 do artigo 1102.º do Código Civil), calculado nos termos dos artigos 30.º e 31.º do NRAU. Ou seja, o valor corresponde a 4% do valor do locado.

3 – Impossibilidade de denúncia

O proprietário/*senhorio* não pode denunciar o contrato de arrendamento *"mediante comunicação ao arrendatário com antecedência não inferior a cinco anos sobre a data em que pretenda a cessação"* (alínea *c*) do artigo 1101.º do Código Civil.

– Contratos habitacionais (n.º 5)

Com a entrada em vigor do NRAU e, cumulativamente *"após transmissão para filho ou enteado"*, cessam as **limitações** e **indemnização** previstas no n.º 4 do artigo em anotação.

– Contratos não habitacionais (n.º 6)

O proprietário/*senhorio* pode denunciar o contrato de arrendamento, independentemente de justa causa, respeitando as *formas* de comunicação (carta registada com aviso de recepção) e, um *pré-aviso de cinco anos*, sempre que ocorram:

a) Trespasse ou locação do estabelecimento após a entrada em vigor do NRAU;

b) Sociedade que ocupe a posição de *arrendatário* e, se verifique a transmissão *inter vivos* que altere a posição ou posições em mais de 50%, após entrada em vigor do NRAU.

7. Efectuando uma simples análise comparativa, no que tange ao **valor de indemnização**, a conferir pelo *senhorio* ao *arrendatário*, entendeu o legislador efectuar uma profunda diminuição – *"dois anos e meio"* (n.º 1 do artigo 72.º do RAU) para *"um ano"* – no respectivo montante.

8. Por sua vez, os n.ºs 5 e 6 do presente artigo, em conjugação com os artigos 57.º e 58.º do presente diploma, vêm definir e estabelecer novas regras de "**Transmissão**" do local arrendado.

Em termos gerais, o n.º 2 do artigo em anotação aplicar-se-á a todos os contratos habitacionais e, não habitacionais. Com a entrada em vigor do NRAU, aplicar-se-ão as regras constantes nos artigos 1106.º e 1107.º do Código Civil para os arrendamentos habitacionais, e o artigo 1113.º do Código Civil, para os arrendamentos não habitacionais.

Matéria a desenvolver com maior minúcia em local apropriado.

Vide, igualmente pontos 7 e 14., das anotações ao artigo 1.º do NRAU.

CAPÍTULO II

Contratos habitacionais celebrados antes da vigência do RAU e contratos não habitacionais celebrados antes do Decreto-Lei n.º 257/95, de 30 de Setembro

SECÇÃO I

Disposições gerais

ARTIGO 27.º

Âmbito

As normas do presente capítulo aplicam-se aos contratos de arrendamento para habitação celebrados antes da entrada em vigor do RAU, aprovado pelo Decreto-Lei n.º 321-B/90, de 15 de Outubro, bem como aos contratos para fins não habitacionais celebrados antes da entrada em vigor do Decreto-Lei n.º 257/95, de 30 de Setembro.

I – Referência histórica:

Norma inovadora em sede do *instituto* do arrendamento urbano.

II – Comentários:

1. Neste preceito estabelece-se um <u>regime especial</u> para todos os contratos de arrendamento (<u>habitacionais</u> ou, <u>não habitacionais</u>) celebrados **pré-RAU** ou **pré--Decreto-Lei n.º 257/95, de 30 de Setembro**. Especialmente, no que respeita à actualização "extraordinária" das rendas "congeladas" (artigo 30.º do NRAU)

2. Também a transmissão por morte (artigos 57.º e 58.º do NRAU) e a denúncia (artigo 107.º do RAU e, artigo 26.º do NRAU), merecem um regime especial.

Vide, anotações ao artigo 1.º do NRAU.
Vide, anotações ao artigo precedente.

ARTIGO 28.º

Regime

Aos contratos a que se refere o presente capítulo aplica-se, com as devidas adaptações, o previsto no artigo 26.º.

I – Referência histórica:

Norma inovadora em sede do *instituto* do arrendamento urbano.

II – Comentários:

1. O presente artigo em conjugação com o artigo 26.º do NRAU é de particular relevância. Estabelece um conjunto de normas transitórias para os contratos habitacionais celebrados na vigência do RAU e contratos não habitacionais celebrados pós Decreto-Lei n.º 257/95, de 30 de Setembro; bem como para os contratos habitacionais celebrados pré-RAU e, contratos não habitacionais celebrados pré-Decreto-Lei n.º 257/95, de 30 de Setembro.

2. Continua a valer e a aplicar-se o artigo 107.º do RAU.

3. O preceito em anotação estabelece um regime de compensação por benfeitorias realizadas, nos termos do artigo seguinte.

ARTIGO 29.º
Benfeitorias

1. Salvo estipulação em contrário, a cessação do contrato dá ao arrendatário direito a compensação pelas obras licitamente feitas, nos termos aplicáveis às benfeitorias realizadas por possuidor de boa fé.

2. A denúncia dos contratos de arrendamento prevista no n.º 5 do artigo 37.º ou ocorrida no seguimento das notificações para actualização faseada da renda previstas nos artigos 39.º, 40.º e 41.º confere ao arrendatário direito a compensação pelas obras licitamente feitas, independentemente do estipulado no contrato de arrendamento.

3. Tem aplicação o disposto no número anterior, nos arrendamentos para fins não habitacionais, quando haja cessação de contrato em consequência da aplicação do disposto no n.º 6 do artigo 26.º.

I – Referência histórica:

Norma inovadora em sede do *instituto* do arrendamento urbano.

II – Comentários:

1. O primeiro problema, a solucionar prende-se com a resolução do conceito de benfeitorias, regulado e previsto no artigo 216.º do Código Civil[104].

---

[104] Artigo 216.º (Benfeitorias)
"1. Consideram-se benfeitorias todas as despesas feitas para conservar ou melhorar a coisa.
2. As benfeitorias são necessárias, úteis ou voluptuárias.
3. São benfeitorias necessárias as que têm por fim evitar a perda, destruição ou deterioração da coisa; úteis as que, não sendo indispensáveis para a sua conservação,

98 *Novo Regime do Arrendamento Urbano*

2. Em conformidade com o disposto no n.º 1 do artigo em anotação e, salvo acordo em contrário, a <u>cessação do contrato de arrendamento</u> confere ao *arrendatário* direito a compensação por obras licitamente realizadas, nos termos aplicáveis às benfeitorias realizadas por possuidor de boa fé.

Em suma: os pressupostos para a devida e competente compensação resumem-se a dois casos:

– Falta de acordo, em sentido contrário, dos intervenientes na relação arrendatícia;
– Realização de obras lícitas (i.e.: devidamente autorizadas e/ou permitidas por lei).

3. Relativamente ao possuidor de boa fé, atente-se aos artigos 1260.º e, 1273.º a 1275.º, todos do Código Civil[105].

> *"O conceito de boa fé é de natureza psicológica, e não de índole ética ou moral (como a bona fides dos romanos), embora não esteja divorciado dum fundamento de carácter ético. Possui boa fé, na verdade, quem ignora que está a lesar os direitos de outrem, sem que a lei entre em indagações sobre a desculpabilidade ou censurabilidade da sua ignorância (ao contrário do que ocorre, neste ponto, com o n.º 2 do artigo 1147.º*

---

lhe aumentam todavia, o valor; voluptuárias as que, não sendo indispensáveis para a sua conservação nem lhe aumentando o valor, servem apenas para recreio do benfeitorizante.".

[105] Artigo 1260.º (Posse de boa fé)

"1. A posse diz-se de boa fé, quando o possuidor ignorava, ao adquiri-la, que lesava o direito de outrem.

2. A posse titulada presume-se de boa fé, e a não titulada, de má fé.

3. A posse adquirida por violência é sempre considerada de má fé, mesmo quando seja titulada.".

Artigo 1273.º (Benfeitorias necessárias e úteis)

"1. Tanto o possuidor de boa fé como o de má fé têm direito a ser indemnizados das benfeitorias necessárias que hajam feito, e bem assim a levantar as benfeitorias úteis realizadas na coisa, desde que o possam fazer sem detrimento dela.

2. Quando, para evitar o detrimento da coisa, não haja lugar ao levantamento das benfeitorias, satisfará o titular do direito ao possuidor o valor delas, calculado segundo as regras do enriquecimento sem causa.".

Artigo 1274.º (Compensação de benfeitorias com deteriorações)

"A obrigação de indemnização por benfeitorias é susceptível de compensação com a responsabilidade do possuidor por deteriorações.".

Artigo 1275.º (Benfeitorias voluptuárias)

"1. O possuidor de boa fé tem direito a levantar as benfeitorias voluptuárias, não se dando detrimento da coisa; no caso contrário, não pode ser levantá-las nem haver, o valor delas.

2. O possuidor de má fé perde, em qualquer caso, as benfeitorias voluptuárias que haja feito.".

> *do Código italiano, onde expressamente se exclui a relevância da boa fé «se a ignorância depende de culpa grave»: cfr. De Martino, Del possesso, 4.ª ed., Com. de Scialoja e Branca, 1968, pág. 29).*
>
> ...
>
> *A ignorância de que se lesa o direito de outrem (a ausência de má fé) resulta, na generalidade dos casos, da convicção (positiva) de que se está a exercer um direito próprio, adquirido por título válido, por se desconhecerem, precisamente, os vícios de aquisição. Mas a lei não exige que assim seja sempre. O possuidor pode saber que o direito não é seu e estar convencido, apesar disso, de que, exercendo-o, não prejudica o verdadeiro titular.*
>
> ...
>
> *Sendo a posse adquirida por intermédio de um representante, é na pessoa deste que deve existir a boa fé, salvo se na constituição da posse tiver sido decisiva a vontade do representado, ou este estiver de má fé."*[106]

4. Na eventualidade de acordo para a realização de obras, podem os intervenientes na relação arrendatícia, convencionar um aumento de renda compensatório.

5. Comparativamente com o anterior regime, as diversas <u>categorias de obras</u> eram definidas no artigo 11.º do RAU[107].

6. Torna-se, absolutamente, lícito ao *arrendatário* o exercício do **direito de retenção** (artigo 754.º do Código Civil), sempre que tenha *direito a <u>indemnização</u>*

---

[106] In *Código Civil Anotado*, Pires de Lima e Antunes Varela, Volume III, 2.ª Edição Revista e Actualizada, pgs. 20, 21 e 22.

[107] Artigo 11.º do RAU (Tipos de obras)

"1. Nos prédios urbanos, e para efeitos do presente diploma, podem ter lugar obras de conservação ordinária, obras de conservação extraordinária e obras de beneficiação.

2. São obras de conservação ordinária:

a) A reparação e limpeza geral do prédio e suas dependências;

b) As obras impostas pela Administração Pública, nos termos da lei geral ou local aplicável, e que visem conferir ao prédio as características apresentadas aquando da concessão da licença de utilização;

c) Em geral, as obras destinadas a manter o prédio nas condições requeridas pelo fim do contrato e existentes à data da sua celebração.

3. São obras de conservação extraordinária as ocasionadas por defeito de construção do prédio ou por caso fortuito ou de força maior, e, em geral, as que não sendo imputáveis a acções ou omissões lícitas perpetradas pelo senhorio, ultrapassem, no o ano em que se tornem necessárias, dois terços do rendimento líquido desse mesmo ano.

4. São obras de beneficiação todas as que não estejam abrangidas nos dois números anteriores."

100　　　*Novo Regime do Arrendamento Urbano*

ou <u>*compensação*</u> pelo valor de benfeitorias realizadas. Salvo, se a outra parte (i.e.: *senhorio*) prestar <u>caução suficiente</u>, como resulta da alínea *d*) do artigo 756.º do Código Civil[108].

> *"Goza do direito de retenção da casa arrendada o inquilino que nela fez obras, ainda que sem autorização do senhorio, que constituam benfeitorias úteis* (RL, 19-6-1970: JR, 16.º-488)."[109].

> *"O inquilino goza do direito de retenção da casa arrendada onde fez obras tidas como benfeitorias, expressamente autorizadas e levadas a efeito como possuidor de boa fé, até ser pago do seu valor fixado na sentença* (RP, 23-7-1987: CJ, 1987, 4.º-219)."[110].

> *"O arrendatário tem o direito de retenção da casa arrendada enquanto não lhe for pago o valor de benfeitorias úteis nela feitas, dado o que genericamente se dispõe nos arts. 754.º e 1273.º do Código Civil* (RL, 19-6-1970: BMJ, 198.º-187 e JR, 16.º-488)".[111]

7. Antagonicamente e, dada a extrema delicadeza da questão, atente-se ao conceito *"enriquecimento sem causa"*[112]. Quer isto tudo dizer: na eventualidade de *benfeitorias úteis*, o valor de compensação a atribuir ao *arrendatário* deve ser calculado em conformidade com essas mesmas regras de *direito*. Pretende-se, deste

---

[108] Artigo 754.º (Direito de retenção)
"O devedor que disponha de um crédito contra o seu credor goza do direito de retenção se, estando obrigado a entregar certa coisa, o seu crédito resultar de despesas feitas por causa dela ou de danos por ela causados.".
Artigo 756.º (Exclusão do direito de retenção)
"Não há direito de retenção:
>> a)*A favor dos que tenham obtido por meios ilícitos a coisa que devem entregar, desde que, no momento da aquisição, conhecessem a ilicitude desta;*
>> b)*A favor dos que tenham realizado e má fé as despesas de que proveio o seu crédito;*
>> c)*Relativamente a coisas impenhoráveis;*
>> d)*Quando a outra parte preste caução suficiente.".*

[109] In *Código Civil Anotado*, ABÍLIO NETO e HERLANDER MARTINS, 7.ª Edição Actualizada, 1990, Livraria Petrony, Lda, pág. 524.
[110] In *Código Civil Anotado*, ABÍLIO NETO e HERLANDER MARTINS, 7.ª Edição Actualizada, 1990, Livraria Petrony, Lda, pág. 526.
[111] In *Código Civil Anotado*, ABÍLIO NETO e HERLANDER MARTINS, 7.ª Edição Actualizada, 1990, Livraria Petrony, Lda, pág. 966.
[112] Artigo 473.º (Princípio geral)
"1. Aquele que, sem causa justificativa, enriquecer à custa de outrem é obrigado a restituir aquilo com que injustificadamente se locupletou.
2. A obrigação de restituir, por enriquecimento sem causa, tem de modo especial por objecto o que for indevidamente recebido, ou o que for recebido por virtude de uma causa que deixou de existir ou em vista de um efeito que não se verificou.".

Lei n.º 6/2006, de 27 de Fevereiro 101

modo, evitar um eventual *enriquecimento do senhorio*, com a subsequente valorização do prédio/fracção autónoma, em detrimento de qualquer *empobrecimento do arrendatário*.

8. Nesta linha de pensamento, note-se, a enorme importância decisiva entre **benfeitorias úteis** e, o respectivo *direito* de levantamento.

"*O pedido de indemnização de benfeitorias que não podem levantar-se sem detrimento da coisa destina-se a evitar um enriquecimento sem causa à custa do possuidor que é obrigado a entregar a coisa benfeitorizada. Sem obrigação de entrega, não haverá direito de indemnização como implicitamente se pressupõe nos arts. 1273.º e 1275.º* (RE, 3-5-1977: CJ, 1977, 3.º-456)."[113].

"*I – Em matéria de indemnização por benfeitoria, só tem cabimento pretensão com base em enriquecimento sem causa relativamente a benfeitorias úteis que não possam ser levantadas sem detrimento da coisa (n.º 2 do art. 1273.º do Cód. Civil). II – Em face do disposto no n.º 3 do art. 216.º e da parte final do n.º 2 do art. 1273.º do Cód. Civil, é indispensável alegar, como fundamento de indemnização por benfeitorias necessárias e benfeitorias úteis, quais as obras correspondentes a cada uma das espécies, e ainda, quanto às necessárias, que elas se destinaram a evitar a perda, destruição ou deterioração da coisa, e, quanto às úteis, que a valorizaram, que o levantamento a deterioraria e quais o respectivo custo e actual valor* (STJ, 3-4-1984: BMJ, 336.º-420)."[114].

9. Em conformidade com o disposto com o n.º 1 do artigo 48.º do NRAU, caso o *senhorio* não tome a iniciativa de actualizar a renda, o *arrendatário* pode solicitar à comissão arbitral municipal (CAM) competente que promova a determinação do coeficiente de conservação do locado.

10. E, na eventualidade de um nível de conservação inferior a 3, o arrendatário pode intimar o senhorio à realização de obras.

Vide, ponto 3. *in fine* da anotação ao artigo 1.º NRAU.
Vide, ponto 26 da anotação ao artigo 1.º NRAU.
Vide, Decreto-Lei n.º 157/2006, de 8 de Agosto, aprova e regula o Regime Jurídico das Obras em Prédios Arrendados.

---

[113] In *Código Civil Anotado*, ABÍLIO NETO e HERLANDER MARTINS, 7.ª Edição Actualizada, 1990, Livraria Petrony, Lda, pág. 967.
[114] In *Código Civil Anotado*, ABÍLIO NETO e HERLANDER MARTINS, 7.ª Edição Actualizada, 1990, Livraria Petrony, Lda, pág. 967.

SECÇÃO II
Actualização de rendas

SUBSECÇÃO I
Arrendamento para habitação

ARTIGO 30.º
Rendas passíveis de actualização

As rendas dos contratos a que se refere o presente capítulo podem ser actualizadas até ao limite de uma renda determinada nos termos previstos no artigo seguinte.

I – Referência histórica:

Norma inovadora em sede do *instituto* do arrendamento urbano.

II – Comentários:

1. Como sugere a própria letra do artigo em análise e, em perfeita sintonia com o artigo 34.º, a actualização da renda nunca é automática, depende <u>sempre</u> da iniciativa do proprietário/*senhorio*.

2. Refira-se que, esta correcção (actualização "*extraordinária*"), só pode ser efectuada *sob conditio*: prévia **avaliação do locado** e, cumulativamente a atribuição de um **nível de conservação** igual ou superior a três.

3. Por outro lado, esta actualização "*extraordinária*" do montante da renda, afasta-se – em absoluto – do "**coeficiente de actualização**", previsto e regulado no artigo 24.º do NRAU.

4. Como anteriormente anunciado, trata-se de uma actualização "**extraordinária**" para contratos de arrendamento **pré-RAU** e, **pré-Decreto-Lei n.º 257/95**, de 30 de Setembro.

5. Refira-se, ainda, esta actualização "*extraordinária*" do montante da renda, pode ser faseada entre 2, 5 ou 10 anos, quando incida sobre contratos de **arrendamento habitacional** (artigos 39.º a 45.º do NRAU) ou, em 5 ou 10 anos, no caso de **arrendamento não habitacional** (artigo 53.º do NRAU).

Vide, também, neste mesmo sentido, pontos 5. e 16 das anotações ao n.º 1 do NRAU.

Vide, anotação ao artigo 34.º do NRAU.

ARTIGO 31.º
Valor máximo da renda actualizada

A renda actualizada nos termos da presente secção tem como limite máximo o valor anual correspondente a 4% do valor do locado.

I – Referência histórica:

Norma inovadora em sede do *instituto* do arrendamento urbano.

II – Comentários:

1. O valor do locado é calculado em conformidade com o disposto no artigo seguinte.

2. Por sua vez, no âmbito de actualização das designadas "rendas congeladas", foi estabelecido e definido, pelo legislador, um valor máximo de actualização do montante de renda. O qual, nunca poderá exceder 4% do valor do locado.

Uma vez, apurado o referido valor, é dividido por 12, encontrando-se, dessa forma, o valor da renda mensal.

3. Importa, ainda, salientar que a actualização *"extraordinária"* do montante da renda, encerra, de *per si*, algumas limitações quantitativas. Nesta ordem de razão, encontra-se um "tecto" quantitativo de € 50 (cinquenta euros), para a primeira actualização *"extraordinária"* – i. e.: no primeiro ano. E, um limite de € 75 (setenta e cinco euros), nos anos subsequentes. Excepcionalmente, não se vislumbra qualquer limite, relativamente ao último ano.

4. Já, quanto à actualização *"extraordinária"* do montante da renda, a proceder ao longo de dois anos (artigo 39.º do NRAU), o legislador não estabeleceu qualquer limite quantitativo.

5. A simulação da actualização *"extraordinária"* do montante da renda pode ser efectuado por via Internet no site: **www.arrendamento.gov.pt/NRAU/simuladores**.

ARTIGO 32.º
Valor do locado

1. O valor do locado é o produto do valor da avaliação realizada nos termos dos artigos 38.º e seguintes do Código do Imposto Municipal sobre Imóveis (CIMI), realizada há menos de três anos, multiplicado pelo coeficiente de conservação previsto no artigo seguinte.

2. Se a avaliação fiscal tiver sido realizada mais de um ano antes da fixação da nova renda, o valor previsto no artigo anterior é actualizado de acordo com os coeficientes de actualização das rendas que tenham entretanto vigorado.

I – Referência histórica:

O preceito *sub judice* teve como procedência:

– O artigo 10.º do Decreto Preambular ao RAU.

II – Comentários:

1. O preceito em análise, estabelece uma validade de três anos, para a respectiva e competente avaliação fiscal.

2. Atente-se, porém, à importância do disposto no n.º 2 do artigo em anotação. Na eventualidade da avaliação fiscal, realizada com uma antecedência superior a um ano, sobre a data da actualização "extraordinária", aplicar-se-ão os coeficientes de actualização anual das rendas.

3. A simulação da avaliação fiscal pode ser efectuada por via Internet no site do Ministério das Finanças: **www.e-financas.gov.pt/SIGIMI/calculos.jsp**.

4. Tendo em vista a obtenção da avaliação fiscal do prédio/fracção autónoma, o proprietário/*senhorio* deve proceder à entrega do Modelo I do IMI – igualmente – disponível no site **www.e-financas.gov.pt**.

ARTIGO 33.º
Coeficiente de conservação

1. Ao locado edificado com mais de 10 anos de construção, avaliado nos termos referidos no n.º 1 do artigo anterior, é aplicado o coeficiente de conservação (Cc) constante da tabela seguinte:

Nível	Estado de conservação	Coeficiente
5	Excelente	1,2
4	Bom..............................	1
3	Médio	0,9
2	Mau	0,7
1	Péssimo	0,5

Lei n.º 6/2006, de 27 de Fevereiro 105

2. Os níveis previstos na tabela anterior reflectem o estado de conservação do locado e a existência de infra-estruturas básicas, constando de diploma próprio as directrizes para a sua fixação.

3. A determinação do estado de conservação do locado é realizada por arquitecto ou engenheiro inscrito na respectiva ordem profissional.

4. Ao locado aplica-se o coeficiente imediatamente inferior ao correspondente ao seu estado de conservação quando o arrendatário demonstre que o estado do prédio se deve a obras por si realizadas, sendo aplicado um coeficiente intermédio, determinado de acordo com a equidade, caso o senhorio demonstre ter também efectuado obras de conservação.

5. O disposto no número anterior não implica atribuição de distinto nível de conservação, nomeadamente para efeitos da alínea *b)* do artigo 35.º

I – Referência histórica:

Norma inovadora em sede do *instituto* do arrendamento urbano.

II – Comentários:

1. O n.º 1 do artigo em anotação vem definir um *"coeficiente de conservação"* para os locados com mais de 10 anos de construção. Cumulativamente, a existência de infra-estruturas-básicas.

2. Atente-se, porém, à extrema importância do clausulado no disposto no n.º 4 do artigo em anotação. Se o inquilino/*arrendatário* demonstrar que o *estado de conservação* se deve a obras por ele realizadas, aplicar-se-á o *coeficiente* imediatamente inferior ao correspondente ao estado de conservação.

3. Neste mesmo capítulo, saliente-se a *profissionalização* e *responsabilização* do técnico responsável (arquitecto ou engenheiro inscrito na respectiva ordem profissional) pela determinação do **estado de conservação** do locado.

Inclusive, no **MAEC** (Método de avaliação do estado de conservação de edifícios) – ponto 1.4 (Ética)[115] – são fornecidas algumas normas deontológicas a observar pelos técnicos responsáveis durante uma vistoria.

---

[115] No exercício das funções o técnico do **MAEC** deve observar o seguinte código de ética:

1) O técnico não deve divulgar qualquer informação relativa aos resultados da vistoria sem a aprovação do seu cliente ou dos seus representantes.

2) O técnico não deve aceitar pela prestação de cada serviço uma remuneração superior à estipulada pelo Comissão Arbitral Municipal.

3) O técnico não deve aceitar pela prestação do serviço quaisquer outras comissões

106 *Novo Regime do Arrendamento Urbano*

4. Consequentemente, incumbe à respectiva Ordem Profissional, apreciar e deliberar eventuais sanções disciplinares.

5. Nesse sentido e, tendo em vista apoiar o preenchimento – por todos os profissionais – da "ficha de avaliação", o **LNEC** (Laboratório Nacional de Engenharia Civil) elaborou um documento, designado por **MAEC** (Método de Avaliação do Estado de Conservação de Edifícios), contendo diversas instruções.

Disponível em:

http://www.portaldahabitacao.pt/export/sites/default/pt/nrau/docs/ MAEC.pdf

6. Na prossecução do n.º 2 do artigo em análise, a Portaria n.º 1192-B/2006, de 3 de Novembro, aprovou a "Ficha de avaliação do nível de conservação de edifícios".

Vide, n.º 1 do artigo 1.º da Portaria n.º 1192-B/2006, de 3 de Novembro (Ficha de avaliação do nível de conservação de edifícios).

Vide, artigo 1.º da Portaria n.º 1192-B/2006, de 3 de Novembro (Ficha de avaliação do nível de conservação de edifícios).

ARTIGO 34.º
Iniciativa do senhorio

1. A actualização da renda depende de iniciativa do senhorio.

2. O senhorio que deseje a actualização da renda comunica ao arrendatário o montante da renda futura, o qual não pode exceder o limite fixado no artigo 31.º.

I – Referência histórica:

O preceito *sub judice* teve como procedência:

– O artigo 33.º do RAU.

---

ou compensações, directas ou indirectas, financeiras ou outras, de pessoas ou entidades relacionadas (ou não) com o cliente.

4) O técnico deve comunicar prontamente ao seu cliente qualquer interesse pessoal num negócio que possa inviabilizar ou afectar a qualidade dos resultados da sua actividade de avaliação.

5) O técnico não deve aproveitar a vistoria como uma forma deliberada de obter informações privilegiadas a utilizar em proveito próprio.

6) O técnico deve envidar todos os esforços para manter e assegurar a integridade e a reputação profissional da actividade de avaliação do estado de conservação de edifícios.

7) É recomendável que o técnico comunique à Comissão Arbitral Municipal informação relevante sobre violações a este código de ética.

II – Comentários:

1. A actualização do montante de renda depende, sempre, da livre iniciativa do senhorio.

2. Paralelamente e concomitantemente, o **nível de conservação** é solicitado pelo proprietário/*senhorio* às **comissões arbitrais municipais** competentes, através do preenchimento e entrega do **modelo único simplificado**, aprovado pela Portaria n.º 1192-A/2006, de 3 de Novembro.

3. A comunicação a efectuar ao *arrendatário* deve obedecer ao disposto nos artigos 9.º a 12.º do NRAU e, deve conter indicação do montante da nova renda.

4. A comunicação deve conter, sob pena de ineficácia – contratos de arrendamento habitacional –, os elementos constantes no n.º 4 do artigo 38.º do NRAU.

5. Paralelamente, quaisquer comunicações referentes a contratos não habitacionais, devem conter os elementos previstos no artigo 54.º do NRAU.

6. Atente-se, porém, que a exigência relativa ao *"coeficiente de conservação"*, não se aplica aos contratos para fins não habitacionais, conforme resulta do disposto no artigo 52.º do diploma em análise.

7. O valor anual da nova renda não pode exceder 4% do valor do locado, conforme resulta do disposto no n.º 31.º do NRAU. Por outras palavras, a futura renda, a que se referem os artigos 39.º, 40.º e 41.º do NRAU, nunca poderá ser superior a 4% do valor do locado a dividir por 12 meses.

8. Na eventualidade de comunicação **não recepcionada** pelo inquilino/*arrendatário*, o *senhorio* deve endereçar nova comunicação – registada com aviso de recepção – decorridos trinta a sessenta dias, após a primeira (comunicação).

> *"A declaração do senhorio é receptícia – a sua ineficácia depende da sua recepção pelo arrendatário (cfr. art.º 224.º, n.º 1, do CC). No entanto, o legislador equipara à recepção a devolução da carta enviada nos termos do art.º 10.º, n.º 4, das "Disposições gerais da NLAU"."*[116]

Vide, pontos 5., 15., e 22 da anotação ao artigo 1.º NRAU.
Vide, anotação ao artigo 10.º NRAU.
Vide, n.ᵒˢ 2 e 4 do artigo 7.º do Decreto-Lei n.º 156/2006, de 8 de Agosto.

---

[116] In *Arrendamento Urbano – Novo regime e legislação complementar*, LAURINDA GEMAS, ALBERTINA PEDROSO e JOÃO CALDEIRA JORGE, Quid Júris, 2006, pág. 308.

ARTIGO 35.º
Pressupostos da iniciativa do senhorio

O senhorio apenas pode promover a actualização da renda quando, cumulativamente:

a) Exista avaliação do locado, nos termos do CIMI;
b) O nível de conservação do prédio não seja inferior a 3.

I – Referência histórica:

Norma inovadora em sede do *instituto* do arrendamento urbano.

II – Comentários:

1. O senhorio que pretende efectuar a actualização *"extraordinária"* da renda deve reunir dois <u>pressupostos</u>: *avaliação fiscal do imóvel* (artigo 32.º do NRAU) e, cumulativamente, possuir um *"<u>nível de conservação do locado não inferior a 3</u>"* (artigo 3.º do NRAU).

2. *A contrario sensu*, caso o *"coeficiente de conservação"* se situe nos níveis 1 (péssimo) ou, 2 (mau), o *senhorio* fica impedido de proceder à respectiva actualização *"extraordinária"* da renda.

3. Consequentemente, conforme resulta do n.º 1 do artigo 48.º, o *arrendatário* pode tomar a iniciativa de actualização da renda. E, intimidar o *senhorio* à realização de obras.

4. Acresce, ainda, caso o *"arrendatário não tenha no locado a sua residência permanente"*, a possibilidade do *senhorio* proceder à actualização *"extraordinária"* da renda em dois anos. Comunicação a proceder em conformidade com os n.º 1 e 2 do artigo 45.º, conjugado com o n.º 39 do NRAU.

5. Qualquer <u>oposição</u> do *arrendatário* quanto à "<u>avaliação fiscal</u>" ou, à *"determinação do coeficiente de conservação"*, constituem motivos de *per si* suficientes para uma eventual resolução do contrato, nos termos do n.º 1 do artigo 1083.º do Código Civil.

Vide, Decreto-Lei n.º 157/2006, de 8 de Agosto.
Vide, alínea *a*) do n.º 1 do artigo 2.º da Portaria n.º 1192-A/2006, de 3 de Novembro (**Modelo Único Simplificado**).

ARTIGO 36.º
Colaboração do arrendatário

1. O arrendatário tem o dever de prestar a sua colaboração na realização dos actos necessários à avaliação fiscal e à determinação do coeficiente de conservação.

Lei n.º 6/2006, de 27 de Fevereiro   109

2. Quando, para os efeitos previstos no número anterior, se revele necessário o acesso ao locado e o arrendatário não o possa facultar na data prevista, este indica uma data alternativa, a qual não pode distar mais de 30 dias da data inicial.

3. A oposição pelo arrendatário à realização dos actos necessários à avaliação fiscal ou à determinação do coeficiente de conservação é fundamento de resolução do contrato pelo senhorio.

I – Referência histórica:

Norma inovadora em sede do *instituto* do arrendamento urbano.

O preceito *sub judice* teve como procedência:

– A alínea *b)* do artigo 1038.º do Código Civil;
– Fonte inspiradora o n.1 do artigo 519.º do Código de Processo Civil.

II – Comentários:

1. Se, já era imposto o *dever* do(s) *arrendatário(s)* facultar(em) ao(s) *proprietário(s)/senhorio(s)* a possibilidade em visitar(em)/inspeccionar(em) o local arrendado: *"Facultar ao locador o exame da coisa locada"*.[117]

E, se recorrermos, igualmente, a alguns dos primordiais princípios de direito processual, constante no artigo:

"1. Todas as pessoas, sejam ou não partes na causa, têm o dever de prestar a sua colaboração para a descoberta da verdade, respondendo ao que lhes for perguntado, submetendo-se às inspecções necessárias, facultando o que for requisitado e praticando os actos que forem determinados.

2. Aqueles que recusem a colaboração devida serão condenados em multa, sem prejuízo...".

Então, destas duas premissas, poderemos chegar a uma outra conclusão:

2. Como afirmamos no ponto anterior, na hipótese do *arrendatário* se opor à realização de actos necessários à avaliação fiscal, ou à determinação do <u>*coeficiente de conservação*</u>, constitui fundamento para o *senhorio* **resolver** o contrato de arrendamento.

3. Em sentido contrário, o disposto no n.º 4 do artigo 1083.º do Código Civil.

Vide, ponto 28 da anotação ao artigo 1.º NRAU.

Vide, n.º 5 do artigo 7.º da Portaria n.º 1192-B/2006, de 3 de Novembro (Ficha de avaliação do nível de conservação de edifícios).

---

[117] Artigo 1038.º do Código Civil (Enumeração):
"São obrigações do locatário:
a) Pagar a renda ou aluguer;
b) Facultar ao locador o exame da coisa locada;"

ARTIGO 37.º
Resposta do arrendatário

1. O prazo para a resposta do arrendatário é de 40 dias.

2. Quando termine em dias diferentes o prazo de vários sujeitos, a resposta pode ser oferecida até ao termo do prazo que começou a correr em último lugar.

3. O arrendatário, na sua resposta, pode invocar uma das seguintes circunstâncias:

   a) Rendimento anual bruto corrigido (RABC) do agregado familiar inferior a cinco retribuições mínimas nacionais anuais (RMNA);
   b) Idade igual ou superior a 65 anos ou deficiência com grau comprovado de incapacidade superior a 60%.

4. A falta de resposta do arrendatário vale como declaração de inexistência das circunstâncias previstas no número anterior.

5. O arrendatário pode, em alternativa e no mesmo prazo, denunciar o contrato, devendo desocupar o locado no prazo de seis meses, não existindo então alteração da renda.

6. O arrendatário pode, no mesmo prazo de 40 dias, requerer a realização de nova avaliação do prédio ao serviço de finanças competente, dando disso conhecimento ao senhorio.

7. No caso previsto no número anterior, o arrendatário, para os efeitos do artigo 76.º do CIMI, ocupa a posição do sujeito passivo, sendo o senhorio notificado para, querendo, integrar a comissão prevista no n.º 2 daquele artigo ou para nomear o seu representante.

8. Se da nova avaliação resultar valor diferente para a nova renda, os acertos devidos são feitos com o pagamento da renda subsequente.

9. O RABC é definido em diploma próprio.

I – Referência histórica:

O preceito *sub judice* teve como procedência:
– O artigo 35.º do RAU.

II – Comentários:

1. Da análise ao n.º 8 deste preceito legal – designadamente, *in fine*[118] *"os acertos devidos são feitos com o pagamento da renda subsequente"*. Conclui-se, desta forma e a *contrario sensu*: a segunda avaliação requerida pelo *arrendatário* não constitui qualquer efeito suspensivo.

2. Os n.ᵒˢ 1 a 3 do presente artigo, corresponde com as devidas alterações ao artigo 35.º do R.A.U., Decreto-Lei n.º. 321-B/90 de que 15 de Outubro, que ora se transcreve:

> **"Art. 35.º.**
>
> *1 – O arrendatário pode recusar a nova renda indicada nos termos do artigo 33.º. n.º.1, com base em erro nos factos relevantes ou na aplicação da lei.*
>
> *2 – A recusa, acompanhada da respectiva fundamentação, deve ser comunicada ao senhorio por escrito, no prazo de 15 dias contados da recepção da comunicação de aumento, e da qual conste o montante que o arrendatário considera correcto.*
>
> *3 – O senhorio pode rejeitar o montante indicado pelo arrendatário por comunicação escrita a este dirigida e enviada no prazo de 15 dias contados da recepção da comunicação de recusa.*
>
> *4 – O silêncio do senhorio ou o não acatamento, por ele, das formalidades referidas no número anterior valem como aceitação da indicação do arrendatário."*

3. Ao analisarmos ambos os regimes constatamos que o prazo para apresentação e fundamentação de recusa do arrendatário, na nova renda apresentada pelo senhorio é substancialmente alargado, no actual regime, passando de:

a) 15 para 40 dias (quando exista apenas um arrendatário)

Ou

b) O prazo ser mais alargado (quando existam vários arrendatários), iniciando a contagem do prazo de 40 dias, após a notificação do último

4. Contrariamente, ao anterior regime em que não existiam balizares quanto à fundamentação da recusa da nova renda, no actual, eles estão bem estabelecidos, no n.º 3 alíneas *a)* e *b)* do presente artigo em análise. Por outro lado, esses mesmos balizares não têm de ser cumulativos entre si, pelo contrário o arrendatário poderá fundamentar, a sua recusa baseando-se apenas num, em detrimento do outro.

5. O n.º 4 do presente artigo, corresponde com as devidas alterações ao n.º 2 do art. 33.º do R.A.U., Decreto-Lei n.º. 321-B/90 de que 15 de Outubro, que ora se transcreve:

---

[118] No fim.

"Art. 33.º.

2 – A nova renda considera-se aceite quando o novo arrendatário não discorde nos termos do art. 35.º. E no prazo nele fixado."

Pode-se dizer então, que o arrendatário teve um assentimento tácito, quanto à actualização da renda, apresentada pelo senhorio

6. O n.º 5 do presente artigo, corresponde com as devidas alterações ao n.º 3 do artigo 33.º do R.A.U., aprovado pelo Decreto-Lei n.º. 321-B/90 de que 15 de Outubro, que ora se transcreve:

"Art. 33.º.

3 – O arrendatário que não concorde com a nova renda, pode, ainda, denunciar o contrato, que o faça até 15 dias antes de findar o primeiro mês de vigência da nova renda, mês esse pelo qual apenas deve pagar a renda antiga."

Assim, segundo a denúncia: *"É a participação de uma parte à outra (quando possa fazê-lo) da ruptura do arrendamento, logo que este atinja o seu termo. Assim, impede a sua renovação automática."*[119]

7. "Os meios de defesa" postos à disposição do arrendatário como forma de se insurgir contra o aumento da renda pretendido pelo senhorio, nos n.º 6 e seguintes do presente artigo, são ex novo. Respeitando no entanto o Principio de igualdade de armas, dando por um lado ao arrendatário a possibilidade de, requerer a realização de nova avaliação do prédio ao serviço de finanças competente, e comunicando tal facto ao senhorio. E por outro, dando a este, a possibilidade de integrar por si ou nomeando um seu representante para a Comissão prevista no n.º 2 do art. 76.º. do CIMI.

Vide, alínea *a*) do n.º 1 do artigo 3.º da Portaria n.º 1192.º-A/2006, de 3 de Novembro (Modelo Único Simplificado).

Vide, alínea *b*) do n.º 1 do artigo 3.º da Portaria n.º 1192-A/2006, de 3 de Novembro (Modelo Único Simplificado).

Vide, alínea *a*) do n.º 2 do artigo 3.º da Portaria n.º 1192-A/2006, de 3 de Novembro (Modelo Único Simplificado).

ARTIGO 38.º
Actualização faseada do valor da renda

1. A actualização do valor da renda é feita de forma faseada ao longo de cinco anos, sem prejuízo do disposto nos números seguintes.

---

[119] In Extinção do Arrendamento Urbano, de António Pais de Sousa, Juiz Conselheiro.

Lei n.º 6/2006, de 27 de Fevereiro 113

2. A actualização é feita ao longo de dois anos:

a) Quando o senhorio invoque que o agregado familiar do arrendatário dispõe de um RABC superior a 15 RMNA, sem que o arrendatário invoque qualquer das alíneas do n.º 3 do artigo anterior;

b) Nos casos previstos no artigo 45.º

3. A actualização é feita ao longo de 10 anos quando o arrendatário invoque uma das alíneas do n.º 3 do artigo anterior.

4. A comunicação do senhorio prevista no artigo 34.º contém, sob pena de ineficácia:

a) Cópia do resultado da avaliação do locado nos termos do CIMI e da determinação do nível de conservação;

b) Os valores da renda devida após a primeira actualização correspondentes a uma actualização em 2, 5 ou 10 anos;

c) O valor em euros do RABC que, nesse ano, determina a aplicação dos diversos escalões;

d) A indicação de que a invocação de alguma das circunstâncias previstas no n.º 3 do artigo anterior deve ser realizada em 40 dias, mediante apresentação de documento comprovativo;

e) A indicação das consequências da não invocação de qualquer das circunstâncias previstas no n.º 3 do artigo anterior.

5. A comunicação do senhorio contém ainda, sendo caso disso, a invocação de que o agregado familiar do arrendatário dispõe de RABC superior a 15 RMNA, com o comprovativo previsto no n.º 3 do artigo 44.º, sendo então referido nos termos da alínea a) do número anterior apenas o valor da renda devido após a actualização a dois anos.

I – Referência histórica:

Norma inovadora em sede do *instituto* do arrendamento urbano.

II – Comentários:

1. No anterior regime a actualização tinha como princípio basilar, o da Anualidade das rendas, contemplado no n.º 1 do artigo 34.º:do R.A.U., aprovado pelo Decreto-Lei n.º 321-B/90 de que 15 de Outubro, que ora se transcreve:

"Art. 34.º.
1– A primeira actualização pode ser exigida um ano após a data do início da vigência do contrato e as seguintes, sucessivamente, um ano após a actualização anterior."

Mais,

As actualizações do valor da renda só eram permitidas nas situações legalmente expressas nos artigos 30.º e 31.º do diploma supra referenciado, e, que ora se transcrevem:

"Art. 30.º.
A actualização de rendas é permitida apenas nos casos previstos na lei e pela forma nela regulada.

Art. 31.º.
1 – As rendas reguladas neste diploma são actualizáveis nos casos seguintes:

    a) Anualmente, em função de coeficientes aprovados pelo Governo, nos termos do art. 32.º., ou por convenção das partes, nos casos previstos na lei;

    b) Noutras ocasiões, em função de obras de conservação extraordinárias ou beneficiação realizadas pelo senhorio, nos termos dos art. 38.º. E seguintes, salvo quando possam ser exigidas por terceiros.

2 – Fica ressalvado, na medida da sua especificidade, o disposto para os arrendamentos de renda apoiada."

Em conformidade,
O valor da renda só poderia ser actualizado:
– Anualmente
– Por prazo convencionado entre as partes
– Ou tendo em conta as obras de beneficiação ou conservação extraordinária que fossem da competência do senhorio

2. No actual NRAU, os prazos são um pouco diversos, ou seja:

    a. **<u>Regra Geral</u>**: o valor da renda é actualizado de forma progressiva ao longo de 5 (cinco) anos;

    Ou

    b. O valor da renda é actualizável de 2 (dois) em 2 (dois) anos:

        – Se o senhorio comprovar que o Rendimento Anual Bruto Corrigido (RABC) do agregado familiar do arrendatário é superior a cinco retribuições mínimas nacionais anuais (RMNA);
        – Se o arrendatário não tenha no locado a sua residência permanente, habite ou não outra casa, própria ou alheia;

    c. O valor da renda é actualizável de 10 (dez) em 10 (dez) anos se:

        – Rendimento Anual Bruto Corrigido (RABC) do agregado familiar for inferior a cinco retribuições mínimas nacionais anuais (RMNA);
        – Idade igual ou superior a 65 anos
        – Ou deficiência com grau comprovado de incapacidade superior a 60%.

Vide, ponto 8 da anotação ao artigo 1.º NRAU.

ARTIGO 39.º
Actualização em dois anos

A actualização faseada do valor da renda, ao longo de dois anos, faz-se nos termos seguintes:

a) 1.º Ano: à renda vigente aquando da comunicação do senhorio acresce metade da diferença entre esta e a renda comunicada;

b) 2.º Ano: aplica-se a renda comunicada pelo senhorio, actualizada de acordo com os coeficientes de actualização que entretanto tenham vigorado.

I – Referência histórica:

Norma inovadora em sede do *instituto* do arrendamento urbano.

II – Comentários:

1. Embora o montante inicial da renda a ser paga pelo arrendatário ao senhorio, seja algo que se encontra à livre discricionariedade e convenção das partes envolvidas, no entanto, tal não acontece com as suas actualizações, cujos montantes vêm legalmente tipificados nos artigos 39.º a 41.º do presente diploma legal.

Assim, se analisarmos com alguma atenção a situação contemplada na alínea a):

– Sra. Maria Fonseca arrenda a sua casa ao Sr. Tomás Ribeiro, em que acordam que o valor da renda será de 350€ (trezentos e cinquenta) Euros/ /mensais, valor actualizável de 2 (dois) em 2 (dois), em conformidade com o disposto legalmente, para o efeito. Iniciando-se a 15 de Julho de 2006. Então quando ocorrerá a próxima actualização, e qual será o montante a ser pago pelo Sr. Tomás Ribeiro? Em 15 de Junho de 2007, a Sra. Maria Fonseca, enquanto senhoria comunicará o aumento do valor da renda para o ano seguinte, que será de 500€ (quinhentos) Euros. Mas, o Sr. Tomás Ribeiro, passará a pagar a partir de 15 de Julho de 2007:

- **500€** (quinhentos) Euros, a nova renda em 2008 – **350€ (trezentos e cinquenta) Euros,** a renda em 2006= **150€ (cento e cinquenta) Euros**

- $\dfrac{150 \text{ € (cento e cinquenta) Euros} = 75 \text{ € (setenta e cinco) Euros}}{2}$

- **A renda a ser paga será de 425 € (quatrocentos e vinte e cinco) Euros**

A renda devida em 15 de Julho de 2008, será de acordo com o estabelecido na alínea b), do presente artigo

116 *Novo Regime do Arrendamento Urbano*

2. A simulação da actualização *"extraordinária"* do montante da renda pode ser efectuado por via Internet no site: **www.arrendamento.gov.pt/NRAU/simuladores**.

Vide, artigo 29.° do NRAU.

ARTIGO 40.°
Actualização em cinco anos

1. A actualização faseada do valor da renda, ao longo de cinco anos, faz-se nos termos seguintes:

a) 1.° Ano: à renda vigente aquando da comunicação do senhorio acresce um quarto da diferença entre esta e a renda comunicada;

b) 2.° Ano: à renda vigente aquando da comunicação do senhorio acrescem dois quartos da diferença entre esta e a renda comunicada;

c) 3.° Ano: à renda vigente aquando da comunicação do senhorio acrescem três quartos da diferença entre esta e a renda comunicada;

d) 4.° Ano: aplica-se a renda comunicada pelo senhorio;

e) 5.° Ano: a renda devida é a comunicada pelo senhorio, actualizada de acordo com os coeficientes de actualização que entretanto tenham vigorado.

2. O limite máximo de actualização da renda é de (euro) 50 mensais no 1.° ano e de (euro) 75 mensais nos 2.° a 4.° anos, excepto quando tal valor for inferior ao valor que resultaria da actualização anual prevista no n.° 1 do artigo 24.°, caso em que é este o aplicável.

I – Referência histórica:

Norma inovadora em sede do *instituto* do arrendamento urbano.

II – Comentários:

1. O artigo em análise define a forma como se procede ao cálculo do faseamento da renda em 5 anos.

2. Traduz a diferença entre a nova renda e a renda actual, dividindo esse montante por quatro.

Assim, vejamos:

– Sra. Maria Fonseca arrenda a sua casa ao Sr. Tomás Ribeiro, em que acordam que o valor da renda será de 350€ (trezentos e cinquenta) Euros/ mensais, valor actualizável de 5 (cinco) em 5 (cinco), em conformidade com o disposto legalmente, para o efeito. Iniciando-se a 15 de Julho de 2006. Então quando ocorrerá a próxima actualização, e qual será o montante a ser pago pelo Sr. Tomás Ribeiro? Em 15 de Junho de 2007, a Sra. Maria Fonseca, enquanto senhoria comunicará o aumento do valor da renda, que será de 400€ (quatrocentos) Euros. Mas, o Sr. Tomás Ribeiro, passará a pagar:

a) **A partir de 15 de Julho de 2007:**

- 400€ (quatrocentos) Euros – 350€ (trezentos e cinquenta) Euros = 50€ (cinquenta) Euros

- $\dfrac{50}{4}$ = 12, 5€ (doze euros e cinquenta cêntimos) Euros

- **A renda a ser paga será de 362,5€ (trezentos e sessenta e dois euros e cinquenta cêntimos) Euros**

b) **A partir de Julho de 2008:**

- $\dfrac{50€ \text{x}2 = 100€}{4}$ = 25€ (vinte e cinco) Euros

- **A renda a ser paga será de 375€ (trezentos e setenta e cinco) Euros**

c) **A partir de Julho de 2009:**

- $\dfrac{50€ \text{x}3 = 150€}{4}$ = 37, 5€ (trinta e sete euros e cinquenta cêntimos) Euros

- **A renda a ser paga será de 387,5€ (trezentos e oitenta e sete euros e cinquenta cêntimos) Euros**

d) **A renda a ser paga será de 400 (quatrocentos) Euros**

e) **A renda a ser pagar será de 400 (quatrocentos) Euros actualizada de acordo com os coeficientes de actualização**

A simulação da actualização "*extraordinária*" do montante da renda pode ser efectuado por via Internet no site: **www.arrendamento.gov.pt/NRAU/simuladores**.

Vide, artigo 29.º do NRAU.

ARTIGO 41.º
Actualização em 10 anos

1. A actualização faseada do valor da renda, ao longo de 10 anos, faz-se nos termos seguintes:

a) 1.º Ano: à renda vigente aquando da comunicação do senhorio acresce um nono da diferença entre esta e a renda comunicada;

b) 2.º Ano: à renda vigente aquando da comunicação do senhorio acrescem dois nonos da diferença entre esta e a renda comunicada;

c) 3.º Ano: à renda vigente aquando da comunicação do senhorio acrescem três nonos da diferença entre esta e a renda comunicada;

d) 4.º Ano: à renda vigente aquando da comunicação do senhorio acrescem quatro nonos da diferença entre esta e a renda comunicada;

e) 5.º Ano: à renda vigente aquando da comunicação do senhorio acrescem cinco nonos da diferença entre esta e a renda comunicada;

f) 6.º Ano: à renda vigente aquando da comunicação do senhorio acrescem seis nonos da diferença entre esta e a renda comunicada;

g) 7.º Ano: à renda vigente aquando da comunicação do senhorio acrescem sete nonos da diferença entre esta e a renda comunicada;

h) 8.º Ano: à renda vigente aquando da comunicação do senhorio acrescem oito nonos da diferença entre esta e a renda comunicada;

i) 9.º Ano: aplica-se a renda comunicada pelo senhorio;

j) 10.º Ano: a renda devida é a renda máxima inicialmente proposta pelo senhorio, actualizada de acordo com coeficientes de actualização que entretanto tenham vigorado.

2. O limite máximo de actualização da renda é de (euro) 50 mensais no 1.º ano e de (euro) 75 mensais nos 2.º a 9.º anos, excepto quando tal valor for inferior ao valor que resultaria da actualização anual prevista no n.º 1 do artigo 24.º, caso em que é este o aplicável.

I – Referência histórica:

Norma inovadora em sede do *instituto* do arrendamento urbano.

II – Comentários:

1. O artigo em análise define a forma como se procede ao cálculo do faseamento da renda em 10 anos.

2. Traduz a diferença entre a nova renda e a renda actual, dividindo esse montante por nove.

Assim, vejamos:

– Sra. Maria Fonseca arrenda a sua casa ao Sr. Tomás Ribeiro, em que acordam que o valor da renda será de 350€ (trezentos e cinquenta) Euros//mensais, valor actualizável de 10 (dez) em 10 (dez), em conformidade com o disposto legalmente, para o efeito. Iniciando-se a 15 de Julho de 2006. Então quando ocorrerá a próxima actualização, e qual será o montante a ser pago pelo Sr. Tomás Ribeiro? Em 15 de Junho de 2007, a Sra. Maria Fonseca, enquanto senhoria comunicará o aumento do valor da renda, que será de 400€ (quatrocentos) Euros. Mas, o Sr. Tomás Ribeiro, passará a pagar:

a) A partir de 15 de Julho de 2007:

- 400€ (quatrocentos) Euros – 350€ (trezentos e cinquenta) Euros = 50 (cinquenta) Euros

- $\dfrac{50€}{9}$ = 5,55€ (cinco euros e cinquenta e cinco cêntimos) Euros

- **A renda a ser paga será de 355,55€ (trezentos e cinquenta e cinco euros e cinquenta e cinco cêntimos) Euros.**

b) A partir de 15 de Julho de 2008:

- $\dfrac{50€x2}{9}$ = 100€ = 11,11€ (onze euros e onze cêntimos) Euros

- **A renda a ser paga será de 361,11€ (trezentos e sessenta e um euros e onze cêntimos) Euros.**

c) A partir de 15 de Julho de 2009:

- $\dfrac{50€x3}{9}$ = 150€ = 16,66€ (dezasseis euros e sessenta e seis cêntimos) Euros

- **A renda a ser paga será de 366,66€ (trezentos e sessenta e seis euros e sessenta e seis cêntimos) Euros**

d) A partir de 15 de Julho de 2010:

- $\dfrac{50€x4}{9}$ = 200€ = 22, 22€ (vinte e dois euros e vinte e dois cêntimos) Euros

- **A renda a ser paga será de 372,22€ (trezentos e setenta e dois euros e vinte e dois cêntimos) Euros**

120 Novo Regime do Arrendamento Urbano

e) A **partir de 15 de Julho de 2011:**

- $\dfrac{50€x5}{9}$ = 250€ = 27, 77€ (vinte e sete euros e setenta e sete cêntimos) Euros

- **A renda a ser paga será de 377,77€ (trezentos e setenta e sete euros e setenta e sete cêntimos) Euros**

f) A **partir de 15 de Julho de 2012:**

- $\dfrac{50€x6}{9}$ = 300€ = 33,33€ (trinta e três euros e trinta e três cêntimos) Euros

- **A renda a ser paga será de 383,33€ (trezentos e oitenta e três euros e trinta e três cêntimos) Euros**

g) A **partir de 15 de Julho de 2013:**

- $\dfrac{50€x7}{9}$ = 350€ = 38,88€ (trinta e oito euros e oitenta e oito cêntimos) Euros

- **A renda a ser paga será de 388,88€ (trezentos e oitenta e oito euros e oitenta e oito cêntimos) Euros**

h) A **partir de 15 de Julho de 2013:**

- $\dfrac{50€x\ 8}{9}$ = 400€ = 44,44€ (quarenta e quatro euros e quarenta e quatro cêntimos) Euros

- **A renda a ser paga será de 394,44€ (trezentos e noventa e quatro euros e quarenta e quatro cêntimos) Euros**

i) **A renda a ser paga será de 400€ (quatrocentos) Euros**

j) **A renda a ser paga será de 400€ (quatrocentos) Euros, actualizada de acordo com os coeficientes de actualização**

A simulação da actualização "*extraordinária*" do montante da renda pode ser efectuado por via Internet no site: **www.arrendamento.gov.pt/NRAU/simuladores**.

Vide, artigo 29.º do NRAU.

ARTIGO 42.º
Comunicação do senhorio ao serviço de finanças

1. No prazo de 30 dias a contar da data em que a avaliação patrimonial se tornar definitiva, nos termos dos artigos 75.º e 76.º do CIMI, ou do fim do prazo de resposta do arrendatário, se este for mais longo, o

Lei n.º 6/2006, de 27 de Fevereiro 121

senhorio comunica, mediante declaração a aprovar por portaria conjunta dos Ministros de Estado e da Administração Interna e de Estado e das Finanças, ao serviço de finanças competente o período de faseamento de actualização do valor da renda ou a sua não actualização.

2. Na falta de comunicação do senhorio, presume-se que a actualização faseada do valor da renda se faz ao longo de cinco anos, sem prejuízo dos poderes de inspecção e correcção da administração fiscal e da sanção aplicável à falta de entrega da declaração.

I – Referência histórica:

Norma inovadora em sede do *instituto* do arrendamento urbano.

II – Comentários:

1. Todo o clausulado do artigo em análise reflecte, sem margem para dúvidas, uma preocupação essencialmente de natureza fiscal. Provavelmente, a sua inclusão no Código do Imposto Municipal sobre Imóveis, relevar-se-ia mais adequada.

2. Após requerimento quanto à avaliação fiscal para determinação do valor da patrimonial, torna-se obrigatório ao senhorio comunicar – ao respectivo serviço de finanças competente –, o período de faseamento do valor da renda, ou a sua não actualização.

3. Segundo o n.º 1 do artigo em análise, são dois os pressupostos de que depende essa comunicação, sob responsabilidade do senhorio:

a) Trinta dias a contarem da data em que a avaliação patrimonial se tornar definitiva;

b) Quarenta dias (prazo para resposta do arrendatário – n.º 1 do artigo 37.º do NRAU). É, o que resulta de expressão: *"se este for mais longo"*.

4. Estamos em crer que, o facto do arrendatário, requerer no mesmo prazo de 40 dias (n.º 6.º do artigo 37.º do NRAU), a realização de nova avaliação do prédio ao serviço de finanças competente, dando disso conhecimento ao senhorio, não prejudica tal comunicação.

5. A falta de comunicação, aos serviços de finanças competentes, constitui o senhorio na prática de uma contra ordenação, prevista e punida, em conformidade com o disposto no artigo 119.º do Regime Geral da Infracções Tributárias (Lei 15/2001, de 5 de Junho).[120]

---

[120] Artigo 119.º

Omissões e inexactidões nas declarações ou em outros documentos fiscalmente relevantes.

"1 – As omissões ou inexactidões relativas à situação tributárias que não constituam fraude fiscal nem contra-ordenação prevista no artigo anterior, praticadas nas declarações,

122 *Novo Regime do Arrendamento Urbano*

6. Por outro lado, o n.º 2 deste artigo, manifesta uma clara presunção *juris tantum*.[121] Ou seja, no silêncio do senhorio (artigo 218.º do Código Civil), presume-se a actualização faseada do valor da renda, num período de cinco anos.

7. O mesmo procedimento vale, para o arrendamento para fim não habitacional, artigos 50.º e 56.º do NRAU.

Vide, alínea *a*) do n.º 2 do artigo 2.º da Portaria n.º 1192-A/2006, de 3 de Novembro (Modelo Único Simplificado).

ARTIGO 43.º
Aplicação da nova renda

1. Não tendo o arrendatário optado pela denúncia do contrato, a nova renda é devida no 3.º mês seguinte ao da comunicação do senhorio.

2. As actualizações seguintes são devidas, sucessivamente, um ano após a actualização anterior.

3. O senhorio deve comunicar por escrito ao arrendatário, com a antecedência mínima de 30 dias, o novo valor da renda.

4. A não actualização da renda não pode dar lugar a posterior recuperação dos aumentos de renda não feitos, mas o senhorio pode, em qualquer ano, exigir o valor a que teria direito caso todas as actualizações anteriores tivessem ocorrido.

5. Nos 30 dias seguintes à comunicação de um novo valor, o arrendatário pode denunciar o contrato, devendo desocupar o locado no prazo de seis meses.

6. Existindo a denúncia prevista no número anterior, não há actualização da renda.

---

bem como nos documentos comprovativos dos factos, valores ou situações delas constantes, incluindo as praticadas nos livros de contabilidade e escrituração, nos documentos de transporte ou outros que legalmente os possam substituir ou noutros documentos fiscalmente relevantes que devam ser mantidos, apresentados ou exibidos, são puníveis com coima de € 250 a € 15 000.

2 – No caso de não haver imposto a liquidar, os limites das coimas previstas no número anterior são reduzidos para metade.

3 – Para os efeitos do n.º 1 são consideradas declarações as referidas no n.º 1 do artigo 116.º e no n.º 2 do artigo 117.º.

4 – As inexactidões ou omissões praticadas nas declarações ou fichas para inscrição ou actualização de elementos do número fiscal de contribuinte das pessoas singulares são puníveis com coima entre € 25 a € 500."

[121] Relativa e refutável. Até prova em contrário.

Lei n.º 6/2006, de 27 de Fevereiro   123

I – Referência histórica:

O preceito *sub judice* teve como procedência:
- Os artigos 30.º, 31.º, 33.º e 34.º do RAU.
- Os artigos 1104.º a 1106.º do Código Civil.

II – Comentários:

1. Face à comunicação da nova renda por parte do locador (senhorio), o arrendatário, poderia tomar uma de duas posições:

a) Responder a essa comunicação nos 40 (quarenta) dias subsequentes à mesma. Sendo que, a nova renda será devida no terceiro mês seguinte ao da comunicação efectuada pelo senhorio. Cabe-nos no entanto questionar, sobre, qual o valor da nova renda. Assim, o novo valor será faseado, de acordo, com o estipulado nos artigos 38.º e sgs, que sejam adequados à presente situação em análise. E, as restantes, actualizações serão igualmente, feitas da mesma forma, e no mesmo mês dos anos subsequentes.

Ainda,

Há que não perdermos de vista que, quer o dever de comunicação da nova renda pelo senhorio ao arrendatário, quer o direito de oposição à nova renda exercido pelo arrendatário, podem ser efectuados todos os anos, em estrito cumprimento dos prazos e trâmites, legalmente estabelecidos para o efeito.

Ou

b) Denunciar o contrato de arrendamento que haja celebrado, devendo para tanto, desocupar o locado, no prazo de 6 (seis) meses, e, a renda, não será desta forma, sujeita a qualquer alteração

2. Há que fazermos uma ressalva, em toda esta questão, não existe da parte do senhorio direito de exigir retroactivamente actualizações de rendas, quando teve prazos e trâmites legais à sua disposição, e não os utilizou na devida altura. No entanto, o presente dispositivo legal, no seu n.º 4 permite-lhe em qualquer ano, depois de cumprir todos os prazos e trâmites legais para que daí adviesse a devida/ /pretendida actualização de renda, exigir o valor da renda a que teria direito, caso todas as actualizações anteriores tivessem ocorrido.

ARTIGO 44.º
Comprovação da alegação

1. O arrendatário que invoque a circunstância prevista na alínea *a)* do n.º 3 do artigo 37.º faz acompanhar a sua resposta de documento comprovativo emitido pelo serviço de finanças competente.

2. O arrendatário que não disponha, à data da sua resposta, do documento referido no número anterior, faz acompanhar a resposta do comprovativo de ter o mesmo sido já requerido, devendo juntá-lo no prazo de 15 dias após a sua obtenção.

3. O senhorio que pretenda invocar que o agregado familiar do arrendatário dispõe de RABC superior a 15 RMNA requer ao serviço de finanças competente o respectivo comprovativo.

4. O RABC refere-se ao ano civil anterior ao da comunicação.

5. O arrendatário que invoque a circunstância prevista na alínea *b)* do n.º 3 do artigo 37.º faz acompanhar a sua resposta, conforme o caso, de documento comprovativo de ter completado 65 anos à data da comunicação pelo senhorio, ou de documento comprovativo da deficiência alegada, sob pena de se lhe passar a aplicar o faseamento ao longo de cinco anos.

I – Referência histórica:

Norma inovadora em sede do *instituto* do arrendamento urbano.

II – Comentários:

1. O arrendatário que pretenda invocar o RABC, para que lhe seja permitido fasear de uma forma mais alargada a actualização do valor da renda a ser-lhe cobrada, deverá fazê-lo mediante documento emitido para o efeito, pela Repartição de Finanças da sua área de residência, e, enviá-lo ao senhorio no prazo máximo de 40 (quarenta) dias. Por outro lado, permite-lhe ainda a lei uma dilação do prazo da sua entrega. Ou seja, se, por motivo alheio à sua vontade a Repartição de Finanças não tiver ainda emitido o respectivo documento, poderá, o arrendatário, nos termos do n.º 2 do presente artigo, enviar a sua resposta e anexar, o comprovativo de requisição do documento. Tendo para o efeito, 15 (quinze) dias, após a recepção documento emitido pela Repartição de Finanças, para o enviar ao senhorio.

2. Diz-nos o n.º 3 do presente art., o senhorio que pretenda invocar que o agregado familiar do arrendatário dispõe de RABC superior a 15 RMNA, para lhe poder aplicar a actualização de renda em dois anos, também, deverá requerer, o primeiro, o respectivo comprovativo junto da Repartição de Finanças competente

3. Da análise do n.º 4 apraz-nos fazer uma comparação, que tal como a matéria apurável para efeitos de Imposto de Rendimento Individual, vulgo, IRS, também a matéria apurável no Rendimento Anual Bruto Corrigido, vulgo RABC, refere-se ao ano civil anterior ao da comunicação.

Lei n.º 6/2006, de 27 de Fevereiro 125

4. Em consonância com o disposto nos n.ᵒˢ antecedentes, no n.º 5 também à que comprovar determinados factos. Assim, o arrendatário que pretenda que a sua renda seja aumentada de uma forma faseada ao longo de 10 (dez) anos, deverá para o efeito, fazer acompanhar a sua resposta ao senhorio, no prazo estabelecido no n.º 1 do presente dispositivo, ou seja, 40 (quarenta) dias, de documento comprovativo de que possui mais de 65 anos (v.g. Fotocópia do B.I. ou do Passaporte), ou, documento comprovativo de que é portador de deficiência de grau igual ou superior a 60%.

Vide, artigo 211.º do Código de Registo Civil[122].
Vide, alínea *b*) do n.º 1 do artigo 2.º da Portaria n.º 1192-A/2006, de 3 de Novembro (Modelo Único Simplificado).
Vide, alínea *b*) do n.º 1 do artigo 3.º da Portaria n.º 1192-A/2006, de 3 de Novembro (Modelo Único Simplificado).

ARTIGO 45.º
Regime especial de faseamento

1. A actualização efectua-se nos termos do artigo 39.º quando o arrendatário não tenha no locado a sua residência permanente, habite ou não outra casa, própria ou alheia.

2. Não se aplica o disposto no número anterior:

a) Em caso de força maior ou doença;
b) Se a falta de residência permanente, não perdurando há mais de dois anos, for devida ao cumprimento de deveres militares ou profissionais do próprio, do cônjuge ou de quem viva com o arrendatário em união de facto;
c) Se permanecer no local o cônjuge ou pessoa que tenha vivido em economia comum com o arrendatário por prazo não inferior a um ano.

3. Em caso de actualização nos termos do n.º 1, o senhorio deve mencionar a circunstância que a justifica na comunicação a que se refere o artigo 34.º e tem direito à renda assim actualizada enquanto não for decidido o contrário, caso em que deve repor os montantes indevidamente recebidos.

---

[122] Artigo 211.º Código de Registo Civil (Meios de prova): *"Os factos sujeitos a registo e o estado civil das pessoas, provam-se, conforme os casos, por meio de certidão, boletim ou bilhete de identidade."*

I – Referência histórica:

O preceito *sub judice* teve como procedência:
– O artigo 81.º-A do RAU.

II – Comentários:

1. Atente-se ao disposto na alínea *c*) do artigo 17.º do Decreto-Lei n.º 161/2006, de 8 de Agosto.

2. O n.º 1 do presente artigo, tem como regra geral, a faculdade dada ao *senhorio* de poder actualizar a renda de uma forma faseada em dois (2) anos, desde que, o *arrendatário*, não tenha residência permanente no locado.

3. No entanto, o seu n.º 2 elenca uma série de excepções como sejam:
   1. Em caso de força maior ou doença;
   2. Se a falta de residência permanente, não perdurando há mais de dois anos, for devida ao cumprimento de deveres militares ou profissionais do próprio,
   3. Se a falta de residência permanente, não perdurando há mais de dois anos, for devida ao cumprimento de deveres militares ou profissionais do cônjuge
   4. Se a falta de residência permanente, não perdurando há mais de dois anos, for devida ao cumprimento de deveres militares ou profissionais de quem viva com o arrendatário em união de facto;
   5. Se permanecer no local o cônjuge ou pessoa que tenha vivido em economia comum com o arrendatário por prazo não inferior a um ano.

4. Em conformidade, com o estabelecido no n.º 1, se o senhorio actualizar a renda, deve comunicá-la ao arrendatário, actualização essa, que não deve exceder anualmente, 4 % do valor do locado. Se se vier a comprovar, que o senhorio não tinha direito a exigir esta actualização, então deverá devolver ao arrendatário todos, os valores que recebeu a título de actualização, indevidamente.

Vide:
– Lei 6/2001, de 11 de Maio (Adopta medidas de protecção às pessoas que vivam em economia comum).

ARTIGO 46.º
Subsídio de renda

1. Tem direito a um subsídio de renda, em termos definidos em diploma próprio, o arrendatário:

a) Cujo agregado familiar receba um RABC inferior a três RMNA;
b) Com idade igual ou superior a 65 anos e cujo agregado familiar receba um RABC inferior a cinco RMNA.

Lei n.º 6/2006, de 27 de Fevereiro 127

2. O pedido de atribuição do subsídio, quando comunicado ao senhorio, determina que o aumento seguinte do valor da renda só vigore a partir do mês subsequente ao da comunicação, pelo arrendatário ou pela entidade competente, da concessão do subsídio de renda, embora com recuperação dos montantes em atraso.

3. O arrendatário comunica a decisão sobre a concessão de subsídio ao senhorio no prazo de 15 dias após dela ter conhecimento, sob pena de indemnização pelos danos causados pela omissão.

4. A renda a que se refere o artigo anterior não é susceptível de subsídio.

I – Referência histórica:

O preceito *sub judice* teve como procedência:

– O artigo 12.º do Decreto Preambular do RAU.

II – Comentários:

1. Em conformidade com o Decreto-lei 2/2006, de 3 de Janeiro, a retribuição mínima mensal é de € 403,00

2. Como resulta do artigo 9.º do Decreto-lei n.º 158/2006, de 8 de Agosto, a concessão do subsídio de renda não é cumulável com a atribuição do Rendimento Social de Inserção

Vide, alínea *e*) do n.º 1 do artigo 3.º da Portaria n.º 1192-A/2006, de 3 de Novembro (Modelo Único Simplificado).

ARTIGO 47.º
Alteração de circunstâncias

1. O arrendatário que tenha invocado que o seu agregado familiar dispõe de um RABC inferior a cinco RMNA deve fazer prova anual do rendimento perante o senhorio no mês correspondente àquele em que a invocação foi feita e pela mesma forma.

2. Se os rendimentos auferidos ultrapassarem o limite invocado, o senhorio tem o direito de, nas actualizações subsequentes da renda, utilizar o escalonamento correspondente ao novo rendimento.

3. Também se passa a aplicar actualização mais longa ao arrendatário que, tendo recebido a comunicação pelo senhorio do novo valor da

128 *Novo Regime do Arrendamento Urbano*

renda resultante de actualização anual, demonstre ter auferido no ano anterior RABC que a ela confira direito.

4. Falecendo o arrendatário que tenha invocado alguma das circunstâncias previstas no n.º 3 do artigo 37.º, e transmitindo-se a sua posição contratual para quem não reúna qualquer dessas circunstâncias, passa a aplicar-se o faseamento adequado à nova situação.

5. A transição entre regimes faz-se aplicando à nova renda o valor que, no escalonamento de actualização correspondente ao regime para que se transita, for imediatamente superior à renda em vigor, seguindo-se, nos anos posteriores, as actualizações desse regime, de acordo com o escalonamento respectivo.

6. Quando da regra constante do número anterior resulte que a passagem para regime de actualização mais célere dá origem a aumento igual ou inferior ao que seria devido sem essa passagem, aplica-se à actualização o escalão seguinte.

I – Referência histórica:

Norma inovadora em sede do *instituto* do arrendamento urbano.

II – Comentários:

1. Dos n.ºs 2 e 4 conclui-se que o faseamento da nova renda pode eventualmente ser modificado, sempre que ocorra e, se comprove uma alteração das circunstâncias, nomeadamente, fortuna do arrendatário ou, numa situação inversa, falecimento do mesmo.

2. Em conformidade com o disposto no artigo 38.º, do presente diploma, o período de faseamento do aumento do valor da renda, oscilará de acordo com o nível de rendimento do agregado familiar do arrendatário. Ou seja, quanto menor o valor do rendimento, maior será o período de faseamento.

3. No mesmo sentido, o presente artigo no seu n.º 1, estabelece que o arrendatário que tenha invocado que o seu agregado familiar dispõe de um RABC inferior a cinco RMNA deve fazer prova anual do rendimento perante o senhorio no mês correspondente àquele em que a invocação foi feita e pela mesma forma.

4. Também se passa a aplicar o período de faseamento de actualização mais longo ao arrendatário que, tendo recebido a comunicação pelo senhorio do novo valor da renda resultante de actualização anual, demonstre ter auferido no ano anterior RABC que a ela confira direito.

5. Ou ainda, se o arrendatário comprovar, ter completado 65 anos, e ter cumprido todos os requisitos legais atinentes, terá igualmente direito a usufruir do faseamento de actualização da renda, mais longo.

6. Diz-nos o n.º 4, que apesar de já se encontrar a decorrer o processo de faseamento da actualização do valor da renda, se o arrendatário vier a falecer, tais direitos não se transmitem aos seus herdeiros juntamente com a sua posição contratual.

7. Por outro lado, há que não perdermos de vista que Regra Geral, a transição entre regimes far-se-á aplicando à nova renda o valor que, no escalonamento de actualização correspondente ao regime para que se transita, for imediatamente superior à renda em vigor.

8. Há excepção, se essa passagem para o regime de actualização mais célere der origem a aumento igual ou inferior ao que seria devido sem a mesma, então, aplicar-se-á a actualização mediante o escalão posterior.

ARTIGO 48.º
Direito a obras

1. No caso de o senhorio não tomar a iniciativa de actualizar a renda, o arrendatário pode solicitar à comissão arbitral municipal (CAM) que promova a determinação do coeficiente de conservação do locado.

2. Caso o nível de conservação seja de classificação inferior a 3, o arrendatário pode intimar o senhorio à realização de obras.

3. O direito de intimação previsto no número anterior bem como as consequências do não acatamento da mesma são regulados em diploma próprio.

4. Não dando o senhorio início às obras, pode o arrendatário:

a) Tomar a iniciativa de realização das obras, dando disso conhecimento ao senhorio e à CAM;

b) Solicitar à câmara municipal a realização de obras coercivas;

c) Comprar o locado pelo valor da avaliação feita nos termos do CIMI, com obrigação de realização das obras, sob pena de reversão.

5. Caso as obras sejam realizadas pelo arrendatário, pode este efectuar compensação com o valor da renda.

6. As obras coercivas ou realizadas pelo arrendatário, bem como a possibilidade de este adquirir o locado, são reguladas em diploma próprio.

130 Novo Regime do Arrendamento Urbano

I – Referência histórica:

Norma inovadora em sede do *instituto* do arrendamento urbano.

II – Comentários:

1. A hipótese do *arrendatário* adquirir o locado – penalizando dessa forma o proprietário/*senhorio* – levanta múltiplas e, consecutivas interrogações de natureza constitucional.

2. Contudo, detectam-se algumas intenções, nesta nova previsão: evitar eventuais especulações imobiliárias; forçar os senhorios à reparação de prédios/fracções autónomas degradas; mas por outro lado, vem reconhecer a própria incapacidade económica de muitas câmaras, quanto à realização de obras coercivas.

3. *"(...) é certo que o Código das Expropriações tem algumas disposições que poderão ajudar nesta construção, mas há que reconhecer que enquanto neste estão em causa direitos públicos e o interesse colectivo ou a utilidade pública, no campo da relação locativa estamos em presença de normas puras de Direito Privado, que são tributárias de uma diferente lógica. (...) por outro lado, sabido que há alguns senhorios que são bem mais pobres que os seus inquilinos, não será de uma exagerada violência obrigá-los a fazer obras com dinheiro que ultrapassa em muito as rendas recebidas, levando-os a um inevitável e perigoso endividamento?"*[123]

Vide, ponto 26 da anotação ao artigo 1.º NRAU.

Vide, artigo 29.º do NRAU.

Vide, anotações aos artigos 39.º e 40.º do Decreto-Lei n.º 157/2006, de 8 de Agosto que, aprovou o Regime Jurídico das Obras em Prédios Arrendados.

Vide, anotações ao artigo 2.º do Decreto-Lei n.º 159/2006, de 8 de Agosto que aprova a definição do conceito fiscal de prédio devoluto.

Vide, alínea *d*) do n.º 1 do artigo 3.º da Portaria n.º 1192-A/2006, de 3 de Novembro (Modelo Único Simplificado).

ARTIGO 49.º
Comissão arbitral municipal

1. São constituídas CAM com a seguinte finalidade:

a) Acompanhar a avaliação dos prédios arrendados;

b) Coordenar a verificação dos coeficientes de conservação dos prédios;

c) Estabelecer os coeficientes intermédios a aplicar nos termos do n.º 4 do artigo 33.º;

---

[123] Desembargador Francisco Bruto da Costa, "O sistema de actualização de rendas no Novo Regime do Arrendamento Urbano", lista de debates Ciberjus (www.ciberjus.net).

Lei n.º 6/2006, de 27 de Fevereiro   131

d) Arbitrar em matéria de responsabilidade pela realização de obras, valor das mesmas e respectivos efeitos no pagamento da renda;
e) Desempenhar quaisquer outras competências atribuídas por lei.

2. As CAM são compostas por representantes da câmara municipal, do serviço de finanças competente, dos senhorios e dos inquilinos.

3. O funcionamento e as competências das CAM são regulados em diploma próprio.

I – Referência histórica:

Norma inovadora em sede do *instituto* do arrendamento urbano.

II – Comentários:

1. A respectiva composição, constituição, funcionamento e competência das Comissões Arbitras Municipais, encontra-se regulada pelo Decreto-Lei n.º 161//2006, de 8 de Agosto.

2. Como resulta do disposto na alínea *a*) do artigo 21.º do Decreto-Lei n.º 161//2006, de 8 de Agosto, "*enquanto não estiverem instaladas as Comissões Arbitrais Municipais*", as competências administrativas e de acompanhamento recaiem automaticamente sobre os respectivos municípios.

3. O presente preceito define o quadro de competências das CAM. Todavia, atente-se à alínea *c*) do n.º 1 do artigo 17.º do Decreto-Lei n.º 161/2006, de 8 de Agosto. Assim, ainda, compete às CAM decidir sobre "*a falta de utilização do* **locado**", nos termos e para os efeitos previstos no artigo 45.º e na alínea *a*) do artigo 56.º do NRAU.

4. Importa salientar que, nos termos do n.º 4 do artigo 17.º do Decreto-Lei n.º 161/2006, de 8 de Agosto "*as decisões proferidas pela CAM têm valor de decisões arbitrais e delas cabe Recurso para o tribunal de comarca*", competente.

5. Por fim, refira-se que, o Recurso **não possui efeito suspensivo** e conhece **matéria** de *facto* e de *direito*.

Vide, n.º 3 do artigo 33.º do NRAU.
Vide, ponto 5. das anotações ao artigo 1.º do NRAU.
Vide, n.º 2 do artigo 1.º da Portaria n.º 1192-B/2006, de 3 de Novembro (Ficha de avaliação do nível de conservação de edifícios).
Vide, artigos 15.º e 16.º da Portaria n.º 1192-B/2006, de 3 de Novembro (Ficha de avaliação do nível de conservação de edifícios).

132   *Novo Regime do Arrendamento Urbano*

SUBSECÇÃO II
Arrendamento para fim não habitacional

ARTIGO 50.º
Regime aplicável

Aos arrendamentos para fim diverso de habitação aplicam-se as normas constantes da subsecção anterior, com as necessárias adaptações, bem como o disposto nos artigos seguintes.

I – Referência histórica:

O preceito *sub judice* teve como procedência:

– Os artigos 110.º, 121.º e 123.º do RAU.
– Os artigos 1112.º e 1119.º do Código Civil.

II – Comentários:

1. Em termos de direito comparado, o legislador à semelhança da "**Ley de Arrendamientos Urbanos**" – em vigor desde 1994, em Espanha –, estabeleceu como afirmamos no ponto 6. das Considerações ao n.º 1 do artigo 1.º, duas categorias: arrendamento habitacional e, arrendamento não habitacional.

No Brasil – **Lei n.º 8.245**, de 18 de Outubro de 1991 (vulgarmente designada: *Lei do Inquilinato*) –, estabelece-se a distinção entre: "*Da Locação Residencial*" (artigos 46.º e 47.º) e "*Da Locação não Residencial*" (artigos 51.º a 57.º). Curiosamente, os artigos 48.º a 50.º retratam e debruçam-se sobre: "*Da Locação para Temporada*"[124].

---

[124] "*Da Locação para Temporada*"

"*Artigo 48. Considera-se locação para temporada aquela destinada à residência temporária do locatário, para prática de lazer, realização de cursos, tratamento de saúde, feitura de obras em seu imóvel, e outros fatos que decorram tão-somente de determinado tempo, e contratada por prazo não superior a noventa dias, esteja ou não mobilado o imóvel.*

Parágrafo único. No caso de a locação envolver imóvel mobilado, constará do contrato, obrigatoriamente, a descrição dos móveis e utensílios que o guarnecem, bem como o estado em que se encontram.

Artigo 49. O locador poderá receber de uma só vez e antecipadamente os alugueis e encargos, bem como exigir qualquer das modalidades de garantia previstas no art. 37 para atender as demais obrigações do contrato.

Artigo 50. Findo o prazo ajustado, se o locatário permanecer no imóvel sem oposição do locador por mais de trinta dias, presumir-se-á prorrogada a locação por tempo indeterminado, não mais sendo exigível pagamento antecipado do aluguel dos encargos.

Parágrafo único. Ocorrendo a prorrogação, o locador somente poderá denunciar o contrato após trinta meses de seu início ou nas hipóteses do art. 7."

Lei n.º 6/2006, de 27 de Fevereiro 133

2. Enquadra-se, no conceito e categoria "arrendamento não habitacional", quer o exercício de uma actividade lucrativa (comércio, indústria, exercício de profissão liberal), quer o funcionamento de um jogo de bingo, no auxílio a qualquer clube/associação desportivo(a), quer até mesmo, uma Conferência de uma ordem religiosa ou de uma associação laica de benemerência (como resulta da Lei n.º 16//2001, de 22-06 – Lei da Liberdade Religiosa).

3. O preceito em análise, vem regular o regime de actualização "extraordinária" nos contratos de arrendamento para fim não habitacional, celebrados pré--Decreto-Lei n.º 257/95, de 30 de Setembro.

ARTIGO 51.º
Rendas passíveis de actualização

Podem ser actualizadas as rendas relativas a contratos celebrados antes da entrada em vigor do Decreto-Lei n.º 257/95, de 30 de Setembro.

I – Referência histórica:

Norma inovadora em sede do *instituto* do arrendamento urbano.

II – Comentários:

1. O aludido diploma legal entrou em vigor nos dias 5 de Outubro de 1995 e 15 do mesmo mês, respectivamente, no território continental e nas Regiões Autónomas dos Açores e da Madeira.

2. O Decreto-Lei n.º 257/95, de 30 de Setembro, veio permitir que os arrendamentos para comércio ou indústria, para exercício de profissão liberal e para outros fins lícitos não habitacionais fossem celebrados por **duração limitada**.

3. No entanto, à que termos em conta que um aumento do valor da renda aos contratos não habitacionais regulados no presente capítulo e, celebrados antes do Decreto-Lei n.º 257/95, de 30 de Setembro, irá sempre depender de uma **prévia avaliação do imóvel** nos termos do CIMI, da qual resultará, com grande probabilidade, um aumento considerável do valor patrimonial do imóvel e, consequentemente, do montante devido pelo respectivo proprietário/*senhorio* a título de Imposto Municipal sobre Imóveis (IMI)

4. Como afirmamos anteriormente, a actualização da renda sob "*iniciativa do senhorio*" (artigo 34.º do NRAU), depende de comunicação ao *arrendatário*, em estreita observância com as formalidades estabelecidas ao longo dos artigos 9.º a 11.º do NRAU.

ARTIGO 52.º
Pressupostos da iniciativa do senhorio

A renda pode ser actualizada independentemente do nível de conservação.

I – Referência histórica:

Norma inovadora em sede do *instituto* do arrendamento urbano.

II – Comentários:

1. Contrariamente aos *arrendamentos para fins habitacionais*, cujos motivos para aumento do valor da renda se encontram, especificados no presente diploma; *nestes* entendeu o legislador, permitir que, a renda possa ser actualizada independentemente do nível/coeficiente de conservação do imóvel.

2. Isto equivale a dizer: mesmo que, nos termos do artigo 33.º do RNAU, ao locado corresponda um nível de conservação de nível 1 (péssimo) ou nível 2 (mau) é lícito ao proprietário/*senhorio* proceder à correspondente actualização "*extraordinária*" do montante da renda.

3. Neste mesmo sentido, refira-se que, na hipótese de uma eventual actualização "**extraordinária**" do montante da renda, por um nível inferior – *péssimo* ou *mau* – ao desejável, resultará uma consequente desproporção entre a "nova" renda e, a respectiva tributação em sede de IMI.

4. Porém, caso haja lugar à actualização "extraordinária" da renda de uma forma faseada, automaticamente o aumento em sede de IMI, deve ser proporcional ao aumento da renda.

ARTIGO 53.º
Actualização faseada do valor da renda

1. A actualização do valor da renda é feita de forma faseada, podendo decorrer durante 5 ou 10 anos, nos termos dos artigos 40.º e 41.º

2. A actualização é feita em 10 anos quando:

   a) Existindo no locado um estabelecimento comercial aberto ao público, o arrendatário seja uma microempresa ou uma pessoa singular;

   b) O arrendatário tenha adquirido o estabelecimento por trespasse ocorrido há menos de cinco anos;

Lei n.º 6/2006, de 27 de Fevereiro 135

c) Existindo no locado um estabelecimento comercial aberto ao público, aquele esteja situado em área crítica de recuperação e reconversão urbanística (ACRRU);

d) A actividade exercida no locado tenha sido classificada de interesse nacional ou municipal.

3. Microempresa é a que tem menos de 10 trabalhadores e cujos volume de negócios e balanço total não ultrapassam (euro) 2000000 cada.

4. São ACRRU as assim declaradas nos termos do artigo 41.º da Lei dos Solos, aprovada pelo Decreto-Lei n.º 794/76, de 5 de Novembro.

I – Referência histórica:

Norma inovadora em sede do *instituto* do arrendamento urbano.

II – Comentários:

1. Tal como nos *contratos para fins habitacionais*, também aqui, os contratos de arrendamento não habitacional podem possuir acréscimos do valor da renda de forma imediata ou faseada, e igualmente, ao longo de cinco (5) ou dez (10) anos. Sendo no entanto, Regra Geral, o prazo de 5 (cinco) anos

2. O preceito em anotação estabelece no n.º 2 as situações de actualização por um período mais alargado –, ao longo de dez (10) anos.

3. A simulação da actualização *"extraordinária"* do montante da renda pode ser efectuado por via Internet no site: **www.arrendamento.gov.pt/NRAU/simuladores**.

Vide, alínea *c)* do n.º 1 do artigo 3.º da Portaria n.º 1192-A/2006, de 3 de Novembro (**Modelo Único Simplificado**).

ARTIGO 54.º
Comunicação do senhorio

A comunicação do senhorio prevista no artigo 34.º contém, além do valor da renda actualizada, sob pena de ineficácia:

a) O valor da renda devida após a primeira actualização, calculada nos termos correspondentes a uma actualização faseada em 10 anos, quando se verifique alguma das circunstâncias previstas no n.º 2 do artigo anterior;

b) O valor da renda devida após a primeira actualização, calculada nos termos correspondentes a uma actualização faseada em cinco anos, quando não se verifiquem as referidas circunstâncias;

c) A indicação de que não há lugar a faseamento da actualização, por se verificar alguma das circunstâncias previstas no artigo 56.º.

I – Referência histórica:

O artigo 33.º do RAU.

II – Comentários:

1. Tal como temos vindo a afirmar, ao longo de várias anotações em números precedentes, a actualização da renda depende, sempre, da iniciativa do senhorio (artigo 34. do NRAU) e, cumulativamente de comunicação ao arrendatário – do montante da renda futura a aplicar no primeiro ano (alíneas *a)* e *b)* –, observando os requisitos legais.

2. Quando o senhorio comunique a actualização da renda ao arrendatário, não se limita a dar conhecimento desse aumento, mas igualmente qual o valor que este terá de pagar futuramente a título de renda actualizada, bem como, o valor a ser pago, no primeiro ano de actualização da mesma.

3. A renda actualizada só poderá surtir efeitos imediatos, se cumprir os requisitos estabelecidos no artigo 56.º do presente diploma legal.

4. Tal como nos contratos habitacionais, a comunicação a efectuar ao *arrendatário*, deve obedecer, sob pena de ineficácia, aos requisitos constantes nos artigos 9.º e 34.º do NRAU.

ARTIGO 55.º
Resposta do arrendatário

Quando a comunicação do senhorio indique uma actualização em cinco anos, o arrendatário pode, na sua resposta, alegar a verificação de circunstância prevista no n.º 2 do artigo 53.º, devendo a resposta fazer--se acompanhar dos correspondentes comprovativos.

I – Referência histórica:

O preceito *sub judice* teve como procedência:

– O artigo 35.º do RAU.

II – Comentários:

Apesar do presente diploma ser omisso quanto a essa questão, pensamos ser de aplicar o mesmo prazo de resposta que é concedido aos arrendatários dos contratos para fins habitacionais;
Ou seja,

c) **Regra Geral:** prazo para a resposta do arrendatário é de 40 dias

No entanto,

d) Quando existam mais do que um arrendatário e, termine em dias diferentes o prazo de vários sujeitos, a resposta pode ser oferecida até ao termo do prazo que começou a correr em último lugar.

ARTIGO 56.º
Actualização imediata da renda

Não há faseamento da actualização da renda, tendo o senhorio imediatamente direito à renda actualizada, quando:

a) O arrendatário conserve o local encerrado ou sem actividade regular há mais de um ano, salvo caso de força maior ou ausência forçada, que não se prolongue há mais de dois anos, aplicando-se o disposto no n.º 3 do artigo 45.º;

b) Ocorra trespasse ou locação do estabelecimento após a entrada em vigor da presente lei;

c) Sendo o arrendatário uma sociedade, ocorra transmissão inter vivos de posição ou posições sociais que determine a alteração da titularidade em mais de 50% face à situação existente aquando da entrada em vigor da presente lei.

I – Referência histórica:

Norma inovadora em sede do *instituto* do arrendamento urbano.

II – Comentários:

1. De acordo com o presente dispositivo legal, o proprietário/*senhorio* pode exigir a actualização imediata do valor da renda, a ser pago pelo arrendatário, se:

– O arrendatário conserve o local encerrado;
– O arrendatário conserve o local sem actividade regular há mais de um ano;
– Ocorra trespasse do estabelecimento após a entrada em vigor da presente lei;
– Ocorra locação do estabelecimento após a entrada em vigor da presente lei;

138 *Novo Regime do Arrendamento Urbano*

– Sendo o arrendatário uma sociedade, ocorra transmissão *inter vivos* de posição ou posições sociais que determine a alteração da titularidade em mais de 50%.

2. Excepciona-se do anteriormente estipulado se o *arrendatário* conservar o local encerrado ou sem actividade regular há mais de um ano, por motivo de força maior ou ausência forçada, devidamente comprovado e, que tal que não se prolongue há mais de dois anos, sendo-lhe aplicável o regime constante no n.º 3 do artigo 45.º;

3. A alínea *a*) do artigo em anotação, encontra-se em perfeita sintonia com o disposto no artigo 17.º do Decreto-Lei n.º 161/2006, de 8 de Agosto.

4. Tal como nos contratos habitacionais, a comunicação a efectuar ao *arrendatário*, deve obedecer, sob pena de ineficácia, aos requisitos constantes nos artigos 9.º e 34.º do NRAU. Ou seja, deve mencionar de forma expressa e inequívoca a falta de utilização do locado.

SECÇÃO III
Transmissão

ARTIGO 57.º
Transmissão por morte no arrendamento para habitação

1. O arrendamento para habitação não caduca por morte do primitivo arrendatário quando lhe sobreviva:

a) Cônjuge com residência no locado;

b) Pessoa que com ele vivesse em união de facto, com residência no locado;

c) Ascendente que com ele convivesse há mais de um ano;

d) Filho ou enteado com menos de 1 ano de idade ou que com ele convivesse há mais de um ano e seja menor de idade ou, tendo idade inferior a 26 anos, frequente o 11.º ou 12.º ano de escolaridade ou estabelecimento de ensino médio ou superior;

e) Filho ou enteado maior de idade, que com ele convivesse há mais de um ano, portador de deficiência com grau comprovado de incapacidade superior a 60%.

2. Nos casos do número anterior, a posição do arrendatário transmite-se, pela ordem das respectivas alíneas, às pessoas nele referidas, preferindo, em igualdade de condições, sucessivamente, o ascendente, filho ou enteado mais velho.

Lei n.º 6/2006, de 27 de Fevereiro   139

3. Quando ao arrendatário sobreviva mais de um ascendente, há transmissão por morte entre eles.

4. A transmissão a favor dos filhos ou enteados do primitivo arrendatário, nos termos dos números anteriores, verifica-se ainda por morte daquele a quem tenha sido transmitido o direito ao arrendamento nos termos das alíneas *a)*, *b)* e *c)* do n.º 1 ou nos termos do número anterior.

I – Referência histórica:

O preceito *sub judice* teve como procedência:
– O artigo 85.º do RAU.
– A Lei 6/2001, de 11 de Maio (Adopta medidas de protecção às pessoas que vivam em economia comum).
– A Lei 7/2001, de 11 de Maio (Adopta medidas de protecção às uniões de facto).

II – Comentários:

1. O presente preceito corresponde com as devidas alterações e salvaguardas, ao estipulado no artigo 85.º do R.A.U. Decreto-Lei n.º 321-B/90 de 15 de Outubro, que ora se transcreve:

"Artigo 85.º
Transmissão por morte
1 – O arrendamento para habitação não caduca por morte do primitivo arrendatário ou daquele a quem tiver sido cedida a sua posição contratual, se lhe sobreviver:
    a) Cônjuge não separado judicialmente de pessoas e bens ou de facto;
    b) Descendente com menos de um ano de idade ou que com ele convivesse há mais de um ano;
    c) Pessoa que com ele viva em união de facto há mais de dois anos, quando o arrendatário não seja casado ou esteja separado judicialmente de pessoas e bens
    d) Ascendente que com ele convivesse há mais de um ano;
    e) Afim na linha recta, nas condições referidas nas alíneas b) e d);
    f) Pessoas que com ele vivessem em economia comum há mais de dois anos.
2 – Caso ao arrendatário não sobrevivam pessoas na situação prevista na alínea b) do n.º 1, ou estas não pretendam a transmissão, é equiparada ao cônjuge a pessoa que com ele vivesse em união de facto
3 – Nos casos do número anterior, a posição do arrendatário transmite-se, pela ordem das respectivas alíneas, às pessoas nele referidas,

140 *Novo Regime do Arrendamento Urbano*

> *preferindo, em igualdade de condições, sucessivamente, o parente ou afim mais próximo e mais idoso.*
>
> *4 – A transmissão a favor dos parentes ou afins também se verifica por morte do cônjuge sobrevivo quando, nos termos deste artigo, lhe tenha sido transmitido o direito ao arrendamento."*

2. Resulta da análise do presente preceito, que o mesmo será aplicável a todos os contratos de arrendamento com fins habitacionais que hajam sido celebrados, ante a vigência do Novo Regime de Arrendamento Urbano, sendo que, os celebrados durante a vigência do mesmo diploma, aplicar-se-á o constante nos artigos 1106.º e 1107.º ambos do Código Civil.

3. No que concerne à transmissão da posição de arrendatário, propriamente dita, ela é feita de um indivíduo para outro. E é feita da seguinte forma:

✓ Cônjuge com residência no locado;

✓ Pessoa que com ele vivesse em união de facto, com residência no locado

✓ Ascendente que com ele convivesse há mais de um ano;

✓ Filho com menos de 1 ano de idade ou que com ele convivesse há mais de um ano e seja menor de idade;

✓ Enteado com menos de 1 ano de idade ou que com ele convivesse há mais de um ano e seja menor de idade;

✓ Filho tendo idade inferior a 26 anos, frequente o 11.º ou 12.º ano de escolaridade ou estabelecimento de ensino médio ou superior;

✓ Enteado tendo idade inferior a 26 anos, frequente o 11.º ou 12.º ano de escolaridade ou estabelecimento de ensino médio ou superior;

✓ Filho maior de idade, que com ele convivesse há mais de um ano, portador de deficiência com grau comprovado de incapacidade superior a 60%;

✓ Enteado maior de idade, que com ele convivesse há mais de um ano, portador de deficiência com grau comprovado de incapacidade superior a 60%.

4. Diz-nos igualmente, o n.º 2 do presente preceito legal, que em caso de existirem mais do que uma pessoa na mesma categoria sucessível, na posição de arrendatário, terá direito de preferência, aquele que for mais velho

5. Por outro lado, se aquando da morte do arrendatário sobreviva mais de um ascendente seu, haverá lugar à transmissão por morte entre eles

6. Segundo, o disposto no n.º 4, se o cônjuge sobrevivo falecer, ou, aquele que vivia em união de facto com o primitivo arrendatário, terão os filhos ou enteados, do mesmo, direito a suceder-lhe na posição contratual, como "terceiros arrendatários".

Como irão coexistir dois regimes em simultâneo, há que tecermos algumas comparações:

Contratos de Arrendamento para fins Habitacionais celebrados anteriormente ao RNAU	Contratos de Arrendamento para fins Habitacionais celebrados após a vigência do RNAU
Artigo 57.º	**Artigo 1106.º**
Não se exige nenhum período mínimo de união de facto, para se transmitir a posição de arrendatário, tem somente de viver no locado (alínea *a*)).	Exige-se que a união de facto tenha pelo menos mais de um ano de existência, para se transmitir a posição de arrendatário, e, ter igualmente de viver no locado (alínea *a*))
Não contempla a simples co-habitação	Contempla a simples co-habitação (alínea *b*)
A transmissão da posição de arrendatário está limitada por classes sucessíveis	A transmissão da posição de arrendatário a todas as pessoas, que vivam com este, à data da sua morte (n.º 2)

Mais,

– *"A alínea a) do artigo 3.º da Lei 7/2001, de 11 de Março, estabelece como princípio geral que:*

«As pessoas que vivem em união de facto nas condições previstas na presente lei têm direito a:

a) Protecção da casa de morada de família, nos termos da presente lei.»

Princípio semelhante era estabelecido na alínea a) do artigo 3.º da Lei n.º 135/99, de 28.08, que regulava apenas as uniões de heterossexuais, entretanto revogada integralmente pelo artigo 10.º daquela citada Lei n.º 7/2001.

Por outro lado, no que se refere aos limites objectivos, ou de forma mais tecnicamente correcta, quanto à definição do direito que se pretende proteger, deve realçar-se nova incongruência na letra da lei, resultante da dificuldade de harmonizar o regime proposto às uniões de heterossexuais e às uniões homossexuais, sem violar conceitos que se compadecem com estas duas últimas.

Efectivamente, a alínea a) do artigo 3.º refere a protecção da casa de morada de família, nos termos da referida lei. Contudo, logo de seguida, o artigo 4.º do mesmo diploma adopta como epígrafe «casa de morada de família e residência comum», sendo ainda que o n.º 1 do mesmo preceito refere-se a «casa de morada comum».

Ora, esta indefinição de conceitos – casa de morada de família, residência comum, casa de morada comum – só pode ser justificada face à necessidade de adaptação de um texto legislativo que tinha sido pensado apenas para as uniões de facto heterossexuais e que passou a ser extensivo a ambos os tipos de união de facto – hetero e homossexuais.

142   *Novo Regime do Arrendamento Urbano*

Quer se trate de união de facto homossexual ou heterossexual, existe uma morada comum, cuja protecção nos parece evidente na vigência da respectiva relação. De facto, muito embora a Lei só se ocupe desta protecção no caso de cessação da união de facto por morte de um dos companheiros ou por separação, o facto é que o princípio geral supra citado de protecção da casa de morada de família e residência comum – ou, para utilizarmos uma fórmula geral, casa de morada comum – não pode ficar circunscrito à sua transmissão, seja em vida, seja por morte, devendo antes valer desde o momento em que se inicia a relação que consubstancia a união de facto, não uma mera relação de concubinato fugaz, ou de mera aventura homossexual, mas sim uma relação com carácter de estabilidade."[125]

ARTIGO 58.º
Transmissão por morte no arrendamento para fins não habitacionais

1. O arrendamento para fins não habitacionais termina com a morte do arrendatário, salvo existindo sucessor que, há mais de três anos, explore, em comum com o arrendatário primitivo, estabelecimento a funcionar no local.

2. O sucessor com direito à transmissão comunica ao senhorio, nos três meses posteriores ao decesso, a vontade de continuar a exploração.

I – Referência histórica:

.O preceito *sub judice* teve como procedência:
- O artigo 112.º do RAU,
- No n.º 5 do artigo 1111.º e no artigo 1113.º, ambos do Código Civil.

II – Comentários:

1. No regime constante do R.A.U. Decreto-Lei n.º 321-B/90 de 15 de Outubro, a posição de arrendatário num contrato para fins não habitacionais, o arrendamento não caducava com a morte do arrendatário, desde que o sucessor, o comunica-se ao senhorio no prazo de 180 (dias). O silêncio por parte do sucessor do arrendatário, valia como factor resolutivo do contrato de arrendamento. E, bastava-lhe ser apenas sucessor, não tinha de ter uma posição activa na exploração do estabelecimento, como é exigível no presente preceito. Por outro lado, também o prazo para efectuar essa comunicação ao senhorio, foi reduzido a metade, ou seja, passou de 180 (cento e oitenta) dias, para apenas 90 (noventa) dias.

---

[125] In, *Uniões de Facto e Economia Comum*, de José António de França Pitão, Almedina, 2.ª Edição, págs. 203 a 205.

Lei n.º 6/2006, de 27 de Fevereiro

2. Assim, ora se transcreve o preceituado no artigo 11.2.do R.A.U. Decreto-
-Lei n.º. 321-B/90 de que 15 de Outubro:

"Artigo 112.º
Morte do arrendatário
1 – O arrendamento não caduca por morte do arrendatário, mas os sucessores podem renunciar à transmissão, comunicando a renúncia ao senhorio no prazo de 30 dias.

2 – O sucessor não renunciante deve comunicar, por escrito, ao senhorio a morte do arrendatário, a enviar nos 180 dias posteriores à ocorrência e da qual constem os documentos autênticos ou autenticados que comprovem os seus direitos.

3 – O arrendatário não pode prevalecer-se do não cumprimento dos deveres de comunicação estabelecidos neste artigo e deve indemnizar o senhorio por todos os danos derivados da omissão."

Contratos de Arrendamento para fins Não Habitacionais celebrados anteriormente ao RNAU	**Contratos de Arrendamento para fins Não Habitacionais celebrados após a vigência do RNAU**
Artigo 58.º	**Artigo 1107.º e 1113.º**
O arrendamento caduca com a morte do primitivo arrendatário (Regra Geral)	O arrendamento não caduca por morte do arrendatário (art. 1113.º)
Salvo se existir sucessor que, há mais de três anos, explore, em comum com o arrendatário primitivo, estabelecimento a funcionar no local.	Os sucessores podem renunciar à transmissão, comunicando a renúncia ao senhorio no prazo de três meses, com cópia dos documentos comprovativos da ocorrência (art. 1113.º)
O sucessor com direito à transmissão comunica ao senhorio, nos três meses posteriores ao decesso, a vontade de continuar a exploração	A transmissão do arrendamento, ou a sua concentração no cônjuge sobrevivo, deve ser comunicada ao senhorio, com cópia dos documentos comprovativos e no prazo de três meses a contar da ocorrência. (art. 1107.º n.º1)
Não há lugar a qualquer indemnização	A inobservância do disposto no número anterior obriga o transmissário faltoso a indemnizar por todos os danos derivados da omissão. (art. 1107.º, n.º 2)

TÍTULO III
Normas finais

ARTIGO 59.º
Aplicação no tempo

1. O NRAU aplica-se aos contratos celebrados após a sua entrada em vigor, bem como às relações contratuais constituídas que subsistam nessa data, sem prejuízo do previsto nas normas transitórias.

2. A aplicação da alínea *a)* do n.º 1 do artigo 1091.º do Código Civil não determina a perda do direito de preferência por parte de arrendatário que dele seja titular aquando da entrada em vigor da presente lei.

3. As normas supletivas contidas no NRAU só se aplicam aos contratos celebrados antes da entrada em vigor da presente lei quando não sejam em sentido oposto ao de norma supletiva vigente aquando da celebração, caso em que é essa a norma aplicável.

I – Referência histórica:

Norma inovadora em sede do *instituto* do arrendamento urbano.

II – Comentários:

1. O presente preceito legal, foi inspirar-se no princípio geral de aplicação das leis no tempo, que se encontra consagrado no art. 12.º. do Código Civil. e que ora se transcreve:

> "ARTIGO 12.º
> *(Aplicação das leis no tempo – Princípio geral)*
>
> *1. A lei só dispõe para o futuro; ainda que lhe seja atribuída eficácia retroactiva, presume-se que ficam ressalvados os efeitos já produzidos pelos factos que a lei se destina a regular.*
>
> *2. Quando a lei dispõe sobre as condições de validade substancial ou formal de quaisquer factos ou sobre os seus efeitos, entende-se, em caso de dúvida, que só visa os factos novos; mas, quando dispuser directamente sobre o conteúdo de certas relações jurídicas, abstraindo dos factos que lhes deram origem, entender-se-á que a lei abrange as próprias relações já constituídas, que subsistam à data da sua entrada em vigor."*

❖ *"Quando uma lei nova vem suprimir um tipo de situação jurídica até ali admitida, há que distinguir conforme a lei nova tenha em vista o meio do chegar a essa situação ou, ao contrário, o conteúdo e os efeitos da mesma. Esta última hipótese é assimilável àquelas leis que regem os efeitos de uma situação jurídica, pelo que se aplica imediatamente às situações jurídicas preexistentes daquele tipo, para lhes pôr termo; neste caso, as concepções da lei opõem-se à própria existência dos direitos e deveres que constituem o conteúdo típico de uma certa situação jurídica, ou o interesse geral, tal como concebido pela lei nova, opõe-se à subsistência de certos vínculos criados à sombra do instituto que o legislador decidiu suprimir (com Savigny, diremos que estamos em presença de uma lei relativa à existência e natureza de uma situação jurídica ou de um instituto jurídico). Assim, a lei que veio abolir a escravatura queria sem dúvida aplicar-se às situações anteriores. Da mesma forma, uma uma lei nova, que por o considerar nocivo à boa gestão dos bens, viesse suprimir o usufruto, convertendo os usufrutos existentes em rendas vitalícias, não seria retroactiva, pois seria uma lei relativa ao conteúdo de certo tipo de situações jurídicas."* In, Neto, Abílio, Código Civil Anotado, Ediforum.

Mais,

❖ *"É tarefa do direito transitório – expressão adoptada para designar aquele conjunto de princípios e de regras cuja função é delimitar entre si os âmbitos de aplicação temporal de cada lei – coordenar a aplicação de dois sistemas jurídicos que se sucedem no tempo, Desta sua missão, que o obriga a optar pela lei antiga ou pela lei nova, há-de ele desempenhar-se com base na ponderação de certos interesses que se contrapõem, apontando, um, para a aplicação daquela lei e, o outro ou outros, para a aplicação desta.*

Esses interesses são, principalmente, dois: o interesse da estabilidade e o interesse na adaptação, os quais hão-de ser devidamente ponderados e confrontados a propósito de cada problema típico de direito transitório.

O interesse dos indivíduos na estabilidade da ordem jurídica, o que lhes consentirá a organização dos seus planos de vida e lhes evitará o mais possível a frustração das suas expectativas fundadas, pode achar-se mais ou menos fortemente radicado: podem, desi-gnada mente, aparecer posições jurídicas particularmente merecedoras de tutela, como o seriam aquelas que certa doutrina qualifica de «direitos legitimamente adquiridos» e que, afinal, se trata de uma modalidade de interesse da segurança jurídica.

A este interesse contrapõe-se um outro: o interesse público na transformação da antiga ordem jurídica e na sua adaptação a novas necessidades e concepções sociais, mesmo à custa de posições jurídicas e de expectativas fundadas no antigo estado de direito. Este interesse pode ser mais ou menos premente, e tanto pode abranger o interesse de terceiros, o interesse da segurança do comércio jurídico, como um interesse público geral, a saber, um interesse geral da comunidade jurídica (interesse na adaptação às novas realidades sociais) ou um interesse de política legislativa (interesse na unidade e homogeneidade do ordenamento, factores de segurança e pressupostos da igualdade jurídica). " In, Parecer da Procuradoria-geral da República, de 211/12/77.

No mesmo sentido,

❖ Varela, Antunes in RLJ n.º. 103.º. Página 187: *estabelece a distinção entre normas que têm por fim impor uma conduta aos particulares ou que, com base na vontade real ou presumível dos indivíduos, fixam os efeitos de um facto, e as normas que, independentemente da vontade dos particulares, em obediência a razões de carácter objectivo, se baseiam em determinadas situações, para conceder um direito ou atribuir uma faculdade (...). As primeiras disposições são, pela sua função, regras essencialmente injustas ou supletivas, enquanto as últimas são normas fundamentalmente valorativas.*

2. Então a que contratos se aplica o NRAU?

   a. Contratos de Arrendamento para fins Não Habitacionais celebrados após a sua entrada em vigor

   b. Contratos de Arrendamento para fins Habitacionais celebrados após a sua entrada em vigor

   c. Contratos de Arrendamento para fins Não Habitacionais celebrados anteriormente ao NRAU e que subsistam à presente data

   d. Contratos de Arrendamento para fins Habitacionais celebrados anteriormente ao NRAU e que subsistam à presente data

      i. Quanto aos Contratos de Arrendamento para fins Não Habitacionais celebrados anteriormente ao RNAU e que subsistam à presente data, chamamos-lhe contratos de pretérito, o NRAU aplica-se, mas sem prejuízo das normas transitórias, que se encontram consagradas entre os art. 26.º a 58.º do presente diploma legal.

      ii. O n.º 2 do presente preceito consagra o direito de preferência por parte de arrendatário que dele seja titular aquando da entrada em vigor da presente lei. Se à luz da lei anterior o arrendatário possuía o direito de preferência do locado, então esse mesmo direito subsistirá com a nova lei em vigor.

Aplicação da lei no tempo
Para regulamentação de todas as situações advenientes aos contratos, aplicar-se-á a lei em vigor ao tempo da sua celebração
Quantos aos efeitos jurídicos propriamente ditos, que se traduzem em situações duradouras:
1. Os já produzidos são regulamentados pela lei em vigor à data da celebração do contrato
2. Os a produzir no futuro, pelas normas imperativas do NRAU
3. Os a produzir no futuro, pelas normas supletivas do NRAU, quando não contrariem a lei antiga
4. Os a produzir no futuro, pelas normas transitórias do NRAU, encontram-se nesta situação: I. Renovação dos contratos de duração limitada II. Transmissão por morte, nos contratos de duração "ilimitada", quer sejam para fins habitacionais, ou não III. A denúncia do contrato efectuada pelo senhorio, nos arrendamentos habitacionais IV. O direito de preferência exercido pelo arrendatário V. As benfeitorias, efectuadas nos locados, cujos contratos têm data anterior a 19 de Novembro de 1990, para os com fins habitacionais, e, anteriores a 5 de Outubro de 1995, para os com fins não habitacionais

ARTIGO 60.º
Norma revogatória

1. É revogado o RAU, aprovado pelo Decreto-Lei n.º 321-B/90, de 15 de Outubro, com todas as alterações subsequentes, salvo nas matérias a que se referem os artigos 26.º e 28.º da presente lei.

2. As remissões legais ou contratuais para o RAU consideram-se feitas para os lugares equivalentes do NRAU, com as adaptações necessárias.

I – Referência histórica:

O preceito *sub judice* teve como procedência:
– Os artigos 3.º, 4.º e 5.º do Decreto Preambular do RAU.

148 *Novo Regime do Arrendamento Urbano*

II – Comentários:

Vide, ponto 2 da anotação ao artigo 1.º NRAU.

ARTIGO 61.º
Manutenção de regimes

Até à publicação de novos regimes, mantêm-se em vigor os regimes da renda condicionada e da renda apoiada, previstos nos artigos 77.º e seguintes do RAU.

ARTIGO 62.º
Republicação

O capítulo IV do título II do livro II do Código Civil, composto pelos artigos 1022.º a 1113.º, é republicado em anexo à presente lei.

ARTIGO 63.º
Autorização legislativa

1. Fica o Governo autorizado a aprovar no prazo de 120 dias os diplomas relativos às seguintes matérias:

a) Regime jurídico das obras coercivas;
b) Definição do conceito fiscal de prédio devoluto.

2. Em relação ao regime jurídico das obras coercivas, a autorização tem os seguintes sentido e extensão:

a) O diploma a aprovar tem como sentido permitir a intervenção em edifícios em mau estado de conservação, assegurando a reabilitação urbana nos casos em que o proprietário não queira ou não possa realizar as obras necessárias;
b) A extensão da autorização compreende a consagração, no diploma a aprovar, das seguintes medidas:
  i) Possibilidade de o arrendatário se substituir ao senhorio na realização das obras, com efeitos na renda;
  ii) Possibilidade de as obras serem efectuadas pela câmara municipal, ou por outra entidade pública ou do sector público empresarial, com compensação em termos de participação na fruição do prédio;

Lei n.º 6/2006, de 27 de Fevereiro   149

iii) Possibilidade de o arrendatário adquirir o prédio, ficando obrigado à sua reabilitação, sob pena de reversão;

iv) Limitações à transmissão do prédio adquirido nos termos da subalínea anterior;

v) Possibilidade de o proprietário de fracção autónoma adquirir outras fracções do prédio para realização de obras indispensáveis de reabilitação.

3. Em relação à definição do conceito fiscal de prédio devoluto, a autorização tem os seguintes sentido e extensão:

a) O diploma a aprovar tem como sentido permitir a definição dos casos em que um prédio é considerado devoluto, para efeitos de aplicação da taxa do imposto municipal sobre imóveis;

b) A extensão da autorização compreende a consagração, no diploma a aprovar, dos seguintes critérios:

i) Considerar devolutos os prédios urbanos ou as suas fracções autónomas que, durante um ano, se encontrem desocupados;

ii) Ser indício de desocupação a inexistência de contratos em vigor com prestadores de serviços públicos essenciais, ou de facturação relativa a consumos de água, electricidade, gás e telecomunicações;

iii) Não se considerarem devolutos, entre outros, os prédios urbanos ou fracções autónomas dos mesmos que forem destinados a habitação por curtos períodos em praias, campo, termas e quaisquer outros lugares de vilegiatura, para arrendamento temporário ou para uso próprio;

c) A extensão da autorização compreende ainda a definição, no diploma a aprovar, dos meios de detecção da situação de devoluto, bem como a indicação da entidade que a ela procede e do procedimento aplicável.

I – Referência histórica:

O preceito *sub judice* teve como procedência:

– Os artigos 3.º, 4.º e 5.º do Decreto Preambular do RAU.

II – Comentários:

Vide, ponto 2 da anotação ao artigo 1.º NRAU.

150 *Novo Regime do Arrendamento Urbano*

ARTIGO 64.º
Legislação complementar

1. O Governo deve aprovar, no prazo de 120 dias, decretos-leis relativos às seguintes matérias:

a) Regime de determinação do rendimento anual bruto corrigido;

b) Regime de determinação e verificação do coeficiente de conservação;

c) Regime de atribuição do subsídio de renda.

2. O Governo deve aprovar, no prazo de 180 dias, iniciativas legislativas relativas às seguintes matérias:

a) Regime do património urbano do Estado e dos arrendamentos por entidades públicas, bem como do regime das rendas aplicável;

b) Regime de intervenção dos fundos de investimento imobiliário e dos fundos de pensões em programas de renovação e requalificação urbana;

c) Criação do observatório da habitação e da reabilitação urbana, bem como da base de dados da habitação;

d) Regime jurídico da utilização de espaços em centros comerciais.

I – Referência histórica:

O preceito *sub judice* teve como procedência:

– Os artigos 3.º, 4.º e 5.º do Decreto Preambular do RAU.

II – Comentários:

Vide, ponto 2 da anotação ao artigo 1.º NRAU.

ARTIGO 65.º
Entrada em vigor

1. Os artigos 63.º e 64.º entram em vigor no dia seguinte ao da publicação da presente lei.

2. As restantes disposições entram em vigor 120 dias após a sua publicação.

Aprovada em 21 de Dezembro de 2005.

O Presidente da Assembleia da República, Jaime Gama.

Promulgada em 10 de Fevereiro de 2006.

Publique-se.

O Presidente da República, JORGE SAMPAIO.

Referendada em 13 de Fevereiro de 2006.

O Primeiro-Ministro, *José Sócrates Carvalho Pinto de Sousa.*

CÓDIGO CIVIL

LIVRO II
Direito das Obrigações

TÍTULO II
Dos contratos em especial

CAPÍTULO IV
Locação

SECÇÃO I
Disposições gerais

ARTIGO 1022.º
Noção

Locação é o contrato pelo qual uma das partes se obriga a proporcionar à outra o gozo temporário de uma coisa, mediante retribuição.

I – Referência histórica:

O artigo em análise não sofreu quaisquer alterações pela Lei n.º 6/2006 de 27 de Fevereiro.

II – Comentários:

Numa simples e breve incursão etimológica ao termo locação, constata-se que deriva do substantivo latino *locatio*. Cujo significado encontrava a respectiva origem em *loco* (disposição de um lugar).

Por isso e, na mesma linha de pensamento, a frequente utilização da expressão *locatio rei* (locação da coisa).

ARTIGO 1023.º
Arrendamento e aluguer

A locação diz-se arrendamento quando versa sobre coisa imóvel, aluguer quando incide sobre coisa móvel.

I – Referência histórica:

II – Comentários:

ARTIGO 1024.º
A locação como acto de administração

1. A locação constitui, para o locador, um acto de administração ordinária, excepto quando for celebrada por prazo superior a seis anos.

2. O arrendamento de prédio indiviso feito pelo consorte ou consortes administradores só é válido quando os restantes comproprietários manifestem, por escrito e antes ou depois do contrato, o seu assentimento.

I – Referência histórica:

II – Comentários:

ARTIGO 1025.º
Duração máxima

A locação não pode celebrar-se por mais de 30 anos; quando estipulada por tempo superior, ou como contrato perpétuo, considera-se reduzida àquele limite.

ARTIGO 1026.º
Prazo supletivo

Na falta de estipulação, entende-se que o prazo de duração do contrato é igual à unidade de tempo a que corresponde a retribuição fixada, salvas as disposições especiais deste código.

ARTIGO 1027.º
Fim do contrato

Se do contrato e respectivas circunstâncias não resultar o fim a que a coisa locada se destina, é permitido ao locatário aplicá-la a quaisquer fins lícitos, dentro da função normal das coisas de igual natureza.

> " A interpretação do contrato com vista à determinação do fim da locação, há-de fazer-se segundo as regras dos art. 236.º e seguintes, atendendo especialmente às «respectivas circunstâncias», que, na locação, podem revelar, e muitas vezes desvendam, o sentido da declaração negocial. Esgotado o processo interpretativo sem se chegar à determinação do fim contratual, o locatário poderá aplicar a coisa a qualquer fim, lícito, dentro da função normal, das coisas de igual natureza." In Varela, Antunes e Pires de Lima, Código Civil Anotado, Livro II, Coimbra Editora.

Ver a este propósito artigo 3.º do RAU, aprovado pelo Decreto-Lei n.ºs 321--B/90, de 15 de Outubro, que ora se transcreve:

> **"Artigo 3.º**
> **Fim do contrato**
>
> 1 – O arrendamento urbano pode ter como fim a habitação, a actividade comercial ou industrial, o exercício de profissão liberal ou outra aplicação lícita do prédio.
> 2 – Quando nada se estipule, o arrendatário só pode utilizar o prédio para habitação."

Também aqui, o arrendamento pode ter como *fine diversus*[126], desde que o mesmo, seja lícito. Por exemplo, o arrendamento de sedes de O.N.G'S, para fins meramente excepcionais, e simultaneamente, transitórios.

ARTIGO 1028.º
Pluralidade de fins

1. Se uma ou mais coisas forem locadas para fins diferentes, sem subordinação de uns a outros, observar-se-á, relativamente a cada um deles, o regime respectivo.

2. As causas de nulidade, anulabilidade ou resolução que respeitem a um dos fins não afectam a parte restante da locação, excepto se do

---

[126] Fins diversos.

156 *Novo Regime do Arrendamento Urbano*

contrato ou das circunstâncias que o acompanham não resultar a discriminação das coisas ou partes da coisa correspondentes às várias finalidades, ou estas forem solidárias entre si.

3. Se, porém, um dos fins for principal e os outros subordinados, prevalecerá o regime correspondente ao fim principal; os outros regimes só são aplicáveis na medida em que não contrariem o primeiro e a aplicação deles se não mostre incompatível com o fim principal.

II – Comentários:

Quando é que as situações contidas no presente preceito legal, ganham maior ênfase? V.g. no caso de ocorrer, num mesmo prédio urbano, vários tipos de arrendamento. Como sejam, por um lado, arrendamento para habitação, e, por outro, arrendamento para o exercício do comércio. Isto porque, apesar de ambos serem contratos de arrendamento, possuem requisitos diversos e, até mesmo, causas de resolução, por vezes, antagónicas, entre si.

A este propósito,

> *"No arrendamento misto para o exercício da indústria, e, conjuntamente para habitação, com uma renda única, sendo de presumir que o arrendatário não teria celebrado o contrato se não lhe fosse permitida a instalação de barbearia, tanto mais que só para ali foi habitar depois das obras de adaptação para o exercício a referida indústria, o arrendamento, tem natureza unitária, que é a industrial, prevalecendo, portanto, o regime correspondente ao seu fim principal, ou seja, o exercício da indústria, doutrina que de resto, se encontra consagrada, quanto a arrendamentos com pluralidade e fins, no C.C. vigente."* [127]

Este é o regime contido na 1.ª parte do n.º 3 do presente artigo, havendo subordinação do fim acessório (neste caso, arrendamento para habitação), ao fim principal (arrendamento para indústria). *" É a doutrina proclamada, a propósito dos contratos mistos, pela conhecida teoria da absorção."* [128]

Vide:

❖ Teoria da Absorção:

> *"Para resolver o problema de saber qual o regime aplicável aos contratos mistos, diz-se segundo esta teoria, que deve apurar-se qual é o elemento contratual preponderante no contrato misto, a fim de se aplica a este o*

---

[127] In Acórdão do Tribunal da Relação do Porto, de 14/04/1971, BMJ, 206.º – 110).
[128] In *Código Civil Anotado*, ANTUNES VARELA e PIRES DE LIMA, Código Civil Anotado, Vol. II, Coimbra Editora.

regime do tipo contratual a que pertence esse elemento. Isto é, de acordo com esta doutrina, o regime do contrato misto é o regime do elemento contratual nele dominante, que, assim, absorveria a outra ou outra componentes (...)" [129]

❖ No entanto, o regime supra referenciado, é uma excepção à regra geral, contida no n.º 1 do presente artigo, ou seja, a da junção de várias modalidades de arrendamento ou locação, num só e único contrato. Aqui, não existem fins principais, ou fins acessórios, mas sim, fins equitativos, aplicando-se as regras do arrendamento urbano, à parte que dele dizem respeito e, e as regras do arrendamento para comércio e indústria, na parte competente do contrato.

Em conformidade,

"Quando a coisa for locada para fins diferentes sem subordinação de uns a outros, observar-se-á, relativamente a cada um deles, o regime respectivo, podendo ser decretado o despejo da parte habitacional e manter-se o da parte comercial, não obstante a renda fixada ser global, que terá de ser determinada para a parte sobrevivente." [130]

❖ Mais,

"Se o negócio não tiver sido reduzido, a escritura pública ele será nulo na parte respeitante ao comércio e válido na parte respeitante à habitação, e, embora haja fundamento para a resolução de um deles, não pode resolver-se o outro." In Varela, Antunes e Pires de Lima, Código Civil Anotado, Livro II, Coimbra Editora.

Ora o que está aqui em causa, neste princípio geral contido no n.º 1 do presente preceito legal, é a chamada teoria da redução, contido no art. 292.º do C.C.

Vide a este propósito anotações ao artigo 1025.º do presente diploma legal.

Relativamente à SOLIDAREIDADE dos fins do contrato, referida na parte final do n.º 2 do presente preceito, poderão ocorrer da mais inúmera conjugação de circunstâncias, v.g., alguém que para entrar na sua habitação, tem necessariamente de atravessar de forma continuada uma modista, tornando portanto, o arrendamento para habitação, e, o arrendamento para comércio, solidários entre si.

---

[129] *Dicionário Jurídico*, ANA PRATA, Almedina.
[130] In Acórdão do Tribunal da Relação do Porto, de 17/03/1987, CJ, 1987, 2.º – 217).

ARTIGO 1029.º
(Revogado.)

ARTIGO 1030.º
Encargos da coisa locada

Os encargos da coisa locada, sem embargo de estipulação em contrário, recaem sobre o locador, a não ser que a lei os imponha ao locatário.

SECÇÃO II
Obrigações do locador

ARTIGO 1031.º
Enumeração

São obrigações do locador:
a) Entregar ao locatário a coisa locada;
b) Assegurar-lhe o gozo desta para os fins a que a coisa se destina.

II – Comentários:

Ora se sobre o senhorio/locador recai a obrigação de conceder mediante a celebração de contrato, ao locatário o gozo temporário da coisa locada, objecto do mesmo, então, terá aquele igualmente, não só de lhe entregar a coisa, bem como as respectivas chaves, como também, de se certificar, que, esta se encontra nas devidas condições para satisfazer os fins a que se destina.
Neste sentido,

> *"Não entregando o locador ao locatário, a coisa, não se segue que tenha este o direito de reivindicar a coisa em acção comum. Pela locação, o locador assume para com o locatário a obrigação de lhe entregar a coisa. O locatário, porém, não adquire o domínio. Tem apenas o direito de dispor materialmente da coisa. Se a coisa não lhe foi entregue, pode vir exigir, desde que a entrega seja possível, a indemnização por falta de cumprimento do contrato."* In Matos, Isidro, Arrendamento e Aluguer.

❖ Mais,

> *"O locador é obrigado a realizar todas as reparações ou outras despesas essenciais ou indispensáveis para assegurar o gozo da coisa locada, de harmonia com o fim contratual, quer se trate de pequenas ou*

grandes reparações, quer a sua necessidade resulte de simples desgaste do tempo, de caso fortuito ou de facto de terceiro. Porém, não tem obrigação de assegurar o gozo da coisa locada contra actos de terceiro que privem o locatário do gozo da coisa ou o perturbem no exercício dos inerentes direitos, como acontece nos casos de esbulho, de inquietação, de perturbação de sossego ou de violência exercidos sobre o inquilino. Neste caso, a defesa da posição do locatário deve cabe a este." [131]

❖ Ainda,

"Faltando, culposamente, ao cumprimento da sua obrigação de assegurar ao arrendatário o gozo da casa locada para os fins habitacionais a que se destinava, tornaram-se os senhorios responsáveis por todos os prejuízos que daí advieram, tanto a título de danos emergentes como de lucros cessantes." [132]

❖ Em conformidade,

E à colação, da análise pormenorizada do presente preceito legal, ressalta-nos ao espírito, as causas originárias da falta de cumprimento dos contratos. As quais são:

✓ Os vícios da coisa, que impedem a prossecução do fim a que se destina, por parte do locatário
✓ A ausência de particularidades prementes ao fim contratual
✓ A ausência de singularidades da coisa, que haviam sido "prometidas" pelo locador

ARTIGO 1032.º
Vício da coisa locada

Quando a coisa locada apresentar vício que lhe não permita realizar cabalmente o fim a que é destinada, ou carecer de qualidades necessárias a esse fim ou asseguradas pelo locador, considera-se o contrato não cumprido:

a) Se o defeito datar, pelo menos, do momento da entrega e o locador não provar que o desconhecia sem culpa;
b) Se o defeito surgir posteriormente à entrega, por culpa do locador.

---

[131] In Acórdão do Tribunal da Relação do Porto, de 22/03/1990, CJ, 1990, 2.º – 210).
[132] In Acórdão do S.T.J., de 30/01/1981, BMJ, 303.º – 146.

ARTIGO 1033.º
Casos de irresponsabilidade do locador

O disposto no artigo anterior não é aplicável:

a) Se o locatário conhecia o defeito quando celebrou o contrato ou recebeu a coisa;

b) Se o defeito já existia ao tempo da celebração do contrato e era facilmente reconhecível, a não ser que o locador tenha assegurado a sua inexistência ou usado de dolo para o ocultar;

c) Se o defeito for da responsabilidade do locatário;

d) Se este não avisou do defeito o locador, como lhe cumpria.

ARTIGO 1034.º
Ilegitimidade do locador ou deficiência do seu direito

1. São aplicáveis as disposições dos dois artigos anteriores:

a) Se o locador não tiver a faculdade de proporcionar a outrem o gozo da coisa locada;

b) Se o seu direito não for de propriedade ou estiver sujeito a algum ónus ou limitação que exceda os limites normais inerentes a este direito;

c) Se o direito do locador não possuir os atributos que ele assegurou ou estes atributos cessarem posteriormente por culpa dele.

2. As circunstâncias descritas no número antecedente só importam a falta de cumprimento do contrato quando determinarem a privação, definitiva ou temporária, do gozo da coisa ou a diminuição dele por parte do locatário.

ARTIGO 1035.º
Anulabilidade por erro ou dolo

O disposto nos artigos 1032.º e 1034.º não obsta à anulação do contrato por erro ou por dolo, nos termos gerais.

Código Civil 161

ARTIGO 1036.º
Reparações ou outras despesas urgentes

1. Se o locador estiver em mora quanto à obrigação de fazer reparações ou outras despesas e umas ou outras, pela sua urgência, se não compadecerem com as delongas do procedimento judicial, tem o locatário a possibilidade de fazê-las extrajudicialmente, com direito ao seu reembolso.

2. Quando a urgência não consinta qualquer dilação, o locatário pode fazer as reparações ou despesas, também com direito a reembolso, independentemente de mora do locador, contanto que o avise ao mesmo tempo.

"A obrigação que, em princípio, decorre para o senhorio de realizar as obras de conservação ordinária (artigos 11.º n.º 2 e 12.º do RAU) não surge sem que o mesmo tenha sido interpelado para cumprir., nos termos dos artigos 804.º, 805.º e 806.º do Código Civil, o que passa, necessariamente, pela fixação de um prazo de cumprimento face à interpretação conjugada daquelas disposições com o artigo 1036.º do Código Civil."[133]

"O mero uso de um prédio constitui vantagem susceptível de avaliação pecuniária e a sua privação, em infracção do disposto no artigo 1005.º do Código Civil consubstancia um dano patrimonial indemnizável por substituição pecuniária em quantitativo a determinar, verificados os restantes pressupostos, com base na equidade (…)
III – O tipo contratual cuja estrutura é mais próximo da do contrato de cessão de estabelecimento industrial é o de locação na espécie de arrendamento para o exercício da indústria, sendo subsidiariamente aplicável ao primeiro o disposto nos artigos 1036.º e 1045.º, ambos do Código Civil (…)
V – O locatário do estabelecimento tem, em regra, direito a ser indemnizado pelo dono respectivo pelas benfeitorias necessárias e úteis feitas no prédio, nos termos do artigo 1036.º do Código Civil."[134]

ARTIGO 1037.º
Actos que impedem ou diminuem o gozo da coisa

1. Não obstante convenção em contrário, o locador não pode praticar actos que impeçam ou diminuam o gozo da coisa pelo locatário, com

---

[133] Acórdão do STJ, de 24-02-2000, Revista n.º 27/00 – 2.ª, Bol. Sum.
[134] Acórdão do STJ, de 18-03-2004, Revista n.º 627/04 – 7.ª, Bol. Sum.

162 *Novo Regime do Arrendamento Urbano*

excepção dos que a lei ou os usos facultem ou o próprio locatário consinta em cada caso, mas não tem obrigação de assegurar esse gozo contra actos de terceiro.

2. O locatário que for privado da coisa ou perturbado no exercício dos seus direitos pode usar, mesmo contra o locador, dos meios facultados ao possuidor nos artigos 1276.º e seguintes.

SECÇÃO III
Obrigações do locatário

SUBSECÇÃO I
Disposição geral

ARTIGO 1038.º
Enumeração

São obrigações do locatário:

a) Pagar a renda ou aluguer;

b) Facultar ao locador o exame da coisa locada;

c) Não aplicar a coisa a fim diverso daqueles a que ela se destina;

d) Não fazer dela uma utilização imprudente;

e) Tolerar as reparações urgentes, bem como quaisquer obras ordenadas pela autoridade pública;

f) Não proporcionar a outrem o gozo total ou parcial da coisa por meio de cessão onerosa ou gratuita da sua posição jurídica, sublocação ou comodato, excepto se a lei o permitir ou o locador o autorizar;

g) Comunicar ao locador, dentro de 15 dias, a cedência do gozo da coisa por algum dos referidos títulos, quando permitida ou autorizada;

h) Avisar imediatamente o locador sempre que tenha conhecimento de vícios na coisa ou saiba que a ameaça algum perigo ou que terceiros se arrogam direitos em relação a ela, desde que o facto seja ignorado pelo locador;

i) Restituir a coisa locada findo o contrato.

II – Comentários:

Vide, ponto 3. *in fine* da anotação ao artigo 1.º NRAU

Código Civil

SUBSECÇÃO II
Pagamento da renda ou aluguer

ARTIGO 1039.º
Tempo e lugar do pagamento

1. O pagamento da renda ou aluguer deve ser efectuado no último dia de vigência do contrato ou do período a que respeita, e no domicílio do locatário à data do vencimento, se as partes ou os usos não fixarem outro regime.

2. Se a renda ou aluguer houver de ser pago no domicílio, geral ou particular, do locatário ou de procurador seu, e o pagamento não tiver sido efectuado, presume-se que o locador não veio nem mandou receber a prestação no dia do vencimento.

ARTIGO 1040.º
Redução da renda ou aluguer

1. Se, por motivo não atinente à sua pessoa ou à dos seus familiares, o locatário sofrer privação ou diminuição do gozo da coisa locada, haverá lugar a uma redução da renda ou aluguer proporcional ao tempo da privação ou diminuição e à extensão desta, sem prejuízo do disposto na secção anterior.

2. Mas, se a privação ou diminuição não for imputável ao locador nem aos seus familiares, a redução só terá lugar no caso de uma ou outra exceder um sexto da duração do contrato.

3. Consideram-se familiares os parentes, afins ou serviçais que vivam habitualmente em comunhão de mesa e habitação com o locatário ou o locador.

ARTIGO 1041.º
Mora do locatário

1. Constituindo-se o locatário em mora, o locador tem o direito de exigir, além das rendas ou alugueres em atraso, uma indemnização igual

a 50% do que for devido, salvo se o contrato for resolvido com base na falta de pagamento.

2. Cessa o direito à indemnização ou à resolução do contrato se o locatário fizer cessar a mora no prazo de oito dias a contar do seu começo.

3. Enquanto não forem cumpridas as obrigações a que o n.º 1 se refere, o locador tem o direito de recusar o recebimento das rendas ou alugueres seguintes, os quais são considerados em dívida para todos os efeitos.

4. A recepção de novas rendas ou alugueres não priva o locador do direito à resolução do contrato ou à indemnização referida, com base nas prestações em mora.

"Para que ao senhorio não assista o direito à indemnização prevista no artigo 1041.º, n.º 1 do Código Civil, não basta que a acção de despejo seja proposta com fundamento na falta de pagamento de rendas, é necessário que esse fundamento seja acolhido."[135]

"Constituindo-se o locador em mora, o locatário tem direito de exigir, além das rendas em atraso e das indemnizações a que alude o artigo 1041.º do Código Civil, juros moratórios sobre tais rendas e sobre tal indemnização."[136]

"I – Não está em mora o inquilino que, devendo a renda ser paga no domicílio do senhorio no 1.º dia do mês anterior àquele a que respeita, nessa data ali procurou o senhorio para pagar e não o encontrou por se ter ausentado.
II – O local de pagamento da renda só pode ser alterado por acordo das partes."[137]

"No que respeita ao pagamento da renda, a mora do locatário dá ao locador o direito a indemnização se este não pretender ver resolvido o contrato com base na falta de pagamento."[138]

"I – Sobre a renda não há qualquer controvérsia entre senhorio e inquilino – nos termos contratuais, o inquilino continuou a depositá-la e o senhorio continuou a recebê-la na sua conta; sobre a actualização é que as partes não se entenderam – e o inquilino não depositou o aumento.

---

[135] Acórdão do Tribunal da Relação de Lisboa, n.º 70541, de 28-09-93.
[136] Acórdão do Tribunal da Relação de Lisboa, n.º 7426, de 14-02-2002.
[137] Acórdão do STJ, n.º 354, de 10-12-96.
[138] Acórdão do STJ, n.º 75033, de 02-04-87.

Código Civil   165

II – Se o que está em atraso é apenas a actualização da renda (porque sobre ela se gerou controvérsia, entre uma e outra das partes de um mesmo contrato de arrendamento), então o que é devido é tão só essa actualização e uma indemnização igual a 50% dela."[139]

ARTIGO 1042.º
Cessação da mora

1. O locatário pode pôr fim à mora oferecendo ao locador o pagamento das rendas ou alugueres em atraso, bem como a indemnização fixada no n.º 1 do artigo anterior.

2. Perante a recusa do locador em receber as correspondentes importâncias, pode o locatário recorrer à consignação em depósito.

SUBSECÇÃO III
Restituição da coisa locada

ARTIGO 1043.º
Dever de manutenção e restituição da coisa

1. Na falta de convenção, o locatário é obrigado a manter e restituir a coisa no estado em que a recebeu, ressalvadas as deteriorações inerentes a uma prudente utilização, em conformidade com os fins do contrato.

2. Presume-se que a coisa foi entregue ao locatário em bom estado de manutenção quando não exista documento onde as partes tenham descrito o estado dela ao tempo da entrega.

ARTIGO 1044.º
Perda ou deterioração da coisa

O locatário responde pela perda ou deteriorações da coisa, não exceptuadas no artigo anterior, salvo se resultarem de causa que lhe não seja imputável nem a terceiro a quem tenha permitido a utilização dela.

"II – Se no locado ocorreu um incêndio, causador de danos ao prédio, é sobre o arrendatário que incide a obrigação de indemnizar, já que sobre ele impende o ónus de provar que o incêndio não ocorreu por culpa sua.

---

[139] Acórdão STJ, de 20-05-2004, Revista n.º 3603/03 – 7.ª, Bol. Sum.

166   *Novo Regime do Arrendamento Urbano*

III – O artigo 1044.º do Código Civil estabelece uma presunção de culpa do arrendatário, por perda ou deterioração do locado, competindo-lhe ilidir tal presunção."[140]

"A perda da coisa locada não implica necessariamente a destruição total do locado, bastando, para que se verifique, que a perda seja de tal monta que determine a impossibilidade total de utilização do locado para os fins a que se destinava."[141]

"A redacção do art.1044.º do CC aponta no sentido de que a regra é a de responsabilização do arrendatário pela perda ou deterioração da coisa arrendada, salvo se ele provar que a perda ou deterioração não resulta de causa que lhe seja imputável, nem a terceiro a quem tenha permitido a utilização. II – Assim, ao senhorio cabe a prova da perda ou deterioração da coisa, ao arrendatário cabe a prova de que essa perda resulta de facto que não lhe é imputável."[142]

ARTIGO 1045.º
Indemnização pelo atraso na restituição da coisa

1. Se a coisa locada não for restituída, por qualquer causa, logo que finde o contrato, o locatário é obrigado, a título de indemnização, a pagar até ao momento da restituição a renda ou aluguer que as partes tenham estipulado, excepto se houver fundamento para consignar em depósito a coisa devida.

2. Logo, porém, que o locatário se constitua em mora, a indemnização é elevada ao dobro.

ARTIGO 1046.º
Indemnização de despesas e levantamento de benfeitorias

1. Fora dos casos previstos no artigo 1036.º, e salvo estipulação em contrário, o locatário é equiparado ao possuidor de má fé quanto a benfeitorias que haja feito na coisa locada.

2. Tratando-se de aluguer de animais, as despesas de alimentação destes correm sempre, na falta de estipulação em contrário, por conta do locatário.

---

[140] Acórdão do Tribunal da Relação do Porto, n.º 457125, de 28-02-2005.
[141] Acórdão STJ, de 15-01-2002, Revista n.º 3474/01 – 6.ª, Bol. Sum.
[142] Acórdão STJ, de 15-02-2001, Revista n.º 65/01 – 2.ª, Bol. Sum.

SECÇÃO IV
Resolução e caducidade do contrato

SUBSECÇÃO I
Resolução

ARTIGO 1047.º
Resolução

A resolução do contrato de locação pode ser feita judicial ou extra-judicialmente.

ARTIGO 1048.º
Falta de pagamento da renda ou aluguer

1. O direito à resolução do contrato por falta de pagamento da renda ou aluguer caduca logo que o locatário, até ao termo do prazo para a contestação da acção declarativa ou para a oposição à execução, destinadas a fazer valer esse direito, pague, deposite ou consigne em depósito as somas devidas e a indemnização referida no n.º 1 do artigo 1041.º

2. Em fase judicial, o locatário só pode fazer uso da faculdade referida no número anterior uma única vez, com referência a cada contrato.

3. O regime previsto nos números anteriores aplica-se ainda à falta de pagamento de encargos e despesas que corram por conta do locatário.

ARTIGO 1049.º
Cedência do gozo da coisa

O locador não tem direito à resolução do contrato com fundamento na violação do disposto nas alíneas *f)* e *g)* do artigo 1038.º se tiver reconhecido o beneficiário da cedência como tal ou ainda, no caso da alínea g), se a comunicação lhe tiver sido feita por este.

ARTIGO 1050.º
Resolução do contrato pelo locatário

O locatário pode resolver o contrato, independentemente de responsabilidade do locador:

a) Se, por motivo estranho à sua própria pessoa ou à dos seus familiares, for privado do gozo da coisa, ainda que só temporariamente;

b) Se na coisa locada existir ou sobrevier defeito que ponha em perigo a vida ou a saúde do locatário ou dos seus familiares.

SUBSECÇÃO II
Caducidade

ARTIGO 1051.º
Casos de caducidade

O contrato de locação caduca:

a) Findo o prazo estipulado ou estabelecido por lei;

b) Verificando-se a condição a que as partes o subordinaram ou tornando-se certo que não pode verificar-se, conforme a condição seja resolutiva ou suspensiva;

c) Quando cesse o direito ou findem os poderes legais de administração com base nos quais o contrato foi celebrado;

d) Por morte do locatário ou, tratando-se de pessoa colectiva, pela extinção desta, salvo convenção escrita em contrário;

e) Pela perda da coisa locada;

f) Pela expropriação por utilidade pública, salvo quando a expropriação se compadeça com a subsistência do contrato;

g) Pela cessação dos serviços que determinaram a entrega da coisa locada.

ARTIGO 1052.º
Excepções

O contrato de locação não caduca:

a) Se for celebrado pelo usufrutuário e a propriedade se consolidar na sua mão;

Código Civil

b) Se o usufrutuário alienar o seu direito ou renunciar a ele, pois nestes casos o contrato só caduca pelo termo normal do usufruto;
c) Se for celebrado pelo cônjuge administrador.

ARTIGO 1053.º
Despejo do prédio

Em qualquer dos casos de caducidade previstos nas alíneas *b)* e seguintes do artigo 1051.º, a restituição do prédio, tratando-se de arrendamento, só pode ser exigida passados seis meses sobre a verificação do facto que determina a caducidade ou, sendo o arrendamento rural, no fim do ano agrícola em curso no termo do referido prazo.

ARTIGO 1054.º
Renovação do contrato

1. Findo o prazo do arrendamento, o contrato renova-se por períodos sucessivos se nenhuma das partes se tiver oposto à renovação no tempo e pela forma convencionados ou designados na lei.

2. O prazo da renovação é igual ao do contrato; mas é apenas de um ano, se o prazo do contrato for mais longo.

II – Comentários:

Tal como é enunciado no disposto no n.º 1 do artigo em anotação, o contrato renova-se por períodos sucessivos, findo o prazo do arrendamento, sob *conditio*, se nenhuma das partes se opuser à renovação no tempo e pela forma convencionados ou designados por lei.

Diversas situações despontam no artigo em análise:

a) Oposição à renovação.

Sempre que qualquer das partes, não pretenda proceder à renovação do contrato, deve comunicar tal intuito nos seguintes prazos:

– Contrato igual ou superior a seis anos   – seis meses
– Contrato de um a seis anos   – sessenta dias
– Contrato de três meses a um ano   – 30 dias
– Contrato inferior a três meses   – um terço do prazo

b) Contrato de arrendamento urbano para habitação com prazo certo.

c) Oposição à renovação ou denúncia pelo arrendatário.

d) Contratos de arrendamento para fins não habitacionais.

"O direito conferido por este artigo é exclusivo do locatário, e não de quaisquer pessoas que se apoderem ilegitimamente do prédio, invocando hipotéticos direitos quanto à transmissão da posição contratual. Em relação a estas pessoas, portanto não há limite de prazo para se obter a acção de despejo. A acção não caduca"[143]

Vide, anotação ao artigo 9.º do NRAU.
Vide, anotação ao artigo 26.º do NRAU.

ARTIGO 1055.º
Oposição à renovação

1. A oposição à renovação tem de ser comunicada ao outro contraente com a antecedência mínima seguinte:

a) Seis meses, se o prazo for igual ou superior a seis anos;
b) 60 Dias, se o prazo for de um a seis anos;
c) 30 Dias, quando o prazo for de três meses a um ano;
d) Um terço do prazo, quando este for inferior a três meses.

2. A antecedência a que se refere o número anterior reporta-se ao fim do prazo do contrato ou da renovação.

ARTIGO 1056.º
Outra causa de renovação

Se, não obstante a caducidade do arrendamento, o locatário se mantiver no gozo da coisa pelo lapso de um ano, sem oposição do locador, o contrato considera-se igualmente renovado nas condições do artigo 1054.º

"Para que a oposição prevista no art. 1056.º, tenha a eficácia de impedir a renovação do contrato, é necessário que ela seja declarada ao arrendatário dentro do ano subsequente à caducidade do arrendamento, visto que, a não ser assim, o arrendatário não tenha conhecimento de uma oposição dentro do ano posterior à caducidade do arrendamento, pode, ao abrigo da lei, contar com a renovação do seu contrato, e orientar nesse sentido a sua vida e não é razoável que esse sua legítima convicção possa ser efectuada por um acto que, conquanto anterior ao termo do ano, era

---

[143] In ANTUNES VARELA e PIRES DE LIMA, RLJ, 101.º, página 96.

por ele ignorado. Isto não constitui sequer embaraço para o locador, pois a oposição prevista no art. 1056.°, não tem de ser feita judicialmente, podendo por isso, o locador opor-se extrajudicialmente à manutenção do arrendatário no 1gozo da coisa: portanto, se o locador quiser opor-se, não carece de recorrer ao processo do art. 970.° do C.P.C.de modo a ser o arrendatário citado antes de completado o ano, podendo declarar extrajudicialmente a este, enquanto o ano não findar, que se opõe à manutenção dele no gozo da coisa."[144]

SECÇÃO V
Transmissão da posição contratual

ARTIGO 1057.°
Transmissão da posição do locador

O adquirente do direito com base no qual foi celebrado o contrato sucede nos direitos e obrigações do locador, sem prejuízo das regras do registo.

ARTIGO 1058.°
Liberação ou cessão de rendas ou alugueres

A liberação ou cessão de rendas ou alugueres não vencidos é inoponível ao sucessor entre vivos do locador, na medida em que tais rendas ou alugueres respeitem a períodos de tempo não decorridos à data da sucessão.

ARTIGO 1059.°
Transmissão da posição do locatário

1. A posição contratual do locatário é transmissível por morte dele ou, tratando-se de pessoa colectiva, pela extinção desta, se assim tiver sido convencionado por escrito.

2. A cessão da posição do locatário está sujeita ao regime geral dos artigos 424.° e seguintes, sem prejuízo das disposições especiais deste capítulo.

---

[144] In Vaz Serra, RLJ, ano 104.°, página, 383.

SECÇÃO VI
Sublocação

ARTIGO 1060.º
Noção

A locação diz-se sublocação quando o locador a celebra com base no direito de locatário que lhe advém de um precedente contrato locativo.

ARTIGO 1061.º
Efeitos

A sublocação só produz efeitos em relação ao locador ou a terceiros a partir do seu reconhecimento pelo locador ou da comunicação a que se refere a alínea *g)* do artigo 1038.º

ARTIGO 1062.º
Limite da renda ou aluguer

O locatário não pode cobrar do sublocatário renda ou aluguer superior ou proporcionalmente superior ao que é devido pelo contrato de locação, aumentado de 20%, salvo se outra coisa tiver sido convencionada com o locador.

ARTIGO 1063.º
Direitos do locador em relação ao sublocatário

Se tanto o locatário como o sublocatário estiverem em mora quanto às respectivas dívidas de renda ou aluguer, é lícito ao locador exigir do sublocatário o que este dever, até ao montante do seu próprio crédito.

SECÇÃO VII
Arrendamento de prédios urbanos

SUBSECÇÃO I
Disposições gerais

ARTIGO 1064.º
Âmbito

A presente secção aplica-se ao arrendamento, total ou parcial, de prédios urbanos e, ainda, a outras situações nela previstas.

I – Referência histórica:

O preceito *sub judice* teve como procedência:
– O artigo 5.º do RAU.
– Reeditava, com algumas alterações, o artigo 1083.º do Código Civil.

II – Comentários:

Vide, ponto 7. da anotação ao artigo 1.º NRAU.

ARTIGO 1065.º
Imóveis mobilados e acessórios

A locação de imóveis mobilados e seus acessórios presume-se unitária, originando uma única renda e submetendo-se à presente secção.

I – Referência histórica:

O preceito *sub judice* teve como procedência:
– O artigo 74.º do RAU.
– Reeditava o artigo 1107.º do Código Civil.

ARTIGO 1066.º
Arrendamentos mistos

1. O arrendamento conjunto de uma parte urbana e de uma parte rústica é havido por urbano quando essa seja a vontade dos contratantes.

2. Na dúvida, atende-se, sucessivamente, ao fim principal do contrato e à renda que os contratantes tenham atribuído a cada uma delas.

3. Na falta ou insuficiência de qualquer dos critérios referidos no número anterior, o arrendamento tem-se por urbano.

I – Referência histórica:

O preceito *sub judice* teve como procedência:
– O artigo 2.º do RAU.
– O artigo 1084.º do Código Civil.

ARTIGO 1067.º

Fim do contrato

1. O arrendamento urbano pode ter fim habitacional ou não habitacional.

2. Quando nada se estipule, o local arrendado pode ser gozado no âmbito das suas aptidões, tal como resultem da licença de utilização.

3. Na falta de licença de utilização, o arrendamento vale como habitacional se o local for habitável ou como não habitacional se o não for, salvo se outro destino lhe tiver vindo a ser dado.

I – Referência histórica:

O preceito *sub judice* teve como procedência:
– O n.º 1 ao n.º 1 do artigo 3.º do RAU.
– O n.º 3 ao n.º 2 do artigo 3.º do RAU.
– O n.º 2 do artigo 1086.º do Código Civil.

II – Comentários:

RAU	
Arrendamentos	**Enquadramento legal**
Habitação	Artigos 74.º a 109.º
Comércio ou indústria	*Artigos 110.º a 120.º*
Exercício profissão liberal	Artigos 121.º e 122.º
Outra aplicação lícita do prédio	*Artigos 5.º, 6.º e 123.º*

Novo Regime do Arrendamento Urbano	
Enquadramento legal	**Fim do contrato**
Artigos 1092.º a 1107.º	Habitacional
Artigos 1108.º a 1113.º	Não Habitacional
Arigos 1108.º a 1113.º	Arrendamentos rústicos (s/regime especial)

ARTIGO 1068.º
Comunicabilidade

O direito do arrendatário comunica-se ao seu cônjuge, nos termos gerais e de acordo com o regime de bens vigente.

I – Referência histórica:

O preceito *sub judice* teve como procedência:

– O artigo 68.º do RAU, numa nova redacção.
– Origem no n.º 1 do artigo 1 110.º do Código Civil.

SUBSECÇÃO II
Celebração

ARTIGO 1069.º
Forma

O contrato de arrendamento urbano deve ser celebrado por escrito desde que tenha duração superior a seis meses.

I – Referência histórica:

O preceito *sub judice* teve como procedência:

– O artigo 7.º do RAU, com a redacção que lhe foi introduzida pelo Decreto-lei n.º 64-A/2000, de 22 de Abril.
– Os n.ºs 1 e 2 do artigo 1029.º e, o artigo 1088.º do Código Civil.

ARTIGO 1070.º
Requisitos de celebração

1. O arrendamento urbano só pode recair sobre locais cuja aptidão para o fim do contrato seja atestada pelas entidades competentes, designadamente através de licença de utilização, quando exigível.

2. Diploma próprio regula o requisito previsto no número anterior e define os elementos que o contrato de arrendamento urbano deve conter.

I – Referência histórica:

O preceito *sub judice* teve como procedência:
- O artigo 9.º do RAU, com a redacção que lhe foi introduzida pelo Decreto-Lei n.º 64-A/2000, de 22 de Abril.
- Origem no artigo 8.º do Regulamento Geral das Edificações Urbanas.

SUBSECÇÃO III
Direitos e obrigações das partes

DIVISÃO I
Obrigações não pecuniárias

ARTIGO 1071.º
Limitações ao exercício do direito

Os arrendatários estão sujeitos às limitações impostas aos proprietários de coisas imóveis, tanto nas relações de vizinhança como nas relações entre arrendatários de partes de uma mesma coisa.

I – Referência histórica:

Norma inovadora no ordenamento jurídico.

ARTIGO 1072.º
Uso efectivo do locado

1. O arrendatário deve usar efectivamente a coisa para o fim contratado, não deixando de a utilizar por mais de um ano.

Código Civil 177

2. O não uso pelo arrendatário é lícito:

a) Em caso de força maior ou de doença;

b) Se a ausência, não perdurando há mais de dois anos, for devida ao cumprimento de deveres militares ou profissionais do próprio, do cônjuge ou de quem viva com o arrendatário em união de facto;

c) Se a utilização for mantida por quem, tendo direito a usar o locado, o fizesse há mais de um ano.

I – Referência histórica:

O preceito *sub judice* teve como procedência:

– As alíneas b) e h) do n.º 1 do artigo 64.º do RAU.
– Reeditou, com pequenas alterações, as alíneas b), h) e i) do artigo 1093.º do Código Civil.

ARTIGO 1073.º
Deteriorações lícitas

1. É lícito ao arrendatário realizar pequenas deteriorações no prédio arrendado quando elas se tornem necessárias para assegurar o seu conforto ou comodidade.

2. As deteriorações referidas no número anterior devem, no entanto, ser reparadas pelo arrendatário antes da restituição do prédio, salvo estipulação em contrário.

I – Referência histórica:

O preceito *sub judice* teve como procedência:

– O artigo 4.º do RAU, que reproduz *ipsis verbis*.
– Artigo 1092.º do Código Civil, na sua anterior redacção.

ARTIGO 1074.º
Obras

1. Cabe ao senhorio executar todas as obras de conservação, ordinárias ou extraordinárias, requeridas pelas leis vigentes ou pelo fim do contrato, salvo estipulação em contrário.

2. O arrendatário apenas pode executar quaisquer obras quando o contrato o faculte ou quando seja autorizado, por escrito, pelo senhorio.

3. Exceptuam-se do disposto no número anterior as situações previstas no artigo 1036.º, caso em que o arrendatário pode efectuar a compensação do crédito pelas despesas com a realização da obra com a obrigação de pagamento da renda.

4. O arrendatário que pretenda exercer o direito à compensação previsto no número anterior comunica essa intenção aquando do aviso da execução da obra e junta os comprovativos das despesas até à data do vencimento da renda seguinte.

5. Salvo estipulação em contrário, o arrendatário tem direito, no final do contrato, a compensação pelas obras licitamente feitas, nos termos aplicáveis às benfeitorias realizadas por possuidor de boa fé.

I – Referência histórica:

O preceito *sub judice* teve como procedência:
– Os artigos 11.º a 13.º do RAU.

II – Comentários:

Vide, ponto 3. *in fine*, anotação ao artigo 1.º NRAU.

DIVISÃO II

Renda e encargos

ARTIGO 1075.º

Disposições gerais

1. A renda corresponde a uma prestação pecuniária periódica.

2. Na falta de convenção em contrário, se as rendas estiverem em correspondência com os meses do calendário gregoriano, a primeira vencer-se-á no momento da celebração do contrato e cada uma das restantes no 1.º dia útil do mês imediatamente anterior àquele a que diga respeito.

Código Civil 179

I – Referência histórica:

O preceito *sub judice* teve como procedência:
- O n.º 1 ao artigo 19.º do RAU.
- O n.º 2 reeditada o artigo 20.º do RAU.
- Origem no artigo 1090.º do Código Civil.

ARTIGO 1076.º
Antecipação de rendas

1. O pagamento da renda pode ser antecipado, havendo acordo escrito, por período não superior a três meses.

2. As partes podem caucionar, por qualquer das formas legalmente previstas, o cumprimento das obrigações respectivas.

I – Referência histórica:

O preceito *sub judice* teve como procedência:
- O artigo 21.º do RAU.
- Reeditava o artigo 1091.º do Código Civil.

II – Comentários:

ARTIGO 1077.º
Actualização de rendas

1. As partes estipulam, por escrito, a possibilidade de actualização da renda e o respectivo regime.

2. Na falta de estipulação, aplica-se o seguinte regime:

a) A renda pode ser actualizada anualmente, de acordo com os coeficientes de actualização vigentes;

b) A primeira actualização pode ser exigida um ano após o início da vigência do contrato e as seguintes, sucessivamente, um ano após a actualização anterior;

c) O senhorio comunica, por escrito e com a antecedência mínima de 30 dias, o coeficiente de actualização e a nova renda dele resultante;

180 *Novo Regime do Arrendamento Urbano*

d) A não actualização prejudica a recuperação dos aumentos não feitos, podendo, todavia, os coeficientes ser aplicados em anos posteriores, desde que não tenham passado mais de três anos sobre a data em que teria sido inicialmente possível a sua aplicação.

I – Referência histórica:

O preceito *sub judice* teve como procedência:

– O n.º 1 ao artigo 30.º do RAU.
– As alíneas b) e c) do n.º 2 reeditam o artigo 34.º do RAU.
– A alínea d) do n.º 2 reproduz com ligeiras alterações o n.º 1 do artigo 33.º do RAU

ARTIGO 1078.º

Encargos e despesas

1. As partes estipulam, por escrito, o regime dos encargos e despesas, aplicando-se, na falta de estipulação em contrário, o disposto nos números seguintes.

2. Os encargos e despesas correntes respeitantes ao fornecimento de bens ou serviços relativos ao local arrendado correm por conta do arrendatário.

3. No arrendamento de fracção autónoma, os encargos e despesas referentes à administração, conservação e fruição de partes comuns do edifício, bem como o pagamento de serviços de interesse comum, correm por conta do senhorio.

4. Os encargos e despesas devem ser contratados em nome de quem for responsável pelo seu pagamento.

5. Sendo o arrendatário responsável por um encargo ou despesa contratado em nome do senhorio, este apresenta, no prazo de um mês, o comprovativo do pagamento feito.

6. No caso previsto no número anterior, a obrigação do arrendatário vence-se no final do mês seguinte ao da comunicação pelo senhorio, devendo ser cumprida simultaneamente com a renda subsequente.

7. Se as partes acordarem uma quantia fixa mensal a pagar por conta dos encargos e despesas, os acertos são feitos semestralmente.

I – Referência histórica:

O preceito *sub judice* teve como procedência:

- Os artigos 40.º a 43.º do RAU, que correspondiam aos artigos 1030.º, 1424.º do Código Civil.
- Ao n.º 2 do artigo 2.º do Decreto-Lei n.º 13/86, de 23 de Janeiro.

II – Comentários:

1. Este artigo vem estabelecer a distinção entre despesas de administração, conservação e fruição das partes comuns do edifício e, encargos e despesas atinentes ao fornecimento de bens e serviços do local arrendado.

2. Na eventualidade das partes não efectuarem qualquer acordo, aplicar-se-á o regime geral descrito nos n.ᵒˢ 2 a 7 do artigo *sub judice*.

3. Naturalmente, por força do n.º 4 deste artigo *"devem ser contratados em nome de quem for responsável pelo seu pagamento"*.

4. À semelhança do que sucede no ordenamento jurídico brasileiro – Lei n.º 8.245, de 18 de Outubro de 1991[145] –, a razão de ser desta distribuição de despesas não pode deixar de fundar-se na responsabilidade incita ao *instituto* da *propriedade*.

5. Em Espanha, o mesmo *princípio* se retira da conjugação do artigo 1554.º do Código Civil, com o artigo 20.º da LAU[146].

---

[145] *"Dos Deveres do Locador e do Locatário*
Art. 22. O locatário é obrigado a:
X- pagar as despesas extraordinárias de condomínio.
Parágrafo único. Por despesas extraordinárias de condomínio se entendem aquelas que não se refiram aos gastos rotineiros de manutenção do edifício, especialmente:
    a)Obras de reforma ou acréscimos que interessem à estrutura integral do imóvel;
    b)Pintura das fachadas, empenas, poços de geração e iluminação, bem como das esquadrias externas;
    e)Instalação de equipamentos de segurança e de incêndio........"
[146] *"Artículo 1554.*
El arrendador está obligado:
1.º A entregar al arrendatario la cosa objeto del contrato.
2.º A hacer en ella durante el arrendamiento todas las reparaciones necesarias a fin de conservarla en estado de servir para uso a que ha sido destinada.
3.º A mantener al arrendatario en el goce pacífico del arrendamiento por todo el tiempo del contrato."
Artículo 20. LAU
"1. Las partes podrán pactar que los gastos generales para el adecuado sostenimiento del inmueble, sus servicios, tributos, vargas y responsabilidades que no sean susceptibles de individualización y que correspondan a la vivienda arrendada o a sus accesorios, sean a cargo del arrendatario.
En edificios en régimen de propiedad horizontal, tales gastos sean los que correspondan a la finca arrendada en función de su cuota de participación.
..."

182   *Novo Regime do Arrendamento Urbano*

6. Como aludimos no ponto 27 deste trabalho, este novo preceito jurídico vem acrescentar à lista de documentos, imprescindíveis para celebração de escrituras notariais de contratos de venda ou locação de imóveis, a apresentação de um certificado energético e da qualidade do ar no interior nos Edifícios.

"Hoje, e apenas nos edifícios constituídos em propriedade horizontal – al. b) do n.º 1 do art. 41.º – por acordo entre senhorio e arrendatário os encargos com as despesas necessárias à fruição das partes comuns do edifício e ao pagamento de serviços de interesse comum podem ficar a cargo do arrendatário.

Este preceito exclui a referência a "despesas de conservação", mencionadas no art. 1424.º do C.C.

Tem de se entender, por isso, que as despesas correntes são gastos de pequena monta indispensáveis à utilização normal das partes comuns e ao pagamento de serviços que beneficiam todos os habitantes do prédio, como sejam despesas com a electricidade gasta nas partes comuns, limpeza das mesmas zonas, pagamento a vigilante, etc.

Ficarão de fora os encargos com as obras de conservação ordinária, de conservação extraordinária e de beneficiação, de arrendados para habitação, sempre a cargo do senhorio, nos termos dos arts. 11.º a 13.º". [147]

"A lei faculta às partes, para evitarem constantes comunicações – n.º 4 –, fixar uma quantia a pagar mensalmente, sem prejuízo de eventuais acertos nos precisos termos que deixarem acordados, quando preencherem o requisito substancial – n. .º 3.

A comunicação de todas as informações necessárias para determinação e comprovação das despesas a cargo do arrendatário pertence ao senhorio – n.º 4

Se nada for clausulado sobre o vencimento, as obrigações relativas aos encargos e despesas a cargo do arrendatário vencer-se-ão no final do mês seguinte ao da comunicação pelo senhorio, devendo ser cumpridas simultaneamente com a renda subsequente – art. 43.º

As despesas correntes e os encargos que o arrendatário acordou em pagar não se integram na renda.

Por conseguinte, a sua falta de pagamento não faz incorrer o arrendatário em mora, para os efeitos do art. 1041.º do C.C., nem tão-pouco permite ao senhorio resolver o contrato por falta de pagamento da renda, nos termos da al. a) do n.º 1 do art. 64.º

No domínio da anterior legislação decidimos que a quota parte das despesas comuns do condomínio e os encargos da administração, fixados em "reunião geral de ocupantes do prédio", quando assumidos pelo arren-

---

[147] In *Arrendamento Urbano – Anotado e Comentado*, de Jorge Alberto Aragão Seia, Almedina, 3.ª Edição, págs. 225 e 226.

datário, funcionavam como contraprestação ou correspectivo da concessão do gozo do prédio, tendo a mesma natureza da renda, integrando-se o seu pagamento no regime jurídico desta."[148]

"Do exposto, decorre a licitude de qualquer condómino – como legítimo e legal proprietário de certa e determinada fracção – dar de arrendamento uma fracção e, consequentemente "acordar com o arrendatário" quem suportará "as despesas correntes necessárias à fruição das partes comuns do edifício" (artigo 40.º do RAU).
Dúvida que se poderá colocar relaciona-se com as despesas. Perguntar-se-á: quais despesas?
O artigo em questão fornece-nos a resposta: "despesas correntes necessárias à fruição das partes comuns do edifício e ao pagamento de serviços de interesse comum", o que quererá significar: qualquer outro género de despesas (v.g. extraordinárias, seguro de incêndio, contribuição autárquica, taxa de saneamento) não poderão ser acordadas com o arrendatário, por exclusão encontram-se fora desse âmbito de acção."[149]

"... as despesas correntes necessárias à fruição das partes comuns do edifício e ao pagamento de serviços de interesse comum podem, por acordo entre os outorgantes, ficarem a cargo do inquilino.
Porém, nem todos os encargos podem ser licitamente ficar a cargo do arrendatário, por acordo; por exemplo, nem a contribuição autárquica, nem a taxa de saneamento, nem o seguro de incêndio devem ser suportados pelo inquilino. Qualquer cláusula neste sentido será nula."[150]

"I – Em contrato de arrendamento de fracção autónoma de um prédio em regime de propriedade horizontal pode o senhorio, por acordo com o arrendatário, transferir para este a obrigação de pagar as despesas correntes necessárias à fruição das partes comuns do edifício e ao pagamento de serviços de interesse comum (despesas de condomínio). II – Posto é que sejam cumpridos, no acordo, os requisitos formal e substancial exigidos pelo art. 41.º do RAU: a) constar do texto escrito do contrato ou de um aditamento, também escrito, e assinado pelo arrendatário; b) reportar-se a edifícios cujas fracções autónomas se encontrem nas condições referidas no artigo 1415.º do Código Civil, devidamente constituídos em proprie-dade horizontal; c) especificar, dentro dos limites do art. 1424.º do

---

[148] In *Arrendamento Urbano – Anotado e Comentado*, de Jorge Alberto Aragão Seia, Almedina, 3.ª Edição, pág. 229 (anotação ao artigo 42.º do RAU).
[149] In *Manual do Condomínio (Propriedade Horizontal) e Legislação Comentada*, de Ana Sardinha e Francisco Cabral Metello, Almedina, 4.ª Edição, págs. 81 e 82.
[150] In Regime do Arrendamento Urbano – Anotações e Comentários, de Margarida Grave, 2.ª Edição Actualizada, 1999, pág. 110.

Código Civil, quais as despesas a cargo do arrendatário. III – A especificação das despesas e dos encargos pode ser feita por remissão para regulamento, designadamente da propriedade horizontal , anexo ao contrato. IV- Se na escritura (cláusula 6.ª do documento complementar) de celebração do contrato de arrendamento as partes clausularem que "por acordo subscrito pela partes, ficam a cargo da inquilina todas as despesas correntes, necessárias à fruição das partes comuns do edifício em que se integra o local arrendado, nos termos previstos no art. 40.º do RAU", e o notário fez expressamente constar que arquivou "o citado documento complementar e acordo nele referido na cláusula 6.ª, bem como exemplar do regulamento da propriedade horizontal a que se alude naquele documento complementar", tem que se concluir que o acordo subscrito pela arrendatária, arquivado pelo notário juntamente com o regulamento da propriedade horizontal, existe nos termos certificados e serviu para especificar, em concreto, aquilo que as partes já haviam convencionado na cláusula 6.ª do documento complementar da escritura."[151]

"Na falta de disposição diversa consagrada no título constitutivo ou de acordo negocial em contrário subscrito por todos os interessados e titulado por escritura pública, os encargos respeitantes às partes comuns de um edifício em propriedade horizontal que apenas sirvam um ou alguns dos condóminos recaem apenas sobre os utentes exclusivos dessas partes."[152]

"I – O que releva é o uso que cada condómino pode fazer das partes comuns, medido em princípio pelo valor relativa das sua fracção e não o uso que efectivamente se faça delas; a responsabilidade pelas despesas de conservação subsistirá mesmo em relação àqueles condóminos que, podendo fazê-lo, não utilizem (por si ou por intermédio de outrem) as respectivas fracções e se não sirvam, por conseguinte, das partes comuns do prédio.

II – Se uma "sala do condomínio" e uma "arrecadação geral" do edifício – partes comuns – se localizam no 11.º piso do prédio, apenas aí sendo possível aceder através das escadas comuns e dos ascensores do imóvel – também partes comuns – há que concluir, segundo um critério aferidor de carácter objectivo – o único legalmente definidor da situação – ser manifesta a susceptibilidade (abstracta) de as diversas fracções poderem ser servidas pelas referidas partes e equipamentos comuns.

III – Não se pode considerar isento de responsabilidade pelos encargos relativos às partes comuns, qualquer condómino cuja fracção esteja objectivamente em condições de ser servida por essas partes ou equipamentos comuns.

---

[151] Ac. STJ, de 18-11-2004, Revista n.º 3344/04 – 7.ª, Bol. Sum., www. stj.pt
[152] In Ac. STJ, n.º 2016, de 06-07-2005.

IV – Apenas deverão ficar isentos de contribuir para as despesas de manutenção e conservação dos elevadores os condóminos cujas fracções não são (nem podem ser) servidas por eles como o rés-do-chão, a menos que possuam arrumo no último piso ou na cave (neste incluída uma garagem ou um lugar de aparcamento) no caso desta também ser servida por elevador, ou se houver no último piso um terraço, sala de reuniões ou de convívio que possa ser usada por todos os condóminos.

V – É possível instituir, por acordo maioritário da assembleia de condóminos, um critério equitativo/proporcional de repartição de despesas distinto do da proporcionalidade (permilagem) do valor das respectivas fracções, quiçá em função da regularidade ou da intensidade da utilização das partes ou equipamentos comuns."[153]

Vide, ponto 21 da anotação ao artigo 1.º NRAU.
Vide, anotação ao artigo 9.º NRAU.

SUBSECÇÃO IV
Cessação

DIVISÃO I
Disposições comuns

ARTIGO 1079.º
Formas de cessação

O arrendamento urbano cessa por acordo das partes, resolução, caducidade, denúncia ou outras causas previstas na lei.

I – Referência histórica:

O preceito *sub judice* teve como procedência:
– O artigo 50.º do RAU, com ligeiras alterações.

II – Comentários:

---

[153] In Ac. STJ, n.º 94, de 24-02-2002.

186 *Novo Regime do Arrendamento Urbano*

ARTIGO 1080.º
Imperatividade

O disposto nesta subsecção tem natureza imperativa, salvo disposição legal em contrário.

I – Referência histórica:

O preceito *sub judice* teve como procedência:
– O artigo 51.º do RAU, com ligeiras alterações.
– À época constituiu norma inovadora no ordenamento jurídico.

II – Comentários:

1. Na presente subsecção encontram-se previstas determinadas formas de cessação do contrato de arrendamento, que jamais podem ser afastadas pelas partes intervenientes.

2. Curiosamente, o legislador refere no final deste artigo *"salvo disposição legal em contrário"*, o que antevê um resguardo para posteriores regimes específicos.

ARTIGO 1081.º
Efeitos da cessação

1. A cessação do contrato torna imediatamente exigível, salvo se outro for o momento legalmente fixado ou acordado pelas partes, a desocupação do local e a sua entrega, com as reparações que incumbam ao arrendatário.

2. Com antecedência não superior a três meses sobre a obrigação de desocupação do local, o senhorio pode exigir ao arrendatário a colocação de escritos, quando correspondam aos usos da terra.

3. O arrendatário deve, em qualquer caso, mostrar o local a quem o pretender tomar de arrendamento durante os três meses anteriores à desocupação, em horário acordado com o senhorio.

4. Na falta de acordo, o horário é, nos dias úteis, das 17 horas e 30 minutos às 19 horas e 30 minutos e, aos sábados e domingos, das 15 às 19 horas.

Código Civil

187

I – Referência histórica:

O preceito *sub judice* teve como procedência:
- O artigo 54.º do RAU. Cfr. n.º 2 do artigo 964.º do Código de Processo Civil.

DIVISÃO II
Cessação por acordo entre as partes

ARTIGO 1082.º
Revogação

1. As partes podem, a todo o tempo, revogar o contrato, mediante acordo a tanto dirigido.

2. O acordo referido no número anterior é celebrado por escrito, quando não seja imediatamente executado ou quando contenha cláusulas compensatórias ou outras cláusulas acessórias.

I – Referência histórica:

O preceito *sub judice* teve como procedência:
- O artigo 62.º do RAU, com ligeiras alterações.
- À época constituiu norma inovadora no ordenamento jurídico.

DIVISÃO III
Resolução

ARTIGO 1083.º
Fundamento da resolução

1. Qualquer das partes pode resolver o contrato, nos termos gerais de direito, com base em incumprimento pela outra parte.

2. É fundamento de resolução o incumprimento que, pela sua gravidade ou consequências, torne inexigível à outra parte a manutenção do arrendamento, designadamente, quanto à resolução pelo senhorio:

a) A violação reiterada e grave de regras de higiene, de sossego, de boa vizinhança ou de normas constantes do regulamento do condomínio;

188   *Novo Regime do Arrendamento Urbano*

b) A utilização do prédio contrária à lei, aos bons costumes ou à ordem pública;

c) O uso do prédio para fim diverso daquele a que se destina;

d) O não uso do locado por mais de um ano, salvo nos casos previstos no n.º 2 do artigo 1072.º;

e) A cessão, total ou parcial, temporária ou permanente e onerosa ou gratuita, quando ilícita, inválida ou ineficaz perante o senhorio.

3. É inexigível ao senhorio a manutenção do arrendamento em caso de mora superior a três meses no pagamento da renda, encargos ou despesas, ou de oposição pelo arrendatário à realização de obra ordenada por autoridade pública, sem prejuízo do disposto nos n.ºs 3 e 4 do artigo seguinte.

4. É fundamento de resolução pelo arrendatário, designadamente, a não realização pelo senhorio de obras que a este caibam, quando tal omissão comprometa a habitabilidade do locado.

I – Referência histórica:

O preceito *sub judice* teve como procedência:

– Os artigos 63.º e 64.º do RAU.
– Artigos 432.º, 1047.º e 1093.º do Código Civil.

II – Comentários:

    "La cosa arrendada debe ser utilizada por su arrendatario, conforme al destino o uso pactado en el contrato de arrendamiento o, no habiéndose pactado, conforme al que se infiera de la naturaleza de la cosa arrendada, y siempre dicho uso debe realizarlo con la diligencia de un buen padre de familia.

    El destinar la cosa arrendada a usar o servicios no pactados, independientemente de que la hagan o no desmerecer, el no sujetarse en su uso a lo establecido en el CC art.1555.2, en cuanto al uso como un diligente padre de familia, o incluso el no uso de la cosa y, por tanto, no usaria de conformidad con lo pactado, facultan al arrendador para instar la resolución del contrato de arrendamiento. Por tanto, tres pueden ser las modalidades que, por vulnerar el destino de la finca arrendada, faculten al arrendador a rescindir al contrato de arrendamiento:

    1) Destinarla a un uso distinto al pactado, o en defecto de pacto, del que resulte de la propia naturaleza de la cosa

    2) Usarla sin la diligencia de un buen padre de familia, causándole un deterioro, demérito o perjuicio.

    3) No usarla y, por tanto, no destinarla al uso pactado.

El arrendatario será responsable de los danos o deterioros que se hayan causado en la finca por el mal uso, bien por no cuidar con la debida diligencia de la cosa arrendada, bien por destinarla a usos no pactados.

Se entiende igualmente que el arrendatario infringe el destino o el uso pactados, en los supuestos en que se produce una falta de uso, pudiendo este no uso ser causa de resolución contractual. Y ello en tanto que, no habiéndose usado la cosa arrendada destinándola a los fines pactados, se ha contravenido la obligación prescrita en el CC art.1555.2, en cuanto a destinar la cosa arrendada al uso pactado, que no es una facultad del arrendatario, sino una obligación."[154]

"Artículo 1555
El arrendatario está obligado:

1. A pagar el precio del arrendamiento en los términos convenidos.

2. A usar de la cosa arrendada como un diligente padre de familia, destinándola al uso pactado; y, en defecto de pacto, al que se infiera de la naturaleza de la cosa arrendada según la costumbre de la tierra."[155]

"Quanto à aplicação reiterada ou habitual do prédio a práticas ilícitas, imorais ou desonestas, uma vez que parte deste fundamento se situa no critério subjectivo, deve-se assentar no seguinte princípio: aferindo-se às noções éticas, religiosas e morais do senhorio, os factos que caracterizam as referidas práticas serão sempre valorizadas e apreciados segundo aquelas, tendo em conta que o locador, se conhecesse a potencialidade de aplicação do prédio a tal prática, não o teria dado de arrendamento.

Quanto às demais apreciação, objectiva, esta está caracterizada pelos costumes da sociedade onde se insere o arrendado, pela sua previsão na legislação penal ou pela violação de normativos fiscais, administrativos, policiais ou constitucionais."[156]

"I – A lei não aponta critérios que facilitem a caracterização do que se entende por alteração substancial ou por deterioração considerável para efeitos de resolução do contrato de arrendamento, nos termos do artigo 64.º, n.º 1, alínea *d*) do RAU.

II – A apreciação tem assim que ser casuística e norteada por critérios de razoabilidade que possibilitem, até onde possível, o equilíbrio entre os interesses do senhorio e do inquilino.

III – O conceito de estrutura externa pode ser encarado sob duas perspectivas: a estrutura resistente em matéria de construção civil; a fisionomia essencial do prédio.

---

[154] In Memento Práctico Arrendamientos Urbanos 2006-2007, Ediciones Francis Lefebvre, 2005, pág. 33.

[155] Código Civil Espanhol. Libro IV: Título VI "Del Contrato de arrendamiento".

[156] In *Novo Inquilinato*, de ARTUR VICTORIA, Porto Editora, 1996, pág. 65 (comentário à alínea *c*) do artigo 64.º do RAU.)

190 *Novo Regime do Arrendamento Urbano*

IV – A alteração das montras de um estabelecimento comercial por necessidade de evitar assaltos e a colocação de um engenho de 10cm de altura para conseguir a conservação das mesmas, não são fundamento de despejo.

V – Não sendo a actuação do inquilino causa de resolução do contrato, não significa, só por si, que não possa existir recurso ao instituto da responsabilidade civil, para o senhorio ver indemnizados eventuais prejuízos sofridos."[157]

"II – A resolução do contrato de arrendamento com fundamento na falta de pagamento de rendas não resulta directamente da lei, mas depende da iniciativa do senhorio, que haverá de propor a competente acção de despejo, mos termos das disposições conjugadas dos artigos 63.º n.º 2 e 64.º, n.º 1, alínea *a*), do Regime do Arrendamento Urbano, e, assim, a extinção do direito ao arrendamento que venha a ser decretada pelo tribunal, nesse condicionalismo, não é imputável apenas à vontade do titular do direito, para os efeitos dispostos no citado artigo 820.º do Código Civil;

III – Tendo sido decretado extinto o direito de arrendamento por sentença transitada em julgado, nas condições antecedentemente descritas, haverá necessidade que julgar procedentes os embargos de terceiro deduzidos à penhora pelo senhorio;

IV – Não obsta a tal solução a circunstância – alegada no processo de embargos – de a resolução do contrato de arrendamento ter resultado do conluio das partes na acção de despejo, mormente por ocorrer confusão entre o arrendatário-executado e o senhorio do local arrendado, sendo certo que o mecanismo legalmente admissível para impugnar uma decisão final, depois do seu trânsito em julgado, quando tenha havido simulação processual, é o previsto no artigo 778.º do Código de Processo Civil."[158]

"I – Se o arrendatário obrigou-se a prestar serviços domésticos ao locador, com a morte deste, deixa de o poder fazer, dado o carácter pessoal daqueles serviços.

II – Embora esta hipótese não configure um incumprimento por parte do arrendatário, constitui fundamento da resolução do contrato, nos termos da alínea *j*) do n.º 1 do artigo 64.º do RAU, uma vez que, ao contrário de outras causas de resolução previstas nesse preceito, que se fundam no incumprimento contratual, a referida alínea apenas exige a cessação do pressuposto que serve de base à locação."[159]

"I – Para a operância da excepção tipificada na aliena *c*) do n.º 2 do artigo 64.º do RAU – obstativa da resolução do contrato de arrendamento -, não basta a mera permanência de parentes ou familiares no arrendado, antes se configurando como necessária a existência de elos de dependência económica entre eles, ou com a própria casa/habitação e ou/o arrendatário.

---

[157] Acórdão do STJ, n.º 2583, de 28-10-2003.
[158] Acórdão do STJ, n.º 964, de 14-10-2004.
[159] Acórdão do STJ, n.º 2740, de 30-10-2003.

Código Civil 191

II – O conceito de "economia comum" pressupõe uma comunicação de vida, com base num lar em sentido familiar, moral, e social, uma convivência conjunta com especial *"affectio"* ou ligação entre as pessoas co-envolvidas, convivência essa que não impõe a permanência no sentido físico, antes admitindo eventuais ausências, sem intenção de deixar a habitação, com sujeição a uma economia doméstica comum com a quebra dos laços estabelecidos, verificando-se, assim, apenas uma única economia doméstica, contribuindo todos ou só alguns para os gastos comuns.

III – A "ratio legis" radica na protecção da estabilidade do agregado familiar com sede no arrendado (que não no interesse económico do senhorio).

IV – A instalação de um novo agregado familiar no arrendado não está já abrangido pela protecção excepcional contemplada na alínea *c*) do n.º 2 do artigo 64.º do RAU, já que, assim se não entendesse, representaria como que a transmissão (cessão) em vida, da posição de arrendatário habitacional, ao arrepio do regime legal específico."[160]

> *I – Destinando-se o andar arrendado a "boutique de senhora", não existe afectação do locado a fim diverso do contratado (artigo 64.º, n.º 1, alínea b) do RAU), se aí se vender roupa de senhora e se realizar pequena e artesanal confecção de alguma.*
>
> *II – Essa artesanal confecção surge como complemento da actividade da venda, existindo uma conexão, um limite de acessoriedade, sendo que numa "boutique" são, em regra, realizados arranjos, modificações, acertos, existindo assim uma relação de instrumentalidade.*
>
> *III – Não seria assim se o uso dos meios empregues fosse de molde a causar deterioração, diminuição de comodidade ou desvalorização do locado.*
>
> *IV – O autor ao incorrer em contradição com comportamentos anteriores ("venire contra factum proprium"), pedindo que seja decretado o despejo por exercício de uma actividade que durante anos foi autorizada, e sem que tenha existido qualquer nova ocorrência ou alteração da situação existente, atenta contra a boa fé."*[161]

"Acrescentar ao comércio de coisas ornamentais, delicadas e limpas como seja o de aves, flores, sementes, louças e peixes, o de coelhos com as respectivas rações e de cães, inclusive cães de caça, ultrapassa o limite da acessoriedade ou da conexão, constituindo desvio de fim do arrendamento."[162]

"I – São traços constitutivos e indispensáveis da residência permanente a habitualidade, a estabilidade e a circunstância de constituir o centro da organização da vida doméstica.

---

[160] Acórdão do STJ, n.º 3633, de 25-11-2004.
[161] Acórdão do STJ, n.º 4653, de 07-04-2005.
[162] Acórdão do STJ, de 10-10-2002, Revista n.º 2061/02 – 7-.ª, Bol. Sum.

192 *Novo Regime do Arrendamento Urbano*

II – Não constitui residência permanente a casa que é usada pelos arrendatários em todos os períodos de férias, fins de semana e feriados."[163]

"A alínea f) do n.º 1 do artigo 64.º do RAU comporta a cessão da posição contratual do arrendatário para sociedade da qual é sócio, constituindo esse comportamento ilícito fundamento para o locador peticionar a resolução do contrato de arrendamento."[164]

"I – Se o arrendatário demoliu um forno a lenha e o substituiu por um forno eléctrico, com o que ocupou menor espaço e aumentou assim o espaço livre, sem alterar o número de divisões, apenas ficando um com maior espaço útil, tal não importa alteração substancial da disposição interna das divisões do arrendado.

II – Deteriorações consideráveis levadas a cabo pelo arrendatário em zona do prédio que não lhe está arrendada não fundamentam resolução do arrendamento, mas sim, direito de indemnização, por responsabilidade civil extracontratual."[165]

ARTIGO 1084.º
Modo de operar

1. A resolução pelo senhorio quando fundada em causa prevista no n.º 3 do artigo anterior bem como a resolução pelo arrendatário operam por comunicação à contraparte onde fundamentadamente se invoque a obrigação incumprida.

2. A resolução pelo senhorio com fundamento numa das causas previstas no n.º 2 do artigo anterior é decretada nos termos da lei de processo.

3. A resolução pelo senhorio, quando opere por comunicação à contraparte e se funde na falta de pagamento da renda, fica sem efeito se o arrendatário puser fim à mora no prazo de três meses.

4. Fica igualmente sem efeito a resolução fundada na oposição pelo arrendatário à realização de obra ordenada por autoridade pública se no prazo de três meses cessar essa oposição.

---

[163] Acórdão do STJ, de 20-05-2003, Revista n.º 1248/03 – 6.ª, Bol. Sum.
[164] Acórdão do STJ, de 11-01-2005, Revista n.º 4173/04 – 1.ª, Bol. Sum.
[165] Acórdão do STJ, de 20-112003, Revista n.º 3580/03 – 1.ª, Bol. Sum.

Código Civil

I – Referência histórica:

O preceito *sub judice* teve como procedência:
- Os artigos 53.º e 55.º do RAU.
- Os artigos 964.º, 965.º, 982.º e 983.º; 964.º, n.º 1 do artigo 1970.º e n.º 1 do artigo 1971.º do Código de Processo Civil, respectivamente.

II – Comentários:

Vide, ponto 21 da anotação ao artigo 1.º NRAU.
Vide, anotação ao artigo 9.º NRAU.

ARTIGO 1085.º
Caducidade do direito de resolução

1. A resolução deve ser efectivada dentro do prazo de um ano a contar do conhecimento do facto que lhe serve de fundamento, sob pena de caducidade.

2. Quando se trate de facto continuado ou duradouro, o prazo não se completa antes de decorrido um ano da sua cessação.

I – Referência histórica:

O preceito *sub judice* teve como procedência:
- O artigo 65.º do RAU.
- Reeditou o artigo 1094.º do Código Civil.

ARTIGO 1086.º
Cumulações

1. A resolução é cumulável com a denúncia ou com a oposição à renovação, podendo prosseguir a discussão a ela atinente mesmo depois da cessação do contrato, com a finalidade de apurar as consequências que ao caso caibam.

2. A resolução é igualmente cumulável com a responsabilidade civil.

I – Referência histórica:

O preceito *sub judice* teve como procedência:
Os n.ºs 3 e 4 do artigo 56.º do RAU.

ARTIGO 1087.º
Desocupação

A desocupação do locado, nos termos do artigo 1081.º, é exigível no final do 3.º mês seguinte à resolução, se outro prazo não for judicialmente fixado ou acordado pelas partes.

I – Referência histórica:

O preceito *sub judice* teve como procedência:
– O artigo 114.º do RAU.
– Reeditou, parcialmente, o artigo 1116.º do Código Civil.

SUBSECÇÃO V
Subarrendamento

ARTIGO 1088.º
Autorização do senhorio

1. A autorização para subarrendar o prédio deve ser dada por escrito.

2. O subarrendamento não autorizado considera-se, todavia, ratificado pelo senhorio se ele reconhecer o subarrendatário como tal.

I – Referência histórica:

O preceito *sub judice* teve como procedência:
– O artigo 44.º do RAU.
– O artigo 1101.º do Código Civil

II – Comentários:

"I – O instituo da responsabilidade civil e o instituo do enriquecimento sem causa podem concorrer na qualidade da mesma situação.

II – Ainda que não se provem os pressupostos da responsabilidade civil, o interventor por ingerência em bens alheios está obrigado a restituir ao respectivo proprietário aquilo com se enriqueceu à custa do valor de uso desses bens.

III – O senhorio proprietário do locado não tem direito, com base em enriquecimento sem causa do seu inquilino, aos excessos de rendas (por superiores ao limite legal estabelecido no artigo 1062.º do Código Civil) que esse tenha cobrado

Código Civil 195

por sublocação, quando tais excessos são a contrapartida de uma maior rentabi-
lização do locado por obras nele feitas a expensas exclusivas do próprio inquilino
sublocador."[166]

"I – O sublocatário não goza do direito de preferência.
II – Como resulta do n.º 1 da Lei 63/77, de 25 de Agosto, só o locatário
habitacional de imóvel urbano tem direito de preferência na compra e venda ou dação
em cumprimento do mesmo, e não também o sublocatário ou subarrendatário."[167]

"I – Apesar do subarrendamento não ter sido reconhecido e comunicado ao
senhorio, deve-se considerá-lo como ratificado pelo mesmo, se este reconhecer o
subarrendatário como tal.
II – O simples conhecimento da sublocação, porém, não satisfaz às condições
do reconhecimento.
III – O reconhecimento supre a falta de autorização e de comunicação do
contrato.
IV – Só no caso de subarrendamento eficaz em relação ao senhorio, é que o
subarrendatário poderá recorrer a embargos de terceiro para defender a sua posição."[168]

ARTIGO 1089.º
Caducidade

O subarrendamento caduca com a extinção, por qualquer causa, do
contrato de arrendamento, sem prejuízo da responsabilidade do sublocador para com o sublocatário, quando o motivo da extinção lhe seja imputável.

I – Referência histórica:

O preceito *sub judice* teve como procedência:
– O artigo 45.º do RAU, *ipsis verbis*.
– O artigo 1102.º do Código Civil.

II – Comentários:

"I – As leis que regulam a extinção por caducidade dos contratos são de
aplicação imediata, mesmo aos negócios em curso, por se tratar de efeito que pode
ser dissociado da conclusão dos contratos.

---

[166] Acórdão o STJ, n.º 2593, de 30-10-2003.
[167] Acórdão do STJ, n.º 73009, de 19-11-85.
[168] Acórdão do STJ, de 03-06-1997, Revista n.º 90/97 – 1.ª, Bol. Sum.

196 *Novo Regime do Arrendamento Urbano*

II – Quando o contrato de arrendamento para habitação caduque por morte do arrendatário, o subarrendatário tem direito a novo arrendamento, desde que a sublocação seja eficaz em relação ao senhorio.

III – Para efeitos do artigo 90.°, n.° 1, alínea *b*) do RAU/90, para que a sublocação seja eficaz em relação ao senhorio é necessário que este tenha reconhecido o sublocatário como tal, inequivocamente, ou que tenha autorizado, mesmo genericamente, a sublocação, que, de qualquer modo, lhe deve ser comunicada (artigos 1038.°, alínea *g*) , e 1061.° do Código Civil.

IV – Se o senhorio receber alguma renda do sublocatário e lhe passar recibo depois da extinção do arrendamento por morte do locatário, será o subarrendatário havido como arrendatário directo (artigo 46.°, n.° 2 do RAU/90).

V – O exercício do direito ao novo arrendamento deve ser exercido pelo sublocatário mediante declaração escrita ao senhorio nos 30 dias subsequentes à caducidade do contrato anterior, sob pena de caducidade (artigo 94.°, n.ᵒˢ 1 e 4 do RAU/90)."[169]

ARTIGO 1090.°
Direitos do senhorio em relação ao subarrendatário

1. Sendo total o subarrendamento, o senhorio pode substituir-se ao arrendatário, mediante notificação judicial, considerando-se resolvido o primitivo arrendamento e passando o subarrendatário a arrendatário directo.

2. Se o senhorio receber alguma renda do subarrendatário e lhe passar recibo depois da extinção do arrendamento, é o subarrendatário havido como arrendatário directo.

I – Referência histórica:

O preceito *sub judice* teve como procedência:
– O artigo 46.° do RAU, *ipsis verbis*.
– O artigo 1103.° do Código Civil.

---

[169] Acórdão STJ, n.° 443, de 28-01-97.

SUBSECÇÃO VI
Direito de preferência

ARTIGO 1091.º
Regra geral

1. O arrendatário tem direito de preferência:

a) Na compra e venda ou dação em cumprimento do local arrendado há mais de três anos;

b) Na celebração de novo contrato de arrendamento, em caso de caducidade do seu contrato por ter cessado o direito ou terem findado os poderes legais de administração com base nos quais o contrato fora celebrado.

2. O direito previsto na alínea b) existe enquanto não for exigível a restituição do prédio, nos termos do artigo 1053.º

3. O direito de preferência do arrendatário é graduado imediatamente acima do direito de preferência conferido ao proprietário do solo pelo artigo 1535.º

4. É aplicável, com as necessárias adaptações, o disposto nos artigos 416.º a 418.º e 1410.º

I – Referência histórica:

O preceito *sub judice* teve como procedência:

– Os artigos 47.º a 49.º do RAU.
– O artigo 1117.º do Código Civil.

Vide, ponto 8 da anotação ao artigo 1.º NRAU.

SUBSECÇÃO VII
Disposições especiais do arrendamento para habitação

DIVISÃO I
Âmbito do contrato

ARTIGO 1092.º
Indústrias domésticas

1. No uso residencial do prédio arrendado inclui-se, salvo cláusula em contrário, o exercício de qualquer indústria doméstica, ainda que tributada.

2. É havida como doméstica a indústria explorada na residência do arrendatário que não ocupe mais de três auxiliares assalariados.

I – Referência histórica:

O preceito *sub judice* teve como procedência:
– O artigo 75.º do RAU.
– O artigo 1108.º do Código Civil.

ARTIGO 1093.º
Pessoas que podem residir no local arrendado

1. Nos arrendamentos para habitação podem residir no prédio, além do arrendatário:

a) Todos os que vivam com ele em economia comum;
b) Um máximo de três hóspedes, salvo cláusula em contrário.

2. Consideram-se sempre como vivendo com o arrendatário em economia comum a pessoa que com ele viva em união de facto, os seus parentes ou afins na linha recta ou até ao 3.º grau da linha colateral, ainda que paguem alguma retribuição, e bem assim as pessoas relativamente às quais, por força da lei ou de negócio jurídico que não respeite directamente à habitação, haja obrigação de convivência ou de alimentos.

3. Consideram-se hóspedes as pessoas a quem o arrendatário proporcione habitação e preste habitualmente serviços relacionados com esta, ou forneça alimentos, mediante retribuição.

I – Referência histórica:

O preceito *sub judice* teve como procedência:
– O artigo 76.º do RAU
– O artigo 1109.º do Código Civil.

DIVISÃO II
Duração

ARTIGO 1094.º
Tipos de contratos

1. O contrato de arrendamento urbano para habitação pode celebrar-se com prazo certo ou por duração indeterminada.

Código Civil   199

2. No contrato com prazo certo pode convencionar-se que, após a primeira renovação, o arrendamento tenha duração indeterminada.

3. No silêncio das partes, o contrato tem-se como celebrado por duração indeterminada.

I – Referência histórica:

O preceito *sub judice* teve como procedência:
– Os artigos 10.º e 98.º do RAU.
– O artigo 1087.º do Código Civil.

II – Comentários:

Vide, ponto 4 da anotação ao artigo 26.º do NRAU.

SUBDIVISÃO I

Contrato com prazo certo

ARTIGO 1095.º

Estipulação de prazo certo

1. O prazo deve constar de cláusula inserida no contrato.

2. O prazo referido no número anterior não pode, contudo, ser inferior a 5 nem superior a 30 anos, considerando-se automaticamente ampliado ou reduzido aos referidos limites mínimo e máximo quando, respectivamente, fique aquém do primeiro ou ultrapasse o segundo.

3. O limite mínimo previsto no número anterior não se aplica aos contratos para habitação não permanente ou para fins especiais transitó-rios, designadamente por motivos profissionais, de educação e formação ou turísticos, neles exarados.

I – Referência histórica:

O preceito *sub judice* teve como procedência:
– Os artigos 5.º, 6.º e 98.º do RAU.
– O artigo 1083.º do Código Civil.

II – Comentários:

Vide, igualmente ponto 14 das anotações ao artigo 1.º do NRAU.

ARTIGO 1096.º
Renovação automática

1. Excepto se celebrado para habitação não permanente ou para fim especial transitório, o contrato celebrado com prazo certo renova-se automaticamente no seu termo e por períodos mínimos sucessivos de três anos, se outros não estiverem contratualmente previstos.

2. Qualquer das partes se pode opor à renovação, nos termos dos artigos seguintes.

I – Referência histórica:

O preceito *sub judice* teve como procedência:
– O n.º 1 do artigo 100.º do RAU.

ARTIGO 1097.º
Oposição à renovação deduzida pelo senhorio

O senhorio pode impedir a renovação automática mediante comunicação ao arrendatário com uma antecedência não inferior a um ano do termo do contrato.

I – Referência histórica:

O preceito *sub judice* teve como procedência:
– O n.º 2 do artigo 100.º do RAU.

ARTIGO 1098.º
Oposição à renovação ou denúncia pelo arrendatário

1. O arrendatário pode impedir a renovação automática mediante comunicação ao senhorio com uma antecedência não inferior a 120 dias do termo do contrato.

2. Após seis meses de duração efectiva do contrato, o arrendatário pode denunciá-lo a todo o tempo, mediante comunicação ao senhorio com uma antecedência não inferior a 120 dias do termo pretendido do contrato, produzindo essa denúncia efeitos no final de um mês do calendário gregoriano.

Código Civil

3. A inobservância da antecedência prevista nos números anteriores não obsta à cessação do contrato, mas obriga ao pagamento das rendas correspondentes ao período de pré-aviso em falta.

I – Referência histórica:

O preceito *sub judice* teve como procedência:
– O n.º 4 do artigo 100.º do RAU.

SUBDIVISÃO II
Contrato de duração indeterminada

ARTIGO 1099.º
Princípio geral

O contrato de duração indeterminada cessa por denúncia de uma das partes, nos termos dos artigos seguintes.

I – Referência histórica:

O preceito *sub judice* teve como procedência:
– O artigo 68.º do RAU.
– O artigo 1095.º do Código Civil

ARTIGO 1100.º
Denúncia pelo arrendatário

1. O arrendatário pode denunciar o contrato, independentemente de qualquer justificação, mediante comunicação ao senhorio com antecedência não inferior a 120 dias sobre a data em que pretenda a cessação, produzindo essa denúncia efeitos no final de um mês do calendário gregoriano.

2. À denúncia pelo arrendatário é aplicável, com as necessárias adaptações, o disposto no n.º 3 do artigo 1098.º

I – Referência histórica:

O preceito *sub judice* teve como procedência:
– O n.º 4 do artigo 100.º do RAU.

ARTIGO 1101.º
Denúncia pelo senhorio

O senhorio pode denunciar o contrato de duração indeterminada nos casos seguintes:

a) Necessidade de habitação pelo próprio ou pelos seus descendentes em 1.º grau;

b) Para demolição ou realização de obra de remodelação ou restauro profundos;

c) Mediante comunicação ao arrendatário com antecedência não inferior a cinco anos sobre a data em que pretenda a cessação.

I – Referência histórica:

O preceito *sub judice* teve como procedência:

– O artigo 69.º do RAU.
– O artigo 1096.º do Código Civil.

ARTIGO 1102.º *
Denúncia para habitação

1. O direito de denúncia para habitação do senhorio depende do pagamento do montante equivalente a um ano de renda e da verificação dos seguintes requisitos:

a) Ser o senhorio proprietário, comproprietário ou usufrutuário do prédio há mais de cinco anos ou, independentemente deste prazo, se o tiver adquirido por sucessão;

b) Não ter o senhorio, há mais de um ano, na área dos concelhos de Lisboa ou do Porto e seus limítrofes, ou no respectivo concelho quanto ao resto do País, casa própria ou arrendada que satisfaça as necessidades de habitação própria ou dos seus descendentes em 1.º grau.

2. O senhorio que tiver diversos prédios arrendados só pode denunciar o contrato relativamente àquele que, satisfazendo as necessidades de habitação própria e da família, esteja arrendado há menos tempo.

---

* A redacção da alínea *a*) do n.º 1 é a que lhe foi dada pela Declaração de Rectificação n.º 24/2006, de 17 de Abril.

Código Civil   203

3. O direito de denúncia para habitação do descendente está sujeito à verificação do requisito previsto na alínea a) do n.º 1 relativamente ao senhorio e do da alínea b) do mesmo número para o descendente.

I – Referência histórica:

O preceito *sub judice* teve como procedência:
– Os artigos 71.º e 7.ª.º do RAU.
– O artigo 1097.º do Código Civil.

II – Comentários:

Vide, ponto 7 da anotação ao artigo 26.º do NRAU.

ARTIGO 1103.º
Denúncia justificada

1. A denúncia pelo senhorio com qualquer dos fundamentos previstos nas alíneas a) e b) do artigo 1101.º é feita nos termos da lei de processo, com antecedência não inferior a seis meses sobre a data pretendida para a desocupação.

2. O senhorio que haja invocado o fundamento referido na alínea a) do artigo 1101.º deve dar ao local a utilização invocada no prazo de seis meses e por um período mínimo de três anos.

3. A invocação do disposto na alínea b) do artigo 1101.º obriga o senhorio, mediante acordo e em alternativa:

   a) Ao pagamento de todas as despesas e danos, patrimoniais e não patrimoniais, suportados pelo arrendatário, não podendo o valor da indemnização ser inferior ao de dois anos de renda;
   b) A garantir o realojamento do arrendatário no mesmo concelho, em condições análogas às que este já detinha;
   c) A assegurar o realojamento temporário do arrendatário no mesmo concelho com vista a permitir a reocupação do prédio, em condições análogas às que este já detinha.

4. No caso do número anterior, na falta de acordo entre as partes aplica-se o disposto na alínea a).

5. A indemnização devida pela denúncia deve ser paga no mês seguinte ao trânsito em julgado da decisão que a determine.

6. Salvo caso de força maior, o não cumprimento do disposto no n.º 2, bem como o não início da obra no prazo de seis meses, torna o senhorio responsável por todas as despesas e demais danos, patrimoniais e não patrimoniais, ocasionados ao arrendatário, não podendo o valor da indemnização ser inferior ao de dois anos de renda, e confere ao arrendatário o direito à reocupação do locado.

7. Da denúncia não pode resultar uma duração total do contrato inferior a cinco anos.

8. A denúncia do contrato para demolição ou realização de obra de remodelação ou restauro profundos é objecto de legislação especial.

I – Referência histórica:

O preceito *sub judice* teve como procedência:
- Os artigos 70.º e 72.º do RAU.
- Os artigos 1097.º e 1099.º do Código Civil.
- O artigo 990.º do Código de Processo Civil.

ARTIGO 1104.º
Confirmação da denúncia

No caso previsto na alínea c) do artigo 1101.º, a denúncia deve ser confirmada, sob pena de ineficácia, por comunicação com a antecedência máxima de 15 meses e mínima de um ano relativamente à data da sua efectivação.

I – Referência histórica:

O preceito *sub judice* teve como procedência:
- Norma inovadora no ordenamento jurídico.

DIVISÃO III
Transmissão

ARTIGO 1105.º
Comunicabilidade e transmissão em vida para o cônjuge

1. Incidindo o arrendamento sobre casa de morada de família, o seu destino é, em caso de divórcio ou de separação judicial de pessoas e

bens, decidido por acordo dos cônjuges, podendo estes optar pela transmissão ou pela concentração a favor de um deles.

2. Na falta de acordo, cabe ao tribunal decidir, tendo em conta a necessidade de cada um, os interesses dos filhos e outros factores relevantes.

3. A transferência ou a concentração acordadas e homologadas pelo juiz ou pelo conservador do registo civil ou a decisão judicial a elas relativa são notificadas oficiosamente ao senhorio.

I – Referência histórica:

O preceito *sub judice* teve como procedência:
- O artigo 84.º do RAU
- Os n.ᵒˢ 2. 3 e 4 do artigo 1110.º do Código Civil.

ARTIGO 1106.º

Transmissão por morte

1. O arrendamento para habitação não caduca por morte do arrendatário quando lhe sobreviva:

   a) Cônjuge com residência no locado ou pessoa que com o arrendatário vivesse no locado em união de facto e há mais de um ano;
   b) Pessoa que com ele residisse em economia comum e há mais de um ano.

2. No caso referido no número anterior, a posição do arrendatário transmite-se, em igualdade de circunstâncias, sucessivamente para o cônjuge sobrevivo ou pessoa que, com o falecido, vivesse em união de facto, para o parente ou afim mais próximo ou de entre estes para o mais velho ou para o mais velho de entre as restantes pessoas que com ele residissem em economia comum há mais de um ano.

3. A morte do arrendatário nos seis meses anteriores à data da cessação do contrato dá ao transmissário o direito de permanecer no local por período não inferior a seis meses a contar do decesso.

I – Referência histórica:

O preceito *sub judice* teve como procedência:
- O artigo 85.º do RAU.
- O artigo 1111.º do Código Civil.

206 *Novo Regime do Arrendamento Urbano*

ARTIGO 1107.º
Comunicação

1. Por morte do arrendatário, a transmissão do arrendamento, ou a sua concentração no cônjuge sobrevivo, deve ser comunicada ao senhorio, com cópia dos documentos comprovativos e no prazo de três meses a contar da ocorrência.

2. A inobservância do disposto no número anterior obriga o transmissário faltoso a indemnizar por todos os danos derivados da omissão.

I – Referência histórica:

O preceito *sub judice* teve como procedência:
- O artigo 89.º do RAU.
- O n.º 5 do artigo 1111.º do Código Civil.

SUBSECÇÃO VIII
Disposições especiais do arrendamento para fins não habitacionais

ARTIGO 1108.º
Âmbito

As regras da presente subsecção aplicam-se aos arrendamentos urbanos para fins não habitacionais, bem como, com as necessárias adaptações e em conjunto com o regime geral da locação civil, aos arrendamentos rústicos não sujeitos a regimes especiais.

I – Referência histórica:

O preceito *sub judice* teve como procedência:
- Os artigos 110.º, 121.º e 123.º do RAU.
- Os artigos 1112.º e 1119.º do Código Civil.

ARTIGO 1109.º
Locação de estabelecimento

1. A transferência temporária e onerosa do gozo de um prédio ou de parte dele, em conjunto com a exploração de um estabelecimento comer-

Código Civil 207

cial ou industrial nele instalado, rege-se pelas regras da presente subsecção, com as necessárias adaptações.

2. A transferência temporária e onerosa de estabelecimento instalado em local arrendado não carece de autorização do senhorio, mas deve ser-lhe comunicada no prazo de um mês.

I – Referência histórica:

O preceito *sub judice* teve como procedência:
- O artigo 111.º do RAU.
- O artigo 1085.º do Código Civil.

Vide, ponto 3 da anotação ao artigo 1.º NRAU

ARTIGO 1110.º
Duração, denúncia ou oposição à renovação

1. As regras relativas à duração, denúncia e oposição à renovação dos contratos de arrendamento para fins não habitacionais são livremente estabelecidas pelas partes, aplicando-se, na falta de estipulação, o disposto quanto ao arrendamento para habitação.

2. Na falta de estipulação, o contrato considera-se celebrado com prazo certo, pelo período de 10 anos, não podendo o arrendatário denunciá-lo com antecedência inferior a um ano.

I – Referência histórica:

O preceito *sub judice* teve como procedência:
- O artigo 118.º do RAU.

II – Comentários:

Veja-se, também, ponto da anotação ao artigo 1.º NRAU.

ARTIGO 1111.º
Obras

1. As regras relativas à responsabilidade pela realização das obras de conservação ordinária ou extraordinária, requeridas por lei ou pelo fim do contrato, são livremente estabelecidas pelas partes.

208 *Novo Regime do Arrendamento Urbano*

2. Se as partes nada convencionarem, cabe ao senhorio executar as obras de conservação, considerando-se o arrendatário autorizado a realizar as obras exigidas por lei ou requeridas pelo fim do contrato.

I – Referência histórica:

O preceito *sub judice* teve como procedência:
– O artigo 120.º do RAU.

ARTIGO 1112.º
Transmissão da posição do arrendatário

1. É permitida a transmissão por acto entre vivos da posição do arrendatário, sem dependência da autorização do senhorio:

a) No caso de trespasse de estabelecimento comercial ou industrial;
b) A pessoa que no prédio arrendado continue a exercer a mesma profissão liberal, ou a sociedade profissional de objecto equivalente.

2. Não há trespasse:

a) Quando a transmissão não seja acompanhada de transferência, em conjunto, das instalações, utensílios, mercadorias ou outros elementos que integram o estabelecimento;
b) Quando a transmissão vise o exercício, no prédio, de outro ramo de comércio ou indústria ou, de um modo geral, a sua afectação a outro destino.

3. A transmissão deve ser celebrada por escrito e comunicada ao senhorio.

4. O senhorio tem direito de preferência no trespasse por venda ou dação em cumprimento, salvo convenção em contrário.

5. Quando, após a transmissão, seja dado outro destino ao prédio, ou o transmissário não continue o exercício da mesma profissão liberal, o senhorio pode resolver o contrato.

I – Referência histórica:

O preceito *sub judice* teve como procedência:
– Os artigos 115.º, 116.º e 122.º do RAU.
– Os artigos 1118.º, 1120.º do Código Civil.

ARTIGO 1113.º
Morte do arrendatário

1. O arrendamento não caduca por morte do arrendatário, mas os sucessores podem renunciar à transmissão, comunicando a renúncia ao senhorio no prazo de três meses, com cópia dos documentos comprovativos da ocorrência.

2. É aplicável o disposto no artigo 1107.º, com as necessárias adaptações.

I – Referência histórica:

O preceito *sub judice* teve como procedência:
– O artigo 112.º do RAU
– Os artigos 1111.º e 1113.º do Código Civil.

LIVRO III
Direito das Coisas

TÍTULO II
Do Direito de propriedade

CAPÍTULO VI
Propriedade horizontal

SECÇÃO II
Constituição

ARTIGO 1417.º
Princípio geral

1. A propriedade horizontal pode ser constituída por negócio jurídico, usucapião, decisão administrativa ou decisão judicial, proferida em acção de divisão de coisa comum ou em processo de inventário.

210   *Novo Regime do Arrendamento Urbano*

2. A constituição da propriedade horizontal por decisão judicial pode ter lugar a requerimento de qualquer consorte, desde que no caso se verifique os requisitos exigidos pelo artigo 1415.º

I – Referência histórica:

O preceito *sub judice* teve como procedência:

– O artigo 35.º do RAU.

II – Comentários:

Vide, ponto 31 da anotação ao artigo 1.º NRAU.
Vide, anotações ao artigo 48.º do NRAU
Vide, anotações aos artigos 39.º e 40.º do Decreto-Lei n.º 157/2006, de 8 de Agosto, que aprova o Regime jurídico da Obras em Prédios Arrendados.
Vide, anotações ao artigo 2.º do Decreto-Lei n.º 159/2006, de 8 de Agosto, que aprova a definição do conceito fiscal de prédio devoluto.

LIVRO IV
Direito da Família

TÍTULO II
Do casamento

CAPÍTULO IX
Efeitos do casamento quanto às pessoas e bens dos cônjuges

SECÇÃO I
Disposições gerais

ARTIGO 1682.º-A
Alienação ou oneração de imóveis e de estabelecimento comercial

1. Carece do consentimento de ambos os cônjuges, salvo se entre eles vigorar o regime de separação de bens:
   a) A alienação, oneração, arrendamento ou constituição de outros direitos pessoais de gozo sobre imóveis próprios ou comuns;
   b) A alienação, oneração ou locação de estabelecimento comercial, próprio ou comum.

2. A alienação, oneração, arrendamento ou constituição de outros direitos pessoais de gozo sobre a casa de morada da família carece sempre do consentimento de ambos os cônjuges.

ARTIGO 1682.º-B
Disposição do direito ao arrendamento

Relativamente à casa de morada de família, carecem do consentimento de ambos os cônjuges:

a) A resolução, a oposição à renovação ou a denúncia do contrato de arrendamento pelo arrendatário;

b) A revogação do arrendamento por mútuo consentimento

c) A cessão da posição de arrendatário;

d) O subarrendamento ou o empréstimo, total ou parcial.

CAPÍTULO XII
Divórcio e separação judicial de pessoas e bens

SECÇÃO I
Divórcio

SUBSECÇÃO IV
Efeitos do divórcio

ARTIGO 1793.º
Casa de morada da família

1. Pode o tribunal dar de arrendamento a qualquer cônjuges, a seu pedido, a casa de morada da família, quer esta seja comum quer própria do outro, considerando, nomeadamente, as necessidades de cada um dos cônjuges e o interesse dos filhos do casal.

2. O arrendamento previsto no número anterior fica sujeito ás regras do arrendamento para habitação, mas o tribunal pode definir as condições do contrato, ouvidos os cônjuges, e fazer caducar o arrendamento, a requerimento do senhorio, quando circunstâncias supervenientes o justifiquem.

CÓDIGO DE PROCESSO CIVIL

ARTIGO 678.º
Decisões que admitem recurso

1. Só é admissível recurso ordinário nas causas de valor superior à alçada do tribunal de que se recorre desde que as decisões impugnadas sejam desfavoráveis para o recorrente em valor também superior a metade da alçada desse tribunal; em caso, porém, de fundada dúvida acerca do valor da sucumbência, atender-se-á somente ao valor da causa.

2. Mas se tiver por fundamento a violação das regras de competência internacional, em razão da matéria ou da hierarquia ou a ofensa de caso julgado, o recurso é sempre admissível, seja qual for o valor da causa.

3. Também admitem recurso as decisões respeitantes ao valor da causa, dos incidentes ou dos procedimentos cautelares, com o fundamento de que o seu valor excede a alçada do tribunal de que se recorre.

4. É sempre admissível recurso do acórdão da Relação que esteja em contradição com outro, dessa ou de diferente Relação, sobre a mesma questão fundamental de direito e do qual não caiba recurso ordinário por motivo estranho à alçada do tribunal, salvo se a orientação nele perfilhada estiver de acordo com a jurisprudência já anteriormente fixada no Supremo Tribunal de Justiça.

5. Independentemente do valor da causa e da sucumbência, é sempre admissível recurso para a Relação nas acções em que se aprecie a validade, a subsistência ou a cessação de contratos de arrendamento, com excepção dos arrendamentos para habitação não permanente ou para fins especiais transitórios.

214 *Novo Regime do Arrendamento Urbano*

6. É sempre admissível recurso das decisões proferidas contra jurisprudência uniformizada do Supremo Tribunal de Justiça.

Considerações Gerais:

1. O Novo Regime do Arrendamento Urbano ao revogar o artigo 57.º do RAU e, perante a transferência – senão mesmo: reposição – de algumas normas de natureza processual em local apropriado, veio conferir por via do artigo *sub judice*, uma maior amplitude a todas as decisões proferidas em «acção de despejo» (artigo 14.º do NRAU) que admitam recurso.

2. Já, no âmbito do anterior regime, era admissível recurso para a Relação, independentemente do valor da causa, aquando de alguma destas (duas) situações: *«apreciação da validade ou subsistência dos contratos de arrendamento para habitação»*. Com as alterações introduzidas pela Lei n.º 6/2006, de 27 de Fevereiro – NRAU –, o legislador incluiu um "terceiro elemento": a cessação de contratos de arrendamento.

3. Nesta mesma linha de considerações, o mesmo entendimento, revela-se absoluta e automaticamente estendível no que se refere à inclusão do referido "terceiro elemento": cessação dos contratos de arrendamento.

4. Importa, no entanto, mencionar que o presente *princípio* abrange quer todos os «contratos de arrendamento para habitação», assim como, os «contratos de arrendamento não habitacional» (comércio, indústria ou exercício de profissão liberal).

5. Porém, sobrevivem, nesta norma em apreciação, a excepção para dois casos: «arrendamentos para habitação não permanente» ou «para fins especiais transitórios».

6. Naturalmente, muito por exclusão de partes, não se encontra de modo algum afastada, a admissibilidade de recurso ao Tribunal competente - *ad quem*[170] (i.e.: Relação) – nos casos aludidos no ponto precedente (arrendamento para habitação não permanente ou para fins especiais transitórios). Todavia, tais situações ocorrem – tal como antes –, se o valor da acção exceder a alçada do tribunal de primeira instância.

7. Em guisa final para este já longo ponto, não podemos deixar de proceder a alguns breves comentários quanto aos *efeitos* dos recursos.

Assim, da conjugação do n.º 5 deste artigo em conjugação com a alínea *b*) do n.º 2 do artigo 692.º do Código de Processo Civil, resulta o efeito suspensivo da apelação.

Quanto aos contratos aludidos no mesmo número, *in fine*, em conjugação com o n.º 1 do artigo 692.º do Código de Processo Civil, resulta um efeito meramente devolutivo.

A menos que, o requerente alegue «prejuízo considerável» e preste caução.

---

[170] Para quem.

Código de Processo Civil 215

ARTIGO 930.º
Entrega da coisa

1. À efectivação da entrega da coisa são subsidiariamente aplicáveis, com as necessárias adaptações, as disposições referentes à realização da penhora, procedendo-se às buscas e outras diligências necessárias, se o executado não fizer voluntariamente a entrega; a entrega pode ter por objecto bem do Estado ou de outra pessoa colectiva referida no n.º 1 do artigo 823.º.

2. Tratando-se de coisas móveis a determinar por conta, peso ou medida, o agente de execução manda fazer, na sua presença, as operações indispensáveis e entrega ao exequente a quantidade devida.

3. Tratando-se de imóveis, o agente de execução investe o exequente na posse, entregando-lhe os documentos e as chaves, se os houver, e notifica o executado, os arrendatários e quaisquer detentores para que respeitem e reconheçam o direito do exequente.

4. Pertencendo a coisa em compropriedade a outros interessados, o exequente é investido na posse da sua quota-parte.

5. Efectuada a entrega da coisa, se a decisão que a decretou for revogada ou se, por qualquer outro motivo, o anterior possuidor recuperar o direito a ela, pode requerer que se proceda à respectiva retribuição.

6. Tratando-se da casa de habitação principal do executado, é aplicável o disposto nos n.os 3 a 6 do artigo 930.º-B, e caso se suscitem sérias dificuldades no realojamento do executado, o agente de execução comunica antecipadamente o facto à câmara municipal e às entidades assistenciais competentes.

ARTIGO 930.º-A
Execução para entrega de coisa imóvel arrendada

À execução para entrega de coisa imóvel arrendada são aplicáveis as disposições anteriores do presente subtítulo, com as alterações constantes dos artigos 930.º-B a 930.º-E.»

I – Referência histórica:

Norma inovadora em sede de direito *adjectivo*, e confinante ao direito *substantivo* do *instituto* do arrendamento urbano.

216 *Novo Regime do Arrendamento Urbano*

II – Comentários:

1. Tal como afirmámos e efectuamos num momento antecedente no âmbito do NRAU e, por uma questão de coerência, somos mais uma vez tentados, e – porque não dizer –, quase forçados a efectuar uma breve referência quanto à técnica desenvolvida e utilizada pelo legislador.

2. Em nosso entender, esta opção terminológica não se nos afigura a mais adequada, porquanto – não pretendendo sermos exaustivos e minuciosos –, manifesta alguma redundância. Afinal, como esclarece o artigo 1023.º do Código Civil *"diz-se arrendamento quando versa sobre coisa imóvel"*.

Provavelmente, a utilização da expressão: "imóvel arrendado ou, até mesmo, fracção arrendada" afastaria a presente anotação. Mas, estamos em crer, que a própria opção por esta designação, funda-se nalguma ambição do legislador. Seguramente, conferir uma maior ênfase à própria expressão.

É que, a própria epígrafe do artigo 930.º-C refere: *"desocupação de imóvel arrendado para habitação"*. Caso assim não fosse, encontrarmo-nos-iamos perante uma profunda incoerência do legislador!...

Vide, pontos 17, 18 e 20 da anotação ao artigo 1.º e, artigo 5.º do NRAU.

ARTIGO 930.º-B
Suspensão da execução

1. A execução suspende-se nos seguintes casos:

a) Se for recebida a oposição à execução, deduzida numa execução que se funde em título executivo extrajudicial;

b) Se o executado requerer o diferimento da desocupação do local arrendado para habitação, motivada pela cessação do respectivo contrato, nos termos do artigo 930.º-C.

2. O agente de execução suspende as diligências executórias sempre que o detentor da coisa, que não tenha sido ouvido e convencido na acção declarativa, exibir algum dos seguintes títulos, com data anterior ao início da execução:

a) Título de arrendamento ou de outro gozo legítimo do prédio, emanado do exequente;

b) Título de subarrendamento ou de cessão da posição contratual, emanado do executado, e documento comprovativo de haver sido requerida no prazo de 15 dias a respectiva notificação ao exequente, ou de o exequente ter especialmente autorizado o subarrendamento ou a cessão, ou de o exequente ter conhecido o subarrendatário ou cessionário como tal.

Código de Processo Civil   217

3. Tratando-se de arrendamento para habitação, o agente de execução suspende as diligências executórias, quando se mostre, por atestado médico que indique fundamentadamente o prazo durante o qual se deve suspender a execução, que a diligência põe em risco de vida a pessoa que se encontra no local, por razões de doença aguda.

4. Nos casos referidos nos n.ºs 2 e 3, o agente de execução lavra certidão das ocorrências, junta os documentos exibidos e adverte o detentor, ou a pessoa que se encontra no local, de que a execução prossegue, salvo se, no prazo de 10 dias, solicitar ao juiz a confirmação da suspensão, juntando ao requerimento os documentos disponíveis, dando do facto imediato conhecimento ao exequente ou ao seu representante.

5. No prazo de 15 dias, o juiz de execução, ouvido o exequente, decide manter a execução suspensa ou ordena a imediata prossecução dos autos.

6. O exequente pode requerer, à sua custa, o exame do doente por dois médicos nomeados pelo juiz, decidindo este da suspensão, segundo a equidade.

I – Referência histórica:
Norma inovadora em sede de direito *adjectivo*, e confinante ao direito *substantivo* do *instituto* do arrendamento urbano.

II – Comentários:
1. Como se alcança de todo o clausulado, prevêem-se três tipos distintos de suspensão da execução para entrega de imóvel arrendado:
– Suspensão de natureza preventiva (alínea *a*) do n.º 1);
– Suspensão temporária de duração pré-definida (alínea *b*) do n.º 1, em conjugação com os artigos 930.º-C e 930.º-D);
– Suspensão precária (alíneas *a*) e *b*) do n.º 2).

"Nos termos do art.º 312.º da Lei n.º 35/2004, de 29-07, que regulamenta o Código do Trabalho, a execução de sentença de despejo em que a causa de pedir tenha sido a falta de pagamento de rendas suspende-se quando o executado prove que o incumprimento do contrato se deveu ao facto de ter retribuições em mora por período superior a 15 dias. Esta norma deve ser interpretada de forma actualista de molde a abranger a execução instaurada com base no título executivo complexo previsto no art. 15.º, n.º 1, al. e), das "Disposições gerais da NLAU"."[171]

Vide, anotação ao artigo 1.º e, comentário ao artigo 5.º do NRAU.

---

[171] In *Arrendamento Urbano – Novo regime e legislação complementar*, LAURINDA GEMAS, ALBERTINA PEDROSO e JOÃO CALDEIRA JORGE, Quid Júris, 2006, pág. 351.

ARTIGO 930.°-C
Diferimento da desocupação de imóvel arrendado para habitação

1. No caso de imóvel arrendado para habitação, dentro do prazo de oposição à execução, o executado pode requerer o diferimento da desocupação, por razões sociais imperiosas, devendo logo oferecer as provas disponíveis e indicar as testemunhas a apresentar, até ao limite de três.

2. O diferimento de desocupação do local arrendado para habitação é decidido de acordo com o prudente arbítrio do tribunal, desde que se alegue algum dos seguintes fundamentos:

a) Que a desocupação imediata do local causa ao executado um prejuízo muito superior à vantagem conferida ao exequente;

b) Que, tratando-se de resolução por não pagamento de rendas, a falta do mesmo se deve a carência de meios do executado, o que se presume relativamente ao beneficiário de subsídio de desemprego ou de rendimento social de inserção;

c) Que o executado é portador de deficiência com grau comprovado de incapacidade superior a 60%.

3. No diferimento, decidido com base:

a) Na alínea a) do número anterior, pode o executado, a pedido do exequente, ser obrigado a caucionar as rendas vincendas, sob pena de perda de benefício;

b) Na alínea b) do número anterior, cabe ao Fundo de Socorro Social do Instituto de Gestão Financeira da Segurança Social indemnizar o exequente pelas rendas não pagas, acrescidas de juros de mora e ficando sub-rogado nos direitos daquele.

I – Referência histórica:

Norma inovadora em sede de direito *adjectivo*, e confinante ao direito *substantivo* do *instituto* do arrendamento urbano.

II – Comentários:

Vide, pontos 17 e 18 da anotação ao artigo 1.° NRAU.

ARTIGO 930.º-D
Termos do diferimento da desocupação

1. A petição de diferimento da desocupação assume carácter de urgência e é indeferida liminarmente quando:

a) Tiver sido deduzida fora do prazo;

b) O fundamento não se ajustar a algum dos referidos no artigo anterior;

c) For manifestamente improcedente.

2. Se a petição for recebida, o exequente é notificado para contestar, dentro do prazo de 10 dias, devendo logo oferecer as provas disponíveis e indicar as testemunhas a apresentar, até ao limite de três.

3. Na sua decisão, o juiz deve ainda ter em conta as exigências da boa fé, a circunstância de o executado não dispor imediatamente de outra habitação, o número de pessoas que habitam com o executado, a sua idade, o seu estado de saúde e, em geral, a situação económica e social das pessoas envolvidas.

4. O juiz deve decidir do pedido de diferimento da desocupação por razões sociais no prazo máximo de 30 dias a contar da sua apresentação, sendo a decisão oficiosamente comunicada, com a sua fundamentação, ao Fundo de Socorro Social do Instituto de Gestão Financeira da Segurança Social.

5. O diferimento não pode exceder o prazo de 10 meses a contar da data do trânsito em julgado da decisão que o conceder.

I – Referência histórica:

Norma inovadora em sede de direito *adjectivo*, e confinante ao direito *substantivo* do *instituto* do arrendamento urbano.

II – Comentários:

Vide, pontos 17 e 18 da anotação ao artigo 1.º NRAU.

ARTIGO 930.º-E
Responsabilidade do exequente

Procedendo a oposição à execução que se funde em título extra-judicial, o exequente responde pelos danos culposamente causados ao executado e incorre em multa correspondente a 10% do valor da execução, mas não inferior a 10 UC nem superior ao dobro do máximo da taxa de justiça, quando não tenha agido com a prudência normal, sem prejuízo da responsabilidade criminal em que possa também incorrer.»

I – Referência histórica:

Norma inovadora em sede de direito *adjectivo*, e confinante ao direito *substantivo* do *instituto* do arrendamento urbano.

II – Comentários:

Vide, pontos 17 e 18 da anotação ao artigo 1.º NRAU.

CÓDIGO DE REGISTO PREDIAL

TÍTULO I
Da natureza e valor do registo

CAPÍTULO I
Objecto e efeitos do registo

SECÇÃO I
Disposições fundamentais

ARTIGO 1.º
Fins do registo

O registo predial destina-se essencialmente a dar publicidade à situação jurídica dos prédios, tendo em vista a segurança do comércio jurídico imobiliário.

ARTIGO 2.º
Factos sujeitos a registo

1. Estão sujeitos a registo:

a) Os factos jurídicos que determinem a constituição, o reconhecimento, a aquisição ou a modificação dos direitos de propriedade, usufruto, uso e habitação, superfície ou servidão;

b) Os factos jurídicos que determinem a constituição ou a modificação da propriedade horizontal e do direito de habitação periódica;

c) Os factos jurídicos confirmativos de convenções anuláveis ou resolúveis que tenham por objecto os direitos mencionados na alínea a);

(...)

m) O arrendamento por mais de seis anos e as suas transmissões ou sublocações, exceptuando o arrendamento rural;

ARTIGO 5.º
Oponibilidade a terceiros

1. Os factos sujeitos a registo só produzem efeitos contra terceiros depois da data do registo.

2. Exceptuam-se do disposto no número anterior:

a) Aquisição, fundada na usucapião, dos direitos referidos na alínea a) do n.º 1 do artigo 2.º;

b) As servidões aparentes;

c) Os factos relativos a bens indeterminados, enquanto estes não forem devidamente especificados e determinados.

3. A falta do registo não pode ser oposta aos interessados, pelos seus representantes legais a quem incumba a obrigação de o promover, nem pelos herdeiros destes.

4. Terceiros, para efeitos de registo, são aqueles que tenham adquirido de um autor comum direito incompatíveis entre si.

5. Não é oponível a terceiros a duração superior a seis anos do arrendamento não registado.

I – Referência histórica:

O preceito *sub judice* teve como procedência:

– A alínea *m)* do n.º 1 do artigo 2º do Código de Registo Predial.

II – Comentários:

1. Desde logo, uma exigência: o registo de arrendamento superior a seis anos e respectivas sublocações.

2. O arrendamento rural, constitui a excepção ao registo.

Código de Registo Predial   223

"*Só o arrendamento urbano está sujeito a registo e, mesmo assim, apenas quando celebrado por mais de seis anos.*

Contrato escrito, do qual, para além de outras menções exigidas por lei, deve constar a menção da existência de licença de utilização bastante, ou, quando isso não seja possível, do documento comprovativo da mesma ter sido requerida – (Cfr, n.º1 do art. 7.º, art. 8.º e n.º4 do art. 9.º do já citado Regulamento do Arrendamento Urbano, na redacção do Dec.-Lei n.º 64-A/2000, de 22-4."[172]

O n.º 5 deve ser conjugado com o art.º 2.º, n.º 1 al. *m*), do Código de Registo Predial, nos termos do qual está sujeito a registo "o arrendamento por mais de seis anos e as suas transmissões ou sublocações, exceptuando o arrendamento rural".

Resulta do n.º 5 do artigo que se o contrato de arrendamento com prazo certo superior a 6 anos (ou as sua transmissões ou sublocações) não tiver sido registado, embora seja plenamente válido e eficaz entre as partes, deixa de ser oponível a terceiros após o termo do prazo de 6 anos de duração do contrato.

A alteração introduzida tem aplicação imediata aos contratos existentes à data da entrada em vigor da lei n.º 6/2006, de 27-02, bem como aos contratos celebrados após a sua entrada em vigor (cfr. art.59.º, n.º 1, da Lei 6/2006, de 27-02). Logo, os arrendatários que celebrem, ou que já tenham celebrado, contrato de arrendamento por prazo superior a 6 anos, deverão ter o cuidado de registar esse contrato, sob pena de, não o fazendo, ficarem impedidos (findo esse prazo) de opor a terceiro os direitos que para si emergem do contrato.

De salientar, aliás, que no art. 1057.º do CC se preceitua que "o adquirente do direito com base no qual foi celebrado o contrato sucede nos direitos e obrigações do locador, sem prejuízo das regras do registo".

Significa isto que se o senhorio vender a terceiro o imóvel objecto de arrendamento não registado com prazo superior a 6 anos, o adquirente poderá reivindicar o imóvel se já tiver decorrido esse prazo de duração de 6 anos, não constituindo o arrendamento título oponível pelo arrendatário para obstar à pretendida restituição do imóvel."[173]

Vide, ponto 11 da anotação ao artigo 1.º NRAU.

---

[172] In *Código de Registo Predial*, Anotado, de MARIA EMA A. BACELAR A. GUERRA, 2.ª Edição, 2002, pág. 58.

[173] In *Arrendamento Urbano – Novo regime e legislação complementar*, LAURINDA GEMAS, ALBERTINA PEDROSO e JOÃO CALDEIRA JORGE, Quid Júris, 2006, pág. 358.

DECRETO-LEI N.º 287/2003
de 12 de Novembro

ARTIGO 15.º
Avaliação de prédios já inscritos na matriz

1. Enquanto não se proceder à avaliação geral, os prédios urbanos já inscritos na matriz serão avaliados, nos termos do CIMI, aquando da primeira transmissão ocorrida após a sua entrada em vigor.

2. O disposto no n.º 1 aplica-se às primeiras transmissões gratuitas isentas de imposto de selo, bem como às previstas na alínea *e)* do n.º 5 do artigo 1.º do Código do Imposto de Selo, ocorridas após 1 de Janeiro de 2004, inclusive.

3. O disposto no presente artigo aplica-se também às primeiras transmissões de partes sociais de sociedades sujeitas a IMT, ou de estabelecimentos comerciais, industriais ou agrícolas de cujo activo façam parte prédios urbanos, ocorridas após 1 de Janeiro de 2004, inclusive.

4. Será promovida uma avaliação geral dos prédios urbanos, no prazo máximo de 10 anos após a entrada em vigor do CIMI.

5. Quando se proceder à avaliação geral dos prédios urbanos ou rústicos, será afectada para despesas do serviço de avaliações uma percentagem até 5, a fixar e regulamentar por portaria do Ministério das Finanças, do IMI cobrado nos anos em que se realizar aquela avaliação.

ARTIGO 16.º
Actualização do valor patrimonial tributário

1. Enquanto não se proceder à avaliação geral, o valor patrimonial tributário dos prédios urbanos, para efeitos de IMI, é actualizado com

base em coeficientes de desvalorização da moeda ajustados pela variação temporal dos preços no mercado imobiliário nas diferentes zonas do País.

2. Os coeficientes referidos no n.º 1 são estabelecidos, entre um máximo de 44,21 e um mínimo de 1, e constam de portaria do Ministério das Finanças.

3. Aos valores dos prédios inscritos nas matrizes até ao ano de 1970, inclusive, é aplicado o coeficiente que lhe corresponder nesse ano e, aos dos prédios inscritos posteriormente, aquele que corresponder ao ano da inscrição matricial.

4. Em qualquer dos casos previstos no número anterior, o coeficiente é sempre aplicado aos referidos valores até expurgados de quaisquer correcções efectuadas posteriormente ao ano de 1970 e aos anos da respectiva inscrição matricial.

5. No caso de prédios urbanos arrendados que o deixaram de estar até 31 de Dezembro de 1988, é aplicado ao valor patrimonial resultante da renda o coeficiente correspondente ao ano a que respeita a última actualização da renda.

PORTARIA N.º 1337/2003
de 5 de Dezembro

O sistema de tributação do património em Portugal que a recente reforma fiscal veio abolir sofria há várias décadas de dois desajustamentos fundamentais geradores de injustiça fiscal entre os contribuintes. Por um lado, o regime de avaliações de prédios urbanos era profundamente discricionário, dado que assentava no valor da renda potencial e a sua determinação era sempre um exercício pouco objectivo. Por outro lado porque a inexistência de um regime de actualização de valores patrimoniais tributários fazia recair sobre os titulares de prédios novos uma carga fiscal desproporcionada relativamente aos titulares de prédios antigos. Os fenómenos de desvalorização monetária das últimas décadas tornaram fortemente desajustados da realidade os valores patrimoniais tributários destes últimos anos.

A reforma da tributação do património responde a esses dois factores de injustiça com duas medidas fundamentais. A primeira institui um sistema simples e integralmente objectivo de avaliações de prédios urbanos. A segunda determina a actualização dos valores patrimoniais tributários dos prédios já existentes, com base em factores de correcção monetária, reduzindo-se significativamente as taxas vigentes.

A actualização de valores patrimoniais tributários, que a reforma determina, tem apenas em vista a correcção das injustiças entre os contribuintes, geradas pela erosão da base tributável em função da desvalorização monetária.

Daí que o método mais objectivo e justo de actualização dos valores patrimoniais seja o que assenta na aplicação dos coeficientes de correcção monetária, tal como a lei determina no artigo 16.º n.º 1, do Decreto-Lei n.º 287/2003, de 12 de Novembro.

Os coeficientes de correcção monetária estabelecidos resultam da evolução do índice de preços do consumidor desde 1970, cujas componentes integram a evolução temporal dos preços no mercado imobiliário.

A presente actualização respeita também as diferentes de valores patrimoniais tributários nos diferentes municípios geradas pelo funcionamento das comissões de avaliação e pela fixação definitiva dos valores patrimoniais tributários no momento em que forem realizadas as avaliações.

Seguindo o mesmo princípio, fixam-se também os coeficientes de correcção monetária para a actualização do valor patrimonial tributário dos prédios rústicos para efeitos de liquidação do imposto municipal sobre as transmissões onerosas de imóveis e de imposto do selo nas transmissões gratuitas.

Assim:

Manda o Governo, pela Ministra de Estado e das Finanças, ao abrigo do n.º 2 do artigo 16.º e da alínea *c)* do n.º 1 do artigo 27.º do Decreto-Lei 287/2003, de 12 de Novembro, que os coeficientes de desvalorização da moeda a aplicar para a actualização dos valores patrimoniais tributários dos prédios urbanos não arrendados e dos prédios rústicos sejam os constantes do quadro anexo.

A Ministra de Estado e das Finanças, *Maria Manuela Dias Ferreira Leite,* em 13 de Novembro de 2003.

ANEXO

Quadro de actualização dos coeficientes de desvalorização da moeda aplicáveis para actualização do valor patrimonial tributário dos prédios urbanos não arrendados a que se refere o artigo 16.º e dos prédios rústicos a que se refere a alínea e) do n.º 1 do artigo 27.º do Decreto-Lei n.º 287/2003, de 12 de Novembro.

Até 1970	44,21	1978	2,44
1971	42,08	1988	2,22
1972	39,34	1989	1,97
1973	35,76	1990	1,77
1974	27,42	1991	1,56
1975	23,43	1992	1,46
1976	19,62	1993	1,35
1977	15,06	1994	1,28
1978	11,80	1995	1,23
1979	9,29	1996	1,19
1980	8,38	1997	1,17
1981	6,85	1998	1,14
1982	5,69	1999	1,11
1983	4,54	2000	1,08
1984	3,54	2001	1,04
1985	2,94	2002	1,00
1986	2,68		

ARTIGO 17.º
Regime transitório para os prédios urbanos arrendados

1. Para efeitos exclusivamente de IMI, o valor patrimonial tributário de prédio ou parte de prédio urbano arrendado é determinado nos termos do artigo anterior, com excepção do previsto nos números seguintes.

2. Quando se proceder à avaliação de prédio arrendado, o IMI incidirá sobre o valor patrimonial tributário apurado nos termos do artigo 38.º do CIMI, ou, caso haja lugar a aumento da renda de forma faseada, nos termos do artigo 38.º da Lei n.º 6/2006, de 27 de Fevereiro, que aprova o Novo Regime do Arrendamento Urbano, sobre a parte desse valor correspondente a uma percentagem igual à da renda actualizada prevista nos artigos 39.º, 40.º, 41.º e 53.º da referida lei sobre o montante máximo da nova renda.

3. Quando o senhorio requeira a avaliação do imóvel para efeitos de actualização da renda e não possa proceder a actualização devido ao

nível de conservação do locado, o IMI passa a incidir sobre o valor patrimonial tributário apurado nos termos do artigo 38.º do CIMI no 3.º ano posterior ao da avaliação.

4. Não tendo sido realizada a avaliação nos termos do n.º 2, no ano da entrada em vigor da Lei n.º 6/2006, de 27 de Fevereiro, que aprova o Novo Regime do Arrendamento Urbano, o valor patrimonial tributário de prédio ou parte de prédio urbano arrendado, por contrato ainda vigente e que tenha dado lugar ao pagamento de rendas até 31 de Dezembro de 2001, é o que resultar da capitalização da renda anual pela aplicação do factor 12, se tal valor for inferior ao determinado nos termos do artigo anterior.

5. A partir do ano seguinte ao da entrada em vigor da Lei n.º 6/2006, 27 de Fevereiro, que aprova o Novo Regime do Arrendamento Urbano, e enquanto não existir avaliação nos termos do artigo 38.º do CIMI, o valor patrimonial tributário do prédio, para efeitos de IMI, é determinado nos termos do artigo anterior.»

CÓDIGO DO IMPOSTO MUNICIPAL SOBRE IMÓVEIS

SECÇÃO II
Das operações de avaliação

ARTIGO 38.º
Determinação do valor patrimonial tributário

1. A determinação do valor patrimonial tributário dos prédios urbanos para habitação, comércio, indústria e serviços resulta da seguinte expressão:

$$Vt = Vc \times A \times Ca \times Cl \times Cq \times Cv$$

Em que:

Vt = valor patrimonial tributário;
Vc = valor base dos prédios edificados;
A = área bruta de construção mais a área excedente à área de implantação;
Ca = coeficiente de afectação;
Cl = coeficiente de localização;
Cq = coeficiente de qualidade e conforto;
Cv = coeficiente de vetustez.

2. O valor patrimonial tributário dos prédios urbanos apurado é arredondado para a dezena de euros imediatamente superior.

ARTIGO 39.º
Valor base dos prédios edificados

1. O valor base dos prédios edificados (*Vc*) corresponde ao custo médio de construção por metro quadrado adicionado do valor do metro quadrado do terreno de implantação fixado em 25% daquele custo.

2. O custo médio de construção compreende os encargos directos e indirectos suportados na construção do edifício, designadamente os relativos a materiais, mão-de-obra, equipamentos, administração, energia, comunicações e outros consumíveis.

ARTIGO 40.º
Tipos de áreas dos prédios edificados

1. A área bruta de construção do edifício ou da fracção e a área excedente à de implantação (*A*) resultam da seguinte expressão:

$$A= Aa \times Ab \times Ac \times Ad$$

Em que:

Aa representa a área bruta privativa;
Ab representa as áreas brutas dependentes;
Ac representa a área do terreno livre até ao limite de duas vezes a área de implantação;
Ad representa a área do terreno livre que excede o limite de duas vezes a área de implantação.

2. A área bruta privativa (*Aa*) é a superfície total, medida pelo perímetro exterior e eixos das paredes ou outros elementos separadoras do edifício ou da fracção, inclui varandas privativas, caves e sótãos privativos com utilização idêntica à do edifício ou da fracção a que se aplica o coeficiente 1.

3. As áreas brutas dependentes (*Ab*) são as áreas cobertas de uso exclusivo, ainda que constituam partes comuns, mesmo que situadas no exterior do edifício ou da fracção, cujas utilizações são acessórias relativamente ao uso a que se destina o edifício ou fracção, considerando-se,

para esse efeito, locais acessórios as garagens e parqueamentos, as arrecadações, as instalações para animais, os sótãos ou caves acessíveis, desde que não integrados na área bruta privativa, e ainda outros locais privativos de função distinta das anteriores, a que se aplica o coeficiente 0,30.

4. A área do terreno livre do edifício ou da fracção ou a sua quota-parte resulta da diferença entre a área total do terreno e a área de implantação da construção ou construções e integra jardins, parques, campos de jogos, piscinas, quintais e outros logradouros, aplicando-se-lhe, até ao limite de duas vezes a área de implantação (Ac), o coeficiente de 0,025 e na área excedente ao limite de duas vezes a área de implantação (Ad) o de 0,005.

ARTIGO 41.º

Coeficiente de afectação

O coeficiente de afectação (Ca) depende do tipo de utilização dos prédios edificados, de acordo com o seguinte quadro:

Utilização	Coeficientes
Comércio	1,20
Serviços	1,10
Habitação	1
Habitação social sujeita a regimes legais de custos controlados	0,70
Armazéns e actividade industrial	0,60
Estacionamento coberto	0,40
Prédios não licenciados, com condições muito deficientes de habitabilidade	0,45
Estacionamento não coberto	0,08

ARTIGO 42.º

Coeficiente de localização

1. O coeficiente de localização (Cl) varia entre 0,4 e 2, podendo, em situações de habitação dispersa em meio rural, ser reduzido para 0,35 e em zonas de elevado valor de mercado imobiliário ser elevado até 3.

2. Os coeficientes a aplicar em cada zona homogénea do município podem variar conforme se trate de edifícios destinados a habitação, comércio, indústria ou serviços.

3. Na fixação do coeficiente de localização têm-se em consideração, nomeadamente, as seguintes características:

a) Acessibilidades, considerando-se como tais a qualidade e variedade das vias rodoviárias, ferroviárias, fluviais e marítimas;
b) Proximidade de equipamentos sociais, designadamente escolas, serviços públicos e comércio;
c) Serviços de transportes públicos;
d) Localização em zonas de elevado valor de mercado imobiliário.

4. O zonamento consiste na determinação das zonas homogéneas a que se aplicam os diferentes coeficientes de localização do município e as percentagens a que se refere o n.º 2 do artigo 45.º.

ARTIGO 43.º
Coeficiente de qualidade e conforto

1. O coeficiente de qualidade e conforto (Cq) é aplicado ao valor base do prédio edificado, podendo ser majorado até 1,7 e minorado até 0,5, e obtém-se adicionando à unidade os coeficientes majorativos e subtraindo os minorativos que constam das tabelas seguintes:

TABELA I
Prédios urbanos destinados a habitação

Elementos de qualidade e conforto	Coeficientes
Majorativos:	
Moradias unifamiliares	Até 0,20
Localização em condomínio fechado	0,20
Garagem individual	0,04
Garagem colectiva	0,03
Piscina individual	0,06
Piscina colectiva	0,03
Campo de téni	0,03
Outros equipamentos de lazer	0,04
Qualidade construtiva	Até 0,15
Localização excepcional	Até 0,10
Sistema central de climatização	0,03
Elevadores em edifícios menos de quatro pisos	0,02
Minorativos:	
Inexistência de cozinha	0,10
Inexistência de instalações sanitárias	0,10
Inexistência de rede pública ou privada de água	0,08
Inexistência de rede pública ou privada de electricidade	0,10
Inexistência de rede pública ou privada de gás	0,02
Inexistência de rede pública ou privada de esgotos	0,05
Inexistência de ruas pavimentadas	0,03
Existência de áreas inferiores às regulamentares	0,05
Inexistência de elevador em edifícios com mais de três pisos	0,02
Estado deficiente de conservação	Até 0,10

TABELA II
Prédios urbanos destinados a comércio, indústria e serviços

Elementos de qualidade e conforto	Coeficientes
Majorativos:	
Localização em centro comercial	0,25
Localização em edifícios destinados a escritórios	0,10
Sistema central de climatização	0,10
Qualidade construtiva	Até 0,10
Existência de elevador(es) e ou escada(s) rolante(s)	0,03
Minorativos:	
Inexistência de instalações sanitárias	0,10
Inexistência de rede pública ou privada de água	0,08
Inexistência de rede pública ou privada de electricidade	0,10
Inexistência de rede pública ou privada de esgotos	0,05
Inexistência de ruas pavimentadas	0,03
Inexistência de elevadores em edifícios com mais de três pisos	0,02
Estado deficiente de conservação	Até 0,10

2. Para efeitos de aplicação das tabelas referidas no número anterior:

a) Considera-se cozinha um local onde se encontram instalados equipamentos adequados para a preparação de refeições;

b) Considera-se que são instalações sanitárias os compartimentos do prédio com um mínimo de equipamentos adequados às respectivas funções;

c) Consideram-se também redes públicas de distribuição de água, de electricidade, de gás ou de colectores de esgotos as que, sendo privadas, sirvam um aglomerado urbano constituído por um conjunto de mais de 10 prédios urbanos;

d) Consideram-se áreas inferiores às regulamentares as que estejam abaixo dos valores mínimos fixados no Regime Geral das Edificações Urbanas (RGEU);

Código do Imposto Municipal sobre Imóveis 237

e) Considera-se condomínio fechado um conjunto de edifícios, moradias ou fracções autónomas, construído num espaço de uso comum e privado, com acesso condicionado durante parte ou a totalidade do dia;

f) Considera-se piscina qualquer depósito ou reservatório de água para a prática da natação desde que disponha de equipamento de circulação e filtragem de água;

g) Consideram-se equipamentos de lazer todos os que sirvam para repouso ou para a prática de actividades lúdicas ou desportivas;

h) Para aferição da qualidade construtiva, considera-se a utilização de materiais de construção e revestimento superiores aos exigíveis correntemente, nomeadamente madeiras exóticas e rochas ornamentais;

i) Considera-se haver localização excepcional quando o prédio ou parte do prédio possua vistas panorâmicas sobre o mar, rios, montanhas ou outros elementos visuais que influenciem o respectivo valor de mercado;

j) Considera-se centro comercial o edifício ou parte de edifício com um conjunto arquitectonicamente unificado de estabelecimentos comerciais de diversos ramos, em número não inferior a 45, promovido, detido e gerido como uma unidade operacional, integrando zona de restauração, tendo sempre uma loja âncora e ou cinemas, zonas de lazer, segurança e parqueamento;

l) Considera-se edifício de escritórios o prédio ou parte de prédio concebido arquitectonicamente por forma a facilitar a adaptação e a instalação de equipamentos de acesso às novas tecnologias;

m) Considera-se que é deficiente o estado de conservação quando os elementos construtivos do prédio não cumpram satisfatoriamente a sua função ou façam perigar a segurança de pessoas e bens.

3. As directrizes para definição da qualidade de construção, localização excepcional e estado deficiente de conservação são estabelecidas pela CNAPU com base em critérios dotados de objectividade e, sempre que possível, com base em fundamentos técnico-científicos adequados.

ARTIGO 44.º
Coeficiente de vetustez

O coeficiente de vetustez *(Cv)* é função do número inteiro de anos decorridos desde a data de emissão da licença de utilização, quando exista, ou da data da conclusão das obras de edificação, de acordo com a presente tabela:

Anos	Coeficiente de vetustez
Menos de 3	1
3 a 5	0,98
6 a 10	0,95
11 a 15	0,90
16 a 20	0,85
21 a 30	0,80
31 a 40	0,75
41 a 50	0,65
51 a 60	0,55
61 a 80	0,45
Mais de 80	0,35

ARTIGO 45.º
Valor patrimonial tributário dos terrenos para construção

1. O valor patrimonial tributário dos terrenos para construção é o somatório do valor da área de implantação do edifício a construir, que é a situada dentro do perímetro de fixação do edifício ao solo, medida pela parte exterior, adicionado do valor do terreno adjacente à implantação.

2. O valor da área de implantação varia entre 15% e 45% do valor das edificações autorizadas ou previstas.

3. Na fixação da percentagem do valor do terreno de implantação têm-se em consideração as características referidas no n.º 3 do artigo 42.º.

4. O valor da área adjacente à construção é calculado nos termos do n.º 4 do artigo 40.º.

ARTIGO 46.º
Valor patrimonial tributário dos prédios da espécie «Outros»

1. No caso de edifícios, o valor patrimonial tributário é determinado nos termos do artigo 38.º, com as adaptações necessárias.

Código do Imposto Municipal sobre Imóveis

2. No caso de não ser possível utilizar as regras do artigo 38.º, o perito deve utilizar o método do custo adicionado do valor do terreno.

3. No caso de terrenos, o seu valor unitário corresponde ao que resulta da aplicação do coeficiente de 0,005, referido no n.º 4 do artigo 40.º, ao produto do valor base dos prédios edificados pelo coeficiente de localização.

4. O valor patrimonial tributário dos prédios urbanos em ruínas é determinado como se de terreno para construção se tratasse.

ARTIGO 61.º

Constituição da CNAPU

1. A CNAPU é constituída por:
a) Director-geral dos Impostos, que preside, podendo delegar no subdirector-geral responsável pelo departamento de gestão tributária competente;
b) Dois vogais indicados pelo Ministério das Obras Públicas, Transportes e Habitação;
c) Um vogal indicado pela Associação Nacional dos Municípios Portugueses;
d) Dois vogais indicados pela Direcção-Geral dos Impostos, sendo um secretário;
e) Um vogal indicado pelo Instituto Geográfico Português;
f) Um vogal indicado pelas associações de proprietários;
g) Um vogal indicado pelas associações de inquilinos;
h) Um vogal indicado pelas associações de construtores;
i) Um vogal indicado pelas associações de empresas de promoção e de mediação imobiliária;
j) Um vogal indicado pelos organismos representativos dos avaliadores.

2. Se as entidades referidas nas alíneas f) e i) do número anterior não chegarem a acordo quanto aos vogais que lhes compete indicar, é proposto pelo presidente um vogal de entre os indicados por cada uma daquelas entidades.

3. Os membros da CNAPU são nomeados pelo Ministério das Finanças.

SECÇÃO II
De prédios urbanos

ARTIGO 75.º
Segunda avaliação directa

1. Quando o sujeito passivo ou o chefe de finanças não concordarem com o resultado da avaliação directa de prédios rústicos pode, respectivamente, requerer ou promover uma segunda avaliação, no prazo de 30 dias contados da data em que o primeiro tenha sido notificado.

2. A segunda avaliação é realizada com observância do disposto no presente Código por uma comissão com a composição e nos termos referidos no artigo 74.º.

3. Se a segunda avaliação for requerida pelo sujeito passivo, a sua falta de comparência ou a do seu representante torna definitivo o resultado da primeira avaliação, salvo se a falta for justificada no prazo de oito dias, caso em que se permite um adiamento.

4. Sempre que a segunda avaliação seja promovida pelo chefe de finanças, o sujeito passivo deve ser notificado para, no prazo de 20 dias, comunicar se pretende integrar a comissão ou nomear o seu representante.

5. No caso previsto no número anterior, se o sujeito passivo não comunicar que pretende integrar a comissão ou não indicar o seu representante no prazo aí fixado ou, indicando-o, o mesmo não compareça, a competência para a nomeação do representante devolve-se ao chefe de finanças, que nomeará um perito regional.

6. No caso referido no n.º 4, à não comparência do sujeito passivo ou do seu representante aplica-se a parte final do n.º 3.

SECÇÃO II
De prédios urbanos

ARTIGO 76.º
Segunda avaliação de prédios urbanos

1. Quando o sujeito passivo ou o chefe de finanças não concordarem com o resultado da avaliação directa de prédios urbanos, podem,

Código do Imposto Municipal sobre Imóveis 241

respectivamente, requerer ou promover uma segunda avaliação, no prazo de 30 dias contados da data em que o primeiro tenha sido notificado.

2. A segunda avaliação é realizada com observância do disposto no presente Código, por uma comissão composta por dois peritos regionais designados pelo director de finanças em função da sua posição na lista organizada por ordem alfabética para esse efeito, um dos quais preside, e pelo sujeito passivo ou seu representante.

3. É aplicável o disposto nos n.ᵒˢ 3 a 5 do artigo 74.º e nos n.ᵒˢ 4 a 6 do artigo 75.º.

4. Quando uma avaliação de prédio urbano seja efectuada por omissão à matriz ou na sequência de transmissão onerosa de imóveis e o alienante seja interessado para efeitos tributários deverá o mesmo ser notificado do seu resultado para, querendo, requerer segunda avaliação, no prazo e termos dos números anteriores, caso em que poderá integrar a comissão referida no n.º 2 ou nomear o seu representante.

5. Nas avaliações em que intervierem simultaneamente o alienante e o adquirente ou os seus representantes, o perito regional que presidir à avaliação tem direito a voto e, em caso de empate, voto de qualidade.

6. Na designação dos peritos referidos no n.º 2, deve atender-se ao seu domicílio e à localização do prédio a avaliar, com vista a uma maior economia de custos.

ARTIGO 112.º

Taxas

1. As taxas do imposto municipal sobre imóveis são as seguintes:

a) Prédios rústicos: 0,8%;

b) Prédios urbanos: 0,4% a 0,8%;

c) Prédios urbanos avaliados, nos termos do CIMI: 0,2% a 0,5%.

2. Tratando-se de prédios constituídos por parte rústica e urbana, aplica-se ao valor patrimonial tributário de cada parte a respectiva taxa.

3. As taxas previstas nas alíneas *b)* e *c)* do n.º 1 são elevadas ao dobro nos casos de prédios urbanos que se encontrem devolutos há mais de um ano, considerando-se devolutos os prédios como tal definidos em diploma próprio.

242 *Novo Regime do Arrendamento Urbano*

4. Para os prédios que sejam propriedade de entidades que tenham domicílio fiscal em país, território ou região sujeitos a um regime fiscal claramente mais favorável, constantes de lista aprovada por portaria do Ministro das Finanças, a taxa do imposto é de 5%.

5. Os municípios, mediante deliberação da assembleia municipal, fixam a taxa a aplicar em cada ano, dentro dos intervalos previstos nas alíneas *b*) e *c*) do n.º 1.

6. Os municípios, mediante deliberação da assembleia municipal, podem definir áreas territoriais, correspondentes a freguesias ou zonas delimitadas de freguesias, que sejam objecto de operações de reabilitação urbana ou combate à desertificação, e majorar ou minorar até 30% a taxa que vigorar para o ano a que respeita o imposto.

7. Os municípios, mediante deliberação da assembleia municipal, podem definir áreas territoriais correspondentes a freguesias ou zonas delimitadas de freguesias e fixar uma redução até 20% da taxa que vigorar no ano a que respeita o imposto a aplicar aos prédios urbanos arrendados, que pode ser cumulativa com a definida no número anterior.

8. Os municípios, mediante deliberação da assembleia municipal, podem majorar até 30% a taxa aplicável a prédios urbanos degradados, considerando-se como tais os que, face ao seu estado de conservação, não cumpram satisfatoriamente a sua função ou façam perigar a segurança de pessoas e bens.

9. Os municípios, mediante deliberação da assembleia municipal, podem majorar até ao dobro a taxa aplicável aos prédios rústicos com áreas florestais que se encontrem em situação de abandono, não podendo da aplicação desta majoração resultar uma colecta de imposto inferior a (euro) 20 por cada prédio abrangido.

10. Consideram-se prédios rústicos com áreas florestais em situação de abandono aqueles que integrem terrenos ocupados com arvoredos florestais, com uso silvo-pastoril ou incultos de longa duração, e em que se verifiquem, cumulativamente, as seguintes condições:

a) Não estarem incluídos em zonas de intervenção florestal (ZIF), nos termos do disposto no Decreto-Lei n.º 127/2005, de 5 de Agosto;

Código do Imposto Municipal sobre Imóveis 243

b) A sua exploração não estar submetida a plano de gestão florestal elaborado, aprovado e executado nos termos da legislação aplicável;

c) Não terem sido neles praticadas as operações silvícolas mínimas necessárias para reduzir a continuidade vertical e horizontal da carga combustível, de forma a limitar os riscos de ignição e propagação de incêndios no seu interior e nos prédios confinantes.

11. Constitui competência dos municípios proceder ao levantamento dos prédios rústicos com áreas florestais em situação de abandono e à identificação dos respectivos proprietários, até 30 de Março de cada ano, para posterior comunicação à Direcção-Geral dos Impostos.

12. As deliberações da assembleia municipal referidas no presente artigo devem ser comunicadas à Direcção-Geral dos Impostos para vigorarem no ano seguinte, aplicando-se as taxas mínimas referidas no n.º 1, caso as comunicações não sejam recebidas até 30 de Novembro.

13. No caso de as deliberações compreenderem zonas delimitadas de freguesias, as comunicações referidas no número anterior são acompanhadas de listagem contendo a indicação dos artigos matriciais dos prédios abrangidos, bem como o número de identificação fiscal dos respectivos titulares.

DECRETO-LEI N.º 156/2006
de 8 de Agosto

Regime de determinação e verificação
do coeficiente de Conservação

O Novo Regime do Arrendamento Urbano (NRAU) foi aprovado pela Lei n.º 6/2006, de 27 de Fevereiro, dando resposta a uma necessidade há muito, e por todos, sentida. A reforma empreendida tem o NRAU como diploma central, mas carece ainda, para sua integral aplicação, de um conjunto de diplomas complementares. Entre esses diplomas encontra-se o que aprova o regime de determinação e verificação do Coeficiente de Conservação, previsto no artigo 64.º, n.º 1, alínea b), do NRAU e que ora se publica.

A determinação do nível de conservação é essencial no processo de actualização das rendas antigas, pois influencia o valor da renda a pagar, e, no caso de arrendamento para habitação, condiciona a possibilidade de actualização. É também um instrumento valioso de conhecimento acerca da realidade do património urbano arrendado.

Para esse efeito, o presente diploma cria um método de avaliação, de forma que se procura o mais objectiva e imparcial possível, do estado de conservação dos edifícios e da existência nesses edifícios de infra-estruturas básicas.

Os aspectos técnicos e procedimentais do método de avaliação do estado de conservação do edifício constam de portaria, dada a sua natureza. São previstas vistorias, a cargo de engenheiro ou arquitecto, ou ainda, na falta daqueles, de engenheiro técnico, que permitirão a avaliação dos vários elementos do prédio. Embora o método seja de aplicação simples, entende-se que, quando possível, deve facilitar-se a actuação dos cidadãos, pelo que se consagra neste diploma a possibilidade de dispensa da prévia determinação do coeficiente de conservação em relação à actualização da renda. Tal será admissível quando ambas as partes entendam que o locado se encontra bem conservado, havendo vantagens para todos: para o senhorio representa a eliminação de um passo no processo de actualização da renda, para o inquilino representa o pagamento de uma renda mais baixa.

Assim, foram ouvidos os órgãos de governo próprio das Regiões Autónomas e a Associação Nacional dos Municípios Portugueses.

Foram, ainda, ouvidas as várias associações com interesses no sector, designadamente a Associação Lisbonense de Proprietários, a Associação dos Inquilinos Lisbonense e a Associação dos Inquilinos do Norte, a Confederação do Comércio e Serviços de Portugal e a Confederação do Turismo Português, a Federação da Restauração, Cafés, Pastelarias e Similares de Portugal, a Federação Portuguesa da Indústria de Construção e Obras Públicas e a Federação Nacional de Comércio, a Ordem dos Advogados, a Ordem dos Engenheiros e a Ordem dos Arquitectos, a Associação Portuguesa para a Defesa do Consumidor, e ainda várias entidades representativas das empresas de consultoria e avaliação imobiliária, de mediação mobiliária, de fundos de investimento e de fundos de pensões.

Assim:

Nos termos da alínea *a)* do n.º 1 do artigo 198.º da Constituição, o Governo decreta o seguinte:

ARTIGO 1.º
Objecto

1. O presente decreto-lei estabelece o modo de fixação do nível de conservação dos imóveis locados, conforme o previsto no n.º 2 do artigo 33.º do Novo Regime do Arrendamento Urbano (NRAU), aprovado pela Lei nº 6/2006, de 27 de Fevereiro.

2. Os elementos do imóvel locado a avaliar para efeito do previsto no número anterior, os critérios dessa avaliação e a forma de cálculo do nível de conservação constam de portaria conjunta dos membros do Governo com tutela sobre as Autarquias Locais, a Habitação e as Obras Públicas, a qual regula ainda os procedimentos necessários à execução do presente decreto-lei.

I – Referência histórica:

Norma inovadora em sede de direito *adjectivo*, e confinante ao direito *substantivo* constante do *instituto* do arrendamento urbano.

II – Comentários:

1. O nível de conservação do imóvel revela-se de essencial importância para o processo de actualização "extraordinária" das rendas pré-RAU ou pré-Decreto--Lei n.º 257/95, de 30 de Setembro.

2. Por força do artigo 35.º do NRAU, o senhorio, pode promover a actualização "extraordinária" da renda – contratos habitacionais –, sempre que exista avaliação do locado e o nível de conservação do prédio não seja inferior a 3.

3. Antagonicamente – contratos de arrendamento não habitacional –, é dispensado nível de conservação, conforme resulta do disposto no artigo 52.º do NRAU

4. Tal como referimos nas anotações ao artigo 1.º do NRAU e, posteriormente, no seu artigo 33.º, atente-se à profissionalização para determinação do estado de conservação do locado.

5. Na prossecução do n.º 2 do artigo em análise, a Portaria n.º 1192-B/2006, de 3 de Novembro, aprovou a "Ficha de avaliação do nível de conservação de edifícios". Requisito necessário para posterior actualização do montante de renda.

Vide, pontos 35 e 36 da anotação ao artigo 1.º NRAU.
Vide, n.º 2 do artigo 1.º da Portaria n.º 1192-B/2006, de 3 de Novembro (Ficha de avaliação do nível de conservação de edifícios).

ARTIGO 2.º
Legitimidade para o requerimento

1. Podem requerer a determinação do nível de conservação de um prédio urbano ou de uma fracção autónoma:

   a) O proprietário, o superficiário ou o usufrutuário;
   b) O arrendatário com contrato de arrendamento para habitação celebrado antes da entrada em vigor do Regime do Arrendamento Urbano, aprovado pelo Decreto-Lei n.º 321-B/90, de 15 de Outubro, ou com contrato para fim não habitacional celebrado antes da entrada em vigor do Decreto-Lei n.º 257/95, de 30 de Setembro;
   c) Outras pessoas previstas na lei.

2. O requerimento efectuado por pessoa prevista nas alíneas *b)* e *c)* do número anterior é notificado às pessoas referidas na alínea *a)* do mesmo número.

248   *Novo Regime do Arrendamento Urbano*

I – Referência histórica:

Norma inovadora em sede de direito *adjectivo*, e confinante ao direito *substantivo* constante do *instituto* do arrendamento urbano.

II – Comentários:

1. Nos termos do artigo 48.º do NRAU, o *arrendatário*, pode requerer a determinação do nível de conservação do prédio e/ou fracção autónoma.

Vide, anotação ao artigo 1.º NRAU.
Vide, alínea *c*) do n.º 1 do artigo 2.º da Portaria n.º 1192-A/2006, de 3 de Novembro (Modelo Único Simplificado).
Vide, alínea *d*) do n.º 1 do artigo 3.º da Portaria n.º 1192-A/2006, de 3 de Novembro (Modelo Único Simplificado).

ARTIGO 3.º
Competência

1. A determinação do nível de conservação é requerida às Comissões Arbitrais Municipais, adiante designadas por CAM, reguladas pelo Decreto-Lei n.º 161/2006, de 8 de Agosto.

2. A determinação do nível de conservação é realizada por arquitecto ou engenheiro inscrito na respectiva ordem profissional.

3. As ordens profissionais dos arquitectos e engenheiros fornecem a cada CAM a lista dos seus membros habilitados e disponíveis para a determinação do nível de conservação no município, podendo um arquitecto ou engenheiro prestar serviços a mais do que uma CAM.

4. Na falta de arquitectos ou engenheiros em número suficiente, a determinação do nível de conservação pode ser feita por engenheiro técnico, solicitando a CAM em questão a indicação de uma lista à respectiva ordem profissional.

5. Pela determinação do nível de conservação é devida uma taxa, nos termos do artigo 20.º do decreto-lei referido no n.º 1.

I – Referência histórica:

Norma inovadora em sede de direito *adjectivo*, e confinante ao direito *substantivo* constante do *instituto* do arrendamento urbano.

Decreto-Lei n.º 156/2006, de 8 de Agosto

II – Comentários:

1. Como refere o n.º 1 do artigo em anotação, o requerimento para determinação do nível de conservação é dirigido à CAM competente. No fundo aplica-se o designado: *Lex rei sitae*.[174]

2. Até à instalação das CAM, as respectivas competências são atribuídas ao município competente, como resulta da análise ao artigo 21.º do Decreto-Lei 161/ /2006, de 8 de Fevereiro.

Vide, Portaria n.º 1192-A/2006, de 3 de Novembro (Modelo Único Simplificado).

ARTIGO 4.º
Garantias de imparcialidade

1. A escolha do técnico responsável por cada processo é feita por sorteio, o qual pode ser feito usando meios informáticos.

2. Os técnicos estão impedidos de intervir em relação a prédios próprios ou em que seja interessada, a qualquer título, entidade de que sejam administradores ou colaboradores, ou a prédios em que sejam interessados seus ascendentes, descendentes ou parentes e afins até ao 4.º grau da linha colateral, devendo repetir-se o sorteio quando tal se verifique.

3. Os actos realizados em violação do disposto no número anterior são anulados pela CAM oficiosamente ou a requerimento dos interessados.

I – Referência histórica:

Norma inovadora em sede de direito *adjectivo*, e confinante ao direito *substantivo* constante do *instituto* do arrendamento urbano.

II – Comentários:

O preceito em anotação visa garantir critérios de imparcialidade.

Vide, ponto da anotação ao artigo 1.º NRAU.
Vide, n.º 1 do artigo 4.º da Portaria n.º 1192-B/2006, de 3 de Novembro (Ficha de avaliação do nível de conservação de edifícios).
Vide, alínea b) do n.º 2 do artigo 7.º da Portaria n.º 1192-B/2006, de 3 de Novembro (Ficha de avaliação do nível de conservação de edifícios).

---

[174] Lei do lugar da situação das coisas.

ARTIGO 5.º
Níveis de conservação

1. Os níveis de conservação reflectem o estado de conservação de um prédio urbano e a existência nesse prédio de infra-estruturas básicas.

2. Os níveis de conservação constam da seguinte tabela:

Nível	Estado de conservação
5	Excelente
4	Bom
3	Médio
2	Mau
1	Péssimo

I – Referência histórica:

Norma inovadora em sede de direito *adjectivo*, e confinante ao direito *substantivo* constante do *instituto* do arrendamento urbano.

II – Comentários:

Veja-se, anotação ao artigo 1.º NRAU.

Vide, n.º 1 do artigo 2.º da Portaria n.º 1192-B/2006, de 3 de Novembro (Ficha de avaliação do nível de conservação de edifícios).

ARTIGO 6.º
Possibilidade de reabilitação

1. Sendo atribuído a um prédio um nível de classificação *péssimo*, a CAM determina se o prédio pode ser reabilitado ou se deve ser demolido, por apresentar riscos para a segurança ou a saúde públicas e não ser tecnicamente viável a sua recuperação.

2. Quando a CAM entenda que o prédio deve ser demolido transmite essa informação aos serviços municipais com competência em matéria de urbanismo.

ARTIGO 7.º
Dispensa de determinação

1. Para efeitos de actualização do valor da renda, pode ser dispensada a determinação do nível de conservação quando o senhorio entenda que o prédio se encontra em estado de conservação *bom* ou *excelente*.

2. O senhorio que entenda que o prédio se encontra em estado de conservação *bom* ou *excelente* entrega na CAM comunicação de que vai proceder à actualização da renda, e do nível de conservação em que avalia o locado.

3. O senhorio que use a faculdade concedida no presente artigo só pode actualizar a renda aplicando o coeficiente de conservação 0,9, correspondente ao nível de conservação 3.

4. O comprovativo da comunicação prevista no n.º 2 vale como determinação do nível de conservação, para os efeitos da alínea a) do n.º 4 do artigo 38.º do NRAU.

5. O arrendatário, na resposta prevista no artigo 37.º do NRAU, pode alegar que o estado de conservação é *mau* ou *péssimo*, caso em que o senhorio pede à CAM a determinação do nível de conservação.

6. O coeficiente a aplicar à nova renda é o que resultar da determinação efectuada, deixando de se aplicar o limite previsto no n.º 3.

7. A alegação referida no n.º 5 não prejudica o previsto no artigo 37.º do NRAU, sendo a nova renda, quando venha a existir actualização, devida no mês seguinte à comunicação pelo senhorio do nível de conservação apurado e da renda respectiva.

8. No prazo de 40 dias a contar da comunicação prevista no número anterior, o arrendatário pode denunciar o contrato, devendo desocupar o local no prazo de seis meses, e não existindo, neste caso, alteração da renda.

I – Referência histórica:

Norma inovadora em sede de direito *adjectivo*, e confinante ao direito *substantivo* constante do *instituto* do arrendamento urbano.

II – Comentários:

Vide, ponto da anotação ao artigo 1.º NRAU.
Vide, anotações ao artigo 34.º do NRAU.
Vide, alínea *c*) do n.º 1 do artigo 2.º da Portaria n.º 1192.º-A/2006, de 3 de Novembro (Modelo Único Simplificado).
Vide ponto *i*) da alínea *b*) do n.º 2 do artigo 2.º da Portaria n.º 1192-A/2006, de 3 de Novembro (Modelo Único Simplificado).
Vide, n.º 3 do artigo 18.º da Portaria n.º 1192-B/2006, de 3 de Novembro (Ficha de avaliação do nível de conservação de edifícios).

ARTIGO 8.º

Entrada em vigor

O presente decreto-lei entra em vigor no 30.º dia seguinte ao da sua publicação.

Visto e aprovado em Conselho de Ministros de 8 de Junho de 2006.

DECRETO-LEI N.º 157/2006
de 8 de Agosto

Regime Jurídico das Obras em Prédios Arrendados

A Lei n.º 6/2006, de 27 de Fevereiro, aprovou o Novo Regime do Arrendamento Urbano (NRAU), dando resposta à necessidade, por todos sentida, de reformar profundamente esta área do ordenamento jurídico.

O NRAU, para sua completa aplicação, carece de um conjunto de legislação complementar, alguma da qual objecto de autorização legislativa da Assembleia da República. Entre esses diplomas complementares encontra-se o diploma relativo ao regime das obras em prédios arrendados, que ora se publica, matéria fulcral tanto na regulação dos novos contratos como na resolução dos problemas de degradação urbanística já existentes.

O presente diploma estrutura-se em duas grandes partes. A primeira aplica-se aos contratos que se vierem a celebrar após a sua entrada em vigor, e ainda, em tudo o que não é excepcionado na segunda parte, aos contratos já existentes. A segunda parte contém um regime especial transitório, aplicável aos contratos de arrendamento para habitação celebrados antes do RAU e aos contratos de arrendamento para fins não habitacionais celebrados antes da entrada em vigor do Decreto-Lei n.º 257/95, de 30 de Setembro.

O presente decreto-lei regula as obras efectuadas por iniciativa do senhorio, prevendo a possibilidade de suspensão do contrato ou a sua denúncia. Nos contratos habitacionais anteriores a 1990, a denúncia terá sempre como contrapartida o realojamento. Revoga, pois, a Lei n.º 2.088, de 3 de Julho de 1957, a qual, além de ser de difícil aplicação, visava promover a construção nova, objectivo que já não corresponde às necessidades actuais. O diploma regula ainda as obras coercivas realizadas pelos municípios em prédios arrendados, substituindo o que a este respeito se dispunha no RAU.

Finalmente, em relação aos contratos antigos, o decreto-lei regula os direitos de intervenção dos arrendatários. Se, em relação aos contratos novos, não é de prever que o problema da degradação urbana se venha a colocar significativamente, fruto da adequação dos valores das rendas e da maior mobilidade, o problema da degradação dos prédios objecto de arrendamentos antigos é sobejamente conhecido. Aqui não basta enunciar o dever de conservação, é necessário criar os instrumentos legais que possibilitem a efectiva reabilitação. Tal passa por apoiar a reabilitação por parte dos proprietários, o que é tratado em legislação própria, mas exige ainda que seja possível intervir quando o proprietário não possa ou não queira reabilitar o seu património.

Assim, possibilita-se ao arrendatário a realização de obras de reabilitação, com posterior compensação no valor da renda. Possibilita-se ainda ao arrendatário, mediante acção judicial, a aquisição da propriedade do prédio ou fracção, quando esta seja a última solução viável. Este será o caso quando o proprietário não efectue as obras necessárias, e o município, a tal instado, também o não faça. Este direito de aquisição pelo arrendatário acarreta a obrigação para o adquirente – e para quem o substitua nos 20 anos seguintes – de reabilitação e de manutenção do prédio. A degradação urbana é um problema que não afecta apenas os habitantes dos prédios degradados: ela afecta toda a comunidade, sendo um obstáculo à sã vivência das cidades e ao próprio desenvolvimento económico, nomeadamente com reflexos negativos no turismo.

Possibilitar a recuperação dos centros históricos, reabilitando em lugar de construir de novo, é objectivo a prosseguir com empenho, devendo o direito de aquisição do locado que este decreto-lei regula ser visto a esta luz, e não somente como um modo de composição do conflito entre as partes.

Assim, foram ouvidos os órgãos de governo próprio das Regiões Autónomas e a Associação Nacional dos Municípios Portugueses.

Foram, ainda, ouvidas as várias associações com interesses no sector, designadamente a Associação Lisbonense de Proprietários, a Associação dos Inquilinos Lisbonense e a Associação dos Inquilinos do Norte, a Confederação do Comércio e Serviços de Portugal e a Confederação do Turismo Português, a Federação da Restauração, Cafés, Pastelarias e Similares de Portugal, a Federação Portuguesa da Indústria de Construção e Obras Públicas e a Federação Nacional de Comércio, a Ordem dos Advogados, a Ordem dos Engenheiros e a Ordem dos Arquitectos, a Associação Portuguesa para a Defesa do Consumidor, e ainda várias entidades representativas das empresas de consultoria e avaliação imobi-

Decreto-Lei n.º 157/2006, de 8 de Agosto   255

liária, de mediação mobiliária, de fundos de investimento e de fundos de pensões.

Assim:

No uso da autorização legislativa concedida pela alínea *a)* do n.º 1 e pelo n.º 2 do artigo n.º 63.º da Lei n.º 6/2006, de 27 de Fevereiro, e nos termos da alínea *b)* do n.º 1 do artigo 198.º da Constituição, o Governo decreta o seguinte:

SECÇÃO I
Disposições Comuns

ARTIGO 1.º
Objecto

1. O presente decreto-lei aprova o regime jurídico aplicável:

a) À denúncia ou suspensão do contrato de arrendamento para demolição ou realização de obras de remodelação ou restauro profundos, nos termos do n.º 8 do artigo 1103.º do Código Civil;

b) À realização de obras coercivas pelos municípios, nos casos em que o senhorio as não queira ou não possa realizar;

c) À edificação em prédio rústico arrendado e não sujeito a regime especial.

2. O presente diploma estabelece ainda o regime aplicável, nos contratos de arrendamento para fim habitacional celebrados antes da vigência do Regime do Arrendamento Urbano (RAU), aprovado pelo Decreto-Lei n.º 321-B/90, de 15 de Outubro e nos contratos de arrendamento para fim não habitacional celebrados antes da entrada em vigor do Decreto-Lei n.º 257/95, de 30 de Setembro:

a) À realização de obras pelo arrendatário, nos termos da alínea *a)* do n.º 4 do artigo 48.º do Novo Regime do Arrendamento Urbano (NRAU), aprovado pela Lei n.º 6/2006, de 27 de Fevereiro;

b) Ao direito de aquisição do prédio pelo arrendatário quando o senhorio não realize as obras necessárias, nos termos da alínea *c)* do n.º 4 do artigo 48.º do NRAU.

Considerações Gerais:

1. Do conjunto de diploma regulamentares ao NRAU, o presente diploma revela-se o mais polémico, por motivos constitucionais.

256   *Novo Regime do Arrendamento Urbano*

2. Da análise ao NRAU – artigo 63.º - e, como tivemos oportunidade de referir anteriormente constata-se uma profunda inconstitucionalidade orgânica.

> *"O âmbito de aplicação do diploma ultrapassa, do nosso ponto de vista, o sentido e a extensão definidos na respectiva norma legal de autorização legislativa, ou seja, no art.º 63.º, n.º 1 al. a), e n.º 2, da Lei n.º 6/ /2006, de 27-02.*
>
> *Com efeito, toda a regulamentação atinente às obras da iniciativa do senhorio, designadamente os art.ᵒˢ 1.º, als a) e c), 4.º a 11.º e 24.º a 27.º, não integra o regime jurídico das obras coercivas com o sentido e extensão definidos na lei de autorização legislativa.*
>
> *Apesar de o art.º 1103.º, n.º 8, do CC, dispor que "a denúncia do contrato para demolição ou realização de obra de remodelação ou restauro profundos é objecto de legislação especial", impunha-se – na falta da necessária norma de autorização legislativa – que tal legislação especial fosse Lei da República e não Decreto-Lei.*
>
> *A situação de inconstitucionalidade é ainda mais gritante no que respeita ao art.º 11.º, o qual prevê uma nova causa de denúncia específica do arrendamento não habitacional de prédio rústico não sujeito a regime especial (rural ou florestal). No Código Civil nada se estabeleceu de especial relativamente a esta modalidade de arrendamento, que fica sujeita ao regime geral dos arrendamentos não habitacionais.*
>
> *Constituindo o regime geral do arrendamento urbano matéria da reserva relativa de competência legislativa da Assembleia da República [art.º 165.º, n.º 1, al, h), da Constituição da República Portuguesa], as normas em causa, estando abrangidas pela autorização legislativa contida no art.º 63.º da Lei n.º 6/2006, de 27-02, enfermam de inconstitucionalidade orgânica."*[175]

Vide, anotação ao artigo 1.º NRAU.

ARTIGO 2.º
Regra geral

Cabe ao senhorio efectuar as obras necessárias à manutenção do estado de conservação do prédio arrendado, nos termos dos artigos 1074.º e 1111.º do Código Civil, bem como da legislação urbanística aplicável.

I – Referência histórica:

Norma inovadora em sede de direito *adjectivo*, e confinante ao direito *substantivo* constante do *instituto* do arrendamento urbano.

---

[175] In *Arrendamento Urbano – Novo regime e legislação complementar*, Laurinda Gemas, Albertina Pedroso e João Caldeira Jorge, Quid Júris, 2006, págs. 427 e 428.

Decreto-Lei n.º 157/2006, de 8 de Agosto 257

II – Comentários:

1. O senhorio só se encontra obrigado à execução de obras de conservação do prédio arrendado, caso nada se encontre estipulado em contrário.

2. O preceito em anotação, revela-se desse modo, uma norma supletiva.

3. Atente-se, porém, a alguns conceitos jurídicos existentes ao longo do Código Civil quando se refere a "reparações urgentes" (artigo 1036.º e 1038.º), "obras ordenadas pelas autoridades públicas" (artigos 1038.º e 1084.º), "benfeitorias" (artigo 1046.º), obras de conservação, ordinárias ou extraordinárias (artigo 1074.º), "demolição" e "obra de remodelação ou restauro profundo" (artigo 1101.º e 1103.º)

Vide, anotação ao artigo 1.º NRAU.

ARTIGO 3.º
Obras coercivas

No caso de o senhorio não efectuar as obras a que está obrigado, o município pode intimá-lo à sua realização, bem como proceder à sua realização coerciva.

I – Referência histórica:

Norma inovadora em sede de direito *adjectivo*, e confinante ao direito *substantivo* constante do *instituto* do arrendamento urbano.

II – Comentários:

1. O preceito em anotação refere-se – única e simplesmente – a obras de conservação extraordinária.

2. Consequentemente, determinadas pela Câmara Municipal competente.

3. As referidas obras de conservação extraordinária resulta de vistoria previamente realizada, por força do disposto no artigo 90.º do Decreto-Lei n.º 555/99, de 16 de Dezembro.

4. Por força do disposto no n.º 1 do artigo 91 do Decreto-Lei nº 555/99, de 16 de Dezembro. As câmaras competentes podem tomar posse administrativa do prédio.

Vide, anotação ao artigo 1.º NRAU.

SECÇÃO II
Regime geral

SUBSECÇÃO I
Iniciativa do senhorio

ARTIGO 4.º
Remodelação ou restauro profundos

1. São obras de remodelação ou restauro profundos as que obrigam, para a sua realização, à desocupação do locado.

2. As obras referidas no número anterior são qualificadas como estruturais ou não estruturais, sendo estruturais quando originem uma distribuição de fogos sem correspondência com a distribuição anterior.

I – Referência histórica:

Norma inovadora em sede de direito *adjectivo*, e confinante ao direito *substantivo* constante do *instituto* do arrendamento urbano.

II – Comentários:

1. Todas e quaisquer obras de remodelação ou restauro, num prédio, são naturalmente obras de natureza extraordinária.

2. Extravasam o campo de acção das designadas obras extraordinárias, pela premente necessidade de desocupação do locado.

ARTIGO 5.º
Denúncia ou suspensão para remodelação ou restauro

1. O senhorio que pretenda realizar obras de remodelação ou restauro profundos pode denunciar o contrato ou suspender a sua execução pelo período de decurso daquelas.

2. A suspensão do contrato é obrigatória quando as obras não sejam estruturais, ou quando, sendo estruturais, se preveja a existência de local com características equivalentes às do locado após a obra.

I – Referência histórica:

Norma inovadora em sede de direito *adjectivo*, e confinante ao direito *substantivo* constante do *instituto* do arrendamento urbano.

ARTIGO 6.º
Denúncia para remodelação ou restauro

1. A denúncia do contrato para remodelação ou restauro profundos obriga o senhorio, mediante acordo e em alternativa:

a) Ao pagamento de todas as despesas e danos, patrimoniais e não patrimoniais, suportados pelo arrendatário, não podendo o valor da indemnização ser inferior ao de dois anos de renda;
b) A garantir o realojamento do arrendatário por período não inferior a cinco anos.

2. Na falta de acordo entre as partes, aplica-se o disposto na alínea a).

3. O realojamento do arrendatário é feito no mesmo concelho e em condições análogas às que aquele já detinha, quer quanto ao local quer quanto ao valor da renda e encargos.

4. A indemnização prevista na alínea a) do n.º 1 tem em conta o valor das benfeitorias realizadas e dos investimentos efectuados em função do locado.

I – Referência histórica:

Norma inovadora em sede de direito *adjectivo*, e confinante ao direito *substantivo* constante do *instituto* do arrendamento urbano.

ARTIGO 7.º
Denúncia para demolição

1. O senhorio pode denunciar o contrato de arrendamento quando pretenda demolir o locado.

2. À denúncia para demolição aplica-se o disposto no artigo anterior, excepto quando, cumulativamente:

a) A demolição seja necessária por força da degradação do prédio, incompatível tecnicamente com a sua reabilitação e geradora de risco para os respectivos ocupantes;
b) Os pressupostos constantes da alínea anterior sejam atestados pelo município, ouvida a Comissão Arbitral Municipal (CAM).

260 *Novo Regime do Arrendamento Urbano*

I – Referência histórica:

Norma inovadora em sede de direito *adjectivo*, e confinante ao direito *substantivo* constante do *instituto* do arrendamento urbano.

ARTIGO 8.º
Efectivação da denúncia

1. A denúncia do contrato é feita mediante acção judicial, onde se prove estarem reunidas as condições que a autorizam.

2. A petição inicial é acompanhada de comprovativo de aprovação pelo município de projecto de arquitectura relativo à obra a realizar.

3. Nos 15 dias seguintes à propositura da acção, o senhorio, quando não pretenda assegurar o realojamento, deposita o valor correspondente a dois anos de renda.

4. No caso de a indemnização apurada ser de montante superior ao valor correspondente a dois anos de renda, a sentença não é proferida sem que se mostre depositada a sua totalidade.

5. O arrendatário pode levantar o depósito após o trânsito em julgado da sentença que declare a extinção do arrendamento.

6. Por convenção das partes, a acção a que se refere o n.º 1 pode ser decidida por tribunal arbitral.

I – Referência histórica:

Norma inovadora em sede de direito *adjectivo*, e confinante ao direito *substantivo* constante do *instituto* do arrendamento urbano.

ARTIGO 9.º
Suspensão

1. A suspensão da execução do contrato pelo período de decurso das obras obriga o senhorio a assegurar o realojamento do arrendatário durante esse tempo.

2. Aplica-se ao realojamento do arrendatário o disposto no n.º 3 do artigo 6.º.

Decreto-Lei n.º 157/2006, de 8 de Agosto

I – Referência histórica:

Norma inovadora em sede de direito *adjectivo*, e confinante ao direito *substantivo* constante do *instituto* do arrendamento urbano.

ARTIGO 10.º
Efectivação da suspensão

1. O senhorio que pretenda a suspensão do contrato comunica ao arrendatário os seguintes elementos:

   a) Intenção de proceder a obras que obrigam à desocupação do locado;

   b) Local e condições do realojamento fornecido;

   c) Data de início e duração previsível das obras.

2. O arrendatário, em alternativa à suspensão, pode denunciar o contrato, produzindo a denúncia efeitos em momento por si escolhido entre o da comunicação prevista no número anterior e a data de início das obras.

3. O arrendatário que não aceite as condições propostas ou a susceptibilidade de suspensão do contrato comunica-o ao senhorio, que pode então recorrer à CAM.

4. No caso de o arrendamento ser para fim não habitacional, o arrendatário pode declarar preferir ao realojamento uma indemnização por todas as despesas e danos, patrimoniais e não patrimoniais, decorrentes da suspensão, sendo a CAM competente para a sua fixação.

5. A denúncia do contrato ou a não-aceitação da suspensão são comunicadas ao senhorio no prazo de 30 dias a contar da comunicação referida no n.º 1.

6. O contrato de arrendamento suspende-se no momento da desocupação do locado.

7. O senhorio comunica ao arrendatário o fim das obras, devendo o arrendatário reocupar o locado no prazo de três meses, salvo justo impedimento, sob pena de caducidade do contrato de arrendamento.

I – Referência histórica:

Norma inovadora em sede de direito *adjectivo*, e confinante ao direito *substantivo* constante do *instituto* do arrendamento urbano.

ARTIGO 11º
Edificação em prédio rústico

O disposto na presente subsecção é aplicável, com as necessárias adaptações, à denúncia de arrendamento de prédio rústico quando o senhorio pretenda aí construir um edifício.

I – Referência histórica:

Norma inovadora em sede de direito *adjectivo*, e confinante ao direito *substantivo* constante do *instituto* do arrendamento urbano.

SUBSECÇÃO II
Iniciativa do município

ARTIGO 12.º
Âmbito

O disposto na presente subsecção aplica-se a obras coercivas realizadas pelos municípios em prédios total ou parcialmente arrendados, devido à sua não realização pelo senhorio.

I – Referência histórica:

Norma inovadora em sede de direito *adjectivo*, e confinante ao direito *substantivo* constante do *instituto* do arrendamento urbano.

ARTIGO 13.º
Poderes do município

Para efeitos da execução de obras coercivas, nos termos previstos nos artigos 91.º e 107.º do Decreto-Lei n.º 555/99, de 16 de Dezembro, pode o município proceder ao despejo administrativo e ocupar o prédio ou fogos, total ou parcialmente, até ao período de um ano após a data da conclusão das obras, após o qual tal ocupação cessa automaticamente.

I – Referência histórica:

Norma inovadora em sede de direito *adjectivo*, e confinante ao direito *substantivo* constante do *instituto* do arrendamento urbano.

ARTIGO 14.º
Orçamento

O início das obras é precedido da elaboração de um orçamento do respectivo custo, a comunicar ao senhorio, por escrito, e que representa o valor máximo pelo qual este é responsável.

I – Referência histórica

Norma inovadora em sede de direito *adjectivo*, e confinante ao direito *substantivo* constante do *instituto* do arrendamento urbano.

ARTIGO 15.º
Realojamento ou indemnização

1. O município não pode proceder ao despejo administrativo sem assegurar simultaneamente o realojamento temporário dos arrendatários existentes, sendo aplicável o disposto no n.º 3 do artigo 6.º.

2. Durante o realojamento mantém-se a obrigação de pagamento da renda, havendo lugar ao seu depósito, nos termos do artigo 19.º.

3. No caso de arrendamento não habitacional, não sendo possível o realojamento ou não concordando o arrendatário com as condições oferecidas, o município indemniza o arrendatário nos termos da alínea *a)* do n.º 1 do artigo 6.º, tendo direito a arrendar o local após as obras, nos termos do artigo 20.º, para se ressarcir do valor da indemnização paga.

I – Referência histórica:

Norma inovadora em sede de direito *adjectivo*, e confinante ao direito *substantivo* constante do *instituto* do arrendamento urbano.

ARTIGO 16.º
Comunicação ao arrendatário

Com antecedência não inferior a 30 dias, o arrendatário é notificado, por carta registada ou por afixação de edital na porta da respectiva casa e na sede da junta de freguesia:

a) Da data do despejo administrativo;

264 *Novo Regime do Arrendamento Urbano*

b) Do local de realojamento que lhe foi destinado;
c) Da obrigação de retirar todos os bens do local despejando;
d) Da duração previsível das obras;
e) Da obrigação de depositar as rendas, nos termos do artigo 19.º.

I – Referência histórica:

Norma inovadora em sede de direito *adjectivo*, e confinante ao direito *substantivo* constante do *instituto* do arrendamento urbano.

ARTIGO 17.º
Reocupação pelo arrendatário

O município comunica ao arrendatário o fim das obras, devendo o arrendatário reocupar o locado no prazo de três meses, salvo justo impedimento, sob pena de caducidade do contrato de arrendamento.

I – Referência histórica:

Norma inovadora em sede de direito *adjectivo*, e confinante ao direito *substantivo* constante do *instituto* do arrendamento urbano.

ARTIGO 18.º
Compensação

1. O ressarcimento pelas obras executadas pelo município é feito através do recebimento das rendas, com o limite previsto no artigo 14.º

2. O senhorio pode levantar os depósitos no valor correspondente a 50% da renda vigente aquando do início das obras, acrescida das actualizações ordinárias anuais, revertendo o restante para o município.

3. No prazo de 10 dias após ter sido requerida pelo senhorio, o município emite declaração para os efeitos referidos no número anterior.

I – Referência histórica:

Norma inovadora em sede de direito *adjectivo*, e confinante ao direito *substantivo* constante do *instituto* do arrendamento urbano.

ARTIGO 19.º
Depósito das rendas

1. O arrendatário deposita a renda, nos termos dos artigos 17.º e seguintes do NRAU, enquanto o município não se encontrar totalmente ressarcido.

2. No prazo de 10 dias após o ressarcimento integral, o município notifica os arrendatários da cessação do dever de depositar a renda.

I – Referência histórica:

Norma inovadora em sede de direito *adjectivo*, e confinante ao direito *substantivo* constante do *instituto* do arrendamento urbano.

ARTIGO 20.º
Arrendamento pelo município

1. Existindo fogos devolutos no prédio reabilitado, pode o município arrendá-los, mediante concurso público, pelo prazo de cinco anos, renováveis nos termos do artigo 1096.º do Código Civil.

2. Existindo arrendamento nos termos do número anterior, o proprietário só tem o direito de se opor à renovação do contrato quando o fim do respectivo prazo se verifique após o ressarcimento integral do município.

3. A renda a praticar nos contratos referidos no número anterior é determinada nos termos do artigo 31 do NRAU.

4. O disposto no n.º 1 não é aplicável se o proprietário arrendar os fogos devolutos, por valor não inferior ao previsto no número anterior, no prazo de quatro meses após a ocupação do prédio pelo município ou após a conclusão das obras.

5. Aos titulares dos contratos de arrendamento previstos neste artigo é aplicável o disposto no artigo anterior, cabendo ao senhorio o direito previsto no n.º 2 do artigo 18.º

I – Referência histórica:

Norma inovadora em sede de direito *adjectivo*, e confinante ao direito *substantivo* constante do *instituto* do arrendamento urbano.

ARTIGO 21.º
Arrolamento de bens

1. Se, no momento da ocupação, forem encontrados bens no local a ocupar, proceder-se-á ao seu arrolamento.

2. Para efeitos do arrolamento referido no n.º 1, procede-se da seguinte forma:

a) É lavrado auto em que se descrevem os bens, em verbas numeradas, e se mencionam quaisquer ocorrências relevantes.

b) O auto é assinado pelo funcionário que o lavrar e pelo possuidor dos bens, se existir, devendo intervir duas testemunhas quando não for assinado por este último;

c) Ao acto de arrolamento assiste o possuidor ou detentor dos bens, sempre que queira e esteja no local ou seja possível chamá-lo, podendo fazer-se representar por mandatário judicial;

d) Os bens arrolados ficam depositados à guarda do município e serão entregues ao arrendatário a requerimento deste, sem prejuízo de só poderem ser repostos no fogo despejando após a conclusão das respectivas obras;

e) São aplicáveis ao arrolamento as disposições relativas à penhora, com as devidas adaptações, em tudo que não contrarie o estabelecido neste artigo.

3. O arrendatário é responsável pelas despesas resultantes do despejo, depósito e arrolamento dos bens.

I – Referência histórica:

Norma inovadora em sede de direito *adjectivo*, e confinante ao direito *substantivo* constante do *instituto* do arrendamento urbano.

ARTIGO 22.º
Obras por iniciativa de outras entidades

O disposto na presente subsecção é aplicável, com as devidas adaptações, à realização de obras em prédios arrendados por entidade a quem a Lei confira esse direito, nomeadamente Sociedades de Reabilitação Urbana, Fundos de Investimento Imobiliário e Fundos de Pensões.

Decreto-Lei n.º 157/2006, de 8 de Agosto 267

I – Referência histórica:

Norma inovadora em sede de direito *adjectivo*, e confinante ao direito *substantivo* constante do *instituto* do arrendamento urbano.

SECÇÃO II
Regime especial transitório

SUBSECÇÃO I
Disposições gerais

ARTIGO 23.º
Âmbito de aplicação

1. O disposto na presente secção apenas se aplica:

a) Aos contratos de arrendamento para habitação celebrados antes da entrada em vigor do Regime do Arrendamento Urbano, aprovado pelo Decreto-Lei n.º 321-B/90, de 15 de Outubro;

b) Aos contratos de arrendamento para fins não habitacionais celebrados antes da entrada em vigor do Decreto-Lei n.º 257/95, de 30 de Setembro.

2. Em tudo o não previsto na presente secção aplica-se o disposto na secção anterior.

I – Referência histórica:

Norma inovadora em sede de direito *adjectivo*, e confinante ao direito *substantivo* constante do *instituto* do arrendamento urbano.

SUBSECÇÃO II
Iniciativa do senhorio

ARTIGO 24.º
Denúncia para demolição

1. A faculdade de demolição só existe quando se verifiquem os pressupostos do n.º 2 do artigo 7.º, sem prejuízo do disposto no número seguinte.

268 *Novo Regime do Arrendamento Urbano*

2. Existe ainda a faculdade de demolição quando esta for considerada pelo município a solução tecnicamente mais adequada e a demolição seja necessária à execução de plano municipal de ordenamento do território.

I – Referência histórica:

Norma inovadora em sede de direito *adjectivo*, e confinante ao direito *substantivo* constante do *instituto* do arrendamento urbano.

ARTIGO 25.º
Denúncia no arrendamento para habitação

1. Em caso de denúncia para realização de obras de remodelação ou restauro profundo ou para demolição do prédio, o arrendatário habitacional tem direito a ser realojado, devendo na petição inicial da acção ser indicado o local destinado ao realojamento e a respectiva renda.

2. O realojamento é feito no mesmo concelho e em condições análogas às que o arrendatário já detinha, não podendo o local a tal destinado encontrar-se em estado de conservação *mau* ou *péssimo*.

3. A sentença fixa a renda a pagar pelo novo alojamento, a qual é determinada nos termos do artigo 31.º do NRAU, bem como o faseamento aplicável, nos termos dos artigos 38.º e seguintes da mesma Lei.

4. Na contestação da acção de denúncia, o arrendatário pode invocar as circunstâncias previstas nas alíneas *a)* e *b)* do n.º 3 do artigo 37.º do NRAU.

5. A morte do arrendatário realojado é causa de caducidade do arrendamento, devendo o locado ser restituído no prazo de seis meses a contar do decesso.

6. O arrendatário pode, na contestação, optar entre o realojamento nos termos dos números anteriores e o recebimento da indemnização prevista na alínea *a)* do n.º 1 do artigo 6.º, a qual tem por limite mínimo o valor correspondente a 24 vezes a retribuição mínima mensal garantida.

I – Referência histórica:

Norma inovadora em sede de direito *adjectivo*, e confinante ao direito *substantivo* constante do *instituto* do arrendamento urbano.

ARTIGO 26.º
Denúncia no arrendamento para fim não habitacional

1. Em caso de denúncia para realização de obras de remodelação ou restauro profundo ou para demolição do prédio, o arrendatário não habitacional tem direito ao pagamento de todas as despesas e danos, patrimoniais e não patrimoniais, considerando-se o valor das benfeitorias realizadas e dos investimentos efectuados em função do locado, não podendo o valor da indemnização ser inferior ao valor de 5 anos de renda, com o limite mínimo correspondente a 60 vezes a retribuição mínima mensal garantida.

2. Nos 15 dias seguintes à propositura da acção, o senhorio deposita o valor correspondente a 60 vezes a retribuição mínima mensal garantida.

3. No caso de a indemnização apurada ser de montante superior, a sentença não é proferida sem que se mostre depositada a totalidade daquela.

I – Referência histórica:

Norma inovadora em sede de direito *adjectivo*, e confinante ao direito *substantivo* constante do *instituto* do arrendamento urbano.

ARTIGO 27º *
Actualização da renda

O senhorio que realize obras de reabilitação nos três anos antes de proceder à actualização da renda nos termos da Secção II do capítulo II do NRAU, das quais resulte a atribuição à totalidade do prédio onde se situa o locado de nível de conservação *bom* ou *excelente*, nos termos do Decreto-Lei n.º 156/2006 de 8 de Agosto, pode actualizar a renda anual tendo por base a fórmula seguinte:

$$R = VPC \times CC \times 4\%$$

---

* A redacção é a que lhe foi dada pela Declaração de Rectificação n.º 68/2006, de 3 de Outubro.

Em que:

VPC: Valor Patrimonial Corrigido, correspondente ao valor da avaliação realizada nos termos do artigo 38.º e seguintes do CIMI, sem consideração do coeficiente de vetustez.

CC: Coeficiente de conservação, previsto no artigo 33.º do NRAU.

R: Renda anual.

I – Referência histórica:

Norma inovadora em sede de direito *adjectivo*, e confinante ao direito *substantivo* constante do *instituto* do arrendamento urbano.

II – Comentários:

Vide, anotação ao artigo 1.º NRAU.

Vide, alínea c) do n.º 1 do artigo 2.º da Portaria n.º 1192-A/2006, de 3 de Novembro (Modelo Único Simplificado).

Vide, pontos *ii*) da alínea *b*) do n.º 2 do artigo 2.º da Portaria n.º 1192-A/2006, de 3 de Novembro (Modelo Único Simplificado).

Vide, n.º 1 do artigo 10.º da Portaria n.º 1192-B/2006, de 3 de Novembro (Ficha de avaliação do nível de conservação de edifícios).

Vide, n.º 7 do artigo 10.º da Portaria n.º 1192-B/2006, de 3 de Novembro (Ficha de avaliação do nível de conservação de edifícios).

Vide, n.º 8 do artigo 10.º da Portaria n.º 1192-B/2006, de 3 de Novembro (Ficha de avaliação do nível de conservação de edifícios).

SUBSECÇÃO III
Iniciativa do município

ARTIGO 28.º
Actualização da renda

1. A realização de obras pelo município visa a obtenção pelo prédio de um nível de conservação compatível com a actualização da renda, nos termos dos artigos 30.º e seguintes do NRAU, com as devidas adaptações e as especialidades constantes deste artigo.

Decreto-Lei n.º 157/2006, de 8 de Agosto   271

2. A comunicação ao arrendatário prevista no artigo 16.º tem o efeito da comunicação pelo senhorio prevista no artigo 34.º do NRAU, sendo a indicação do valor da renda futura substituída pela indicação de que haverá aumento da renda, para montante a indicar após a conclusão das obras.

3. À comunicação referida no número anterior é aplicável o disposto nas alíneas *c)*, *d)* e *e)* do n.º 4 e no n.º 5 do artigo 38.º do NRAU.

4. Após a conclusão das obras, a câmara municipal promove a avaliação fiscal do prédio e a determinação do seu nível de conservação, e comunica ao arrendatário o fim das obras e o valor da renda actualizada, contendo essa comunicação os elementos previstos nas alíneas *a)* e *b)* do n.º 4 do artigo 38.º do NRAU.

5. É aplicável à actualização da renda o disposto no artigo anterior.

6. A nova renda, determinada de acordo com o faseamento aplicável ao caso, é devida a partir do 3.º mês a contar da comunicação prevista no número 4.

7. O arrendatário pode denunciar o contrato enquanto não reocupar o locado.

8. O valor a levantar pelo senhorio, nos termos do n.º 2 do artigo 18.º, não pode ser superior ao valor da renda vigente aquando do início das obras, acrescida das actualizações ordinárias anuais.

I – Referência histórica:

Norma inovadora em sede de direito *adjectivo*, e confinante ao direito *substantivo* constante do *instituto* do arrendamento urbano.

II – Comentários:

Vide, anotação ao artigo 1.º NRAU.

SUBSECÇÃO IV
Iniciativa do arrendatário

DIVISÃO I
Âmbito de aplicação

ARTIGO 29.º
Responsabilidade pelas obras ou pelos danos

O disposto na presente subsecção aplica-se apenas quando:

a) As obras de conservação do locado não estejam a cargo do arrendatário, salvo quando estejam em causa obras a realizar em outras partes do prédio, nomeadamente partes comuns;

b) A degradação do prédio não se deva a actuação ilícita do arrendatário.

I – Referência histórica:

Norma inovadora em sede de direito *adjectivo*, e confinante ao direito *substantivo* constante do *instituto* do arrendamento urbano.

II – Comentário:

Vide, anotação ao artigo 1.º NRAU.

DIVISÃO II
Manutenção do arrendamento

ARTIGO 30.º
Actuação do arrendatário

1. Quando ao locado tenha sido atribuído nível de conservação *mau* ou *péssimo*, nos termos do Decreto-lei n.º 156/2006, de 8 de Agosto, o arrendatário pode intimar o senhorio à realização das obras necessárias à obtenção de um nível mínimo de *médio*.

2. Se o senhorio, sendo a tal intimado, não iniciar as obras dentro do prazo de seis meses, ou declarar não o pretender fazer dentro desse prazo, o arrendatário pode solicitar ao município competente a realização de obras coercivas, ou tomar a iniciativa da sua realização, nos termos dos artigos seguintes.

Decreto-Lei n.º 157/2006, de 8 de Agosto 273

3. Cessa o disposto no número anterior quando o senhorio não der início à obra por motivo imputável à Administração Pública, nomeadamente por demora no licenciamento da obra ou na decisão sobre a atribuição de apoio à reabilitação do prédio.

4. A intimação para obras e a declaração de não pretender realizá-las só são eficazes quando efectuadas por escrito.

I – Referência histórica:

Norma inovadora em sede de direito *adjectivo*, e confinante ao direito *substantivo* constante do *instituto* do arrendamento urbano.

ARTIGO 31.º
Legitimidade

1. Além do caso previsto no n.º 2 do artigo anterior, o arrendatário pode realizar obras de conservação quando o senhorio, a tal instado pelo município, a elas não proceda dentro do prazo estabelecido.

2. O arrendatário pode ainda realizar obras no caso de o senhorio ter suspendido a execução de obras anteriormente iniciadas e não as ter retomado no prazo de 90 dias a contar da suspensão, desde que o arrendatário tenha posteriormente intimado o senhorio a retomá-las em prazo não superior a 30 dias, sendo também aqui aplicável o disposto no n.º 3 do artigo anterior.

3. Havendo pluralidade de arrendatários em prédio não sujeito a propriedade horizontal, a realização de obras, relativamente às partes comuns, depende do assentimento de, pelo menos, metade deles, ficando os restantes vinculados a tal decisão e aos correspondentes encargos.

4. O arrendatário só pode realizar as obras necessárias para se atingir o nível *médio* de conservação, nos termos do Decreto-Lei n.º 156/ /2006, de 8 de Agosto.

I – Referência histórica:

Norma inovadora em sede de direito *adjectivo*, e confinante ao direito *substantivo* constante do *instituto* do arrendamento urbano.

ARTIGO 32.º
Procedimento

1. O início das obras pelo arrendatário depende de prévia comunicação dessa intenção ao senhorio e à CAM.

2. A comunicação referida no número anterior é feita com o mínimo de um mês de antecedência face ao início das obras, e contém o respectivo orçamento e a exposição dos factos que conferem o direito de as efectuar.

I – Referência histórica:

Norma inovadora em sede de direito *adjectivo*, e confinante ao direito *substantivo* constante do *instituto* do arrendamento urbano.

ARTIGO 33.º
Compensação e valor das obras

1. O arrendatário que efectue obras no locado compensa o valor despendido com as obras com o valor da renda, a partir do início daquelas.

2. O valor das obras a ter em conta para efeitos de compensação é o correspondente às despesas efectuadas e orçamentadas e respectivos juros, acrescidos de 5 % destinados a despesas de administração.

3. Cessando, por qualquer causa, o contrato de arrendamento antes do ressarcimento completo do arrendatário, este tem direito a receber o valor em falta.

I – Referência histórica:

Norma inovadora em sede de direito *adjectivo*, e confinante ao direito *substantivo* constante do *instituto* do arrendamento urbano.

ARTIGO 34.º
Compensação e valor da renda

1. O valor da renda a ter em conta para os efeitos do artigo anterior é o resultante da aplicação dos artigos 31.º a 33.º do NRAU, considerando-se um nível *médio* de conservação e um faseamento em cinco anos.

2. Durante o período de duração da compensação, o senhorio tem direito a receber o valor correspondente a 50% da renda vigente aquando do início das obras, acrescida das actualizações ordinárias anuais.

I – Referência histórica:

Norma inovadora em sede de direito *adjectivo*, e confinante ao direito *substantivo* constante do *instituto* do arrendamento urbano.

DIVISÃO III
Aquisição do locado pelo arrendatário

ARTIGO 35.º
Legitimidade

1. Quando ao locado tenha sido atribuído um nível de conservação de *mau* ou *péssimo*, nos termos do Decreto-Lei n.º 156/2006, de 8 de Agosto, o arrendatário que pretenda reabilitá-lo pode adquirir o locado desde que, cumulativamente:

a) O senhorio, a tal intimado, não tenha iniciado as obras dentro do prazo de seis meses, ou tenha declarado não o pretender fazer dentro desse prazo;

b) O arrendatário tenha solicitado ao município competente a realização de obras coercivas, nos termos do n.º 2 do artigo 30.º, sem que esta as tenha iniciado no prazo de seis meses.

2. O arrendatário pode ainda adquirir o locado no caso de o senhorio ou o município terem suspendido a execução de obras anteriormente iniciadas nos termos das alíneas do número anterior, e não as terem retomado no prazo de 90 dias a contar da suspensão, desde que o arrendatário tenha posteriormente intimado ao seu reinício em prazo não superior a 30 dias.

3. Cessa o disposto nos números anteriores quando o senhorio não der início à obra por motivo imputável à Administração Pública, nomeadamente por demora no licenciamento da obra ou na decisão sobre a atribuição de apoio à reabilitação do prédio.

I – Referência histórica:

Norma inovadora em sede de direito *adjectivo*, e confinante ao direito *substantivo* constante do *instituto* do arrendamento urbano.

ARTIGO 36.º
Acção de aquisição

1. O arrendatário com direito de aquisição pode exercê-lo, no prazo de três anos a contar do final do prazo previsto na alínea *b)* do artigo anterior, desde que o senhorio não tenha entretanto iniciado as obras, mediante a propositura de acção judicial a tal destinada.

2. A petição inicial contém descrição das obras que o autor pretende realizar, e é acompanhada de comprovativo da aprovação pelo município do projecto de arquitectura, quando exigível.

3. A sentença tem por efeito a transmissão da propriedade para o arrendatário, e só é proferida mostrando-se integralmente pago o preço e satisfeitas as obrigações fiscais inerentes à transmissão.

4. A sentença declara o cumprimento ou a isenção das obrigações fiscais, e refere a obrigação de reabilitação e manutenção que recaem sobre o adquirente.

I – Referência histórica:

Norma inovadora em sede de direito *adjectivo*, e confinante ao direito *substantivo* constante do *instituto* do arrendamento urbano.

ARTIGO 37.º
Legitimidade passiva

A acção deve ser proposta contra o senhorio e ainda, quando não seja a mesma pessoa, contra o proprietário, superficiário ou usufrutuário.

I – Referência histórica:

Norma inovadora em sede de direito *adjectivo*, e confinante ao direito *substantivo* constante do *instituto* do arrendamento urbano.

ARTIGO 38.º
Valor da aquisição

1. O valor de aquisição é o resultante de avaliação feita nos termos do Código do Imposto Municipal sobre Imóveis há menos de três anos.

Decreto-Lei n.º 157/2006, de 8 de Agosto

2. O autor tem legitimidade para requerer a avaliação fiscal referida no número anterior.

I – Referência histórica:

Norma inovadora em sede de direito *adjectivo*, e confinante ao direito *substantivo* constante do *instituto* do arrendamento urbano.

ARTIGO 39.º
Obrigação de reabilitação e manutenção

1. O adquirente do prédio deve realizar as obras indicadas na ficha de avaliação do estado de conservação como necessárias para a obtenção de uma classificação de *médio*.

2. As obras devem ser iniciadas no prazo de 120 dias a contar da aquisição, aplicando-se, com as necessárias adaptações, o disposto no n.º 3 do artigo 35.º.

3. O adquirente do prédio deve mantê-lo em estado de conservação *médio*, ou superior, durante os 20 anos subsequentes à aquisição.

4. Em caso de transmissão ocorrida nos 20 anos seguintes à aquisição pelo arrendatário, o novo titular sucede nas obrigações previstas nos números anteriores.

5. O disposto no n.º 1 não impede o adquirente de efectuar outras obras, nomeadamente tendentes a melhorar o prédio em mais do que aquilo a que está obrigado.

6. O adquirente pode efectuar obras de reconstrução ou de alteração, tais como definidas nas alíneas *c)* e *e)* do artigo 2.º do Decreto-Lei n.º 555/99, de 16 de Dezembro de 1999, desde que mantenha condições de ocupação análogas às anteriores para todos os ocupantes do prédio.

7. Não se aplica a restrição prevista na parte final do número anterior quando haja acordo dos ocupantes.

I – Referência histórica:

Norma inovadora em sede de direito *adjectivo*, e confinante ao direito *substantivo* constante do *instituto* do arrendamento urbano.

278 *Novo Regime do Arrendamento Urbano*

ARTIGO 40.º
Reversão

1. Não sendo cumprido o disposto no artigo anterior, o anterior proprietário tem direito à reaquisição do prédio, pelo preço anteriormente pago.

2. O direito à reaquisição é exercido através de acção judicial, seguindo-se, com as necessárias adaptações, o disposto no artigo 36º.

3. Em caso de reversão é aplicável o disposto nos n.ᵒˢ 3 e 4 do artigo anterior.

ARTIGO 41.º
Registo predial

O registo da aquisição pelo arrendatário contém referência à obrigação prevista nos n.ᵒˢ 2 e 3 do artigo 39.º.

I – Referência histórica:

Norma inovadora em sede de direito *adjectivo*, e confinante ao direito *substantivo* constante do *instituto* do arrendamento urbano.

ARTIGO 42.º
Prédios constituídos em propriedade horizontal

1. Estando o prédio constituído em propriedade horizontal, o arrendatário pode adquirir a fracção autónoma locada.

2. Se as obras necessárias à obtenção de um nível de conservação *médio* incidirem sobre outras fracções autónomas ou sobre partes comuns do prédio, o arrendatário pode adquirir as fracções necessárias à realização da obra, podendo, quando indispensável, adquirir a totalidade das fracções.

3. O titular de fracção autónoma a adquirir pode, na contestação da acção de aquisição, declarar estar disposto a participar nas obras necessárias, caso em que a acção improcede quanto a ele.

Decreto-Lei n.º 157/2006, de 8 de Agosto | 279

4. A declaração prevista no número anterior vale como título executivo para a execução da obrigação dela decorrente.

5. Pretendendo o arrendatário adquirir fracção além daquela que arrenda, os demais condóminos podem declarar pretender a aquisição, para si, dessa fracção, caso em que se abre licitação entre os interessados, revertendo o excesso para o alienante.

6. O condómino interessado na aquisição prevista no número anterior que não seja parte no processo pode intervir na acção para esse efeito.

I – Referência histórica:

Norma inovadora em sede de direito *adjectivo*, e confinante ao direito *substantivo* constante do *instituto* do arrendamento urbano.

ARTIGO 43.º
Prédios não constituídos em propriedade horizontal

1. Se o locado consistir em edifício composto por uma única unidade, ou em edifico composto por diversas unidades e que, por qualquer motivo, não possa ser submetido ao regime da propriedade horizontal, a aquisição opera em relação à totalidade do prédio.

2. Se o locado consistir em unidade de um edifício composto por diversas fracções em condições de constituírem fracções autónomas, sem que o mesmo se encontre constituído em propriedade horizontal, o arrendatário pode, na própria acção de aquisição e em alternativa:

a) Solicitar ao tribunal a constituição judicial da propriedade horizontal, operando a aquisição da propriedade apenas em relação à fracção autónoma que vier a corresponder ao locado;

b) Solicitar ao tribunal a constituição judicial da propriedade horizontal, operando a aquisição da propriedade em relação à fracção autónoma que vier a corresponder ao locado e ainda em relação às fracções necessárias à realização da obra, nos termos do n.º 2 do artigo anterior.

I – Referência histórica:

Norma inovadora em sede de direito *adjectivo*, e confinante ao direito *substantivo* constante do *instituto* do arrendamento urbano.

ARTIGO 44.º
Aquisição de outras fracções

1. No caso previsto na alínea *b)* do artigo anterior, são partes passivas os sujeitos referidos no artigo 36.º e ainda, no caso de as fracções a adquirir se encontrarem arrendadas, os respectivos arrendatários.

2. O réu não arrendatário pode, na contestação da acção de aquisição, optar por manter a titularidade de uma ou mais fracções, à excepção da ocupada pelo autor.

3. O réu arrendatário pode, na contestação da acção de aquisição, optar pela aquisição da fracção por si ocupada, direito este que substitui o direito de preferência previsto no artigo 1091.º do Código Civil, quando existente.

4. As opções previstas nos n.ºs 2 e 3 pressupõem a obrigação de participar nas obras necessárias, sendo aplicável o disposto no n.º 3 do artigo 42.º.

I – Referência histórica:

Norma inovadora em sede de direito *adjectivo*, e confinante ao direito *substantivo* constante do *instituto* do arrendamento urbano.

ARTIGO 45.º
Actualização da renda

Feitas as obras previstas no artigo 39.º, e subsistindo no imóvel adquirido arrendatários com contrato de arrendamento para habitação celebrado antes da entrada em vigor do RAU, ou contrato para fins não habitacionais celebrado antes da entrada em vigor do Decreto-Lei n.º 257/95, de 30 de Setembro, pode haver actualização das respectivas rendas, nos termos previstos no NRAU.

I – Referência histórica:

Norma inovadora em sede de direito *adjectivo*, e confinante ao direito *substantivo* constante do *instituto* do arrendamento urbano.

Decreto-Lei n.º 157/2006, de 8 de Agosto 281

ARTIGO 46.º
Direito de preferência

1. Os anteriores titulares gozam do direito de preferência na venda ou dação em cumprimento do prédio ou fracção adquiridos ao abrigo do disposto nos artigos anteriores, pelo prazo de 20 anos a contar do trânsito em julgado da sentença que efectuou a transmissão.

2. O direito de preferência previsto no número anterior é graduado imediatamente abaixo da preferência conferida ao arrendatário no artigo 1091.º do Código Civil.

3. É aplicável, com as necessárias adaptações, o disposto nos artigos 416.º a 418.º e 1410.º do Código Civil.

I – Referência histórica:

Norma inovadora em sede de direito *adjectivo*, e confinante ao direito *substantivo* constante do *instituto* do arrendamento urbano.

SECÇÃO IV
Disposições finais e transitórias

ARTIGO 47.º
Comunicações

Às comunicações entre senhorio e arrendatário previstas no presente decreto-lei aplica-se o disposto nos artigos 9.º a 12.º do NRAU.

I – Referência histórica:

Norma inovadora em sede de direito *adjectivo*, e confinante ao direito *substantivo* constante do *instituto* do arrendamento urbano.

ARTIGO 48.º
Decreto-Lei 555/99, de 16 de Dezembro

1. O artigo 92.º do Decreto-Lei n.º 555/99, de 16 de Dezembro, passa a ter a seguinte redacção:

282 *Novo Regime do Arrendamento Urbano*

"Artigo 92.º
Despejo administrativo
1. ....
2. ....
3. ....
4. ....
5. Ao despejo de ocupante titular de contrato de arrendamento aplica-se o disposto no Decreto-Lei n.º 157/2006, de 8 de Agosto."

2. O prazo previsto no n.º 2 do artigo 71.º do Decreto-Lei n.º 555/99, de 16 de Dezembro, para requerer a emissão do alvará não corre na pendência das acções de aquisição ou denúncia previstas neste decreto-lei.

I – Referência histórica:

Norma inovadora em sede de direito *adjectivo*, e confinante ao direito *substantivo* constante do *instituto* do arrendamento urbano.

ARTIGO 49.º
Norma revogatória

É revogada a Lei n.º 2088, de 3 de Junho de 1957.

ARTIGO 50.º
Início de vigência

O presente diploma entra em vigor no 30.º dia seguinte ao da sua publicação.

Visto e aprovado em Conselho de Ministros de 8 de Junho de 2006.

DECRETO-LEI N.º 158/2006
de 8 de Agosto

Regime de Determinação do Rendimento Anual Bruto Corrigido e a atribuição do Subsídio de Renda

A revisão do regime jurídico do arrendamento urbano, uma das medidas prioritárias do XVII Governo Constitucional, culminou na aprovação do Novo Regime do Arrendamento Urbano (NRAU), pela Lei n.º 6/2006, de 27 de Fevereiro, a qual constitui um marco essencial no ordenamento jurídico português no sentido da dinamização do mercado de arrendamento, actualmente estagnado. Este desiderato é concretizado não só através da consagração de um regime de Direito substantivo e processual civil moderno, mas também através da promoção da actualização das rendas antigas – as rendas relativas a contratos de arrendamento habitacionais celebrados antes da vigência do Decreto-Lei n.º 321-B/90, de 15 de Outubro (RAU) e contratos não habitacionais celebrados antes da vigência do Decreto-Lei n.º 257/95, de 30 de Setembro.

Ora, a actualização das rendas antigas, que visa assegurar ao proprietário a valorização do seu património e ao inquilino viver numa habitação condigna, encontra-se consagrada nos artigos 30.º a 56.º do NRAU. Do disposto neste regime legal resulta que a renda actualizada terá como limite máximo o valor anual correspondente a 4% do valor do locado, sendo que este corresponde ao produto do valor da avaliação realizada nos termos do artigo 38.º e seguintes do Código do Imposto Municipal sobre Imóveis (CIMI), realizada há menos de três anos, multiplicado pelo coeficiente de conservação previsto no artigo 33.º do NRAU, o qual adequa os critérios actualmente vigentes a algumas particularidades dos prédios antigos e traduz as condições de habitabilidade do locado. Tendo em vista evitar rupturas sociais, o NRAU prevê que a actualização da renda seja, em regra, faseada ao longo de cinco anos (*período-padrão*), salvo se existirem circunstâncias que impliquem a actualização ao longo de dois ou dez anos, ou mesmo a actualização imediata.

Nos arrendamentos habitacionais, o NRAU estabelece que a actualização da renda é faseada ao longo de dez anos, se o arrendatário invocar que o *rendimento anual bruto corrigido (RABC) do seu agregado familiar é inferior a cinco retribuições mínimas nacionais anuais (RMNA),* ou que tem idade igual ou superior a 65 anos ou deficiência com grau comprovado de incapacidade superior a 60%. E prevê ainda o NRAU que a actualização será faseada ao longo de dois anos, nos casos previstos no seu artigo 45.º, ou se o senhorio invocar que *o agregado familiar do arrendatário dispõe de um RABC superior a 15 RMNA,* sem que o arrendatário invoque uma das circunstâncias acima mencionadas.

Ao *supra* exposto acresce que o conceito de RABC do agregado familiar do arrendatário foi ainda utilizado pelo legislador para efeitos de atribuição de subsídio de renda *ao arrendatário cujo agregado familiar receba um RABC inferior a três RMNA,* ou que tenha idade igual ou superior a 65 anos e *cujo agregado familiar receba um RABC inferior a cinco RMNA,* nos termos do n.º 1 do artigo 46.º do NRAU.

Em síntese, no âmbito do NRAU, o conceito de RABC do agregado familiar do arrendatário é fundamental, por um lado, para efeitos de determinação do período de faseamento da actualização da rendas antigas e, por outro lado, para efeitos de atribuição do subsídio de renda ao arrendatário.

Tendo em vista facilitar a compreensão e a aplicação de dois aspectos essenciais do NRAU – período de faseamento da actualização de rendas antigas e subsídio de renda –, optou-se por regular no presente decreto-lei quer o regime de determinação do RABC do agregado familiar do arrendatário, quer o regime de atribuição do subsídio de renda, cumulando-se numa única iniciativa legislativa os compromissos assumidos pelo Governo nas alíneas *a)* e *c)* do n.º 1 do artigo 64.º do NRAU, e o enunciado no n.º 9 do artigo 37.º do NRAU.

Assim, o presente decreto-lei inicia pela definição de agregado familiar do arrendatário e seus dependentes, tendo por referência os mesmos conceitos jurídicos utilizados para efeitos fiscais, no Código do Imposto sobre o Rendimento das Pessoas Singulares. Trata-se de assegurar a coerência do sistema jurídico como um todo, a uniformização de critérios e a igualdade de tratamento de situações, sem prejuízo das adaptações efectuadas, tendo em conta as especificidades da posição jurídica do arrendatário, que tem o gozo do locado.

Portanto, considera-se que faz parte do agregado familiar do arrendatário, desde que com ele vivam em comunhão de habitação, o cônjuge não separado judicialmente de pessoas e bens e os seus dependentes; o cônjuge ou ex-cônjuge, respectivamente, nos casos de separação judicial de pessoas e bens ou de declaração de nulidade, anulação ou dissolução do casamento, e os dependentes a seu cargo; pessoa que com o arrendatário viva em união de facto há mais de dois anos, com residência no locado, e os seus dependentes, e bem assim os ascendentes do arrendatário, do seu cônjuge ou de pessoa que com ele viva em união de facto há mais de dois anos. E são considerados dependentes, os filhos, adoptados e enteados, menores não emancipados, bem como os menores sob tutela; os filhos, adoptados e enteados, maiores, bem como aqueles que até à maioridade estiveram sujeitos à tutela de qualquer dos sujeitos a quem incumbe a direcção do agregado familiar, que, não tendo idade superior a 25 anos e não auferindo anualmente rendimentos superiores à retribuição mínima mensal garantida mais elevada, frequentem o 11.º ou 12.º ano de escolaridade ou estabelecimento de ensino médio ou superior; os filhos, adoptados, enteados e os sujeitos a tutela, maiores, inaptos para o trabalho e para angariar meios de subsistência, quando não aufiram rendimentos superiores à retribuição mínima mensal garantida mais elevada, e ainda os ascendentes cujo rendimento mensal seja inferior à retribuição mínima mensal garantida.

Após a definição dos elementos do agregado familiar do arrendatário, o presente decreto lei dedica-se ao conceito de rendimento anual bruto (RAB) do agregado familiar do arrendatário, fazendo-o equivaler à soma dos rendimentos anuais ilíquidos auferidos por todos os elementos do agregado familiar do arrendatário, também aqui, nos termos do Código do Imposto sobre o Rendimento das Pessoas Singulares, pelas razões acima referidas. Mas, atendendo a que o RAB do agregado familiar do arrendatário é utilizado para determinar o período de faseamento da actualização da renda antiga e atribuir o subsídio de renda, importava aqui corrigi-lo, tornando-o materialmente mais justo e adequado à realidade sócio-económica do arrendatário. Assim sendo, prevê-se que o RAB do agregado familiar do arrendatário seja corrigido através de vários factores, como seja pela soma do total dos rendimentos anuais ilíquidos auferidos pelas pessoas que vivam em comunhão de habitação com o arrendatário há mais de um ano. Ao montante assim obtido deve ainda deduzir-se o valor correspondente a 0,50 da RMNA, por cada dependente ou pessoa portadora de deficiência com grau comprovado de incapacidade igual ou superior a 60%. Só depois de efectuadas estas correcções ao RAB do agregado familiar do arrendatário é que se obtém o conceito de RABC do agregado familiar do arrendatário a que se refere o NRAU.

E sendo o RABC do agregado familiar do arrendatário um conceito instrumental da atribuição de um subsídio de renda, pois este só será atribuído ao *arrendatário cujo agregado familiar receba um RABC inferior a três RMNA*, ou que tenha idade igual ou superior a 65 anos e *cujo agregado familiar receba um RABC inferior a cinco RMNA*, por motivos de clarificação e simplificação legislativa, acima expostos, o presente decreto-lei consagra ainda o regime de atribuição deste subsídio.

O subsídio de renda visa assegurar a protecção social do arrendatário economicamente desfavorecido, sobretudo os idosos, mas importa uma determinada taxa de esforço por parte do arrendatário, que se situa entre 15% e 30%, sendo que, em qualquer dos casos, o montante do subsídio de renda mensal não pode ultrapassar o valor correspondente a uma Retribuição Mínima Mensal Garantida.

Em termos procedimentais, os pedidos de atribuição dos subsídios de renda devem ser entregues pelo arrendatário junto dos serviços de segurança social da área da sua residência, e são decididos pelo Instituto Nacional de Habitação (INH) no prazo de 45 dias. O INH assegura a análise e a gestão destes subsídios específicos do mercado de arrendamento habitacional, assumindo-se ainda como repositório da informação necessária para a constituição do observatório da habitação e da reabilitação urbana, e da base de dados da habitação, enunciada na alínea c) do n.º 2 do artigo 64.º do NRAU.

O processo de atribuição do subsídio assenta numa relação de confiança, de cooperação e de veracidade entre o requerente e o Estado. Com efeito, o subsídio é devido a partir do mês seguinte ao da apresentação do requerimento inicial de atribuição do subsídio, devidamente instruído, sendo é atribuído por doze meses, e é renovável automaticamente por iguais períodos, tendo em conta o aumento de renda e aditando-se ao RABC o valor da inflação. Se ocorrer uma alteração de circunstâncias, o arrendatário deve comunicá-la aos serviços de segurança social da área da sua residência no prazo de 15 dias, tendo em vista a reavaliação dos pressupostos de atribuição do subsídio – trata-se de assegurar a igualdade de tratamento dos beneficiários e a justiça material na atribuição do subsídio. Este pressuposto de confiança no arrendatário implica, em contrapartida, a obrigação do titular do direito a subsídio de renda em colaborar com o INH, ao qual incumbe a fiscalização das regras relativas à atribuição, renovação e manutenção do subsídio de

Decreto-Lei n.º 158/2006, de 8 de Agosto 287

renda, apresentando todos os meios probatórios que lhe forem solicitados, para efeitos da verificação dos pressupostos de manutenção do subsídio atribuído. Por outro lado, as falsas declarações, as omissões ou outros factos relativos aos deveres do beneficiário, conducentes à obtenção ilícita do subsídio de renda, determinam a cessação imediata do pagamento do subsídio, dando lugar à restituição de subsídios indevidamente pagos, sem prejuízo do apuramento de responsabilidade penal a que possa haver lugar.

Pretende-se ainda que os requerimentos de atribuição do subsídio e de alteração de circunstâncias constem de um modelo uniforme, simplificado e de fácil compreensão pelo requerente, o qual possa ser enviado electronicamente, nos termos a aprovar por portaria regulamentadora do presente decreto-lei.

Foram ouvidos os órgãos de governo próprio das Regiões Autónomas, a Associação Nacional dos Municípios Portugueses e a Comissão Nacional de Protecção de Dados.

Foram, ainda, ouvidas as várias associações com interesses no sector, designadamente a Associação Lisbonense de Proprietários, a Associação dos Inquilinos Lisbonense e a Associação dos Inquilinos do Norte, a Confederação do Comércio e Serviços de Portugal e a Confederação do Turismo Português, a Federação da Restauração, Cafés, Pastelarias e Similares de Portugal, a Federação Portuguesa da Indústria de Construção e Obras Públicas e a Federação Nacional de Comércio, a Ordem dos Advogados, a Ordem dos Engenheiros e a Ordem dos Arquitectos, a Associação Portuguesa para a Defesa do Consumidor, e ainda várias entidades representativas das empresas de consultoria e avaliação imobiliária, de mediação mobiliária, de fundos de investimento e de fundos de pensões.

Assim:

Nos termos da alínea *a)* do n.º 1 do artigo 198.º da Constituição, o Governo decreta o seguinte:

CAPÍTULO I
Disposições gerais

ARTIGO 1.º
Objecto

1. O presente decreto-lei estabelece os regimes de determinação do Rendimento Anual Bruto Corrigido, adiante designado por RABC, e de

288　　　*Novo Regime do Arrendamento Urbano*

atribuição do subsídio de renda nos arrendamentos para habitação, ao abrigo do n.º 9, do artigo 37.º e do artigo 46.º da Lei n.º 6/2006, de 27 de Fevereiro, que aprova o Novo Regime do Arrendamento Urbano, adiante designado por NRAU.

2. O RABC apurado nos termos do presente decreto-lei releva para efeitos de determinação do período de faseamento da actualização das rendas referidas no número anterior, e bem assim de atribuição do subsídio de renda ao arrendatário habitacional.

Considerações Gerais:

Após analisarmos o **NRAU**, constata-se que o conceito "**RABC**" (abreviatura de Rendimento Anual Bruto Corrigido), revela-se, imprescindível, para determinação do faseamento "*extraordinário*" do montante de rendas, para arrendamento habitacional **pré-RAU**. E, consequentemente, para atribuição de subsídio de renda aos respectivos inquilinos/*arrendatários*.

A solução, para o primeiro ponto, encontra acolhimento no disposto no artigo 37.º do NRAU. Caso o inquilino/*arrendatário*, em resposta à comunicação de actualização endereçada pelo proprietário/*senhorio* invoque um **RABC** do agregado familiar *inferior* a cinco retribuições mínimas nacionais anuais (**RMNA**), beneficia de um período de faseamento de actualização da renda mais alongado, que decorrerá ao longo de dez (10) anos. Ao invés, se o proprietário/*senhorio* invoque que o agregado familiar do arrendatário dispõe de um **RABC** superior a *quinze* **RMNA**, sem que o *arrendatário* demonstre qualquer circunstância em contrário, a actualização "*extraordinária*" da renda, processar-se-á num período diminuto de dois anos, conforme resulta do n.º 2 do artigo 38.º do NRAU.

Por sua vez, em relação à segunda hipótese, tem direito ao subsídio de renda, o arrendatário cujo agregado familiar receba um **RABC** *inferior* a três **RMNA** ou, possua idade igual ou superior a 65 anos de idade e, cujo agregado familiar receba um **RABC** *inferior* a cinco **RMNA**.

Conforme resulta do exposto e, tendo em consideração os valores de 2007, a **RMNA** (€ 403.00 – n.º 1 do artigo 266.º do Código do Trabalho, multiplicado por quatorze) corresponde a 5 642,00 euros. Caso o **RABC** do agregado familiar do arrendatário seja inferior a 28 210,00 euros, poderá invocar tal situação, para desse modo beneficiar de uma actualização faseada da renda ao longo de 10 anos.

Já quanto à atribuição do subsídio de renda, terão direito os arrendatários cujo agregado familiar aufira – valores de 2007: € 403,00) – um **RABC** inferior a € 16 926,00, bem como aqueles com idade igual ou superior a 65 anos, cujo respectivo agregado familiar aufira – valores de 2007 – um RABC inferior a € 28 210,00

Finalmente, refira-se que a determinação das pessoas que integram o agregado familiar do arrendatário, o RABC desse mesmo agregado familiar e o valor da RMNA, são fixados por referência às circunstâncias existentes no ano civil anterior.

ARTIGO 2.º *
Agregado Familiar do arrendatário

1. Para efeitos do presente decreto-lei, considera-se Agregado Familiar, em cada ano, o conjunto de pessoas constituído pelo arrendatário e os dependentes a seu cargo, bem como pelas seguintes pessoas que com ele vivam em comunhão de habitação:

a) Cônjuge não separado judicialmente de pessoas e bens e os seus dependentes;

b) Cônjuge ou ex-cônjuge, respectivamente, nos casos de separação judicial de pessoas e bens ou de declaração de nulidade, anulação ou dissolução do casamento, e os dependentes a seu cargo;

c) Pessoa que com o arrendatário viva em união de facto há mais de dois anos, com residência no locado, e os seus dependentes;

d) Ascendentes do arrendatário, do seu cônjuge ou de pessoa que com ele viva em união de facto há mais de dois anos.

2. Para efeitos do disposto no número anterior, consideram-se dependentes:

a) Os filhos, adoptados e enteados, menores não emancipados, bem como os menores sob tutela;

b) Os filhos, adoptados e enteados, maiores, bem como aqueles que até à maioridade estiveram sujeitos à tutela de qualquer dos sujeitos a quem incumbe a direcção do agregado familiar, que, não tendo mais de 25 anos e não auferindo anualmente rendimentos superiores à retribuição mínima mensal garantida, frequentem o 11.º ou 12.º ano de escolaridade ou estabelecimento de ensino médio ou superior;

c) Os filhos, adoptados, enteados e os sujeitos a tutela, maiores, inaptos para o trabalho e para angariar meios de subsistência, quando não aufiram rendimentos superiores à retribuição mínima mensal garantida;

d) Os ascendentes cujo rendimento mensal seja inferior à retribuição mínima mensal garantida.

3. No caso de o arrendatário não residir no locado, temporária ou permanentemente, por motivos de doença ou internamento em estabe-

---

* A redacção do n.º 1 é a que lhe foi dada pela Declaração de Rectificação n.º 67/ /2006, de 3 de Outubro.

290 *Novo Regime do Arrendamento Urbano*

lecimentos de apoio social ou equiparados, considera-se agregado familiar do arrendatário o conjunto de pessoas referidas nos números anteriores que habitem no local arrendado.

I – Referência histórica:

Norma inovadora em sede de direito *adjectivo*, e confinante ao direito *substantivo* constante do *instituto* do arrendamento urbano.

II – Comentários:

Vide, ponto 30 da anotação ao artigo 1.º NRAU.
Vide, alínea *b*) do n.º 1 do artigo 3.º da Portaria n.º 1192-A/2006, de 3 de Novembro (Modelo Único Simplificado).

ARTIGO 3.º *
Definições

Para efeitos do presente decreto-lei, considera-se:

a) "Retribuição Mínima Nacional Anual (RMNA)", o valor da retribuição mínima mensal garantida (RMMG), a que se refere o n.º 1 do artigo 266.º do Código do Trabalho, multiplicado por 14 meses;

b) "Renda", o quantitativo devido mensalmente ao senhorio pela utilização do fogo para fins habitacionais;

c) "Renda cessante", a última renda que foi fixada, nos termos legais;

d) "Renda Nova", a renda actualizada, nos termos do NRAU;

e) "Taxa de esforço (Tx)", o valor resultante da relação entre o Rendimento Anual Bruto Corrigido (RABC) e a retribuição mínima nacional anual (RMNA), de acordo com a fórmula constante do n.º 1 do artigo 10.º;

f) "Renda base", o quantitativo resultante da divisão por 12, do resultado da aplicação da taxa de esforço ao RABC.

I – Referência histórica:

Norma inovadora em sede de direito *adjectivo*, e confinante ao direito *substantivo* constante do *instituto* do arrendamento urbano.

II – Comentários:

Vide, anotação ao artigo 1.º NRAU.
Cfr. n.º 1 do artigo 266.º do Código de Trabalho.

---

* A redacção da alínea e) do artigo 3.º é a que lhe foi dada pela Declaração de Rectificação n.º 67/2006, de 3 de Outubro.

CAPÍTULO II
Rendimento Anual Bruto Corrigido

ARTIGO 4.º
Rendimento Anual Bruto

1. Considera-se Rendimento Anual Bruto (RAB) o quantitativo que resulta da soma dos rendimentos anuais ilíquidos, nos termos do Código do Imposto sobre o Rendimento das Pessoas Singulares (CIRS), auferidos por todos os elementos do agregado familiar do arrendatário.

2. Tratando-se de rendimentos da Categoria B do CIRS enquadrados no regime simplificado, considera-se rendimento bruto o resultante da aplicação do coeficiente de 0,20 ao valor das vendas de mercadorias e de produtos, bem como aos serviços prestados no âmbito de actividades hoteleiras e similares, restauração e bebidas e ao montante dos subsídios destinados à exploração que tenha por efeito compensar reduções nos preços de venda de mercadorias e produtos e do coeficiente de 0,65 aos restantes rendimentos provenientes desta categoria, excluindo a variação de produção.

3. O disposto no número anterior não prejudica a aplicação das restantes regras de determinação do rendimento da Categoria B previstas no CIRS, no âmbito do regime simplificado.

4. Tratando-se de rendimentos de categoria B, nos termos do CIRS, enquadrados no regime de contabilidade organizada, considera-se rendimento bruto o resultante do lucro apurado.

ARTIGO 5.º
Rendimento Anual Bruto Corrigido

1. O RABC é o quantitativo que resulta da soma dos rendimentos anuais ilíquidos auferidos por todos os elementos do agregado familiar do arrendatário, corrigido pelos seguintes factores:

a) Total dos rendimentos anuais ilíquidos, nos termos do artigo anterior, auferidos pelas pessoas que vivam em comunhão de habitação com o arrendatário há mais de um ano;

292 *Novo Regime do Arrendamento Urbano*

b) Número de dependentes do agregado familiar do arrendatário, e das pessoas que vivam em comunhão de habitação com o arrendatário há mais de um ano;
c) Número de pessoas do agregado familiar portadoras de deficiência com grau comprovado de incapacidade igual ou superior a 60%.

2. O RAB do agregado familiar do arrendatário é corrigido através da soma dos rendimentos anuais ilíquidos, nos termos previstos no artigo anterior, auferidos pelas pessoas que vivam em comunhão de habitação com o arrendatário há mais de um ano.

3. A correcção do RAB do agregado familiar do arrendatário em função do número de dependentes é feita através da dedução ao RAB do agregado familiar do arrendatário corrigido nos termos do número anterior, do valor correspondente a 0,50 da RMNA, por cada dependente.

4. Se no agregado familiar existir pessoa portadora de deficiência com grau comprovado de incapacidade igual ou superior a 60%, é deduzido ao RAB corrigido nos termos do n.º 2, o valor correspondente a 0,50 da RMNA, cumulável com a correcção prevista no número anterior, por cada indivíduo nestas condições.

5. A declaração de que o RABC do agregado familiar do arrendatário é ou não superior a 3, 5 ou 15 RMNA é emitida pelo serviço de finanças competente, a pedido do senhorio ou arrendatário, no âmbito da actualização de rendas prevista nos artigos 37.º e seguintes do NRAU, nos termos de modelo a aprovar através de portaria conjunta dos membros do Governo responsáveis pelas áreas das Autarquias Locais, das Finanças e da Habitação.
6. A declaração a que se refere o número anterior não pode, em caso algum, revelar dados relativos à situação tributária protegidos pelo dever de confidencialidade estabelecido na Lei Geral Tributária, designadamente através da discriminação dos rendimentos pelos respectivos titulares.

II – Comentários:

Vide, alínea *b)* do n.º 1 do artigo 2.º da Portaria n.º 1192-A/2006, de 3 de Novembro (Modelo Único Simplificado).
Vide, alínea *b)* do n.º 1 do artigo 3.º da Portaria n.º 1192-A/2006, de 3 de Novembro (Modelo Único Simplificado).

CAPÍTULO III
Atribuição do subsídio de renda

ARTIGO 6.º
Condições de atribuição do subsídio de renda

Ao abrigo do disposto no n.º 1, do artigo 46.º do NRAU, tem direito a subsídio de renda, em alternativa, o arrendatário:

a) Cujo agregado familiar receba um RABC inferior a três RMNA;

b) Com idade igual ou superior a 65 anos e cujo agregado familiar receba um RABC inferior a cinco RMNA.

ARTIGO 7.º
Requerimento de atribuição do subsídio de renda

1. O arrendatário solicita a atribuição do subsídio de renda junto dos serviços de segurança social da área da sua residência.

2. O modelo de requerimento de atribuição do subsídio de renda, a sua forma de entrega, os elementos obrigatórios e os procedimentos relativos à recepção, análise e avaliação dos pedidos são aprovados por portaria conjunta membros do Governo responsáveis pelas áreas das Autarquias Locais, da Habitação e da Segurança Social.

3. O Instituto Nacional de Habitação (INH) comunica ao requerente a decisão sobre a atribuição do subsídio de renda, no prazo de 45 dias a contar da data de apresentação do requerimento, devidamente instruído.

4. A atribuição, renovação e manutenção do subsídio de renda depende da autorização pelo requerente, pelos membros do agregado familiar e pelas pessoas a que se refere a alínea a) do n.º 1 do artigo 5.º, ao INH, ao acesso à informação fiscal e das entidades processadoras de pensões, relevante para efeitos de atribuição do subsídio.

5. A falta de autorização pelo requerente ao acesso à informação fiscal e das entidades processadoras de pensões, nos termos do número anterior, bem como a não apresentação de um dos elementos obrigatórios previstos na portaria a que se refere o n.º 2, determinam a rejeição liminar do pedido.

294 *Novo Regime do Arrendamento Urbano*

I – Referência histórica:

Norma inovadora em sede de direito *adjectivo*, e confinante ao direito *substantivo* constante do *instituto* do arrendamento urbano.

II – Comentários:

Vide, anotação ao artigo 1.º NRAU.
Vide, alínea *e*) do n.º 1 do artigo 3.º da Portaria n.º 1192-A/2006, de 3 de Novembro (Modelo Único Simplificado).

ARTIGO 8.º
Indeferimento da atribuição do subsídio de renda

1. O requerimento de atribuição do subsídio de renda é indeferido quando se verifique qualquer uma das seguintes situações:

a) A renda base calculada seja de valor igual ou superior ao da renda actualizada;

b) O arrendatário, o cônjuge ou pessoa que com ele viva em união de facto há mais de dois anos, residindo na área dos concelhos de Lisboa ou do Porto e limítrofes, seja proprietário de imóvel para habitação nesses concelhos ou limítrofes, ou residindo no respectivo concelho quanto ao resto do País, seja proprietário de imóvel para habitação nesse concelho, que se encontre desocupado, adquirido após o início do contrato de arrendamento, com excepção dos casos de sucessão *mortis causa*;

c) O arrendatário forneça na habitação arrendada serviços de hospedagem ou subarrende parte ou a totalidade da mesma.

2. Não há lugar à atribuição de subsídio de renda sempre que:

a) A renda seja actualizada nos termos do artigo 45.º do NRAU;

b) O montante do subsídio de renda mensal seja inferior a 5% da RMMG.

ARTIGO 9.º
Cumulação de subsídios

1. O subsídio de renda atribuído no âmbito do presente decreto-lei, não é cumulável com qualquer outro de idêntica natureza ou finalidade.

2. A concessão do subsídio de renda previsto no presente decreto--lei, determina a cessação imediata do direito atribuído nos termos do disposto no artigo 23.º do Decreto-Lei n.º 283/2003, de 8 de Novembro, alterado pelo Decreto-Lei 42/2006, de 23 de Fevereiro.

ARTIGO 10.º
Taxa de esforço

1. A taxa de esforço (Tx) é o valor em percentagem, arredondado às décimas, que resulta da seguinte fórmula: Tx = [10 x (RABC do agregado familiar/RMNA)] / 100.

2. Quando a taxa de esforço referida no número anterior seja inferior a 15%, ou superior a 30%, é corrigida através do seu aumento ou redução para os limites referidos anteriormente.

ARTIGO 11.º
Montante do subsídio

1. O montante do subsídio é igual à diferença entre o valor da renda nova e o valor da renda base calculada.

2. Quando o valor da renda cessante seja igual ou superior ao da renda base calculada, o montante do subsídio é igual à diferença entre o valor da renda nova e o valor da renda cessante.

3. O montante do subsídio de renda mensal não pode ultrapassar o valor correspondente a uma RMMG.

ARTIGO 12.º
Pagamento

1. O subsídio de renda é pago mensalmente, aos respectivos titulares ou aos seus representantes legais.

2. O subsídio de renda pode ainda ser pago às pessoas ou entidades que prestem assistência aos titulares do direito, desde que sejam consideradas idóneas pelo INH quando os titulares do subsídio de renda:

a) Sejam incapazes e se encontrem a aguardar a nomeação do respectivo representante legal;

296 *Novo Regime do Arrendamento Urbano*

b) Se encontrem impossibilitados de modo temporário ou permanente de receber a prestação, por motivos de doença, ou se encontrem internados em estabelecimentos de apoio social ou equiparados.

3. O pagamento é efectuado através de transferência bancária, salvo se for indicada outra forma de pagamento.

ARTIGO 13.º

Duração

1. O subsídio de renda é devido a partir do mês seguinte ao da apresentação do requerimento inicial de atribuição do subsídio, é atribuído por 12 meses e é renovável por iguais períodos, caso se mantenham os pressupostos da sua atribuição.

2. A renovação do subsídio é feita automaticamente, tendo em conta o aumento de renda e aditando-se ao RABC o valor da inflação, salvo se ocorrer uma alteração de circunstâncias, nos termos previstos no artigo seguinte.

ARTIGO 14.º

Alteração de circunstâncias

1. O titular do direito ao subsídio comunica aos serviços de segurança social da área da sua residência, qualquer alteração dos pressupostos de atribuição do subsídio, designadamente a alteração do nível de rendimentos igual ou superior a 5%, da composição do agregado familiar ou dos factores de correcção do RABC, nos termos do modelo de requerimento referido no n.º 2 do artigo 7.º.

2. A obrigação de comunicação prevista no número anterior é cumprida no prazo de 15 dias a contar da data da ocorrência dos factos.

3. No prazo de 45 dias a contar da data da apresentação do requerimento de alteração de circunstâncias previsto no n.º 1, devidamente instruído, o INH comunica ao titular do direito ao subsídio a decisão, a qual produz efeitos a partir do mês seguinte ao da apresentação do requerimento.

Decreto-Lei n.º 158/2006, de 8 de Agosto 297

4. Em caso de morte do titular do subsídio, se a sua posição contratual se transmitir para quem reúna os pressupostos para a manutenção do subsídio de renda, o transmissário comunica este facto aos serviços de segurança social, nos mesmos termos e prazos referidos nos números anteriores, sob pena de caducidade do subsídio.

5. Para efeitos do disposto neste artigo, segue-se o procedimento de atribuição do subsídio de renda, com as devidas adaptações.

I – Referência histórica:

Norma inovadora em sede de direito *adjectivo*, e confinante ao direito *substantivo* constante do *instituto* do arrendamento urbano.

II – Comentários:

Vide, anotação ao artigo 1.º NRAU.

Vide, alínea *b*) do n.º 2 do artigo 3.º da Portaria n.º 1192-A/2006, de 3 de Novembro (Modelo Único Simplificado).

Vide, n.º 3 do artigo 3.º da Portaria n.º 1192-A/2006, de 3 de Novembro (Modelo Único Simplificado).

ARTIGO 15.º
Fiscalização e reavaliação oficiosa

1. Cabe ao INH a fiscalização do cumprimento das normas previstas no presente decreto-lei.

2. O titular do direito a subsídio de renda é obrigado a apresentar todos os meios probatórios solicitados pelos serviços de segurança social e pelo INH, no prazo de 15 dias úteis a contar da data da recepção da notificação para o efeito.

3. Sem prejuízo da fiscalização da situação dos beneficiários, sempre que se justifique, o INH procede à reavaliação dos pressupostos de manutenção do subsídio de renda, de dois em dois anos.

4. As falsas declarações, as omissões ou outros factos relativos aos deveres do beneficiário, conducentes à obtenção ilícita do subsídio de renda, determina a cessação imediata do pagamento do subsídio, dando lugar à restituição de subsídios indevidamente pagos, sem prejuízo do apuramento de responsabilidade penal a que possa haver lugar.

ARTIGO 16.º
Caducidade do subsídio de renda

O direito ao subsídio de renda caduca por morte do titular, salvo no caso de transmissão do arrendamento para quem reúna os pressupostos de manutenção do subsídio de renda, nos termos do n.º 4 do artigo 14.º

ARTIGO 17.º
Gestão e cooperação entre as entidades participantes

1. A análise e decisão acerca da atribuição do subsídio de renda ou da sua manutenção, e a gestão do subsídio de renda compete ao INH.

2. Os serviços de segurança social procedem à instrução dos pedidos de atribuição do subsídio de renda e das comunicações de alteração de circunstâncias, e enviam ao INH o conjunto de informações relevantes de modo a habilitá-lo para a tomada de decisão final, preferencialmente através de comunicação electrónica, no prazo de quinze dias a contar da data de apresentação do requerimento, devidamente instruído.

3. O INH promove a articulação com as entidades e serviços competentes para comprovar as condições de que depende a atribuição e manutenção do subsídio de renda, podendo aceder à informação fiscal e das entidades processadoras de pensões, relevante para efeitos de atribuição do subsídio de renda, designadamente para verificar se o RABC do agregado familiar do arrendatário é ou não superior a 3, 5 ou 15 RMNA.

4. O acesso e a troca de informações, nomeadamente a confirmação e a informação dos dados referidos nos números anteriores é efectuada através do recurso aos meios informáticos, assegurando-se sempre a protecção dos dados em causa.

ARTIGO 18.º
Encargos

1. As verbas necessárias ao pagamento dos subsídios de renda, nos termos previstos no presente decreto-lei, são inscritas no Orçamento do Estado e transferidas da Direcção-Geral do Tesouro para a Caixa Geral

Decreto-Lei n.º 158/2006, de 8 de Agosto				299

de Depósitos, no 1.º mês do trimestre a que respeitam, mediante comunicação pelo INH dos elementos relativos à sua atribuição.

2. Até 31 de Janeiro de cada ano, a Caixa Geral de Depósitos deve apresentar a conta referente ao pagamento dos subsídios durante o ano anterior, procedendo-se às compensações a que haja lugar.

3. As verbas referentes a despesas de administração realizadas pelos serviços da segurança social, designadamente as referentes ao pessoal afecto à execução do presente diploma, são inscritas no orçamento do Ministério do Ambiente, do Ordenamento do Território e do desenvolvimento Regional e são transferidas para o Instituto de Gestão Financeira da Segurança Social (IGFSS) no 1.º mês do trimestre a que respeitam.

4. Até ao dia 31 de Janeiro de cada ano, o IGFSS apresenta a conta referente às respectivas despesas de administração do ano anterior, procedendo-se às compensações a que haja lugar.

CAPÍTULO IV
Disposições finais

ARTIGO 19.º
Ano civil relevante

O Agregado Familiar, a Retribuição Mínima Nacional Anual e os factores de correcção do Rendimento Anual Bruto relevantes para efeitos de aplicação do presente decreto-lei são aqueles que existem no ano civil anterior:

a) À comunicação pelo senhorio da renda nova e, sendo caso disso, da invocação de que o arrendatário dispõe de RABC superior a 15 RMNA;

b) À invocação pelo arrendatário junto do senhorio, de que dispõe de RABC inferior a cinco, ou três RMNA, e a cada posterior comunicação anual pelo arrendatário;

c) À data da apresentação do modelo de requerimento de atribuição do subsídio de renda ou de alteração de circunstâncias.

ARTIGO 20.º
Entrada em vigor

O presente decreto-lei entra em vigor no 30.º dia seguinte ao da sua publicação.

Visto e aprovado em Conselho de Ministros de 14 de Junho de 2006.

DECRETO-LEI N.º 159/2006
de 8 de Agosto

Definição do conceito fiscal de prédio devoluto

A dinamização do mercado do arrendamento urbano e a reabilitação e renovação urbanas almejadas no Novo Regime do Arrendamento Urbano (NRAU), aprovado pela Lei n.º 6/2006, de 27 de Fevereiro, só podem ser alcançadas se resultarem de uma estratégia concertada de um conjunto de iniciativas legislativas, entre elas, a que permite responsabilizar os proprietários que não asseguram qualquer função social ao seu património, permitindo a sua degradação, através da penalização em sede fiscal dos proprietários que mantém os prédios devolutos.

Para tanto, o Governo foi autorizado pela Assembleia da República, nos termos da alínea *b)*, do n.º 1 e do n.º 3, do artigo 63.º da referida Lei n.º 6/2006, de 27 de Fevereiro, a proceder à definição de prédio ou fracção autónoma devoluta, para efeitos de aplicação da taxa do Imposto Municipal sobre Imóveis (IMI), ao abrigo do disposto no artigo 112.º do Código do Imposto Municipal sobre Imóveis (CIMI), na redacção que lhe foi dada pela mesma Lei n.º 6/2006, de 27 de Fevereiro.

Assim, para efeitos do presente decreto-lei, considera-se devoluto o prédio urbano ou a fracção autónoma que, durante um ano, se encontre desocupada, sendo indícios de desocupação a inexistência de contratos em vigor com empresas de telecomunicações, de fornecimento de água, gás e electricidade e a inexistência de facturação relativa a consumos de água, gás, electricidade, e telecomunicações.

Paralelamente, enunciam-se os casos em que, mesmo que exista a desocupação durante um ano, o prédio ou fracção autónoma não se considera devoluta para efeitos do presente decreto-lei, como por exemplo, no caso de se destinar a habitação por curtos períodos em praias, campo, termas e quaisquer outros lugares de vilegiatura, para arrendamento

302 *Novo Regime do Arrendamento Urbano*

temporário ou para uso próprio; durante o período em que decorrem obras de reabilitação, desde que certificadas pelos municípios; após a conclusão de construção ou emissão de licença de utilização que ocorreram há menos de um ano; tratar-se da residência em território nacional de emigrante português, tal como definido no artigo 3.° do Decreto-Lei n.° 323/95, de 29 de Novembro, considerando-se como tal a sua residência fiscal, na falta de outra indicação; ou que seja a residência em território nacional de cidadão português que desempenhe no estrangeiro funções ou comissões de carácter público ao serviço do Estado Português, de organizações internacionais, ou funções de reconhecido interesse público, e os respectivos acompanhantes autorizados, entre outras situações previstas neste decreto lei.

Do ponto de vista procedimental, os municípios procedem à identificação dos prédios urbanos ou fracções autónomas que se encontrem devolutos, e notificam o sujeito passivo do Imposto Municipal sobre Imóveis, para o domicílio fiscal, do projecto de declaração de prédio devoluto, para este exercer o direito de audição prévia e da decisão, nos termos e prazos previstos no Código de Procedimento Administrativo. A decisão de declaração de prédio ou fracção autónoma devoluta é sempre susceptível de impugnação judicial, nos termos gerais previstos no Código de Processo dos Tribunais Administrativos.

Por último, prevê-se um dever geral de cooperação de todas as entidades com os municípios, designadamente através do envio de informação solicitada tendo em vista apurar se determinado prédio urbano ou fracção autónoma se encontra devoluta. Em especial, as empresas de telecomunicações e de fornecimento de água, gás e electricidade, devem prestar aos municípios, mediante solicitação escrita, a informação necessária à identificação da existência de contratos de fornecimentos, ou de consumo, por cada um prédio urbano ou fracção autónoma, preferencialmente através de comunicação electrónica ou outro suporte informático.

Foram ouvidos os órgãos de governo próprio das Regiões Autónomas, a Associação Nacional dos Municípios Portugueses e a Comissão Nacional de Protecção de Dados.

Foram, ainda, ouvidas as várias associações com interesses no sector, designadamente a Associação Lisbonense de Proprietários, a Associação dos Inquilinos Lisbonense e a Associação dos Inquilinos do Norte, a Confederação do Comércio e Serviços de Portugal e a Confederação do Turismo Português, a Federação da Restauração, Cafés, Pastelarias e Similares de Portugal, a Federação Portuguesa da Indústria de Construção e Obras Públicas e a Federação Nacional de Comércio, a Ordem dos

Advogados, a Ordem dos Engenheiros e a Ordem dos Arquitectos, a Associação Portuguesa para a Defesa do Consumidor, e ainda várias entidades representativas das empresas de consultoria e avaliação imobiliária, de mediação mobiliária, de fundos de investimento e de fundos de pensões.

Assim:

No uso da autorização legislativa concedida pela alínea *b)* do n.º 1 e do n.º 3, do artigo 63.º da Lei n.º 6/2006, de 27 de Fevereiro, e nos termos da alínea *b)* do n.º 1 do artigo 198.º da Constituição, o Governo decreta o seguinte:

ARTIGO 1.º
Objecto

O presente decreto-lei estabelece os casos em que um prédio urbano ou fracção autónoma é considerado devoluto, para efeitos de aplicação da taxa do Imposto Municipal sobre Imóveis (IMI), ao abrigo do disposto no artigo 112.º do Código do Imposto Municipal sobre Imóveis (CIMI), aprovado pelo Decreto-Lei n.º 287/2003, de 12 de Novembro, na redacção que lhe foi dada pela Lei n.º 6/2006, de 27 de Fevereiro, que aprova o Novo Regime do Arrendamento Urbano.

Considerações Gerais:

O diploma em análise, surge na sequência do disposto na alínea *a)* do n.º 1 – conjugado com o n.º 3, do artigo 63.º da Lei n.º 6/2006, de 27 de Fevereiro. Em resumo: o Governo ficou autorizado a aprovar a definição do conceito fiscal de prédio devoluto, para efeitos de aplicação da taxa do imposto municipal sobre imóveis (IMI).

Face ao n.º 3 do artigo 112.º do Código do Imposto Municipal sobre Imóveis (CIMI), na redacção que lhe foi dada pelo artigo 7.º do NRAU, as taxas do IMI são elevadas ao dobro nos casos de prédios urbanos que se encontrem devolutos há mais de um ano.

Com o diploma em apreço, surge no ordenamento jurídico – para efeitos de aplicação do IMI –, a **"definição do conceito fiscal de prédio devoluto"**. Nestes termos, considera-se devoluto o prédio urbano ou a fracção autónoma que, durante um ano, se encontre desocupado, constituindo indícios de desocupação a inexistência de contratos em vigor com empresas de telecomunicações e de fornecimento de água, gás e electricidade, bem como a inexistência de facturação relativa a consumos de água, gás, electricidade e telecomunicações.

304 *Novo Regime do Arrendamento Urbano*

Como não há regra sem excepção[176], não se enquadra no "**conceito fiscal de prédio devoluto**", quando se: destine a habitação por curtos períodos em praias, campo, termas e quaisquer outros lugares de vilegiatura, para arrendamento temporário ou para uso próprio; durante o período de realização de obras de reabilitação, sob *conditio*, desde que certificadas pelo município competente; quando constitua a residência, em território nacional, de emigrante português, entre outras situações...

A partir deste momento, incumbe aos municípios a identificação de quaisquer prédios ou fracções autónomas que se enquadrem neste recente conceito. Posteriormente, devem notificar o sujeito passivo do IMI, do projecto de declaração de prédio devoluto, para este exercer o direito de audição prévia, nos termos e prazos previstos no Código do Procedimento Administrativo, e a decisão de declaração de prédio ou fracção autónoma devoluta é susceptível de impugnação judicial, nos termos e prazos previstos no Código de Processo nos Tribunais Administrativos.

Os efeitos fiscais previstos no diploma sub judice reportam-se, naturalmente, a partir do ano fiscal de 2007.

Vide, comentários ao artigo 1.º do NRAU.

ARTIGO 2.º
Noção

1. Para efeitos de aplicação da taxa do Imposto Municipal sobre Imóveis, considera-se devoluto o prédio urbano ou a fracção autónoma que, durante um ano, se encontre desocupada.

2. São indícios de desocupação:

a) A inexistência de contratos em vigor com empresas de telecomunicações, de fornecimento de água, gás e electricidade;

b) A inexistência de facturação relativa a consumos de água, gás, electricidade, e telecomunicações.

I – Referência histórica:

Norma inovadora em sede de direito *adjectivo*, e confinante ao direito *substantivo* constante do *instituto* do arrendamento urbano.

II – Comentários:

1. Como se retira do artigo em anotação, o seu n.º 2, retrata presunções, de natureza *júris tantum*.

Vide, anotação ao artigo 1.º NRAU.

---

[176] Nulla regula sine aceptione.

ARTIGO 3.º
Excepções

Não se considera devoluto o prédio urbano ou fracção autónoma:

a) Destinado a habitação por curtos períodos em praias, campo, termas e quaisquer outros lugares de vilegiatura, para arrendamento temporário ou para uso próprio;

b) Durante o período em que decorrem obras de reabilitação, desde que certificadas pelos municípios;

c) Cuja conclusão de construção ou emissão de licença de utilização ocorreram há menos de um ano;

d) Adquirido para revenda por pessoas singulares ou colectivas, nas mesmas condições do artigo 7.º do Código do Imposto Municipal Sobre as Transmissões Onerosas de Imóveis, aprovado pelo Decreto-Lei n.º 287/2003, de 12 de Novembro, bem como adquirido pelas entidades e nas condições referidas no artigo 8.º do mesmo Código, desde que, em qualquer dos casos, tenham beneficiado ou venham a beneficiar da isenção do imposto municipal sobre as transmissões onerosas de imóveis, e durante o período de três anos a contar da data da aquisição;

e) Que seja a residência em território nacional de emigrante português, tal como definido no artigo 3.º do Decreto-Lei n.º 323/95, de 29 de Novembro, considerando-se como tal a sua residência fiscal, na falta de outra indicação;

f) Que seja a residência em território nacional de cidadão português que desempenhe no estrangeiro funções ou comissões de carácter público ao serviço do Estado Português, de organizações internacionais, ou funções de reconhecido interesse público, bem como dos seus respectivos acompanhantes autorizados.

ARTIGO 4.º
Procedimento

1. A identificação dos prédios urbanos ou fracções autónomas que se encontrem devolutos compete aos municípios.

2. Os municípios notificam o sujeito passivo do Imposto Municipal sobre Imóveis, para o domicílio fiscal, do projecto de declaração de prédio devoluto, para este exercer o direito de audição prévia e da

306 *Novo Regime do Arrendamento Urbano*

decisão, nos termos e prazos previstos no Código de Procedimento Administrativo.

3. A comunicação da identificação dos prédios urbanos ou fracções autónomas considerados devolutos nos termos do presente decreto-lei e sujeitos ao dobro da taxa do IMI é efectuada, por transmissão electrónica de dados, pelos municípios no mesmo prazo previsto no artigo 112.º do CIMI para a comunicação da respectiva taxa anual.

4. A decisão de declaração de prédio ou fracção autónoma devoluta é susceptível de impugnação judicial, nos termos gerais previstos no Código de Processo dos Tribunais Administrativos.

ARTIGO 5.º
Dever de cooperação

1. Todas as entidades têm o dever de cooperar com os municípios, designadamente através do envio de informação solicitada tendo em vista apurar se determinado prédio urbano ou fracção autónoma se encontra devoluta.

2. As empresas de telecomunicações e de fornecimento de água, gás e electricidade, prestam aos municípios, mediante solicitação escrita, a informação necessária à identificação da existência de contratos de fornecimentos, ou de consumo, por cada prédio urbano ou fracção autónoma, preferencialmente através de comunicação electrónica ou outro suporte informático.

ARTIGO 6.º
Entrada em vigor

1. O presente decreto-lei entra em vigor no 30.º dia seguinte ao da sua publicação.

2. Os efeitos fiscais previstos no presente decreto-lei reportam-se ao ano de 2007 e seguintes.

Visto e aprovado em Conselho de Ministros de 8 de Junho de 2006.

DECRETO-LEI N.º 160/2006
de 8 de Agosto

Requisitos do Contrato de Arrendamento

Tendo sido aprovado o Novo Regime do Arrendamento Urbano (NRAU), pela Lei n.º 6/2006, de 27 de Fevereiro, importa publicar os diplomas necessários à sua completa aplicação. Entre esses encontra-se o decreto-lei que regula os elementos do contrato de arrendamento e os requisitos a que obedece a sua celebração, previsto no n.º 2 do artigo 1070.º, do Código Civil, na redacção que lhe foi dada pelo NRAU, o qual agora se publica.

A matéria do presente decreto-lei corresponde à que era tratada nos artigos 8.º e 9.º do RAU, sendo objecto de diploma autónomo em virtude da revogação daquele. Trata-se de matéria procedimental que não deve integrar o texto do Código Civil, o qual não se dedica a semelhante pormenorização a propósito de qualquer outro tipo contratual.

O presente decreto-lei estabelece que às partes é dada ampla liberdade na conformação do contrato de arrendamento, sendo poucos os elementos que dele necessariamente devem constar. Assim, são elementos suficientes para a celebração de um contrato de arrendamento – necessariamente reduzido a escrito quando de duração superior a seis meses – os seguintes: a identidade das partes; a identificação do local arrendado, a existência da licença de utilização, o valor da renda e a data da celebração. Com apenas estes elementos é possível a celebração de um contrato perfeito, pois o Código Civil estabelece um conjunto adequado de disposições supletivas, regulando os aspectos não contemplados expressamente pelas partes. Em casos particulares, devem ser inseridas outras cláusulas contratuais, por exemplo a referência ao regulamento de condomínio, quando existente.

308 *Novo Regime do Arrendamento Urbano*

Continua a exigir-se a licença de utilização para se poder dar de arrendamento um prédio urbano ou uma fracção autónoma, explicitando-se que compete às câmaras municipais a aplicação das coimas resultantes da falta dessa licença. De forma a garantir a harmonia do sistema jurídico, explicita-se que esta exigência só se coloca em relação os edifícios de construção posterior a 1951, data em que foram criadas as licenças de utilização. Para os edifícios anteriores, só a alteração da sua utilização ou o arrendamento para fim não habitacional são sujeitos a licença.

Assim, foram ouvidos os órgãos de governo próprio das Regiões Autónomas e a Associação Nacional dos Municípios Portugueses.

Foram, ainda, ouvidas as várias associações com interesses no sector, designadamente a Associação Lisbonense de Proprietários, a Associação dos Inquilinos Lisbonense e a Associação dos Inquilinos do Norte, a Confederação do Comércio e Serviços de Portugal e a Confederação do Turismo Português, a Federação da Restauração, Cafés, Pastelarias e Similares de Portugal, a Federação Portuguesa da Indústria de Construção e Obras Públicas e a Federação Nacional de Comércio, a Ordem dos Advogados, a Ordem dos Engenheiros e a Ordem dos Arquitectos, a Associação Portuguesa para a Defesa do Consumidor, e ainda várias entidades representativas das empresas de consultoria e avaliação imobiliária, de mediação mobiliária, de fundos de investimento e de fundos de pensões.

Assim:

Nos termos da alínea *a)* do n.º 1 do artigo 198.º da Constituição, o Governo decreta o seguinte:

ARTIGO 1.º

Objecto

O presente decreto-lei regula os elementos do contrato de arrendamento e os requisitos a que obedece a sua celebração, conforme previsto no n.º 2 do artigo 1070.º do Código Civil.

Considerações Gerais:

Em conformidade com a entrada em vigor do NRAU, o diploma em análise, aprovou os elementos do contrato de arrendamento urbano e os requisitos a que obedece a sua celebração. Esta matéria encontrava-se anteriormente tratada nos artigos 8.º e 9.º do RAU, recentemente revogados pelo n.º 1 do artigo 60.º do NRAU.

Atendendo ao novo dispositivo legal, sempre que o contrato de arrendamento urbano deva ser reduzido a escrito, isto é, quando possua duração superior a seis meses, deve conter obrigatoriamente os seguintes elementos: identificação das partes; identificação e localização do local arrendado, ou da sua parte; fim habitacional ou não habitacional, indicando quando para habitação não permanente o motivo da transitoriedade; existência da licença de utilização ou, referência a não ser aquela exigível; montante da renda; e, finalmente, a respectiva data de celebração.

Quando exigível (artigo 3.º do diploma em análise), o contrato de arrendamento urbano deve, ainda, mencionar outros elementos, entre eles: identificação dos locais de uso privativo do arrendatário, dos de uso comum a que ele tenha acesso e dos anexos arrendados com o objecto principal do contrato; regime de renda, ou da sua actualização; prazo, e a existência de regulamento da propriedade horizontal.

Naturalmente a omissão de algum ou alguns dos elementos – supra enunciados – não determina a invalidade ou a ineficácia do contrato, quando possam ser supridas nos termos gerais e desde que os motivos determinantes da forma se mostrem satisfeitos.

Por seu turno, importa distinguir e bem, a exigência de **licença de utilização**. Efectivamente, tal requisito é afastado no caso de edifícios cuja construção seja anterior à entrada em vigor do Regulamento Geral das Edificações Urbanas, aprovado pelo Decreto-Lei n.º 38 382, de 7 de Agosto de 1951. Nessas situações deve ser anexado ao contrato documento autêntico que demonstre a respectiva data de construção.

Quando as partes intervenientes na relação arrendatícia, aleguem urgência na celebração do contrato de arrendamento, a licença de utilização pode ser substituída por documento comprovativo de a mesma ter sido requerida.

Finalmente, na eventualidade de mudança de finalidade e o arrendamento para fim não habitacional de prédios ou fracções não licenciados devem ser sempre previamente autorizados pela câmara municipal competente.

ARTIGO 2.º
Conteúdo necessário

Do contrato de arrendamento urbano, quando deva ser celebrado por escrito, deve constar:

a) A identidade das partes, incluindo naturalidade, data de nascimento e estado civil;

b) A identificação e localização do arrendado, ou da sua parte;

c) O fim habitacional ou não habitacional do contrato, indicando, quando para habitação não permanente, o motivo da transitoriedade.

d) A existência da licença de utilização, o seu número, a data e a entidade emitente, ou a referência a não ser aquela exigível, nos temos do artigo 5.º;

e) O quantitativo da renda;

f) A data da celebração.

I – Referência histórica:

O preceito *sub judice* teve como procedência:

– Os artigos 8.º e 9.º do RAU.

II – Comentários:

Relativamente à alínea *d)* do artigo *sub judice*, cfr. com os n.ºs 2 e 3 do artigo 1067.º do Código Civil.

Vide, anotação ao artigo 1.º NRAU.

ARTIGO 3.º
Conteúdo eventual

1. O contrato de arrendamento urbano deve mencionar, quando aplicável:

a) A identificação dos locais de uso privativo do arrendatário, dos de uso comum a que ele tenha acesso e dos anexos que sejam arrendados com o objecto principal do contrato;

b) A natureza do direito do locador, sempre que o contrato seja celebrado com base num direito temporário ou em poderes de administração de bens alheios;

c) O número de inscrição na matriz predial ou a declaração de o prédio se encontrar omisso;

d) O regime da renda, ou da sua actualização;

e) O prazo;

f) A existência de regulamento da propriedade horizontal;

g) Quaisquer outras cláusulas permitidas por lei e pretendidas pelas partes, directamente ou por remissão para regulamento anexo.

2. Devem ser anexados ao contrato e assinados pelas partes os regulamentos a que se referem as alíneas *f)* e *g)* do número anterior e um documento onde se descreva o estado de conservação do local e suas

Decreto-Lei n.º 160/2006, de 8 de Agosto 311

dependências, bem como do prédio, aplicando-se, na sua falta ou em caso de omissão ou dúvida, o disposto no n.º 2 do artigo 1043.º do Código Civil.

I – Referência histórica:

Norma inovadora em sede de direito *adjectivo*, e confinante ao direito *substantivo* constante do *instituto* do arrendamento urbano.

ARTIGO 4.º
Omissão de elementos

A falta de algum ou alguns dos elementos referidos nos artigos 2.º e 3.º não determina a invalidade ou a ineficácia do contrato, quando possam ser supridas nos termos gerais e desde que os motivos determinantes da forma se mostrem satisfeitos.

I – Referência histórica:

Norma inovadora em sede de direito *adjectivo*, e confinante ao direito *substantivo* constante do *instituto* do arrendamento urbano.

ARTIGO 5.º
Licença de utilização

1. Só podem ser objecto de arrendamento urbano os edifícios ou suas fracções cuja aptidão para o fim pretendido pelo contrato seja atestado pela licença de utilização.

2. O disposto no número anterior não se aplica quando a construção do edifício seja anterior à entrada em vigor do Regulamento Geral das Edificações Urbanas, aprovado pelo Decreto-Lei n.º 38382, de 7 de Agosto de 1951, caso em que deve ser anexado ao contrato documento autêntico que demonstre a data de construção.

3. Quando as partes aleguem urgência na celebração do contrato, a licença referida no número anterior pode ser substituída por documento comprovativo de a mesma ter sido requerida com a antecedência mínima prevista na lei.

312   *Novo Regime do Arrendamento Urbano*

4. A mudança de finalidade e o arrendamento para fim não habitacional de prédios ou fracções não licenciados devem ser sempre previamente autorizados pela câmara municipal.

5. A inobservância do disposto nos n.ºs 1 a 4, por causa imputável ao senhorio, determina a sujeição do mesmo a uma coima não inferior a um ano de renda, observados os limites legais estabelecidos pelo Decreto-lei n.º433/82, de 27 de Outubro, salvo quando a falta de licença se fique a dever a atraso que não lhe seja imputável.

6. A coima prevista no número anterior constitui receita do município, competindo a sua aplicação ao presidente da câmara municipal, com a faculdade de delegação em qualquer dos vereadores.

7. Na situação prevista no n.º 5 o arrendatário pode resolver o contrato, com direito a indemnização nos termos gerais.

8. O arrendamento para fim diverso do licenciado é nulo, sem prejuízo, sendo esse o caso, da aplicação da sanção prevista no n.º 5 e do direito do arrendatário à indemnização.

9. Não se aplica o disposto nos números anteriores aos arrendamentos que tenham por objecto espaços não habitáveis ou utilizáveis para comércio, indústria ou serviços, nomeadamente para afixação de publicidade ou outro fim limitado.

I – Referência histórica:

Norma inovadora em sede de direito *adjectivo*, e confinante ao direito *substantivo* constante do *instituto* do arrendamento urbano.

ARTIGO 6.º
Início de vigência

O presente decreto-lei entra em vigor no dia seguinte ao da sua publicação.

Visto e aprovado em Conselho de Ministros de 8 de Junho de 2006.

DECRETO-LEI N.º 161/2006
de 8 de Agosto

Comissões Arbitrais Municipais

A Lei n.º 6/2006, de 27 de Fevereiro, aprovou o Novo Regime do Arrendamento Urbano (NRAU), reformando profundamente esta área do ordenamento jurídico. O NRAU contém o quadro essencial do regime do arrendamento urbano, remetendo-se para legislação complementar o tratamento de aspectos que, por motivos de técnica legislativa, não devem integrar o diploma principal. Entre esses diplomas complementares encontra-se o diploma que regula as Comissões Arbitrais Municipais, previstas no artigo 49.º do NRAU, e que ora se publica.

Pretende-se que as Comissões Arbitrais Municipais (CAM) desempenhem um papel de relevo na aplicação do NRAU, sobretudo no que concerne ao regime transitório destinado aos contratos de arrendamento mais antigos.

A relação arrendatícia, sobretudo nos contratos que vigoram há mais tempo, é fonte frequente de conflito entre as partes, sendo desejável a criação de meios de resolução desses conflitos alternativos aos tribunais. Assim, as CAM terão competência para dirimir alguns tipos de conflitos, nomeadamente os relativos a obras e à efectiva utilização do locado. Essa competência não abrange, em caso algum, a possibilidade de determinar a cessação do contrato.

As CAM desempenham também funções essenciais na determinação do nível de conservação do locado para efeito de actualização da renda. Cabe à CAM de cada município receber os pedidos de determinação, encaminhá-los para os técnicos que efectuarão as vistorias necessárias, e comunicar os resultados aos interessados. As CAM coordenam todo o processo de determinação do coeficiente de conservação, o qual tem reflexos no valor da renda a pagar.

314 *Novo Regime do Arrendamento Urbano*

As CAM desempenham ainda funções relevantes em matéria de recolha e encaminhamento de informação, de forma a permitir a monitorização da aplicação prática do NRAU.

De molde a permitir que a aplicação efectiva do NRAU seja possível de forma atempada em todo o território nacional, prevê-se que, transitoriamente, enquanto as CAM não estiverem instaladas em cada município, os Municípios possam desempenhar algumas das funções que àquelas são atribuídas, designadamente a promoção da determinação do coeficiente de conservação.

Assim, foram ouvidos os órgãos de governo próprio das Regiões Autónomas e a Associação Nacional dos Municípios Portugueses.

Foram, ainda, ouvidas as várias associações com interesses no sector, designadamente a Associação Lisbonense de Proprietários, a Associação dos Inquilinos Lisbonense e a Associação dos Inquilinos do Norte, a Confederação do Comércio e Serviços de Portugal e a Confederação do Turismo Português, a Federação da Restauração, Cafés, Pastelarias e Similares de Portugal, a Federação Portuguesa da Indústria de Construção e Obras Públicas e a Federação Nacional de Comércio, a Ordem dos Advogados, a Ordem dos Engenheiros e a Ordem dos Arquitectos, a Associação Portuguesa para a Defesa do Consumidor, e ainda várias entidades representativas das empresas de consultoria e avaliação imobiliária, de mediação mobiliária, de fundos de investimento e de fundos de pensões.

Assim:

Nos termos da alínea a) do n.º 1 do artigo 198.º da Constituição, o Governo decreta o seguinte:

SECÇÃO I
Composição e funcionamento

ARTIGO 1.º
Objecto

O presente decreto-lei regula as Comissões Arbitrais Municipais, adiante designadas por CAM, previstas no artigo 49.º do Novo Regime do Arrendamento Urbano (NRAU), aprovado pela Lei n.º 6/2006, de 27 de Fevereiro.

Considerações Gerais:

Na sequência da Lei 6/2006, de 27 de Fevereiro, o diploma em apreço, vem regular a competência, composição e, respectivo, financiamento das CAM.

Conforme resulta do anunciado no artigo 49.º do NRAU, as CAM têm como função acompanhar a avaliação dos prédios arrendados; coordenar a verificação dos coeficientes de conservação dos prédios; estabelecer os coeficientes intermédios a aplicar nos termos do n.º 4 do artigo 33.º do NRAU; arbitrar em matéria de responsabilidade pela realização de obras, valor das mesmas e respectivos efeitos no pagamento da renda; e desempenhar quaisquer outras competências atribuídas por lei.

Conforme resulta da conjugação dos artigos 4.º e 14.º, as CAM são constituídas por representantes da respectiva câmara municipal, do serviço de finanças, dos senhorios, dos arrendatários habitacionais e não habitacionais, da Ordem dos Engenheiros, da Ordem dos Arquitectos e da Ordem dos Advogados. Excepcionalmente, por um a três cidadãos com especial qualificação nos domínios da habitação ou da reabilitação urbana.

No âmbito das suas funções administrativas, compete-lhes: promover a determinação do nível e do coeficiente de conservação dos prédios arrendados; indicar os técnicos responsáveis pela determinação do nível de conservação, bem como, definir, a requerimento dos interessados, as obras necessárias para a obtenção de nível de conservação superior.

Saliente-se, de igual modo, algumas particularidades atinentes à *"determinação do coeficiente de conservação"* dos imóveis arrendados.

Assim, em conformidade com o n.º 2 do artigo 15.º deste diploma, destacam-se três situações:

a) Na eventualidade do estado de conservação do prédio se dever a obras licitamente efectuadas pelo arrendatário, aplicar-se-á o coeficiente de conservação inferior ao correspondente estado de conservação;

b) Contrariamente (degradação por actuação ilícita do arrendatário e/ou falta de manutenção), aplicar-se-á coeficiente de conservação superior;

c) Caso senhorio e arrendatário tiverem contribuído (entenda-se: efectuado) com obras de conservação, o coeficiente de conservação é determinado de acordo com a equidade, sendo intermédio em relação ao coeficiente correspondente ao estado de conservação efectivamente apresentado e ao coeficiente imediatamente inferior.

Por fim, atente-se ao artigo 16.º do presente diploma. Se ao imóvel for atribuído um nível de conservação "mau" ou "péssimo", tanto o senhorio como o arrendatário podem requerer à CAM a descrição das obras necessárias para atingir um nível de conservação "médio".

Finalmente, saliente-se que o recurso às CAM, para efeitos de *"determinação do coeficiente de conservação"*, para *"definição das obras necessárias para a obtenção de nível de conservação superior"* ou, ainda, para *"submissão de um litígio à decisão da CAM no âmbito da respectiva competência decisória"*, implica a liquidação de taxas em montantes fixados pela respectiva Assembleia Municipal ou previsto na lei.

Enquanto as CAM não estiverem instaladas, estas competências administrativas e de acompanhamento são atribuídas ao respectivo município.

ARTIGO 2.º
Natureza das CAM

As Comissões Arbitrais Municipais são entidades oficiais não judiciárias com autonomia funcional.

ARTIGO 3.º
Dever de colaboração

1. As autoridades administrativas têm o dever de colaborar com as CAM no exercício das suas atribuições.

2. O dever de colaboração incumbe igualmente às pessoas singulares e colectivas que para tal sejam solicitadas.

ARTIGO 4.º
Constituição das CAM

1. Cada CAM é constituída por:

a) Um representante da câmara municipal, que preside;

b) Um representante do serviço de Finanças;

c) Um representante dos senhorios, nomeado pela associação de senhorios;

d) Um representante dos arrendatários habitacionais, nomeado pelas associações de arrendatários;

e) Um representante dos arrendatários não habitacionais, podendo este ser nomeado por associações representativas de interesses económicos;

f) Um representante da Ordem dos Engenheiros;

g) Um representante da Ordem dos Arquitectos;

h) Um representante da Ordem dos Advogados;

i) Nas áreas metropolitanas de Lisboa e Porto e nos municípios com mais de 100.000 habitantes, podem ser cooptados pela comissão um a três cidadãos com especial qualificação nos domínios da habitação ou da reabilitação urbana.

Decreto-Lei n.º 161/2006, de 8 de Agosto　　　　317

2. Caso as associações representativas dos senhorios ou dos arrendatários não cheguem a acordo quanto aos representantes que lhes compete indicar, cabe à câmara municipal indicar os representantes de entre aqueles que tiverem sido propostos.

I – Referência histórica:

Norma inovadora em sede de direito *adjectivo*, e confinante ao direito *substantivo* constante do *instituto* do arrendamento urbano.

II – Comentários:

1. Relativamente à legitimidade processual ou *adjectiva*, conferida às *"associações representativas das partes"*, consultar o n.º 1 do artigo 13.º do NRAU.

Vide, anotação ao artigo 1.º NRAU.

ARTIGO 5.º
Designação dos membros

1. Os membros da CAM são nomeados pela entidade que representam, sendo a sua designação inicial efectuada no prazo de 30 dias a contar de solicitação efectuada nos termos do número seguinte.

2. Após a designação pela câmara municipal do seu representante, compete a este, como presidente e no prazo de 8 dias, solicitar às demais entidades representadas na CAM as designações necessárias.

3. Em caso de falta de designação por uma ou mais entidades, a CAM considera-se constituída desde que tenham sido designados cinco dos seus elementos, incluindo necessariamente o representante do serviço de finanças.

ARTIGO 6.º
Substituição

Os membros da CAM prestam serviço por tempo indeterminado, podendo ser substituídos:

a) Quando apresentem pedido de escusa ou aleguem impedimento;
b) Quando faltem, sem justificação, a três sessões seguidas ou cinco interpoladas;
c) Por iniciativa da entidade que os haja designado.

318 *Novo Regime do Arrendamento Urbano*

I – Referência histórica:

Norma inovadora em sede de direito *adjectivo*, e confinante ao direito *substantivo* constante do *instituto* do arrendamento urbano.

II – Comentários:

Veja-se, anotação ao artigo 1.º NRAU.

ARTIGO 7.º
Reuniões

1. A CAM reúne sempre que o julgue conveniente, estando presente a maioria dos seus membros.

2. Na falta do presidente, este é substituído pelo vogal designado pelo serviço de Finanças.

3. Na falta do secretário, o presidente designa, de entre os membros da CAM, quem o substitua.

4. As deliberações são tomadas por maioria, tendo o presidente, em caso de empate, voto de qualidade.

5. Ao funcionamento das CAM aplica-se o disposto no Código do Procedimento Administrativo sobre o funcionamento dos órgãos colegiais em tudo o que não contrariar o presente decreto-lei.

6. Na primeira reunião são escolhidos, por maioria absoluta de votos, os elementos que exercem funções de árbitro.

I – Referência histórica:

Norma inovadora em sede de direito *adjectivo*, e confinante ao direito *substantivo* constante do *instituto* do arrendamento urbano.

II – Comentários:

1. O n.º 1 do artigo em análise encontra-se em perfeita sintonia com o artigo 22.º do Código de Procedimento Administrativo.[177]

---

[177] Artigo 22.º Código de Procedimento Administrativo
(Quórum)

"1 – Os órgãos colegiais só podem, regra geral, deliberar quando esteja presente a maioria do número legal dos seus membros com direito a voto.

2 – Sempre que se não disponha de forma diferente, não se verificando na primeira convocação o quórum previsto no número anterior, será convocada nova reunião, com

Decreto-Lei n.º 161/2006, de 8 de Agosto 319

2. A previsão constante no n.º 3, deriva dos artigos 25.º e 26.º do Código de Procedimento Administrativo.[178]

> *"O voto de qualidade, atribuído ao presidente, consiste numa forma de resolver o impasse criado por uma votação empatada, considerando-se automaticamente desempatada a votação de acordo com o sentido em que o presidente tiver votado.*
>
> *É claro que, no contexto da votação nominal prevista na parte final do n.º 2 deste artigo, o presidente tem, em caso de novo empate, voto de qualidade, nos termos do disposto no n.º 1. Procurando muito embora preservar, enquanto for possível, o secretismo do voto, este preceito visa não protelar a tomada da deliberação para além daquilo que é razoável."[179]*

3. O funcionamento dos órgãos colegiais encontra-se previsto e regulado no artigo 14.º do Código de Procedimento Administrativo.[180]

---

o intervalo de, pelo menos, vinte e quatro horas, prevendo-se nessa convocatória que o órgão delibere desde que esteja presente um terço dos seus membros com direito a voto, em número não inferior a três."

[178] Artigo 25.º Código de Procedimento Administrativo
(Maioria exigível nas deliberações)
"1 – As deliberações são tomadas por maioria absoluta de votos dos membros presentes à reunião, salvo nos casos em que, por disposição legal, se exija maioria qualificada ou seja suficiente maioria relativa.
2 – Se for exigível maioria absoluta e esta se não formar, nem se verificar empate, proceder-se-á a nova votação e, se aquela situação se mantiver, adiar-se-á a deliberação para a reunião seguinte, na qual será suficiente a maioria relativa."
Artigo 26.º Código de Procedimento Administrativo
(Empate na votação)
"1 – Em caso de empate na votação, o presidente tem voto de qualidade, salvo se a votação se tiver efectuado por escrutínio secreto.
2 – Havendo empate em votação por escrutínio secreto, proceder-se-á imediatamente a nova votação e, se o empate se mantiver, adiar-se-á a deliberação para a reunião seguinte; se na primeira votação dessa reunião se mantiver o empate, proceder-se-á a votação nominal."
[179] In Código de Procedimento Administrativo, Anotado, 3.ª Edição, de Diogo Freitas do Amaral, João Caupers, João Martins Claro, João Raposo, Maria da Glória Dias Garcia, Pedro Siza Vieira e Vasco Pereira da Silva – Almedina, Março 2001, pág. 76 (anotação ao artigo 26.º).
[180] Artigo 14.º Código de Procedimento Administrativo
(Presidente e secretário)
"1 – Sempre que a lei não disponha de forma diferente cada órgão administrativo colegial tem um presidente e um secretário, a eleger pelos membros que o compõem.
2 – Cabe ao presidente do órgão colegial, além de outras funções que lhe sejam atribuídas, abrir e encerrar as reuniões, dirigir os trabalhos e assegurar o cumprimento das leis e a regularidade das deliberações.
3 – O Presidente pode, ainda, suspender ou encerrar antecipadamente as reuniões,

320   *Novo Regime do Arrendamento Urbano*

ARTIGO 8.º
Membros

1. Os membros da CAM desempenham as suas funções com imparcialidade e independência técnica.

2. Os membros da CAM consideram-se domiciliados no local onde esta tiver a sede.

3. Os membros da CAM previstos nas alíneas c) a i) do n.º 1 do artigo 4.º são remunerados mediante senhas de presença.

ARTIGO 9.º
Senhas de presença

1. Os membros da CAM cuja remuneração seja feita mediante senhas de presença têm direito a uma senha de presença por cada reunião, no valor correspondente a 2% do valor base da remuneração do presidente da câmara municipal.

2. O pagamento das senhas de presença é encargo do município.

ARTIGO 10.º
Impedimentos

1. Os membros da CAM estão impedidos de intervir em qualquer assunto relativo a prédios próprios ou em que seja interessada, a qualquer título, entidade de que sejam administradores ou colaboradores, ou a prédios em que sejam interessados seus ascendentes, descendentes ou parentes e afins até ao 4.º grau da linha colateral.

2. Os actos realizados em violação do disposto no número anterior são anulados pela CAM oficiosamente ou a requerimento dos interessados.

---

quando circunstâncias excepcionais o justifiquem, mediante decisão fundamentada, a incluir na acta da reunião.

*   4 – O Presidente, ou quem o substitua, pode interpor recurso contencioso e pedir a suspensão jurisdicional da eficácia das deliberações tomadas pelo órgão colegial a que preside que considere ilegais."*

I – Referência histórica:

Norma inovadora em sede de direito *adjectivo*, e confinante ao direito *substantivo* constante do *instituto* do arrendamento urbano.

II – Comentários:

1. O n.º 1 do artigo em análise prevê, situações de potenciais conflito de interesses.

2. No sentido garantir a imparcialidade dos membros da CAM, entendeu o legislador – contrariamente à alínea *b*) do n.º 1 do artigo 44.º do Código de Procedimento Administrativo[181] – elevar até ao 4.º grau da linha colateral, situações de impedimento.

> *"Conflito de interesses – verifica-se quando sobre um bem da vida incidem interesses de duas pessoas, os quais não podem ser ambos plenamente satisfeitos, devendo um ser sacrificado para outro ser plenamente satisfeito, ou devendo harmonizarem-se entre si restrições na sua utilização; ou então, no caso de bens não recíprocos, quando objecto dum interesse é um bem, que necessariamente implica uma vantagem para outra pessoa* (Castro Mendes, Dir. Processual Civil) 1980, 1.º-62)"[182]

> *"As garantias de imparcialidade constituem um corolário do princípio da imparcialidade da Administração (artigo 266.º, n.º 2, da Constituição e artigo 6.º do presente Código), implicando a proibição de os órgãos ou agentes da Administração tomarem decisões sobre assuntos em que estejam pessoalmente interessados, de forma directa ou indirecta, bem como o de celebrarem ou tomarem parte em contratos celebrados com a Administração. Apenas se exceptuam deste regime (conforme explicita o actual n.º 2), os actos de mero expediente, designadamente os certificativos, que não possuem natureza decisória, nem são susceptíveis de influenciar ou condicionar o desenrolar do procedimento, justificando-se por isso que não lhes sejam aplicáveis as regras de impedimento.*

---

[181] Artigo 44.º Código de Procedimento Administrativo
(Casos de impedimento)
"1 – Nenhum titular de órgão ou agente da Administração Pública pode intervir em procedimento administrativo ou em acto ou contrato de direito público ou privado da Administração Pública nos seguintes casos:

b) Quando, por si ou como representante de outra pessoa nele tenha interesse o seu cônjuge, algum parente ou afim em linha recta ou até ao 2.º grau da linha colateral, bem como qualquer pessoa com quem viva em economia comum."

[182] In *Dicionário de Conceitos e Princípios Jurídicos*, de João Melo Franco e Herlander Antunes Martins, Almedina, 3.ª Edição, pág. 217.

322 *Novo Regime do Arrendamento Urbano*

O presente artigo indica as situações em que o órgão se deve considerar impedido."[183]

"As causa de impedimento devem ser invocadas pelo próprio titular do órgão ou agente, embora qualquer interessado possa requerer a declaração de impedimento."[184]

ARTIGO 11.º
Apoio logístico e técnico

1. As instalações e os meios administrativos de apoio, humanos ou materiais, necessários ao funcionamento das CAM, são assegurados pelo município.

2. No desenvolvimento da sua actividade, as CAM podem ser apoiadas tecnicamente pelo Instituto Nacional da Habitação, podendo ser celebrados protocolos de cooperação para o efeito.

I – Referência histórica:

Norma inovadora em sede de direito *adjectivo*, e confinante ao direito *substantivo* constante do *instituto* do arrendamento urbano.

II – Comentário:

1. Com decorre dos artigos 8.º e 11.º do diploma em análise, as câmaras municipais disponibilizam instalações e meios administrativos.

2. Compete às Câmaras Municipais, a liquidação de taxas devidas, por força do disposto no n.º 2 do artigo 20.º do presente diploma.

---

[183] In *Código de Procedimento Administrativo*, Anotado, 3.ª Edição, de DIOGO FREITAS DO AMARAL, JOÃO CAUPERS, JOÃO MARTINS CLARO, JOÃO RAPOSO, MARIA DA GLÓRIA DIAS GARCIA, PEDRO SIZA VIEIRA e VASCO PEREIRA DA SILVA – Almedina, Março 2001, pág. 100 (anotação ao artigo 44.º).

[184] In *Código de Procedimento Administrativo*, Anotado, 3.ª Edição, de DIOGO FREITAS DO AMARAL, JOÃO CAUPERS, JOÃO MARTINS CLARO, JOÃO RAPOSO, MARIA DA GLÓRIA DIAS GARCIA, PEDRO SIZA VIEIRA e VASCO PEREIRA DA SILVA – Almedina, Março 2001, pág. 102 (anotação ao artigo 45.º).

SECÇÃO II
Competência

ARTIGO 12.º
Competência territorial

1. As CAM exercem a sua competência na área do município onde têm sede, sendo a competência territorial aferida em função da localização do prédio.

2. Nos municípios com mais de 100.000 habitantes, podem ser criadas, quando se justifique, mais de uma CAM, com competências numa ou mais freguesias, nos termos a definir por decisão da câmara municipal.

3. A faculdade conferida no número anterior está dependente, no que respeita à divisão territorial, da sua conjugação territorial com os serviços locais de finanças.

I – Referência histórica:

Norma inovadora em sede de direito *adjectivo*, e confinante ao direito *substantivo* constante do *instituto* do arrendamento urbano.

II – Comentários:

A competência das CAM, encontra-se absolutamente circunscrita à respectiva área de actuação.

Reproduz o princípio da lex rei sitae constante no Código de Registo Predial.

ARTIGO 13.º
Competência material

As CAM têm funções administrativas, decisórias e de acompanhamento, nos termos dos artigos seguintes.

ARTIGO 14.º
Competência administrativa

Compete às CAM, no exercício das suas funções administrativas:

a) Promover a determinação do nível e do coeficiente de conservação dos prédios;

324 *Novo Regime do Arrendamento Urbano*

b) Indicar os técnicos responsáveis pela determinação do nível de conservação, nos termos do Decreto-Lei n.º 156/2006, de 8 de Agosto;

c) Definir, a requerimento dos interessados, as obras necessárias para a obtenção de nível de conservação superior.

ARTIGO 15.º
Determinação do coeficiente de conservação

1. A determinação do coeficiente de conservação do locado tem por base o nível de conservação resultante da ficha de verificação do estado de conservação do edifício, nos termos da portaria a que se refere o n.º 2 do artigo 1.º do Decreto-Lei n.º 156/2006, de 8 de Agosto.

2. Na determinação do coeficiente de conservação aplicável a cada caso a CAM tem em consideração as seguintes circunstâncias:

a) A conservação do prédio dever-se a obras efectuadas licitamente pelo arrendatário, caso em que se aplica o coeficiente de conservação imediatamente inferior ao correspondente estado de conservação;

b) A degradação do prédio dever-se a actuação ilícita do arrendatário, ou a falta de manutenção por este quando o dever de manutenção lhe assistisse, caso em que se aplica coeficiente de conservação superior, determinado de acordo com a equidade;

c) Ambas as partes terem efectuado obras de conservação, caso em que o coeficiente de conservação é determinado de acordo com a equidade, sendo intermédio em relação ao coeficiente correspondente ao nível de conservação e ao coeficiente imediatamente inferior.

3. Para a definição do coeficiente de conservação a CAM pode solicitar às partes informação relativa às circunstâncias referidas nas alíneas do número anterior.

4. A determinação do nível e do coeficiente de conservação é válida durante três anos.

I – Referência histórica:

Norma inovadora em sede de direito *adjectivo*, e confinante ao direito *substantivo* constante do *instituto* do arrendamento urbano.

Decreto-Lei n.º 161/2006, de 8 de Agosto   325

II – Comentários:

Vide, n.º 2 do artigo 1.º da Portaria n.º 1192-B/2006, de 3 de Novembro (Ficha de avaliação do nível de conservação de edifícios).
Vide, n.º 1 do artigo 9.º da Portaria n.º 1192-B/2006, de 3 de Novembro (Ficha de avaliação do nível de conservação de edifícios).
Vide, n.º 2 do artigo 9.º da Portaria n.º 1192-B/2006, de 3 de Novembro (Ficha de avaliação do nível de conservação de edifícios).
Vide, n.º 4 do artigo 15.º da Portaria n.º 1192-B/2006, de 3 de Novembro (Ficha de avaliação do nível de conservação de edifícios).

ARTIGO 16.º
Definição das obras necessárias

1. Quando da avaliação resulte um nível de conservação *mau* ou *péssimo,* tanto o senhorio como o arrendatário podem requerer à CAM a descrição das obras a efectuar para se atingir o nível *médio.*

2. O senhorio pode ainda requerer:

a) Sendo atribuído ao prédio nível *médio* ou *bom,* a descrição das obras necessárias para se atingir nível superior;
b) A indicação da necessidade de desocupação do locado pelo arrendatário durante a realização das obras.

ARTIGO 17.º
Competência decisória

1. Compete às CAM decidir:

a) As reclamações relativas à determinação do coeficiente de conservação.
b) As questões levantadas por senhorios ou arrendatários relativas a obras a realizar no locado, nomeadamente quanto a responsabilidade, custo, compensação com o valor da renda, necessidade de desocupação e adequação do realojamento;
c) A falta de utilização do locado, nos termos e para os efeitos previstos no artigo 45.º e na alínea a) do artigo 56.º do NRAU;
d) Outras matérias previstas na Lei.

2. Para a decisão de cada procedimento é sorteado um árbitro de entre os elementos da CAM a quem tenham sido atribuídas essas

326 *Novo Regime do Arrendamento Urbano*

funções, o qual pode solicitar aos demais membros da CAM a colaboração que entenda útil.

3. Nas áreas metropolitanas de Lisboa e Porto e nos municípios com mais de 100.000 habitantes, a CAM pode, quando o número de pedidos de arbitragem o justifique, recorrer a pessoas que não a integrem para desempenhar as funções de árbitro.

4. As decisões proferidas pela CAM têm o valor de decisões arbitrais e delas cabe recurso para o tribunal de comarca.

5. O recurso referido no número anterior tem efeito meramente devolutivo e conhece matéria de facto e de direito.

I – Referência histórica:

Norma inovadora em sede de direito *adjectivo*, e confinante ao direito *substantivo* constante do *instituto* do arrendamento urbano.

II – Comentários:

Vide, n.º 1 do artigo 15.º da Portaria n.º 1192-B/2006, de 3 de Novembro (Ficha de avaliação do nível de conservação de edifícios).

ARTIGO 18.º
Procedimento decisório

1. O procedimento inicia-se pela apresentação de requerimento escrito, com indicação do nome e do domicílio do senhorio e do arrendatário, bem como do local arrendado, contendo a exposição sucinta dos factos, o pedido e a indicação do valor atribuído à questão.

2. O requerimento pode ser subscrito simultaneamente pelo senhorio e pelo arrendatário, contendo neste caso a exposição das posições de ambas as partes.

3. O mesmo procedimento pode ser usado por um senhorio em relação a vários arrendatários, quando as questões a resolver sejam idênticas para todos eles.

4. Não sendo o requerimento subscrito por ambas as partes, a outra parte é citada para, em 10 dias, dizer o que lhe aprouver, sendo-lhe enviada cópia do requerimento apresentado.

5. A resposta é apresentada por escrito, sendo imediatamente notificada à contraparte.

6. As citações são efectuadas por via postal ou pessoalmente pelo funcionário; as notificações podem ser também efectuadas por telefone, telecópia, correio electrónico ou via postal, e são dirigidas para o domicílio ou local de trabalho do citando ou notificando ou, no caso do arrendatário, para o local arrendado.

7. Reunidas as posições das partes, ou esgotado o prazo de resposta, o processo é distribuído ao árbitro, o qual determina um dia para audiência, e o faz notificar, não podendo esse dia distar mais de 15 dias da data da notificação.

8. A audiência inicia-se com a tentativa de conciliação das partes, precedida, quando conveniente, de breve exposição sobre os termos do litígio.

9. Se as partes chegarem a acordo, é este reduzido a escrito e assinado por todos os intervenientes, para imediata homologação pelo árbitro.

10. Na falta de acordo, as partes apresentam imediatamente os meios de prova que entenderem, com o limite de 3 testemunhas apresentadas por cada parte.

11. Quando o considere necessário à decisão, o árbitro pode determinar inspecção ao local, por si ou por membro da CAM por si designado, suspendendo-se a audiência até nova data.

12. A falta do requerente equivale à desistência do pedido, e a do requerido à sua confissão, excepto se, em três dias, a falta for justificada, caso em que se marcará nova, e última, data para a audiência.

13. A decisão é proferida na audiência de julgamento e reduzida a escrito, dela constando uma sucinta fundamentação, sendo imediata e pessoalmente notificada às partes.

328   *Novo Regime do Arrendamento Urbano*

I – Referência histórica:

Norma inovadora em sede de direito *adjectivo*, e confinante ao direito *substantivo* constante do *instituto* do arrendamento urbano.

II – Comentários:

Vide, n.º 4 do artigo 15.º da Portaria n.º 1192-B/2006, de 3 de Novembro (Ficha de avaliação do nível de conservação de edifícios).

ARTIGO 19.º
Acompanhamento

Compete às CAM, no exercício das suas funções de acompanhamento:

- *a)* Recolher e tratar informação relativa ao estado de conservação dos prédios arrendados do município;
- *b)* Recolher e tratar informação relativa aos resultados das avaliações feitas;
- *c)* Informar os interessados acerca dos procedimentos relativos à actualização de rendas;
- *d)* Aprovar o relatório anual de actividades e avaliação elaborado pelo presidente e enviá-lo à assembleia municipal.

ARTIGO 20.º
Taxas

1. São devidas taxas pela determinação do coeficiente de conservação, pela definição das obras necessárias para a obtenção de nível de conservação superior e pela submissão de um litígio a decisão da CAM no âmbito da respectiva competência decisória.

2. As taxas previstas no número anterior constituem receita municipal, a afectar ao funcionamento da CAM.

3. As taxas previstas no n.º 1 têm os valores seguintes, se a assembleia municipal não fixar valores distintos:

- *a)* 1 Unidade de Conta (UC), tal como definida no n.º 2 do artigo 5.º do Decreto-Lei n.º 212/89, de 30 de Junho, pela determinação do coeficiente de conservação;

Decreto-Lei n.º 161/2006, de 8 de Agosto 329

b) ½ UC pela definição das obras necessárias para a obtenção de nível de conservação superior;

c) 1 UC pela submissão de um litígio a decisão da CAM.

4. As taxas previstas nas alíneas a) e b) do número anterior são reduzidas a ¼ quando se trate de várias unidades de um mesmo edifício, para cada unidade adicional à primeira.

5. Pela submissão de um litígio a decisão da CAM é devida metade da taxa por cada uma das partes, sendo o pagamento efectuado pelo requerente juntamente com a apresentação do requerimento inicial, e pelo requerido no momento da apresentação da defesa.

6. O pagamento das restantes taxas previstas neste artigo é efectuado simultaneamente com a apresentação do requerimento a que respeitem.

I – Referência histórica:

Norma inovadora em sede de direito *adjectivo*, e confinante ao direito *substantivo* constante do *instituto* do arrendamento urbano.

II – Comentários:

Vide, anotação ao artigo 11.º do presente diploma.

SECÇÃO III
Disposições finais e transitórias

ARTIGO 21.º
Norma transitória

Enquanto não estiverem instaladas as CAM:

a) As competências administrativas e de acompanhamento previstas neste decreto-lei são atribuídas ao município;

b) Os litígios enquadráveis no n.º 1 do artigo 17.º são dirimidos, nos termos da legislação aplicável, pelos tribunais judiciais ou pelos julgados de paz, aplicando-se quanto aos tribunais judiciais e com as necessárias adaptações, o regime previsto nos artigos 1.º a 5.º do anexo que se refere o artigo 1.º do Decreto-Lei n.º 269/ /98, de 1 de Setembro.

ARTIGO 22.º
Entrada em vigor

O presente decreto-lei entra em vigor no 30.º dia seguinte ao da sua publicação.

Visto e aprovado em Conselho de Ministros de 8 de Junho de 2006.

COEFICIENTE DE ACTUALIZAÇÃO DAS RENDAS 2007

AVISO N.º 9635/2006 (2.ª Série)
de 07-09 *

O artigo 24.º da Lei 6/2006, de 27 de Fevereiro, que aprova o Novo Regime do Arrendamento Urbano (NRAU), atribui ao Instituto Nacional de Estatística o apuramento do coeficiente de actualização anual de renda dos diversos tipos de arrendamento, o qual deve constar de aviso a ser publicado no *Diário da República* até 30 de Outubro.

Nestes termos, torna-se público, em cumprimento do disposto no n.º 2 do artigo 24.º da Lei n.º 6/2006, de 27 de Fevereiro, que o coeficiente de actualização dos diversos tipos de arrendamento, para vigorar no ano civil de 2007, é de 1,031.

24 de Agosto de 2006

A Presidente, *Alda de Caetano Carvalho.*

---

* Redacção da Declaração de Rectificação n.º 1579/2006.

PORTARIA N.º 1151/2006
de 30 de Outubro

**Factores de correcção extraordinária das rendas
habitacionais 2007**

Manda o Governo, pelos Ministros de Estado e das Finanças e do
Ordenamento do Território e do Desenvolvimento Regional, em conformidade com o disposto no n.º 2 do artigo 12.º da Lei n.º 46/85, de 20 de
Setembro, e no artigo 17.º do Decreto-Lei n.º 13/86, de 23 de Janeiro, por
força do artigo 9.º do Decreto-Lei 321-B/90, de 15 de Outubro, o seguinte:

1.º

Os factores de correcção extraordinária das rendas referidas no artigo 11.º da Lei 46/85, de 20 de Setembro, actualizados nos termos do
n.º 1 do artigo 12.º da mesma lei pela aplicação do coeficiente 1,031
fixado por aviso público pelo Instituto Nacional de Estatística no Diário
da República, são os constantes da tabela I anexa à presente portaria.

2.º

Os factores acumulados a que se referem os n.ºs 3 e 4 do artigo 12.º
da Lei 46/85, de 20 de Setembro, e resultantes da correcção extraordinária
nos 22 primeiros anos – 1986 a 2007 – são os constantes da tabela II

3.º

Os factores a aplicar no ano civil de 2007, nos termos do n.º 4 do artigo
12.º da Lei 46/85, de 20 de Setembro, são os constantes da tabela III.

4.º

Os factores referidos no número anterior podem ser aplicados a partir de Janeiro de 2007 cumpridas que sejam as formalidades previstas no artigo 3.º do Decreto-Lei n.º 13/86, de 23 de Janeiro, com a redacção conferida pelo artigo único do Decreto-Lei n.º 9/88, de 15 de Janeiro.

Em 20 de Outubro de 2006.

O Ministro de Estado e das Finanças, *Fernando Teixeira dos Santos*. – O Ministro do Ambiente, do Ordenamento do Território e do Desenvolvimento Regional, *Francisco Carlos da Graça Nunes Correia*.

TABELA I

Tabela a que se refere o artigo 11.º da Lei n.º 46/85, de 20 de Setembro, actualizada nos termos do n.º 1 do artigo 12.º pela aplicação do coeficiente de 1,031

Ano da última fixação da renda (anterior ao início da correcção extraordinária)	Factores globais de correcção extraordinária				
	Municípios de Lisboa e Porto				Restantes municípios
	Sem porteira e sem elevador	Sem porteira e com elevador	Com porteira e sem elevador	Com porteira e com elevador	
Antes de 1955	18,88	20,76	22,62	24,47	
De 1955 a 1959	17,36	18,88	20,48	21,97	
1960	16,18	17,50	18,84	18,84	
1961	14,23	15,14	16,07	17,02	10,12
1962	13,42	14,23	14,98	15,74	
1963	13,40	14,21	14,93	15,67	
1964	12,63	13,05	13,86	14,42	
1965	11,53	11,96	12,40	12,89	
1966	9,66	10,19	10,44	10,63	
1967			9,24		
1968			8,66		
1969			8,54		10,03
1970			7,71		9,08
1971			7,64		9,01
1972			7,29		8,61
1973			6,76		7,92
1974			6,16		6,50
1975			4,79		4,79
1976			4,25		4,25
1977			3,81		3,81
1978			3,70		3,70
1979			3,50		3,50

Portaria n.º 1151/2006, de 30 de Outubro

TABELA II

Factores acumulados resultantes da correcção extraordinária nos 22 primeiros anos (1986 a 2007)

Ano da última fixação da renda (anterior ao início da correcção extraordinária)	Factores globais de correcção extraordinária				
	Municípios de Lisboa e Porto				Restantes municípios
	Sem porteira e sem elevador	Sem porteira e com elevador	Com porteira e sem elevador	Com porteira e com elevador	
Antes de 1960	15,15	16,62	17,83	19,29	
1960	14,22	15,44	16,62	17,83	
1961	12,55	13,25	14,26	14,99	10,12
1962	12,03	12,55	13,25	13,98	
1963	12,03	12,55	13,25	13,98	
1964	11,31	12,03	12,55	13	
1965	10,85	11,10	11,58	12,03	
1966	9,40	9,65	9,88	10,13	
1967			9,16		
1968			8,66		
1969			8,54		10,03
1970			7,71		9,08
1971			7,64		9,01
1972			7,29		8,61
1973			6,76		7,92
1974			6,16		6,50
1975			4,79		4,79
1976			4,25		4,25
1977			3,81		3,81
1978			3,70		3,70
1979			3,50		3,50

TABELA III

Factores de correcção extraordinária a aplicar a partir de Janeiro de 2007, nos termos do n.º 4 do artigo 12.º da Lei n.º 46/85, de 20 de Setembro

Ano da última fixação da renda (anterior ao início da correcção extraordinária)	Factores globais de correcção extraordinária				
	Municípios de Lisboa e Porto				Restantes municípios
	Sem porteira e sem elevador	Sem porteira e com elevador	Com porteira e sem elevador	Com porteira e com elevador	
Antes de 1968		1,0465			1,0465
1968		1,040			1,0465
1969 e 1970		1,031			1,036
De 1971 a 1979		1,031			1,031

PORTARIA N.º 1152/2006
de 30 de Outubro

Preço de construção da habitação para efeitos de cálculo da renda condicionada 2007

Manda o Governo, pelo Ministério do Ambiente, do Ordenamento do Território e do Desenvolvimento Regional, que durante o ano de 2007 os valores do preço da habitação para efeitos de cálculo da renda condicionada, a que se refere o n.º 1 do artigo 4.º do Decreto-Lei 329-A/ /2000, de 22 de Dezembro, sejam, consoante as zonas do País constantes do quadro anexo, os seguintes:

Zona I   – € 703,69 por metro quadrado da área útil;
Zona II – € 615,12 por metro quadrado da área útil;
Zona III – € 557,29, por metro quadrado da área útil.

O Ministro do Ambiente, do Ordenamento do Território e do Desenvolvimento Regional, Francisco Carlos da Graça Nunes Correia, em 20 de Outubro de 2006.

QUADRO ANEXO

Zona I:

Concelhos sede de distrito;
Concelhos de Amadora, Oeiras, Loures, Odivelas, Cascais, Sintra, Vila Franca de Xira, Matosinhos, Gondomar, Vila Nova de Gaia, Valongo, Maia, Vila do Conde, Póvoa do Varzim, Almada, Barreiro, Seixal, Moita e Montijo.

Zona II:

Concelhos de Torres Vedras, Alenquer, Santiago do Cacém, Sines, Espinho, Ílhavo, São João da Madeira, Guimarães, Vizela, Covilhã, Figueira da Foz, Lagos, Olhão, Loulé, Albufeira, Vila Real de Santo António, Portimão, Caldas da Rainha, Peniche, Elvas, Entroncamento, Torres Novas, Tomar, Chaves, Peso da Régua, Sesimbra, Palmela, Silves, Abrantes e Estremoz.

Zona III:

Restantes concelhos do continente.

PORTARIA N.º 1192-A/2006
de 3 de Novembro

A aprovação do Novo regime do Arrendamento Urbano, através da Lei n.º 6/2006, de 27 de Fevereiro, uma das medidas prioritárias do XVII Governo Constitucional que visa fundamentalmente assegurar a dinamização do mercado de arrendamento e a reabilitação urbana, foi recentemente complementada por um conjunto de diplomas legais que concretizou os objectivo em causa. A presente portaria procede à regulamentação dos procedimentos relativos à actualização das rendas relativas a contratos de arrendamento habitacionais celebrados antes da entrada em vigor do Decreto-Lei n.º 321-B/90, de 15 de Outubro (RAU), e não habitacionais celebrados antes da vigência do Decreto-Lei n.º 257/ /95, de 30 de Setembro, em especial, os pedidos de avaliações fiscais dos prédios e a determinação do seu nível de conservação. Regulamenta ainda os processos relativos aos pedidos de atribuição do subsídio de renda ao arrendatário e as demais diligências legalmente previstas que o senhorio e o arrendatário podem solicitar ou promover junto da Administração Pública.

Para tanto, é aprovado um modelo único simplificado, pelo qual o Governo pretende que todas as diligências acima referidas sejam executadas de acordo com o programa SIMPLEX, através da simplificação do relacionamento entre os cidadãos ou empresas e o Estado, da desmaterialização dos procedimentos, da comunicação em rede entre os serviços da Administração Pública envolvidos, evitando-se dessa forma pedir aos cidadãos e às empresas a entrega de documentos ou informações de que o Estado já dispõe, contribuindo para o desenvolvimento do Plano Tecnológico e para a redução dos custos de contexto.

Consagra-se um modelo que, por um lado, é único, porque elimina a necessidade de preenchimento de vários formulários, aos quais correspondiam os diversos pedidos e comunicações, a dirigir a diferentes entidades, com vantagem para senhorios e arrendatários, que desta forma podem fazer um ou mais pedidos ou comunicações, através do mesmo modelo e no mesmo acto. Por outro lado, trata-se de um modelo simplificado, pois é de fácil compreensão, e congrega todos os pedidos e comunicações legalmente previstas, permitindo, na grande maioria dos casos, que o utilizador identifique a sua pretensão através da simples aposição de cruzes nos quadrados disponíveis para o efeito.

Relativamente ao universo de pedidos e comunicações, é de destacar que através do modelo único simplificado o senhorio pode reunir os pressupostos da actualização da renda antiga, ou seja, pode solicitar a avaliação fiscal do locado, nos termos do Código de Imposto Municipal sobre Imóveis (CIMI), pedir a determinação do nível de conservação do prédio urbano ou de uma fracção autónoma em causa, nos termos dos artigos 35.º do NRAU e 2.º do Decreto-Lei n.º 156/2006, de 8 de Agosto. O senhorio pode ainda comunicar a dispensa da determinação do nível de conservação nos termos do artigo 7.º do Decreto-Lei n.º 156/2006, de 8 de Agosto, indicando, quando aplicável, o recurso à faculdade concedida no artigo 27.º do Decreto-Lei n.º 157/2006, de 8 de Agosto. O senhorio pode ainda, entre outras diligências, solicitar comprovativo de que o rendimento anual bruto corrigido (RABC) do agregado familiar do arrendatário é superior a 15 retribuições mínimas nacionais anuais (RMNA), ao abrigo dos artigos 44.º do NRAU e 5.º do Decreto-Lei 158/ /2006, de 8 de Agosto.

Por seu turno, o arrendatário pode utilizar o modelo único simplificado tendo em vista solicitar a realização de nova avaliação fiscal do locado, nos termos do artigo 37.º do NRAU, obter o comprovativo de que o RABC do seu agregado familiar é inferior a 3 ou a 5 RMNA, ao abrigo dos artigos 37.º e 44.º do NRAU, ou o comprovativo de que se trata de uma microempresa, nos termos do artigo 53.º do NRAU. É ainda de salientar a possibilidade de o arrendatário requerer a determinação do nível de conservação, ao abrigo do disposto nos artigos 48.º do NRAU e 2.º do Decreto-Lei n.º 156/2006, de 8 de Agosto, e atribuição do subsídio de renda, nos termos do artigo 7.º do Decreto-Lei n.º 158/2006, de 8 de Agosto, e bem assim comunicar qualquer alteração dos pressupostos de atribuição do subsídio de renda, nos termos do artigo 14.º do Decreto- -Lei n.º 158/2006, de 8 de Agosto.

Por último, a entrega do modelo único simplificado pode ser feita presencialmente, junto dos serviços de finanças, das comissões arbitrais municipais (CAM) ou, se aquelas não estiverem constituídas, junto dos municípios, e dos serviços de segurança social, consoante o tipo de pedido ou de comunicação a realizar.

No prazo de 30 dias a contar da entrada em vigor da presente portaria, os procedimentos serão totalmente desmaterializados, através da disponibilização no endereço na Internet www.portaldahabitação.pt/nrau de todas as funcionalidades necessárias aos senhorios, aos arrendatários e aos vários serviços da Administração Pública, através do qual todos poderão formular pedidos, proceder a comunicações e saber, em cada momento, em que fase se encontra o pedido ou comunicação feita no âmbito do NRAU. Com efeito, os procedimentos relativos à execução do NRAU serão efectuados através de uma plataforma de integração on-line, gerida pelo Instituo Nacional da Habitação (INH), pela qual se assegurará a imediata recepção de pedidos e comunicações em tempo real, o seu célere tratamento pelas várias entidades participantes da plataforma de integração, e a comunicação interna pelos serviços da Administração Pública, e entre estes e os cidadãos e as empresas.

A desmaterialização dos procedimentos através da disponibilização da plataforma de integração *on-line* implica que os pedidos e comunicações efectuados presencialmente junto dos serviços sejam efectuados verbalmente, perante o funcionário, o qual procederá ao imediato preenchimento do modelo único simplificado na plataforma de integração. Desta forma, assegura-se a imediata inserção do pedido ou da comunicação na plataforma e sua recepção pela entidade que tem de proceder às diligências solicitadas, sejam os serviços de finanças, as CAM, os municípios, os serviços de segurança social ou o próprio INH. A recolha informática dos dados da plataforma de integração *on-line* é essencial à monitorização das medidas de execução do NRAU e respectiva legislação complementar, a realizar no seio do futuro Observatório da Habitação e da Reabilitação Urbana.

Foram ouvidas a Associação dos Municípios Portugueses, a Ordem dos Engenheiros e a Ordem dos Arquitectos.

Assim:

Manda o Governo, pelos Ministros de Estado e da Administração Interna, de Estado e das Finanças, do Ambiente, do Ordenamento do Território e do Desenvolvimento Regional e do Trabalho e da Solidariedade Social, ao abrigo do disposto na Lei n.º 6/2006, de 27 de Fevereiro, que aprovou o Novo Regime do Arrendamento Urbano (NRAU), e dos Decretos-Leis n.ºs 156/2006, 157/2006, 158/2006 e 161/2006, de 8 de Agosto, o seguinte:

ARTIGO 1.º

Objecto

São aprovados o modelo único simplificado e as instruções de preenchimento, publicadas em anexo, e bem assim os procedimentos relativos à sua entrega, através do qual o senhorio e o arrendatário formulam os pedidos e procedem às comunicações previstas nos artigos 2.º e 3.º.

Considerações Gerais:

1. Em primeiro lugar, trata-se de uma Portaria inovadora, em sede de Administração Pública.

2. Em segundo lugar, saliente-se igualmente a inexistência de qualquer tipo de doutrina ou jurisprudência, associada à presente Portaria.

3. Em terceiro lugar, cria – objectivamente – as condições necessárias para a almejada **actualização extraordinária de rendas** prevista nas **normas transitórias** do NRAU.

Paralelamente, e, em moldes muito sintéticos, a presente Portaria, ao aprovar um *modelo único simplificado* pretende, essencialmente, suprimir a constante necessidade de preenchimento de diversos formulários (*requerimentos*), a endereçar – quer pelos proprietário(s)/*senhorio*(s), quer pelos *arrendatário*(s) – a múltiplas entidades.

4. Deste modo, tendo em vista – *in futurum*[185] – a desmaterialização de procedimentos verifica-se a disponibilização por via de uma plataforma de integração *on-line*, gerida pelo Instituto Nacional da Habitação (INH), no endereço na Internet **www.portaldahabitacao.pt/nrau**.

5. Através deste *modelo*, os proprietário(s)/*senhorio*(s) podem proceder a todas e quaisquer diligências que considerem necessárias para promover a aludida actualização extraordinária de rendas. Maxime[186]:

a) Solicitar a avaliação fiscal do imóvel arrendado, nos termos do disposto no Código do Imposto Municipal sobre Imóveis;

b) Solicitar a determinação do nível de conservação do prédio urbano ou da fracção autónoma em questão;

---

[185] No futuro; para o futuro.
[186] Sobretudo, principalmente, especialmente.

Portaria n.º 1192-A/2006, de 3 de Novembro 343

c) Comunicar a dispensa da determinação do nível de conservação, nos termos do artigo 7.º do Decreto-Lei n.º 156/2006, de 8 de Agosto.

d) Solicitar comprovativo do RABC (Rendimento Anual Bruto Corrigido) do agregado familiar do arrendatário superior a 15 RMNA (Retribuições Mínimas Nacionais Anuais).

6. Antagonicamente, pode o arrendatário:

a) Solicitar a realização de nova avaliação fiscal do locado, nos termos do disposto no n.º 6 do artigo 37.º do NRAU;

b) Obtenção de RABC do agregado familiar inferior a 3 ou 5 RMNA;

c) Sendo o arrendatário uma sociedade, obter comprovativo de microempresa, para os efeitos do disposto no artigo 53.º do NRAU;

d) Solicitar determinação do nível de conservação do locado, nos termos e para os efeitos do n.º 1 do artigo 48.º do NRAU;

e) Solicitar subsídio de renda, ao abrigo do artigo 7.º do Decreto-Lei n.º 158//2006, de 8 de Agosto.

7. Por outro lado, permite *"saber, em cada momento, em que fase se encontra o pedido ou comunicação feita no âmbito do NRAU"*. Ou seja, concede aos proprietário(s)/*senhorio*(s) e, arrendatário(s)/*inquilino*(s), um maior e melhor acompanhamento.

8. Face às considerações precedentes e, para uma melhor elucidação, relativamente às vantagens de utilização do **modelo único simplificado**, observemos o seguinte quadro exemplificativo:

Novo Regime do Arrendamento Urbano

Entidade	Senhorio		Arrendatário	
	Pedido	Comunicação	Pedido	Comunicação
Finanças	– Avaliação fiscal do locado (art. 35.º a) do NRAU); – Comprovativo RABC (art.44.º/3 NRAU e art. 5.º/5 e 6 DL158/2006)		– Nova avaliação (art. 37.º/6 do NRAU); – Comprovativo RABC (art.37.º/3 a), art. 44.º/1 do NRAU e art. 5.º/ 5 e 6 do DL158/ 2006); – Comprovativo Microempresa (art. 52.º/2 a) e 3 do NRAU)	– Denúncia do contrato de arrendamento (art. 37.º n.º 5 do NRAU)
Município	– Nível de conservação Prédio/fracção (arts 2.º/1 a) e 7.º/5 do DL 156/ 2006) – Nível de conservação total edifício (art. 27.º do DL 157/2006)	– Nível de conservação • (art. 7.º/1 a 3 do DL156/ 2006); • (art. 27.º do DL 157/2006)	– Nível de conservação prédio/ fracção (art.48.º/1NRAU e art.2.º/1 b) do DL 156/2006)	– Denúncia do contrato arrendamento (art. 37.º/ 5 do NRAU)
Seg. Social			– Subsídio de renda (art. 46.º/1 NRAU e art. 7.º/1 e 2 do DL 158/2006)	Alterações: – pressupostos Sub. Renda; • Rendimentos do agregado familiar • Factores do RABC (art. 14.º/1 e 2 do DL 158/ 2006) – Falecimento titular sub. Renda (art. 14.º/4 DL158/2006)

ARTIGO 2.º

Pedidos e comunicações do senhorio

1. O senhorio preenche o modelo único simplificado quanto pretenda:

a) Solicitar a avaliação fiscal do locado efectuada nos termos do Código do Imposto Municipal sobre Imóveis (CIMI), prevista na aliena a) do artigo 35.º do Novo Regime do Arrendamento Urbano (NRAU);

b) Obter o documento comprovativo de que o agregado familiar do arrendatário dispõe de um rendimento anual bruto corrigido (RABC) superior ou inferior a 15 retribuições mínimas nacionais anuais (RMNA), tal como previsto no n.º 3 do artigo 44.º do NRAU, e nos n.ºs 5 e 6 do artigo 5.º do Decreto-Lei n.º 158/2006, de 8 de Agosto.

c) Requerer a determinação do nível de conservação de um prédio urbano ou de uma fracção autónoma, prevista na alínea a) do n.º 1 do artigo 2.º, e no n.º 5 do artigo 7.º, ambos do Decreto-Lei n.º 156/2006, de Agosto, e ainda o nível de conservação da totalidade do edifício, nos termos do artigo 27.º do Decreto-Lei n.º 157/2006, de 8 de Agosto.

2. O modelo único de simplificação é ainda utilizado quando o senhorio proceda às seguintes comunicações:

a) Valor da renda cessante, o valor da renda nova, data da comunicação ao arrendatário do aumento da renda, o período de faseamento de actualização do valor da renda (2, 5 ou 10 anos), a actualização imediata, ou a sua não actualização, nos termos previstos no artigo 42.º do NRAU;

b) Indicação do nível de conservação em que avalia o locado;

    i) Sempre que entenda que o prédio se encontra em estado de conservação bom ou excelente, o que vale como comunicação de que vai proceder à actualização da renda, nos termos dos n.ºs 1 a 3 do artigo 7.º do Decreto-Lei n.º 156/2006, de 8 de Agosto.

    ii) Quando fez obras de reabilitação nos três anos antes de proceder à actualização da renda cessante, das quais resulte para a totalidade do edifício um nível de conservação bom ou excelente, nos termos do artigo 27.º do Decreto-Lei n.º 157/ /2006, de 8 de Agosto.

346 *Novo Regime do Arrendamento Urbano*

I – Referência histórica:

Norma inovadora em sede de direito *adjectivo*, e confinante ao direito *substantivo* constante do *instituto* do arrendamento urbano.

II – Comentários:

Vide, anotação ao artigo 1.º NRAU.
Vide, anotação aos artigos 34.º e 35.º do NRAU.

ARTIGO 3.º
Pedidos e comunicações do arrendatário

1. O arrendatário preenche o modelo único simplificado tendo em vista:

a) A realização de nova avaliação do locado, prevista no n.º 6 do artigo 37.º do NRAU;

b) Obter o documento comprovativo de que o RABC do seu agregado familiar, definido nos artigos 2.º a 5.º do Decreto-Lei n.º 158/2006, de 8 de Agosto, é superior ou inferior a 3 ou a 5 RMNA, para os efeitos previstos na alínea *a)* do n.º 3 do artigo 37.º e no n.º 1 do artigo 44.º, ambos do NRAU, e dos n.ºs 5 e 6 do artigo 5.º do Decreto-Lei n.º 158/2006, de 8 de Agosto.

c) Obter o documento comprovativo de se tratar de uma microempresa, tal como previsto na alínea a) do n.º 2 e no n.º 3 do artigo 53.º do NRAU, para o arrendamento para fim não habitacional;

d) Requerer a determinação do nível de conservação, previsto no n.º 1 do artigo 2.º do Decreto-Lei n.º 156/2006, de 8 de Agosto;

e) Solicitar a atribuição do subsídio de renda, nos termos do n.º 1 do artigo 46.º do NRAU e dos n.ºs 1 e 2 do artigo 7.º do Decreto-Lei n.º 158/2006, de 8 de Agosto.

2. O modelo único simplificado é ainda utilizado quando o arrendatário proceda às seguintes comunicações:

a) Denúncia do contrato de arrendamento, nos termos do n.º 5 do artigo 37.º do NRAU;

b) Qualquer alteração dos pressupostos de atribuição do subsídio de renda, designadamente a alteração do nível de rendimentos igual ou superior a 5%, da composição do agregado familiar ou dos factores de correcção do RABC, nos termos dos n.ºs 1 e 2 do artigo 14.º do Decreto-Lei n.º 158/2006, de 8 de Agosto.

Portaria n.º 1192-A/2006, de 3 de Novembro   347

3. Em caso de morte do titular do subsídio de renda, o transmissário com condições de reunir os pressupostos para a manutenção do subsídio preenche o modelo único simplificado tendo em vista comunicar o decesso, no prazo de 15 dias a contar da data da ocorrência desse facto, nos termos do n.º 4 do Decreto-Lei n.º 158/2006, de 8 de Agosto.

I – Referência histórica:

Norma inovadora em sede de direito *adjectivo*, e confinante ao direito *substantivo* constante do *instituto* do arrendamento urbano.

II – Comentários:

Vide, ponto 1 da anotação ao artigo 1.º NRAU.

ARTIGO 4.º
Procedimentos

1. O modelo único simplificado é preenchido de acordo com as especificidades e codificações dele constantes, bem como das respectivas instruções.

2. Nos casos referidos na alínea *a*) do n.º 1 do artigo 2.º e na alínea *a*) do n.º 1 do artigo 3.º, ao modelo aprovado pela presente portaria deve juntar-se a declaração modelo n.º 1 do imposto municipal sobre imóveis, aprovada pela Portaria n.º 1282/2003, de 12 de Novembro.

3. O modelo único simplificado e respectivos anexos são preenchidos e entregues através do endereço disponível na Internet www.portaldahabitação.pt/nrau, ou preenchimento junto:

a) Dos serviços de finanças, nos casos referidos nas alíneas *a*) e *b*) do n.º 1 do artigo 2.º, nas alíneas *a*) e *b*) do n.º 2 do artigo 2.º, nas alíneas *a*) a *c*) do n.º 1 do artigo 3.º, e na alínea *a*) do n.º 2 do artigo 3.º;

b) Das comissões arbitrais municipais (CAM), nos casos previstos na alínea *c*) do n.º 1 do artigo 2.º, na alínea *b*) do n.º 2 do artigo 2.º, na alínea *d*) do n.º 1 do artigo 3.º e na alínea *a*) do n.º 2 do artigo 3.º ou se estas não estiverem instaladas, junto dos municípios, ao abrigo da alínea *a*) do artigo 21.º do Decreto-Lei n.º 161/ /2006, de 8 de Agosto;

c) Dos serviços de segurança social, nos casos referidos na alínea *e*) do n.º 1 do artigo 3.º, na alínea *b*) do n.º 2 do artigo 3.º, e no n.º 3 do artigo 3.º.

4. Nos casos em que o modelo único simplificado e respectivos anexos sejam entregues presencialmente, procede-se ao imediato preenchimento do modelo na plataforma informática de integração e imprimem-se duas cópias, que o apresentante assina no acto, destinando-se-lhe uma, como recibo e, outra aos arquivos dos serviços.

5. Nos serviços de finanças, para compensar os custos de impressão, o preço no modelo simplificado e anexos ao papel é de € 0,40 por cada folha.

Comentários:

Na presente obra, e por uma questão de sistematização, a Portaria n.º 1282//2003, de 13 de Novembro, encontra-se reproduzida em local adequado.

ARTIGO 5.º
Preenchimento e entrega *on-line*

1. A entrega do modelo simplificado e respectivos anexos através da Internet implica a realização de autenticação no sistema através de senha de acesso que, caso o interessado não a tenha ainda, é obtida através da página «Declarações electrónicas» no endereço www.e-financas.gov.pt.

2. O modelo simplificado e respectivos anexos consideram-se entregues na data em que sejam submetidos, sem anomalias, após o que será emitido o respectivo comprovativo.

3. Os elementos referidos nos n.ᵒˢ 2 e 3 do artigo 37.º do CIMI, destinados a acompanhar o modelo único simplificado, devem ser entregues em suporte de papel no serviço de finanças da área da situação do prédio, acompanhados do comprovativo referido no número anterior, considerando-se nessa data entregue a declaração.

4. As pessoas colectivas, incluindo o Estado e outras pessoas colectiva de direito público, e os sujeitos passivos de imposto que possuam ou sejam obrigados a possuir contabilidade organizada só podem entregar a declaração através do endereço da Internet no referido no n.º 3 do artigo 4.º.

ARTIGO 6.º
Comunicações electrónicas e tratamento de dados

1. As comunicações entre os serviços de finanças, os serviços de segurança social, as CAM, os municípios e os técnicos que avaliam o nível de conservação dos edifícios são realizadas através da plataforma de integração *on-line* gerida pelo INH, no endereço disponível na Internet www.portaldahabitacao.pt/nrau, devendo o tratamento dos dados obedecer ao disposto na legislação vigente aplicável.

2. Podem ser celebrados protocolos entre o INH e os vários organismos da Administração Pública participantes nos serviços disponibilizados na plataforma de integração *on-line* referida no número anterior, tendo em vista a aplicação do NRAU, da respectiva legislação complementar e ainda a definição dos procedimentos administrativos de comunicação de dados.

ARTIGO 7.º
Normas finais e transitórias

1. O endereço www.portaldahabitacao.pt/nrau fica disponível na Internet no prazo de 30 dias a contar da data de publicação da presente portaria.

2. Até à disponibilização do endereço referido no número anterior, o preenchimento e a entrega do modelo único simplificado e respectivos anexos podem ser efectuados presencialmente, junto dos serviços de finanças, da segurança social, CAM e municípios, nos termos do n.º 3 do artigo 4.º da presente portaria, sendo neste caso entregues devidamente preenchidos pelos senhorios e arrendatários.

ARTIGO 8.º
Entrada em vigor

A presente portaria entra em vigor no dia seguinte ao da sua publicação.

Em 30 de Outubro de 2006

Pelo Ministro de Estado e da Administração Interna, *Eduardo Arménio do Nascimento Cabrita*, Secretário de Estado Adjunto e da

Administração Local. – O Ministro de Estado e das Finanças, *Fernando Teixeira dos Santos*. – Pelo Ministro do Ambiente, do Ordenamento do Território e do Desenvolvimento Regional, *João Manuel Machado Ferrão*, Secretário de Estado do Ordenamento do Território e das Cidades. – Pelo Ministro do Trabalho e da Solidariedade Social, *Pedro Miguel Dias de Jesus Marques*, Secretário de Estado da Segurança Social.

Portaria n.º 1192-A/2006, de 3 de Novembro 351

⊡nrau

NRAU – Novo Regime de Arrendamento Urbano - Modelo Único
(Artigo 1.º da Portaria n.º 1192-A/2006, de 3 de Novembro)

I - Identificação do senhorio, do arrendatário e do prédio arrendado

A - Identificação do senhorio

01 NIF/NIPC:									Nome:

Morada:

B – Identificação do arrendatário / transmissário

02 NIF/NIPC:									Nome:

Morada:

C - Identificação do prédio arrendado

03 Distrito:	**04** Concelho:	**05** Freguesia:
06 Artigo:	**07** Fracção:	Localização:

08 Idade do Prédio: ☐ > 10 Anos ☐ =<10 Anos **09** Tipo de Contrato: ☐ Habitacional ☐ Não Habitacional

II – Pedidos e comunicações do senhorio

A- Pedidos do senhorio

10 ☐ Avaliação Fiscal do Prédio **11** ☐ RABC Nível Conservação: **12** ☐ Do prédio locado **13** ☐ Da Totalidade do prédio

B - Comunicações do senhorio

Nível Conservação: **14** Do prédio locado: ___ **15** Da Totalidade prédio: ___ **16** Data comunicação ao arrendatário do aumento: ___ / ___ / ___

17 Valor Renda Cessante: ....€ **18** Valor Nova Renda: ....€ **19** Período Faseamento: ___ **20** ☐ Não Actualização

III - Pedidos e comunicações do arrendatário

A - Pedidos do arrendatário

21 ☐ Avaliação Fiscal do Imóvel **22** ☐ RABC **23** ☐ Nível de Conservação **24** ☐ Comprovativo de Microempresa

B - Comunicações do arrendatário

25 ☐ Denúncia do Contrato

IV – Identificação do arrendatário, do seu agregado familiar e das pessoas que com ele vivam em comunhão de habitação, há mais de um ano

26 NIF									Nome:

27 Data Nascimento: ___ / ___ / ___ **28** Relação Parentesco: ___ **29** ☐ Inapto **30** ☐ Grau de incapacidade >= 60%

31 NIF									Nome:

32 Data Nascimento: ___ / ___ / ___ **33** Relação Parentesco: ___ **34** ☐ Inapto **35** ☐ Grau de incapacidade >= 60%

36 NIF									Nome:

37 Data Nascimento: ___ / ___ / ___ **38** Relação Parentesco: ___ **39** ☐ Inapto **40** ☐ Grau de incapacidade >= 60%

41 NIF									Nome:

42 Data Nascimento: ___ / ___ / ___ **43** Relação Parentesco: ___ **44** ☐ Inapto **45** ☐ Grau de incapacidade >= 60%

46 NIF									Nome:

47 Data Nascimento: ___ / ___ / ___ **48** Relação Parentesco: ___ **49** ☐ Inapto **50** ☐ Grau de incapacidade >= 60%

51 NIF									Nome:

52 Data Nascimento: ___ / ___ / ___ **53** Relação Parentesco: ___ **54** ☐ Inapto **55** ☐ Grau de incapacidade >= 60%

56 NIF									Nome:

57 Data Nascimento: ___ / ___ / ___ **58** Relação Parentesco: ___ **59** ☐ Inapto **60** ☐ Grau de incapacidade >= 60%

352 · Novo Regime do Arrendamento Urbano

61	NIF										Nome:				

62	Data Nascimento: ___/___/___	63	Relação Parentesco: _____	64	☐ Inapto	65	☐ Grau de incapacidade >= 60%

66	NIF										Nome:

67	Data Nascimento: ___/___/___	68	Relação Parentesco: _____	69	☐ Inapto	70	☐ Grau de incapacidade >= 60%

71	NIF										Nome:

72	Data Nascimento: ___/___/___	73	Relação Parentesco: _____	74	☐ Inapto	75	☐ Grau de incapacidade >= 60%

76	NIF										Nome:

77	Data Nascimento: ___/___/___	78	Relação Parentesco: _____	79	☐ Inapto	80	☐ Grau de incapacidade >= 60%

81	NIF										Nome:

82	Data Nascimento: ___/___/___	83	Relação Parentesco: _____	84	☐ Inapto	85	☐ Grau de incapacidade >= 60%

V – Pedido de subsídio de renda por parte do arrendatário / transmissário

A – Pedidos do arrendatário

86	☐ Subsídio de Renda	87	N.º de Identificação da Segurança Social (NISS):											

88	N.º de Identificação Bancária:																					89	☐ Pagamento vale postal

B - Comunicações do arrendatário

90	☐ Alteração do Nível de Rendimentos	92	☐ Alteração da Composição do Agregado Familiar
91	☐ Alteração dos Factores de Correcção do RABC	93	☐ Falecimento do Titular do Subsídio de Renda

C - Declarações do Arrendatário

☐ O arrendatário, o cônjuge ou pessoa que com ele viva em união de facto há mais de dois anos, residindo na área dos concelhos de Lisboa ou do Porto e limítrofes, declara(m) que não é(são) proprietário(s) de imóvel para habitação nesses concelhos ou limítrofes, ou residindo no respectivo concelho quanto ao resto do País, não é(são) proprietário(s) de imóvel para habitação nesse concelho, que se encontre desocupado, adquirido após o início do contrato de arrendamento, com excepção dos casos de sucessão *mortis causa*.

☐ O arrendatário declara que não fornece na habitação arrendada serviços de hospedagem

☐ O arrendatário declara que não subarrenda parte ou a totalidade da mesma.

☐ O arrendatário declara que tem no locado a sua residência permanente, habite ou não outra casa, própria ou alheia.

☐ O arrendatário declara que tomou conhecimento de que deve comunicar aos serviços de segurança social qualquer alteração da informação prestada, que determine a alteração ou a manutenção do direito ao subsídio de renda, no prazo de 15 dias a contar da ocorrência.

D - Autorização do Arrendatário

☐ O arrendatário declara que dá autorização ao INH, e obteve prévia autorização dos membros do agregado familiar por si indicado, e das pessoas a que se refere a alínea a) do n.º 1 do art. 5.º do DL n.º 158/2006, de 8/8, para acesso à informação fiscal e das entidades processadoras de pensões, relevante para efeitos de atribuição, renovação e manutenção do subsídio de renda

VI - Encerramento do Modelo	VII - Para Uso do Serviço Receptor	
Os elementos declarados correspondem à verdade e não houve qualquer omissão	96 Entidade receptora: _____	CARIMBO DE RECEPÇÃO
94 Local e Data: , / /	97 N.º do Processo: _____	
O Declarante (assinatura)	O FUNCIONÁRIO	
	Data: / /	
	Rubrica	
Se a declaração for apresentada por um representante, gestor de negócios ou pelo cabeça-de-casal indique:		
Nome:	Nome:_____	
95 NIF	_____	

Portaria n.º 1192-A/2006, de 3 de Novembro

Modelo Único - Novo Regime de Arrendamento Urbano (NRAU)
Instruções de Preenchimento

O modelo único simplificado destina-se a requerer à Administração Fiscal (AF), às Comissões Arbitrais Municipais (CAM), aos Municípios e à Segurança Social (Seg. Social) a realização das diligências previstas nos arts. 2.º e 3.º da portaria n.º 1192-A/2006, de 3 de Novembro.

Através deste modelo, o senhorio poderá requerer a avaliação fiscal do bem locado, juntando para o efeito a declaração mod. 1 do IMI, obter o comprovativo de que o agregado familiar do arrendatário tem um Rendimento Anual Bruto Corrigido (RABC) superior ou inferior a 15 RMNA, requerer o nível de conservação do locado e da totalidade do edifício onde ele se situa, comunicar o valor da Renda Cessante e da nova Renda fixada, o período de faseamento da actualização do valor da renda ou a sua não actualização, a data de comunicação ao arrendatário do aumento da renda e o nível de conservação em que avalia o locado sempre que entenda que o prédio se encontra em estado de conservação bom ou excelente.

Do mesmo modo o arrendatário poderá requerer a realização de nova avaliação do bem locado, juntando para o efeito a declaração mod. 1 do IMI, obter o comprovativo de que o RABC do seu agregado familiar é inferior a 3 ou a 5 RMNA, requerer o nível de conservação do prédio, obter documento comprovativo de que se trata de uma microempresa, solicitar a atribuição do subsídio de renda, comunicar a denúncia do contrato de arrendamento e a alteração dos pressupostos de atribuição do subsídio de renda. Em caso de morte do titular do subsídio de renda, o modelo serve ainda para quem lhe suceder no arrendamento (transmissário) comunicar o falecimento do anterior arrendatário, o que deve fazer no prazo de 15 dias a contar do falecimento do titular do subsídio de renda. Caso reúna os pressupostos para a manutenção do subsídio, deve solicitá-lo.

Só são susceptíveis de actualização de renda os contratos de arrendamento que, sendo habitacionais, foram celebrados antes da entrada em vigor do RAU, aprovado pelo DL 321-B/90, de 15/10 e os não habitacionais celebrados antes da entrada em vigor do DL 257/95, de 30/9.

O modelo simplificado e respectivos anexos são preenchidos e entregues através do endereço disponível na Internet *www.portaldahabitação.pt/nrau* ou, presencialmente, junto de qualquer serviço de finanças, nos casos referidos nos arts. 2.º/1/a) e b), 2.º/a) e b), 3.º/1/a) a c) e 3.º/2/a) da portaria acima referida; das Comissões Arbitrais Municipais (CAM) ou, se estas não estiverem instaladas, junto dos Municípios, nos casos previstos nos arts. 2.º/1/c), 2.º/2/b), 3.º/1/d) e 3.º/2/a da citada portaria e dos Serviços de Segurança Social, nos casos referidos nos arts. 3.º/1/e), 3.º/2/b), 3.º/3 da mesma portaria.

QUADRO / CAMPO	DENOMINAÇÃO	EXPLICAÇÃO
Quadro I	Identificação do senhorio, do arrendatário e do prédio arrendado	Este quadro é de preenchimento obrigatório para o senhorio, arrendatário ou seu transmissário, consoante os casos, quer se trate de um primeiro pedido ou comunicação, quer seja um aditamento ou alteração a modelo anteriormente entregue ou comunicação da morte do titular do subsídio de renda.
Campo 01	NIF / NIPC, Nome e Morada do Senhorio	Inscrever o número de identificação fiscal (NIF – pessoa singular; NIPC – pessoa colectiva), o nome ou denominação social e a morada ou sede do senhorio.
Campo 02	NIF / NIPC, Nome e Morada do Arrendatário/Transmissário	Inscrever o número de identificação fiscal (NIF – pessoa singular; NIPC – pessoa colectiva), o nome ou denominação social e a morada ou sede do arrendatário/transmissário (quem sucede no arrendamento por morte e requer manutenção do subsídio de renda).
Campos 03 a 07	Identificação do Prédio Arrendado	Indicar o distrito, o concelho, a freguesia, o artigo matricial, a fracção (caso exista) e a localização (rua, n.º e localidade) do prédio arrendado. Caso se trate de prédios em propriedade total com andares ou unidades susceptíveis de utilização independente, indique no campo da fracção o número, a letra ou o elemento identificador da unidade independente.
Campo 08	Idade do prédio	Indicar, colocando um X no respectivo quadrado, se o edificado tem mais de 10 anos de construção, ou se é igual ou inferior a 10 anos. Se o edificado não tiver mais de 10 anos não deverá requerer a determinação do nível de conservação. (art. 33.º da Lei 6/2006 de 27/2).
Campo 09	Tipo de contrato	Indicar, colocando um X no respectivo quadrado, se o contrato de arrendamento é habitacional ou não habitacional.
Quadro II	Pedidos e comunicações do senhorio	Este quadro destina-se ao senhorio requerer ou comunicar às entidades públicas envolvidas no processo de actualização do valor da renda um conjunto de procedimentos e de informações necessárias ao processo.
Campo 10	Avaliação Fiscal do Prédio	Indicar, colocando um X no respectivo quadrado, se pretende requerer a avaliação fiscal do bem locado nos termos das regras do CIMI. A avaliação fiscal é um pressuposto essencial ao processo de actualização do valor de renda, excepto se o mesmo já tiver sido avaliado nos termos do CIMI há menos de 3 anos.
Campo 11	RABC	Indicar, colocando um X no respectivo quadrado, se pretende obter o comprovativo de que o agregado familiar do arrendatário tem um Rendimento Anual Bruto Corrigido (RABC) superior ou inferior a 15 RMNA (ver quadro IV).
Campos 12 e 13	Nível de Conservação: do prédio locado e da totalidade do prédio	Não preencha estes campos caso tenha indicado no campo 8 que a idade do prédio é igual ou inferior a 10 anos. Os campos 12 e 13 servem para requerer o nível de conservação do prédio locado e / ou da totalidade do prédio onde se situa o locado. Para o efeito deverá colocar um X no(s) respectivo(s) quadrado(s). Só poderá pedir o nível de conservação da totalidade do prédio caso tenha feito obras de reabilitação nos três anos antes de proceder à actualização da renda antiga, nos termos e para os efeitos do artigo 27.º do DL 157/2006, de 8/8 (ver campos 14 e 15).
Campos 14 e 15	Nível de Conservação: do prédio locado e da totalidade do prédio	Caso a idade do prédio seja superior a 10 anos e o senhorio entenda que o nível de conservação do prédio locado e da totalidade do prédio é bom ou excelente, indique o nível de conservação nos campos 14 e / ou 15, respectivamente, utilizando os seguintes códigos: 4 – Bom ou 5 – Excelente. Nesta situação o senhorio não pode preencher os campos 12 e 13, pois é dispensada a determinação do nível de conservação, sendo aplicável na actualização da renda o nível de conservação 3 – Médio, correspondente ao coeficiente de conservação 0,9. A indicação do nível de conservação pelo senhorio vale simultaneamente como comunicação à CAM de que vai proceder à actualização da renda (art. 7.º do DL 156/2006 de 8/8). Ver condições do campo anterior.
Campo 16	Data da comunicação ao arrendatário do aumento da renda	Indique a data da comunicação ao arrendatário do aumento da renda (dd/mm/aaaa) – a) a data de assinatura do aviso de recepção (art. 9.º/1 e n.º 2 do art. 34.º da Lei 6/2006, de 27/2); b) em caso de devolução da primeira e segunda cartas, deve indicar a data do 10.º dia posterior ao envio da segunda carta registada com aviso de recepção (art. 10.º/3 e 4 da Lei 6/2006, de 27/2).
Campo 17	Valor da Renda Cessante	Indique o valor da última renda mensal do locado antes do início do processo de actualização.
Campo 18	Valor da Renda Nova	Indique o valor da renda mensal actualizada nos termos do NRAU, no decurso do 1.º ano.
Campo 19	Período de Faseamento	Indicar o período de faseamento de actualização do valor da renda. Tratando-se de prédio habitacional os períodos são de 2, 5 ou 10 anos. Caso o senhorio não comunique atempadamente o período de faseamento, será aplicado um período de 5 anos. (art. 42.º da Lei 6/2006 de 27/2). Tratando-se de prédio não habitacional os períodos são de 0 (actualização imediata), 5 ou 10 anos (art. 53.º e 55.º da Lei 6/2006, de 27/2).
Campo 20	Não Actualização	Indicar, colocando um X no respectivo quadrado, se desistiu do processo de actualização do valor da renda. (art. 42.º da Lei 6/2006 de 27/2).
Quadro III	Pedidos e comunicações do arrendatário/transmissário	Este quadro destina-se ao arrendatário requerer ou comunicar às entidades públicas envolvidas no processo de actualização do valor da renda um conjunto de procedimentos e de informações necessárias ao processo.
Campo 21	Avaliação Fiscal do Imóvel	Indicar, colocando um X no respectivo quadrado, se pretende requerer a avaliação fiscal do bem locado nos termos das regras do CIMI.
Campo 22	RABC	Indicar, colocando um X no respectivo quadrado, se pretende obter o comprovativo de que o agregado familiar do arrendatário tem um Rendimento Anual Bruto Corrigido (RABC) superior ou inferior a 3 ou 5 RMNA (ver quadro IV).

Novo Regime do Arrendamento Urbano

QUADRO / CAMPO	DENOMINAÇÃO	EXPLICAÇÃO
Campo 23	Nível de Conservação	Indicar, colocando um X no respectivo quadrado, se pretende requerer o nível de conservação do prédio locado (alínea b) do n.º 1 do art. 2.º do DL 156/2006 de 8/8).
Campo 24	Comprovativo de Microempresa	Indicar, colocando um X no respectivo quadrado, se pretende comprovativo de que o arrendatário é uma microempresa. Aplicável nas situações em que o arrendatário é uma pessoa colectiva.
Campo 25	Denúncia do Contrato	Caso o arrendatário denuncie o contrato de arrendamento, indicar o facto, colocando um X no respectivo quadrado (n.º 5 do art. 37.º da Lei 6/2006 de 27/2).
Quadro IV	Identificação do arrendatário, do seu agregado familiar e das pessoas que com ele vivam em comunhão de habitação, há mais de um ano	Este quadro destina-se a ser preenchimento pelo senhorio e pelo arrendatário caso solicitem comprovativo do RABC do ano civil anterior. Se o senhorio requereu, no campo 11, comprovativo do RABC do agregado familiar do arrendatário, deverá identificar o arrendatário, os membros do seu agregado familiar que, em cada ano, com ele vivam em comunhão de habitação e as pessoas que vivam em comunhão de habitação há mais de um ano com o arrendatário. Se o não fizer, o comprovativo do RABC será feito em função dos elementos fiscais do arrendatário, não sendo por isso obrigatório o seu preenchimento. Caso o arrendatário tenha solicitado, no campo 22, comprovativo do RABC, o seu preenchimento é obrigatório. Face ao disposto nos arts. 2.º e 5.º do DL 158/2006, de 8/8, deverá identificar nos campos 26 a 85: (1) O Arrendatário; (2) O Cônjuge separado ou não judicialmente de pessoas e bens e o ex-cônjuge no caso de declaração de nulidade, anulação ou dissolução do casamento; (3) A Pessoa que com o arrendatário viva em união de facto há mais de dois anos, com residência no locado; (4) O(s) Ascendente(s) do arrendatário, do seu cônjuge, de pessoa que com ele viva em união de facto há mais de dois anos e das pessoas identificadas em 6); (5) Os filhos, adoptados e enteados menores não emancipados, bem como os menores sob tutela; Os filhos, adoptados e enteados maiores, bem como aqueles que até à maioridade estiveram sujeitos à tutela de qualquer dos sujeitos a quem incumbe a direcção do agregado familiar, que, não tendo mais de 25 anos e não auferindo anualmente rendimentos superiores à retribuição mínima mensal garantida, frequentem o 11.º ou 12.º ano de escolaridade ou estabelecimento de ensino médio ou superior; Os filhos, adoptados, enteados e os sujeitos a tutela, maiores, inaptos para o trabalho e para angariar meios de subsistência, quando não aufiram rendimentos superiores à retribuição mínima mensal garantida, desde que, em qualquer dos casos, estejam a cargo das pessoas identificadas em 1, 2, 3, 4 e 6; (6) Outras pessoas não especificamente identificadas nos pontos anteriores e que vivam em comunhão de habitação com o arrendatário há mais de um ano.
Campos 26 a 85	NIF / Nome / Data de Nascimento / Relação de Parentesco / Inaptos para o trabalho / Grau de Incapacidade	Inscrever o NIF, o nome, a data de nascimento (dd/mm/aaaa) e a relação de parentesco dos membros do agregado familiar. Para inscrever a relação de parentesco utilize os códigos constantes do quadro anterior e que se encontram a *negrito*. Ex. Arrendatário – 1; Cônjuge – 2; Filho – 5, etc. Se alguma das pessoas anteriormente identificadas forem inaptas para o trabalho ou tiver um grau de incapacidade igual ou superior a 60% indique esse facto colocando um X nos respectivos quadrados. A indicação do NIF é obrigatória excepto quanto aos membros identificados com o código 5, se o não tiverem.
Quadro V	Pedido de subsídio de renda por parte do arrendatário / transmissário	Este quadro e os seus campos destinam-se a ser preenchidos pelo arrendatário caso solicite subsídio de renda, sendo aplicável apenas aos arrendamentos habitacionais. São condições para a atribuição do subsídio de renda as constantes do art. 6.º, n.ºs 4 e 5 do art. 7.º e arts. 8.º a 11.º do DL 158/2006 de 8/8.
Quadro V - A	Pedidos do arrendatário	Este quadro destina-se a requerer o subsídio de renda, a identificar o N.º de Identificação da Seg. Social e o N.º de Identificação Bancária, caso queira que o pagamento do subsídio se faça por transferência bancária. Em alternativa, pode indicar o pagamento por vale postal.
Campo 86	Subsídio de Renda	Indicar, colocando um X no respectivo quadrado, se requer a atribuição do subsídio de renda.
Campo 87	N.º de Identificação da Segurança Social	Identifique o N.º de Identificação da Segurança Social (NISS) do arrendatário.
Campo 88	N.º de Identificação Bancária	Indique o N.º de Identificação Bancária. (NIB) (n.º 3 do art. 12.º do DL 158/2006 de 8/8).
Campo 89	Pagamento por Vale Postal	Caso opte pelo pagamento por vale postal, indique essa opção colocando um X no respectivo quadrado.
Quadro V - B	Comunicações do arrendatário	Este quadro e os seus campos destinam-se a ser preenchidos pelo arrendatário caso altere qualquer dos pressupostos que determinaram a atribuição do subsídio. A obrigação de comunicação deve ser cumprida no prazo de 15 dias, a contar da data da ocorrência dos factos, nos serviços de segurança social da área da sua residência (art. 14.º do DL 158/2006 de 8/8).
Campo 90	Alteração do Nível de Rendimentos	Caso tenha havido uma alteração do nível de rendimentos igual ou superior a 5%, indique esse facto colocando um X no respectivo quadrado.
Campo 91	Alteração Composição Agregado Familiar	Caso tenha havido uma alteração na composição do agregado familiar indique esse facto colocando um X no respectivo quadrado e preencha o quadro IV.
Campo 92	Alteração dos Factores de Correcção do RABC	Caso tenha havido uma alteração dos factores de correcção do RABC, indique esse facto colocando um X no respectivo quadrado e preencha o quadro IV.
Campo 93	Falecimento do Titular do Subsídio de Renda	Caso tenha ocorrido a morte do titular do subsídio de renda, o sucessor comunica esse facto, colocando um X no respectivo quadrado. Caso reúna os pressupostos para a manutenção do subsídio de renda, deve solicitá-la através do preenchimento do quadro IV (n.º 4 do art. 14.º do DL 158/2006 de 8/8).
Quadro V - C	Declarações do arrendatário	Este quadro compreende um conjunto de declarações de compromisso de honra necessário à atribuição e manutenção do subsídio. Para o efeito o arrendatário deverá colocar um X nos respectivos quadrados (alíneas b) e c), do n.º 1, do art. 8.º e n.º 1, do art. 14.º n.º 1 do DL 158/2006, de 8/8).
Quadro V - D	Autorizações do arrendatário	Mediante a colocação de um X no respectivo quadrado, o arrendatário, os membros do seu agregado familiar e as pessoas que com ele vivam em comunhão de habitação, autorizam o INH a aceder à informação fiscal e à informação das entidades processadoras de pensões. A atribuição, renovação e manutenção do subsídio de renda depende da presente autorização, sendo o mesmo rejeitado caso a mesma não seja emitida. (n.ºs 4 e 5 do art. 7.º do DL n.º 158/2006, de 8/8).
Quadro VI	Encerramento do Modelo	Se o declarante não for o senhorio ou o arrendatário, deverá indicar o nome e o respectivo NIF, juntando ao modelo instrumento que lhe confira os poderes necessários para o efeito.
Quadro VII	Para Uso do Serviço Receptor	Este quadro destina-se ao Serviço Público que recepcionar o modelo, devendo no campo 96 identificar-se o serviço mediante os seguintes códigos: 1 – Serviço de Finanças; 2 – CAM; 3 – Municípios e 4 – Serviços da Segurança Social e no campo 97 o n.º do processo, a ser dado pelo sistema informático.

PORTARIA N.º 1192-B/2006
de 3 de Novembro

O Decreto-Lei n.º 156/2006, de 8 de Agosto, integra a regulamentação da Lei 6/2006, de 27 de Setembro, a qual aprovou o Novo Regime do Arrendamento Urbano (NRAU), e estabelece o modo de fixação do nível de conservação dos imóveis locados. O n.º 2 do artigo 1.º do referido decreto-lei prevê a posterior regulamentação dos elementos do locado a avaliar para determinar o nível de conservação, os critérios dessa avaliação e a respectiva forma de cálculo, determinados de acordo com o método de avaliação do estado de conservação dos edifícios (MAEC), e ainda os procedimentos necessários à execução do legalmente previsto, objecto essencial da presente portaria.

No quadro da elaboração do NRAU, o Laboratório Nacional de Engenharia Civil (LNEC) concebeu o método de avaliação do estado de conservação dos edifícios (MAEC) que visa determinar com rigor, objectividade e transparência o estado de conservação de edifícios e a existência de infra-estruturas básicas.

Com efeito, neste método o rigor revela-se nos procedimentos que permitem avaliar com pormenor as condições do edifício observadas durante a vistoria, enquanto a objectividade é a orientação das regras claras e predefinidas, sendo os resultados tão independentes quanto possível do técnico que as aplica. E o facto de o processo e o resultado poderem ser facilmente compreendidos por todos os intervenientes envolvidos assegura a transparência.

De salientar que o estado de conservação é avaliado relativamente às condições que o edifício proporcionava quando foi construído ou quando sofreu a última intervenção profunda, não sendo exigível uma avaliação do nível de qualidade proporcionado pelo edifício face às actuais exigências, como sejam as relativas à segurança estrutural face a acção de um sismo ou ao isolamento térmico proporcionado pela envolvente, entre outros critérios.

356 *Novo Regime do Arrendamento Urbano*

Assim, a presente portaria prova a ficha de avaliação que integra os elementos do locado relevantes para a determinação do nível de conservação, observados durante a vistoria que o técnico efectua presencialmente.

O nível de conservação é solicitado pelo senhorio ou arrendatário às comissões arbitrais municipais (CAM), através do preenchimento e da entrega do modelo único simplificado aprovado pela Portaria n.º 1192--A/2006, de 3 de Novembro, tendo em vista assegurar que as diligências relativas à marcação e reabilitação da vistoria, preenchimento da ficha de avaliação e determinação do nível de conservação pelo técnico, e a definição do coeficiente de conservação pela CAM, sejam efectuadas de acordo com o Programa SIMPLEX, através da desmaterialização dos procedimentos, da comunicação em rede entre os serviços da Administração Pública envolvidos, contribuindo para o desenvolvimento do Plano Tecnológico e para a redução dos custos de contexto.

A presente portaria regula ainda a remuneração devida aos árbitros das CAM.

No prazo de 30 dias a contar da entrada em vigor da presente portaria, os procedimentos serão totalmente desmaterializados, através da disponibilização no endereço na Internet www.protaldahabitacao.pt/nrau de todas as funcionalidade necessárias aos senhorios, aos arrendatários, aos engenheiros, aos arquitectos, aos engenheiros técnicos e aos serviços da Administração Pública, no âmbito do NRAU. Com efeito, os procedimentos relativos à execução do NRAU serão efectuados através de uma plataforma de integração *on-line*, gerida pelo Instituto nacional da Habitação (INJ), pela qual se assegurará a disponibilização das fichas de avaliação, para *download* pelos técnicos designados, a imediata recepção de pedidos e comunicações, o seu célere tratamento pelas várias entidades participantes, a comunicação interna pelos serviços da Administração Pública, entre estes e os cidadãos e empresas, e entre as CAM, os municípios e os técnicos designados para proceder às avaliações previstas na presente portaria.

A desmaterialização dos procedimentos permitida pela plataforma de integração *on-line* é essencial à avaliação da execução do NRAU e legislação complementar, a realizar no futuro Observatório da Habitação e da Reabilitação Urbana.

Foram ouvidas a Associação Nacional dos Municípios Portugueses, a Ordem dos Engenheiros, a Ordem dos Arquitectos e a Associação Nacional dos Engenheiros Técnicos.

Assim:

Manda o Governo, pelo Ministros de Estado e da Administração Interna, de Estado e das Finanças, do Ambiente, do Ordenamento do Território e do Desenvolvimento Regional e das Obras Públicas, Transportes e Comunicações, ao abrigo do disposto na Lei 6/2006, de 27 de Fevereiro, que aprova o NRAU, e dos Decretos n.ºs 156/2006, 157/2006 e 161/2006, todos de 8 de Agosto, o seguinte:

SECÇÃO I
Disposições gerais

ARTIGO 1.º
Objecto

1. A presente portaria aprova a ficha de avaliação, publicada em anexo, a qual integra os elementos do locado relevantes para a determinação do nível de conservação, nos termos do n.º 2 do artigo 33.º da Lei n.º 6/2006, de 27 de Fevereiro, que aprovou o Novo Regime do Arrendamento Urbano (NRAU), determinados de acordo com o método de avaliação do estado de conservação dos edifícios (MAEC).

2. São ainda regulados na presente portaria os critérios de avaliação e as regras necessárias à determinação do nível de conservação, ao abrigo do disposto no n.º 2 do artigo 1.º do Decreto-Lei n.º 156/2006, de 8 de Agosto, e do coeficiente de conservação previsto na alínea c) do n.º 1 do artigo 49.º do NRAU e no artigo 15.º do Decreto-Lei n.º 161/2006, de 8 de Agosto.

3. A presente portaria regula ainda a regulamentação devida aos árbitros das comissões arbitrais municipais.

Considerações Gerais:

1. Em primeiro lugar, trata-se de uma Portaria inovadora, em sede de Administração Pública.

2. Em segundo lugar, saliente-se de igual modo a inexistência de qualquer tipo de doutrina ou jurisprudência, associada à presente Portaria.

SECÇÃO II
Determinação do nível de conservação

ARTIGO 2.º
Ficha de avaliação

1. A ficha de avaliação integra os elementos do locado a avaliar tendo em vista a determinação do nível de conservação, nos termos da tabela constante no n.º 2 do artigo 5.º do Decreto-Lei n.º 156/2006, de 8 de Agosto, que reflecte o estado de conservação do locado e a existência de infra-estruturas básicas.

2. O preenchimento da ficha de avaliação é feito através de vistoria a realizar pelo técnico designado, em obediência às instruções de aplicação do MAEC, publicadas no endereço disponível na Internet www.portaldahabitacao.pt/nrau.

3. O nível de conservação é determinado com base na inspecção das anomalias visíveis à data da vistoria, segundo os critérios e as regras de avaliação constantes dos artigos seguintes.

ARTIGO 3.º
Critérios gerais de avaliação

1. A avaliação do nível de anomalia que afecta cada elemento funcional é realizada através da conjugação dos quatro critérios seguintes:
   a) Consequência da anomalia na satisfação das exigências funcionais;
   b) Tipo e extensão do trabalho necessário para a correcção da anomalia;
   c) Relevância dos locais afectados pela anomalia;
   d) Existência de alternativa para o espaço ou equipamento afectado.

2. A pontuação obtida por cada elemento funcional é calculada pelo produto entre o número de pontos associado a cada nível de anomalia e a ponderação atribuída ao elemento funcional.

3. Apenas são avaliados os níveis de anomalias dos elementos funcionais cujo uso beneficie directamente o locado, cujas anomalias possam afectar o locado e que sejam da responsabilidade do proprietário.

Portaria n.º 1192-B/2006, de 3 de Novembro

4. Tratando-se de avaliação da totalidade do prédio, nos termos do artigo 10.º, não se aplica o disposto no número anterior quanto à relação entre o elemento funcional e o locado.

ARTIGO 4.º
Níveis de anomalia

Os critérios previstos nas alíneas *a)*e *b)* do n.º 1 do artigo anterior referem-se à gravidade da anomalia, cuja aplicação corresponde aos seguintes níveis de anomalia:

a) Anomalias muito ligeiras: ausência de anomalias, ou anomalias sem significado;

b) Anomalias ligeiras: anomalias que prejudiquem o aspecto e que requerem trabalhos de limpeza, substituição ou reparação de fácil execução;

c) Anomalias médias:
  i) Anomalias que prejudiquem o aspecto e que requerem trabalhos de correcção de difícil execução;
  ii) Anomalias que prejudiquem o uso e conforto e que requerem trabalhos de correcção de difícil execução;

d) Anomalias graves:
  i) Anomalias que prejudiquem o uso e conforto e que requerem trabalhos de correcção de difícil execução;
  ii) Anomalias que colocam em risco a saúde e a segurança, podendo motivar acidentes sem grande gravidade, e que requerem trabalhos de correcção de fácil execução;

e) Anomalias muito graves:
  i) Anomalias que colocam em risco a saúde e a segurança, podendo motivar acidentes sem grande gravidade, e que requerem trabalhos de correcção de difícil execução;
  ii) Anomalias que colocam em risco a saúde e a segurança, podendo motivar acidentes graves ou muito graves;
  iii) Ausência ou inoperacionalidade de infra-estrutura básica.

ARTIGO 5.º
Locais afectados pela anomalia e existência de alternativas

1. Os critérios previstos nas alíneas *c*) e *d*) do n.º 1 do artigo 3.º referem-se aos locais afectados pela anomalia e são aplicados do seguinte modo:

a) Se as anomalias mais graves afectarem a parte principal do locado, prevalece esse nível de anomalia;

b) Se as anomalias mais graves afectarem a parte secundária do locado, é calculada uma média entre o nível de anomalia da parte principal e da parte secundária, atribuindo uma importância menor às partes secundárias;

c) Se as anomalias estiverem situadas nas partes comuns, são avaliadas na medida em que afectem o locado em apreciação;

d) Se a anomalia afectar um equipamento ou instalação para o qual exista uma alternativa com condições equivalentes de utilização, é calculada a média do nível de anomalia desses equipamentos ou instalações.

2. Para efeitos de aplicação dos critérios referidos no número anterior, considera-se como parte principal o conjunto de espaços onde se desenvolvem as funções dominantes do locado e como parte secundária o conjunto de espaços onde se desenvolvem as funções acessórias do locado.

ARTIGO 6.º
Fórmula de cálculo

1. O índice de anomalias é obtido pelo quociente entre o total das pontuações e o total das ponderações atribuídas aos elementos funcionais aplicáveis, sendo o valor obtido aproximado com duas casas decimais.

2. O estado de conservação do locado é determinado através da aplicação das regras enunciadas nos números seguintes.

3. O índice de anomalias do locado é classificado segundo a escala constante da seguinte tabela:

Nível de anomalia	Muito ligeiras	Ligeiras	Médias	Graves	Muito graves
Índice de anomalias	$5,00 \geq IA \geq 4.50$	$4,50 > IA \geq 3.50$	$3,50 > IA \geq 2.50$	$2,50 > IA \geq 1.50$	$1,50 > IA \geq 1.00$
Estado de conservação	Excelente	Bom	Médio	Mau	Péssimo
Nível de conservação	5	4	3	2	1

Portaria n.º 1192-B/2006, de 3 de Novembro 361

4. Não devem existir elementos funcionais de ponderação três, quatro, cinco ou seis cujo estado de conservação, determinado aplicando o respectivo nível de anomalia à escala utilizada na regra prevista no n.º 3, seja inferior em mais de uma unidade ao estado de conservação do locado.

5. Se a condição prevista no número anterior não for satisfeita, o estado de conservação do locado deve ser reduzido para o nível imediatamente superior ao estado de conservação do elemento funcional de ponderação três, quatro, cinco ou seis em pior estado.

6. Não devem existir elementos funcionais de ponderação um ou dois cujo estado de conservação, determinado aplicando o respectivo nível de anomalia à escala utilizada na regra prevista no n.º 3, seja inferior em mais de duas unidades ao estado de conservação do locado.

7. Se a condição prevista no número anterior não for satisfeita, o estado de conservação do locado deve ser reduzido para o nível superior em duas unidades ao estado de conservação do elemento funcional de ponderação um ou dois em pior estado.

ARTIGO 7.º
Vistoria

1. A CAM indica o local a vistoriar ao técnico sorteado para a realização da vistoria, ao abrigo do disposto no n.º 1 do artigo 40.º do Decreto-Lei n.º 156/2006, de 8 de Agosto.

2. Nos três dias subsequentes à informação prevista no número anterior, o técnico sorteado indica à CAM, em alternativa:

a) A data e a hora da realização da vistoria, a qual deve realizar-se dentro dos 40 dias subsequentes;

b) O motivo do seu impedimento, nos termos do n.º 2 do artigo 4.º do Decreto-Lei n.º 156/2006, de 8 de Agosto, caso em que é sorteado outro técnico.

3. No caso referido na alínea a) do número anterior, a CAM comunica, por via postal registada, a data e a hora de realização da vistoria ao arrendatário e ao senhorio, e informa este último dos documentos necessários à realização daquela.

362 *Novo Regime do Arrendamento Urbano*

4. Se a carta dirigida ao arrendatário vier devolvida, é enviada nova carta decorridos 30 dias e, se esta voltar a ser devolvida, considera-se a comunicação recebida no 10.º dia posterior ao do seu envio.

5. Se o arrendatário, por si ou através de terceiro, não puder facultar o acesso ao locado para efeitos de realização da vistoria, indica à CAM uma data alternativas que não pode distar mais de 30 dias da data inicial, nos termos do n.º 2 do artigo 36.º do NRAU, sendo comunicada pela CAM ao técnico.

6. Podem assistir à vistoria, fazer-se representar ou ser acompanhadas por indivíduo cuja presença seja permitida pelo arrendatário, as seguintes pessoas:

  a) O arrendatário;
  b) O senhorio;
  c) Os titulares de direitos reais sobre o locado;
  d) O administrador do condomínio, mas apenas em relação às partes comuns do edifício.

7. No caso de não ser facultado o acesso ao locado, ou a uma parte dele, o técnico preenche a ficha de avaliação da forma seguinte:

  a) Em relação aos elementos funcionais que puder avaliar, aplica as regras constantes dos artigos 3.º a 5.º;
  b) Em relação aos elementos funcionais que não puder avaliar, assinala a existência do nível de anomalia «anomalias ligeiras»
  c) Indica os elementos que não pôde avaliar.

8. Pode ser apresentada justificação para a falta de acesso, no prazo de cindo dias a contar da vistoria ou da cessação do impedimento invocado e acompanhada dos meios de prova existentes, que será considerada aceite desde que a CAM a não rejeite no prazo de cinco dias a contar do seu recebimento.

9. No caso previsto no número anterior, e sendo aceite a justificação, o técnico marca nova data para a vistoria dos elementos funcionais não avaliados anteriormente.

10. A ficha de avaliação é entregue pelo técnico À CAM nos três dias subsequentes à realização da vistoria ou do esgotamento do prazo previsto no n.º 3 do artigo seguinte, considerando-se recebida na data em que seja submetida, sem anomalias informáticas, no endereço disponível www.portaldahabitacao.pt/nrau.

ARTIGO 8.º
Documentos a apresentar pelo senhorio

1. Recebida a comunicação prevista no n.º 3 do artigo anterior, o senhorio apresenta os certificados de inspecção de instalações de gás, electricidade, se obrigatório, em alternativa:

    a) Junto da CAM, com antecedência não inferior a cinco dias relativamente à data da vistoria;

    b) Ao técnico, na data e hora de realização da vistoria.

2. Se o senhorio não puder apresentar os documentos, por estes se encontrarem em poder da administração do condomínio, solicita à CAM a notificação desta administração para proceder à sua apresentação no momento da vistoria.

3. A falta de apresentação dos documentos referidos neste preceito equivale à inexistência dos mesmos, salvo se o senhorio, no momento da vistoria, protestar juntá-los e os enviar à CAM nos oito dias subsequentes.

ARTIGO 9.º
Afirmações das partes

1. O arrendatário que entenda que o estado de conservação do edifício se deve a obras efectuadas por si, para os efeitos previstos nas alíneas *a)* e *c)* do n.º 2 do artigo 15.º do Decreto-Lei n.º 161/2006, de 8 de Agosto, comunica esse facto ao técnico, o qual anota quais as obras que o arrendatário arroga.

2. O procedimento previsto no número anterior aplica-se igualmente quando o senhorio entenda que o estado de degradação do edifício se deve a actuação ilícita do arrendatário, ou a falta de manutenção por este quando o dever de manutenção lhe assistisse, para os efeitos previstos na alínea *b)* do n.º 2 do artigo 15.º do Decreto-Lei 161/2006, de 8 de Agosto.

3. Estando presente a outra parte, esta deve pronunciar-se sobre a veracidade do afirmado, o que é igualmente anotado, sendo havidas como verdadeiras as afirmações que não forem consideradas.

4. Havendo contestação as partes apresentam à CAM as provas documentais de que dispuserem, no prazo de cinco dias.

ARTIGO 10.º
Avaliação da totalidade do prédio

1. Se o edifício onde se situa o locado for constituído por duas ou mais unidades e o senhorio pretender invocar a circunstância de o prédio ter sofrido obras de reabilitação nos três anos antes de proceder à actualização da renda, ao abrigo do artigo 27.º do Decreto-Lei n.º 157//2006, de 8 de Agosto, a avaliação do nível de conservação deve ainda considerar e calcular, autonomamente, o nível de conservação aplicável aos elementos funcionais 1 a 17 da ficha de avaliação.

2. O cálculo da avaliação destes elementos funcionais faz-se após a avaliação global e segue as mesmas regras.

3. Considera-se que a totalidade do prédio onde se situa o locado tem nível de conservação bom ou excelente desde que, cumulativamente:

   a) A ficha de avaliação do locado tenha como resultado nível Bom ou Excelente;
   b) O nível de conservação aplicável aos elementos funcionais 1 a 17 de cada ficha de avaliação seja Bom ou Excelente.

4. Se o arrendamento for para fim não habitacional e a conservação do locado couber, contratualmente, ao arrendatário, não se aplica a alínea a) do número anterior.

5. Se o prédio estiver em regime de propriedade horizontal, valem como obras realizadas pelo senhorio as que tiverem sido feitas pelo condomínio.

6. Se o prédio não estiver em regime de propriedade horizontal, o senhorio só pode pedir a avaliação da totalidade do prédio quando peça simultaneamente a avaliação do estado de conservação de todas as unidades do edifício com contratos de arrendamento anteriores à entrada em vigor do Decreto-Lei n.º 321-B/90, de 15 de Outubro.

7- No caso previsto no número anterior, a faculdade prevista no artigo 27.º do Decreto-Lei n.º 157/2006, de 8 de Agosto, só poder ser exercida em relação à totalidade das unidades aí referidas.

8. A avaliação da totalidade do prédio não vale como avaliação do locado no caso de o resultado não permitir o recurso à faculdade prevista

no artigo 27.º do Decreto-Lei n.º 157/2006, de 8 de Agosto, devendo o senhorio solicitar nova vistoria quando pretenda proceder à actualização da renda ao abrigo do regime geral.

ARTIGO 11.º
Vistoria única para duas avaliações

Se relativamente ao mesmo local forem simultaneamente requeridas a avaliação fiscal e a determinação do nível de conservação, a CAM pode deliberar, mediante voto favorável do representante do serviço local de finanças, que ambas as vistorias na mesma data sejam efectuadas pelo perito local referido no artigo 63.º do Código do Imposto Municipal sobre Imóveis, desde que pelo sistema informático da aplicação de gestão das avaliações da Direcção-Geral dos Impostos lhe seja atribuída a ficha para avaliação fiscal do locado, o referido perito integre a lista dos técnicos da CAM e não se coloque em causa o carácter aleatório da designação do técnico.

SECCÃO III
Técnicos

ARTIGO 12.º
Qualificação dos técnicos

1. A vistoria para a determinação do nível de conservação dos edifícios é realizada por arquitecto ou engenheiro inscrito na respectiva ordem profissional, ou por engenheiro técnico inscrito na Associação Nacional dos Engenheiros Técnicos (ANET).

2. Quando as CAM entendam que o número de arquitectos e engenheiros inscritos não é suficiente, a determinação do nível de conservação pode ser feita por engenheiro técnico.

3. No caso referido no número anterior, a CAM solicita à ANET o fornecimento de uma lista de técnicos.

4. Os técnicos a que se referem os números anteriores devem estar devidamente habilitados com formação acreditada na aplicação do MAEC.

366   *Novo Regime do Arrendamento Urbano*

5. O técnico que pretenda deixar de integrar a lista da CAM ou ser reintegrado, pode fazê-lo, a qualquer momento, através de mera comunicação à CAM.

Comentários:

Vide, ponto 15., *in fine* da anotação ao artigo 1.º NRAU.

ARTIGO 13.º
Remuneração dos técnicos

1. A remuneração dos técnicos é efectuada em função do número de vistorias realizadas e constitui encargo municipal.

2. Se a assembleia municipal não fixar outro montante, a remuneração prevista no número anterior é fixada em três quartos da unidade de conta (UC), tal como definida no n.º 2 do artigo 5.º do Decreto-Lei n.º 212/89, de 30 de Junho, por cada vistoria realizada para determinação do nível de conservação, sendo reduzida a um quarto de UC quando se trate da avaliação de várias unidades de um mesmo edifício, para cada unidade adicional à primeira.

Comentários:

O valor da Unidade de Conta para o triénio 2007/2009, corresponde a € 96 (noventa e seis euros).

Vide, ponto 15., *in fine* da anotação ao artigo 1.º NRAU.

SECÇÃO IV
Determinação do coeficiente de conservação

ARTIGO 14.º
Determinação do coeficiente de conservação pela CAM

1. Não constando da ficha de avaliação qualquer afirmação das partes, nos termos previstos no artigo 9.º, a CAM atribui ao locado, no prazo de oito dias a contar da recepção da ficha, o coeficiente de

conservação corresponde ao nível de conservação, nos termos do n.º 1 do artigo 33.º do NRAU.

2. Constando da ficha de avaliação afirmação de alguma parte, nos termos previstos no artigo 9.º, a CAM atribui ao locado, no prazo de 30 dias a contar da recepção da ficha e com base nas provas de que dispuser, o coeficiente de conservação determinado de acordo com o previsto no n.º 2 do artigo 15.º do Decreto-Lei n.º 161/2006, de 8 de Agosto.

3. Inscrito o coeficiente de conservação na ficha de avaliação, a CAM procede ao seu envio ao senhorio e ao arrendatário, no prazo máximo de três dias.

ARTIGO 15.º
Reclamação do coeficiente de conservação

1. Recebido o resultado da avaliação, o arrendatário e o senhorio podem, no prazo de oito dias, com base na alínea *a)* do n.º 1 do artigo 17.º do Decreto-Lei n.º 161/2006, de 8 de Agosto, reclamar da determinação do coeficiente de conservação, com os seguintes fundamentos:

a) Discordância do nível de conservação que lhe serviu de base; e/ou
b) Errada aplicação do disposto no n.º 2 do artigo 15.º do Decreto-Lei n.º 161/2006, de 8 de Agosto.

2. No caso previsto na aliena *a)* do número anterior é efectuada nova vistoria por dois técnicos em conjunto, não se repetindo o procedimento previsto no artigo 9.º.

3. Em caso de desacordo entre os dois técnicos, vale o nível de conservação que corresponder ao obtido na vistoria inicial, se for coincidente com um dos novos resultados, ou o estado intermédio entre os três resultados, se o não for.

4. No caso previsto na alínea *b)* do n.º 1 segue-se o procedimento previsto no artigo 18.º do Decreto-Lei n.º 161/2006, de 8 de Agosto.

5. Decorrido o prazo previsto no n.º 1 a avaliação do nível de conservação e a determinação do coeficiente de conservação tornam-se definitivas.

368 *Novo Regime do Arrendamento Urbano*

6. No caso de indeferimento da reclamação do arrendatário, este é obrigado a pagar ao senhorio, em conjunto com o pagamento da primeira renda actualizada, o montante corresponde à diferença entre a renda entretanto paga e a renda actualizada que seria devida durante o tempo de distou entre a reclamação e a decisão final.

SECÇÃO V
Árbitros

ARTIGO 16.º
Remuneração dos árbitros das CAM

1. A remuneração dos árbitros é efectuada em função do número de processos que têm de decidir, ao abrigo do disposto nos artigos 17.º e 18.º do Decreto-Lei n.º 161/2006, de 8 de Agosto, e constitui encargo municipal.

2. Se a assembleia municipal não fixar outro montante, a remuneração prevista no número anterior é fixada em três quartos da UC.

SECÇÃO VI
Disposições finais e transitórias

ARTIGO 17.º
Comunicações electrónicas e tratamento de dados

1. As comunicações e procedimentos previstos na presente portaria efectuados pelos arrendatários e senhorios podem ser realizados através do endereço disponível na Internet www.portaldahabitacao.pt/nrau, disponível no prazo de 30 dias a contar da data de publicação da presente portaria.

2. Qualquer comunicação entre os serviços de finanças, serviços de segurança social, as CAM, os municípios e os técnicos que avaliam o nível de conservação dos edifícios é realizada através da plataforma d integração *on-line*, gerida pelo INH, disponível no endereço da Internet www.portaldahabitacao.pt/nrau.

Portaria n.º 1192-B/2006, de 3 de Novembro

3. Podem ser celebrados protocolos como INH e as várias entidades comparticipação na plataforma de integração *on-line* tendo em vista a aplicação do NRAU, da respectiva legislação complementar e ainda a definição dos procedimentos administrativos de comunicação de dados.

4. O tratamento de dados resultante do disposto na presente portaria obedece ao disposto na legislação vigente aplicável.

ARTIGO 18.º
Requerimento

1. A determinação do nível de conservação é requerida mediante o preenchimento e a entrega do modelo único simplificado aprovado pela Portaria n.º 1192-A/2006, de 3 de Novembro.

2. O requerimento de nova determinação do nível de conservação durante o prazo de validade de determinação anterior, previsto no n.º 4 do artigo 15.º do Decreto-Lei n.º 161/2006, de 8 de Agosto, só é admissível quando se tenham realizado obras no edifício desde a última avaliação.

ARTIGO 19.º
Normas transitórias

Durante o primeiro ano de vigência desta portaria, podem realizar vistorias, técnicos sem a formação acreditada na aplicação do MAEC exigida no n.º 12.º, desde que inscritos nas respectivas ordens ou associações profissionais, e com experiência profissional não inferior a cinco anos, incluindo o tempo de estágio.

ARTIGO 20.º
Entrada em vigor

A presente portaria entra em vigor no dia seguinte ao da sua publicação.

Em 30 de Outubro de 2006.

Pelo Ministro de Estado e da Administração Interna, *Eduardo Arménio do Nascimento Cabrita*, Secretário de Estado Adjunto e da

Administração Local. – Ministro de Estado e das Finanças, *Fernando Teixeira dos Santos*. – Pelo Ministro do Ambiente, do Ordenamento do Território e do Desenvolvimento Regional, *João Manuel Machado Ferrão*, Secretário de Estado do Ordenamento do Território e das Cidades – O Ministro das Obras Públicas, Transportes e Comunicações, *Mário Lino Soares Correia*.

Portaria n.º 1192-B/2006, de 3 de Novembro

☐nrau

NRAU – NOVO REGIME DE ARRENDAMENTO URBANO
Ficha de avaliação do nível de conservação de edifícios
(Portaria n.º 1192-B/2006, de 3 de Novembro)

código do técnico	número da ficha

A. IDENTIFICAÇÃO

Rua/Av./Pc.: ....

Número: .... Andar: .... Localidade: .... Código postal: .... - ....

Distrito: .... Concelho: .... Freguesia: ....

Artigo matricial: .... Fracção: .... Código SIG (facultativo): ....

B. CARACTERIZAÇÃO

N.º de pisos do edifício	N.º de unidades do edifício	Época de construção	Tipologia estrutural	N.º de divisões da unidade	Uso da unidade
|_|_|	|_|_|			|_|_|	

C. ANOMALIAS DE ELEMENTOS FUNCIONAIS

	Muito ligeiras (5)	Ligeiras (4)	Médias (3)	Graves (2)	Muito graves (1)	Não se aplica	Ponderação	Pontuação
Edifício								
1. Estrutura	☐	☐	☐	☐	☐		x 6 =	
2. Cobertura	☐	☐	☐	☐	☐		x 5 =	
3. Elementos salientes	☐	☐	☐	☐	☐	☐	x 3 =	
Outras partes comuns								
4. Paredes	☐	☐	☐	☐	☐	☐	x 3 =	
5. Revestimentos de pavimentos	☐	☐	☐	☐	☐	☐	x 2 =	
6. Tectos	☐	☐	☐	☐	☐	☐	x 2 =	
7. Escadas	☐	☐	☐	☐	☐	☐	x 3 =	
8. Caixilharia e portas	☐	☐	☐	☐	☐	☐	x 2 =	
9. Dispositivos de protecção contra queda	☐	☐	☐	☐	☐	☐	x 3 =	
10. Instalação de distribuição de água	☐	☐	☐	☐	☐	☐	x 1 =	
11. Instalação de drenagem de águas residuais	☐	☐	☐	☐	☐	☐	x 1 =	
12. Instalação de gás	☐	☐	☐	☐	☐	☐	x 1 =	
13. Instalação eléctrica e de iluminação	☐	☐	☐	☐	☐	☐	x 1 =	
14. Instalações de telecomunicações e contra a intrusão	☐	☐	☐	☐	☐	☐	x 1 =	
15. Instalação de ascensores	☐	☐	☐	☐	☐	☐	x 3 =	
16. Instalação de segurança contra incêndio	☐	☐	☐	☐	☐	☐	x 1 =	
17. Instalação de evacuação de lixo	☐	☐	☐	☐	☐	☐	x 1 =	
Unidade								
18. Paredes exteriores	☐	☐	☐	☐	☐		x 5 =	
19. Paredes interiores	☐	☐	☐	☐	☐	☐	x 3 =	
20. Revestimentos de pavimentos exteriores	☐	☐	☐	☐	☐	☐	x 2 =	
21. Revestimentos de pavimentos interiores	☐	☐	☐	☐	☐	☐	x 4 =	
22. Tectos	☐	☐	☐	☐	☐	☐	x 4 =	
23. Escadas	☐	☐	☐	☐	☐	☐	x 4 =	
24. Caixilharia e portas exteriores	☐	☐	☐	☐	☐		x 5 =	
25. Caixilharia e portas interiores	☐	☐	☐	☐	☐	☐	x 3 =	
26. Dispositivos de protecção de vãos	☐	☐	☐	☐	☐	☐	x 2 =	
27. Dispositivos de protecção contra queda	☐	☐	☐	☐	☐	☐	x 4 =	
28. Equipamento sanitário	☐	☐	☐	☐	☐	☐	x 3 =	
29. Equipamento de cozinha	☐	☐	☐	☐	☐	☐	x 3 =	
30. Instalação de distribuição de água	☐	☐	☐	☐	☐	☐	x 3 =	
31. Instalação de drenagem de águas residuais	☐	☐	☐	☐	☐	☐	x 3 =	
32. Instalação de gás	☐	☐	☐	☐	☐	☐	x 3 =	
33. Instalação eléctrica	☐	☐	☐	☐	☐	☐	x 3 =	
34. Instalações de telecomunicações e contra a intrusão	☐	☐	☐	☐	☐	☐	x 1 =	
35. Instalação de ventilação	☐	☐	☐	☐	☐	☐	x 2 =	
36. Instalação de climatização	☐	☐	☐	☐	☐	☐	x 2 =	
37. Instalação de segurança contra incêndio	☐	☐	☐	☐	☐	☐	x 2 =	

D. DETERMINAÇÃO DO ÍNDICE DE ANOMALIAS

Total das pontuações (a)

Total das ponderações atribuídas aos elementos funcionais aplicáveis (b)

Índice de anomalias (a/b)

E. DESCRIÇÃO DE SINTOMAS QUE MOTIVAM A ATRIBUIÇÃO DE NÍVEIS DE ANOMALIAS "GRAVES" E/OU "MUITO GRAVES"

Número do elemento funcional	Relato síntese da anomalia	Identificação das fotografias ilustrativas
_____	....	_____
	....	
	....	
	....	
_____	....	_____
	....	
	....	
	....	
	....	
	....	
_____	....	_____
	....	
	....	
	....	
_____	....	_____
	....	
	....	

F. AVALIAÇÃO

Com base na observação das condições presentes e visíveis no momento da vistoria e nos termos do artigo 6.º da Portaria n.º 1192-B/2006, de 3 de Novembro, declaro que:

- O estado de conservação do locado é:

  Excelente ☐   Bom ☐   Médio ☐   Mau ☐   Péssimo ☐

- O estado de conservação dos elementos funcionais 1 a 17 é _____ (a preencher apenas quando tenha sido pedida a avaliação da totalidade do prédio)

- Existem situações que constituem grave risco para a segurança e saúde públicas e/ou dos residentes: Sim ☐   Não ☐

G. OBSERVAÇÕES

....
....
....
....
....

H. TÉCNICO

Nome do técnico:..   Data de vistoria: ____/____/_____

I. COEFICIENTE DE CONSERVAÇÃO (preenchimento pela CAM)

Nos termos do disposto na alínea c), do n.º 1, do artigo 49.º da Lei n.º 6/2006, de 27 de Fevereiro, e no artigo 15.º do Decreto-Lei n.º 161/2006, de 8 de Agosto, declara-se que o locado acima identificado possui o seguinte Coeficiente de Conservação:

Data de emissão: ____/____/_____   (Validade: 3 anos)

(O preenchimento da ficha deve ser realizado de acordo as instruções de aplicação disponibilizadas no endereço electrónico www.portaldahabitacao.pt/nrau)

PORTARIA N.º 1282/2003
de 13 de Novembro

A reforma da tributação do património vem instituir em Portugal um sistema inovador de avaliações prediais de prédios urbanos, assente no carácter objectivo dos factores e coeficientes de determinação dos valores patrimoniais tributários, bem como na simplicidade do respectivo procedimento.

Dos princípios estruturantes da reforma releva particularmente a preocupação de desburocratização e simplificação dos procedimentos, tendo em vista facilitar o cumprimento das obrigações fiscais pelos sujeitos passivos e a diminuição dos custos de administração e funcionamento do sistema.

É no âmbito desse princípio que a gestão dos novos impostos será integralmente informatizada e automatizada, disponibilizando-se aos sujeitos passivos o cumprimento das suas obrigações fiscais, bem como o acesso a informação sobre a sua situação tributária via Internet.

Tal como já é prática noutros impostos, institui-se a obrigatoriedade da entrega da declaração de prédio novo através da Internet aos sujeitos passivos que exerçam actividade comercial, industrial ou agrícola.

Assim:

Manda o Governo, pela Ministra de Estado e das Finanças, ao abrigo do artigo 29.º do Decreto-Lei n.º 287/2003, de 12 de Novembro, o seguinte:

1.º É aprovada declaração modelo 1 e respectivos anexos I, II e III para a inscrição de prédios e a avaliação e inscrição de prédios urbanos na matriz predial a que se referem os artigos 13.º e 37.º do Código do Imposto Municipal sobre Imóveis publicados em anexo.

2.º Os sujeitos passivos obrigados à entrega da declaração e anexos devem efectuar o seu preenchimento de acordo com as especificações dele constantes.

3.º A entrega da referida declaração e anexos deve ser efectuada em duplicado no serviço de finanças da área da situação do imóvel a que

374 *Novo Regime do Arrendamento Urbano*

respeita, destinando-se um dos exemplares a ser devolvido ao apresentante, depois de devidamente autenticada, ou via Internet para o seguinte endereço: www.dgci.gov.pt.

4.º Os sujeitos passivos que possuam ou sejam obrigados a possuir contabilidade organizada ficam obrigados a enviar a declaração por transmissão electrónica de dados.

5.º O envio da declaração e anexos por transmissão electrónica de dados obedecerá às seguintes regras a observar pelos sujeitos passivos:

a) Efectuar o registo, caso ainda não disponham de senha de acesso, através da página «Declarações electrónicas», no endereço referido no n.º 3.

b) Efectuar o envio de acordo com os seguintes procedimentos:

1) Seleccionar «Entregar o modelo pretendido»;
2) Preencher a declaração directamente ou abrir ficheiro previamente formatado com as características indicadas no endereço;
3) Validar a informação e corrigir os erros locais detectados;
4) Submeter a declaração;
5) Consultar, a partir do dia seguinte, a situação definitiva da declaração, devendo submeter, caso indique a existência de anomalia, uma nova declaração;

c) A declaração e anexos consideram-se entregues na data em que forem submetidos sem anomalias, após o que será emitido o respectivo comprovativo;

d) Os elementos referidos nos n.ºˢ 2 e 3 do artigo 37.º do Código do Imposto Municipal sobre Imóveis destinados a acompanhar a declaração devem ser entregues em suporte de papel no serviço de finanças da área da situação do prédio acompanhados do comprovativo referido no número anterior, considerando-se nessa data entregue a declaração.

6.º A obrigatoriedade da entrega da declaração e anexos inicia-se a partir do dia imediato, inclusive, à publicação do Código do Imposto Municipal sobre Imóveis.

7.º Para compensar os custos de impressão, o preço da declaração e anexos em papel é de € 0,40 por cada folha.

Pela Ministra de Estado e das Finanças, *Vasco Jorge Valdez Ferreira Matias*, Secretário de Estado dos Assuntos Fiscais, em 31 de Outubro de 2003.

Portaria n.º 1282/2003, de 13 de Novembro

375

ANTES DE PREENCHER LEIA ATENTAMENTE TODO O IMPRESSO E CONSULTE AS INSTRUÇÕES

MINISTÉRIO DAS FINANÇAS DIRECÇÃO GERAL DOS IMPOSTOS	IMPOSTO MUNICIPAL SOBRE IMÓVEIS (IMI) DECLARAÇÃO PARA INSCRIÇÃO OU ACTUALIZAÇÃO DE PRÉDIOS URBANOS NA MATRIZ (Modelo 1)	01 SERVIÇO DE FINANÇAS DA ÁREA DA SITUAÇÃO DO PRÉDIO Cod.:

I	TITULAR do PRÉDIO ou FRACÇÃO (Caso não seja único proprietário ou titular da propriedade plena, preencha este quadro indicando um dos titulares e o ANEXO I, no qual deve indicar todos os titulares)

Nome / Designação:

02	NIF / NIPC:	03 Tipo de Titular: ☐ 1-Único proprietário ☐ 2-Comproprietário ☐ 3-Usufrutuário ☐ 4-Superficiário
		04 Domicílio Fiscal: País/Região/Território:

05 O prédio é bem comum do casal ?	Sim	Não	06 Se assinalou Sim indique o NIF do Cônjuge:

07 Tel/Tlm:	E-Mail : @

II	MOTIVO DA ENTREGA DA DECLARAÇÃO (Indique com um X)

08	Prédio Novo	09	Prédio Melhorado/Modificado	10	Prédio Melhorado / Modificado /Reconstruído	11	Anexo à declaração de IMT ou Imp. do Selo
12	Prédio Omisso	13	Pedido de Avaliação	14	Mudança da Afectação do Prédio	15	1ª Transmissão na Vigência do IMI

16	Se assinalou 11 e 15 e se o prédio, à data da transmissão estava arrendado por contrato vigente em 31/12/2001, indique a última renda mensal: €

III	IDENTIFICAÇÃO MATRICIAL (Indique o(s) artigo(s) em que o prédio se encontra inscrito na matriz)

Tipo U / R	Freguesia	Artigo	Fracção Autónoma / Secção	Árvore / Colonia
17	18	19	20	21
22	23	24	25	26
27	28	29	30	31

IV	SITUAÇÃO DO PRÉDIO

32 Av./ Rua/ Praça:	33 N.º	34 Lote	35 Andar:
36 Lugar:	37 Código Postal:	38 Freguesia:	
39 Descrito na Conserv. Do Registo Predial de:	40 Sob o registo n.º:		

CONFRONTAÇÕES (Preencher caso não haja número de polícia)

41 Norte:	42 Sul:
43 Nascente:	44 Poente:

V	TIPO DE PRÉDIO A AVALIAR (Assinale com X o tipo de prédio e indique as áreas em m2)

45	Fracção Autónoma de Prédio em Regime de Propriedade Horizontal (Preencha os campos de 52, 54 a 57 e 59 a 61)
46	Terrenos para Construção (Preencha os campos 55 e 57 a 59)
47	Loteamento de Terrenos para Construção (Preencha o Anexo III)
48	Prédio em Propriedade Total sem Andares nem Divisões Susceptíveis de Utilização Independente (Preencha os campos de 52 a 55 e 57 a 60)
49	Prédio em Regime de Propriedade Horizontal (Preencha o Anexo II)
50	Prédio em Propriedade Total com Andares ou Divisões Susceptíveis de Utilização Independente (Preencha o Anexo II)
51	Outros: Indique o Tipo [___], preencha os campos de 53 a 55 e 57 a 60; e indique o Custo de Construção + Valor do Terreno: €

52 Afectação	53 N.º de Pisos	54 Tipologia / N.º de Divisões	55 Área Total do Terreno	56 Área do Terreno Integrante da Fracção	57 Área de Implantação do Prédio	58 Área Bruta de Construção	59 Área Bruta Dependente	60 Área Bruta Privativa	61 Permilagem da Fracção

ANTES DE PREENCHER LEIA ATENTAMENTE TODO O IMPRESSO E CONSULTE AS INSTRUÇÕES

62	Elementos de Qualidade e Conforto para Prédio, parte de Prédio ou Fracção destinados a **Habitação** (Assinale com X os elementos que o seu prédio possui)	63	Elementos de Qualidade e Conforto para Prédio, parte de Prédio ou Fracção destinados a **Habitação** (Assinale com X os elementos que o seu prédio NÃO possui)
	1 - Moradias unifamiliares		11 - Inexistência de cozinha
	2 - Localização em condomínio fechado		12 - Inexistência de instalações sanitárias
	3 - Garagem individual		13 - Inexistência de rede pública ou privada de água
	4 - Garagem colectiva		14 – Inexistência de rede pública ou privada de electricidade
	5 - Piscina individual		15 - Inexistência de rede pública ou privada de gás
	6 - Piscina colectiva		16 - Inexistência de rede pública ou privada de esgotos
	7 - Campo de ténis		17 - Inexistência de ruas pavimentadas
	8 - Outros equipamentos de lazer		18 - Existência de áreas inferiores às regulamentares (RGEU)
	9 - Sistema central de climatização		19 - Inexistência de elevador em edifícios com mais de 3 pisos
	10 - Elevadores em edifícios de menos de 4 pisos		

64	Elementos de Qualidade e Conforto para Prédio, parte de Prédio ou Fracção destinados a **Comércio, Indústria e Serviços** (Assinale com X os elementos que o seu prédio possui)	65	Elementos de Qualidade e Conforto para Prédio, parte de Prédio ou Fracção destinados a **Comércio, Indústria e Serviços** (Assinale com X os elementos que o seu prédio NÃO possui)
	20 – Localização em centro comercial		12 - Inexistência de instalações sanitárias
	21 – Localização em edifícios destinados a escritórios		13 - Inexistência de rede pública ou privada de água
	22 - Existência de elevador(es) e/ou escada(s) rolante(s)		14 - Inexistência de rede pública ou privada de electricidade
	9 – Sistema central de climatização		16 - Inexistência de rede pública ou privada de esgotos
			17 - Inexistência de ruas pavimentadas
			19 - Inexistência de elevador em edifícios com mais de 3 pisos

VI	OUTROS ELEMENTOS	VII	DOCUMENTOS JUNTOS À DECLARAÇÃO (Quantidade)			
66	Data da Licença de Utilização : ___/___/___	72	Licença de utilização	78		Planta(s) do(s) edifício(s)
67	Data de Conclusão das Obras: ___/___/___	73	Escritura de Propriedade Horizontal	79		Alvará de loteamento
68	Data de Passagem a Urbano: ___/___/___	74	Alvará de licença ou autorização de construção	80		Contrato(s) de arrendamento
69	Data de Ocupação: ___/___/___	75	Planta(s) de localização / croquis	81		Anexo I
70	Início da Construção da Obra: ___/___/___	76	Planta de Implantação do(s) Edifício(s)	82		Anexo II
71	Idade do Prédio (n.º de anos):	77	Projecto ou viabilidade construtiva	83		Anexo III

VIII	ENCERRAMENTO DA DECLARAÇÃO	IX	PARA USO EXCLUSIVO DO SERVIÇO DE FINANÇAS
	A declaração corresponde à verdade e não houve qualquer omissão	86	NIP:
84	Local e Data: , / /	87	N.º de Registo da Declaração:
	O Declarante (assinatura)		O FUNCIONÁRIO CARIMBO DE RECEPÇÃO
			Data: / /
	Se a declaração for apresentada por um representante, gestor de negócios ou pelo cabeça de casal indique:		Nome:_____
	Nome:		_____
			Rubrica
85	NIF:		

Portaria n.º 1282/2003, de 13 de Novembro 377

MINISTÉRIO DAS FINANÇAS
DIRECÇÃO GERAL DOS IMPOSTOS

IMPOSTO MUNICIPAL SOBRE IMÓVEIS (IMI)
DECLARAÇÃO PARA INSCRIÇÃO OU ACTUALIZAÇÃO DE PRÉDIOS URBANOS NA MATRIZ (Modelo 1)
ANEXO I

NIF / NIPC

PROPRIETÁRIOS, USUFRUTUÁRIOS ou SUPERFICIÁRIOS do PRÉDIO

Titular(es) do Prédio / Fracção Autónoma / Lote de Terreno

Caso existam Direitos de Superfície, de Usufruto ou de Propriedade Resolúvel associados indique:

Prédio / Fracção Autónoma / Lote	NIF / NIPC	Domicílio Fiscal		Tipo de Titular	Compropriedade (quota-parte)	Bem Comum do Casal	NIF do Cônjuge	Duração	Ano de Início	Ano do Término	NIF/NIPC do Titular da Raiz
		Tipo	País, Região ou Território								
01	02	03		04	05	06	07	08	09	10	11
12	13	14		15	16	17	18	19	20	21	22
23	24	25		26	27	28	29	30	31	32	33
34	35	36		37	38	39	40	41	42	43	44
45	46	47		48	49	50	51	52	53	54	55
56	57	58		59	60	61	62	63	64	65	66
67	68	69		70	71	72	73	74	75	76	77
78	79	80		81	82	83	84	85	86	87	88
89	90	91		92	93	94	95	96	97	98	99
100	101	102		103	104	105	106	107	108	109	110
111	112	113		114	115	116	117	118	119	120	121
122	123	124		125	126	127	128	129	130	131	132
133	134	135		136	137	138	139	140	141	142	143
144	145	146		147	148	149	150	151	152	153	154
155	156	157		158	159	160	161	162	163	164	165
166	167	168		169	170	171	172	173	174	175	176
177	178	179		180	181	182	183	184	185	186	187
188	189	190		191	192	193	194	195	196	197	198
199	200	201		202	203	204	205	206	207	208	209
210	211	212		213	214	215	216	217	218	219	220
221	222	223		224	225	226	227	228	229	230	231
232	233	234		235	236	237	238	239	240	241	242

ASSINATURA DO DECLARANTE

RECEPÇÃO POR PARTE DO FUNCIONÁRIO

14| N.º de Registo da Declaração:

Assinatura do Funcionário

CARIMBO DE RECEPÇÃO

MINISTÉRIO DAS FINANÇAS
DIRECÇÃO GERAL DOS IMPOSTOS

IMPOSTO MUNICIPAL SOBRE IMÓVEIS
DECLARAÇÃO PARA INSCRIÇÃO OU ACTUALIZAÇÃO DE PRÉDIOS URBANOS NA MATRIZ (Modelo 1)
ANEXO II

NIF / NIPC

I — ELEMENTOS DO IMÓVEL E ÁREAS COMUNS (em m²)

01 N.º de Pisos	02 Área Total do Terreno	03 Área de Implantação do(s) Edifício(s)	04 Área Bruta Privativa Total

II — ELEMENTOS REFERENTES ÀS FRACÇÕES AUTÓNOMAS / ANDARES OU DIVISÕES COM UTILIZAÇÃO INDEPENDENTE

Fracção Autónoma ou Andar / Divisão Independente	Afectação	Tipologia / Divisões	Área do Terreno Integrante da Fracção/Andar/Divisão	Área Bruta Dependente	Área Bruta Privativa	Permilagem da Fracção Autónoma	Elementos de Qualidade e Conforto respeitantes exclusivamente à fracção (assinalar com X os códigos correspondentes)																						
05	06	07	08	09	10	11	12	1	2	3	4	5	6	7	8	9	10	11	12	13	14	15	16	17	18	19	20	21	22
13	14	15	16	17	18	19	20	1	2	3	4	5	6	7	8	9	10	11	12	13	14	15	16	17	18	19	20	21	22
21	22	23	24	25	26	27	28	1	2	3	4	5	6	7	8	9	10	11	12	13	14	15	16	17	18	19	20	21	22
29	30	31	32	33	34	35	36	1	2	3	4	5	6	7	8	9	10	11	12	13	14	15	16	17	18	19	20	21	22
37	38	39	40	41	42	43	44	1	2	3	4	5	6	7	8	9	10	11	12	13	14	15	16	17	18	19	20	21	22
45	46	47	48	49	50	51	52	1	2	3	4	5	6	7	8	9	10	11	12	13	14	15	16	17	18	19	20	21	22
53	54	55	56	57	58	59	60	1	2	3	4	5	6	7	8	9	10	11	12	13	14	15	16	17	18	19	20	21	22
61	62	63	64	65	66	67	68	1	2	3	4	5	6	7	8	9	10	11	12	13	14	15	16	17	18	19	20	21	22
69	70	71	72	73	74	75	76	1	2	3	4	5	6	7	8	9	10	11	12	13	14	15	16	17	18	19	20	21	22
77	78	79	80	81	82	83	84	1	2	3	4	5	6	7	8	9	10	11	12	13	14	15	16	17	18	19	20	21	22
85	86	87	88	89	90	91	92	1	2	3	4	5	6	7	8	9	10	11	12	13	14	15	16	17	18	19	20	21	22
93	94	95	96	97	98	99	100	1	2	3	4	5	6	7	8	9	10	11	12	13	14	15	16	17	18	19	20	21	22
101	102	103	104	105	106	107	108	1	2	3	4	5	6	7	8	9	10	11	12	13	14	15	16	17	18	19	20	21	22
109	110	111	112	113	114	115	116	1	2	3	4	5	6	7	8	9	10	11	12	13	14	15	16	17	18	19	20	21	22
117	118	119	120	121	122	123	124	1	2	3	4	5	6	7	8	9	10	11	12	13	14	15	16	17	18	19	20	21	22
125	126	127	128	129	130	131	132	1	2	3	4	5	6	7	8	9	10	11	12	13	14	15	16	17	18	19	20	21	22
133	134	135	136	137	138	139	140	1	2	3	4	5	6	7	8	9	10	11	12	13	14	15	16	17	18	19	20	21	22
141	142	143	144	145	146	147	148	1	2	3	4	5	6	7	8	9	10	11	12	13	14	15	16	17	18	19	20	21	22

ASSINATURA DO DECLARANTE

RECEPÇÃO POR PARTE DO FUNCIONÁRIO

149 N.º de Registo da Declaração:

Assinatura do Funcionário

CARIMBO DE RECEPÇÃO

MINISTÉRIO DAS FINANÇAS
DIRECÇÃO GERAL DOS IMPOSTOS

IMPOSTO MUNICIPAL SOBRE IMÓVEIS
DECLARAÇÃO PARA INSCRIÇÃO OU ACTUALIZAÇÃO DE PRÉDIOS URBANOS NA MATRIZ (Modelo 1)
ANEXO III

NIF / NIPC

ELEMENTOS DO LOTEAMENTO (indique as áreas em m²)

Lote n.º	Área Total do Terreno	Área de Implantação do Prédio	Área Bruta de Construção	Área Bruta Dependente	CONFONTAÇÕES			
					Norte	Sul	Nascente	Poente
01	02	03	04	05	06	07	08	09
10	11	12	13	14	15	16	17	18
19	20	21	22	23	24	25	26	27
28	29	30	31	32	33	34	35	36
37	38	39	40	41	42	43	44	45
46	47	48	49	50	51	52	53	54
55	56	57	58	59	60	61	62	63
64	65	66	67	68	69	70	71	72
73	74	75	76	77	78	79	80	81
82	83	84	85	86	87	88	89	90
91	92	93	94	95	96	97	98	99
100	101	102	103	104	105	106	107	108
109	110	111	112	113	114	115	116	117
118	119	120	121	122	123	124	125	126
127	128	129	130	131	132	133	134	135
136	137	138	139	140	141	142	143	144
145	146	147	148	149	150	151	152	153
154	155	156	157	158	159	160	161	162
163	164	165	166	167	168	169	170	171
172	173	174	175	176	177	178	179	180
181	182	183	184	185	186	187	188	189
190	191	192	193	194	195	196	197	198

ASSINATURA DO DECLARANTE

RECEPÇÃO POR PARTE DO FUNCIONÁRIO

208 | N.º de Registo da Declaração:

Assinatura do Funcionário

CARIMBO DE RECEPÇÃO

380   *Novo Regime do Arrendamento Urbano*

DECLARAÇÃO MOD. 1 DO IMI - INSTRUÇÕES DE PREENCHIMENTO

A presente declaração destina-se a avaliar e a inscrever prédios urbanos na matriz, ou a actualizar o seu valor (art.ºs 13.º e 37.º do CIMI).

Quadro / Campo		Denominação	Explicação
Campo	01	Serviço de Finanças da Área da Situação do Prédio	Indicar o código e o nome do Serviço de Finanças da área da situação do prédio (ver instruções para o campo 38).
Quadro	I	Titular do Prédio ou Fracção	O presente quadro destina-se a indicar o titular do prédio (imóvel ou fracção). Por titular deve entender-se o proprietário, usufrutuário ou superficiário e, no caso de propriedade resolúvel, quem tiver o uso ou fruição do prédio. Se se tratar de herança indivisa, deverá indicar o nome do autor da herança, com o aditamento "cabeça de Casal da Herança de", e o número de identificação fiscal específico. Caso exista mais do que um titular, situações de compropriedade, usufruto ou de direito de superfície, identifique um dos titulares neste quadro e preencha o Anexo I, no qual deve identificar todos os titulares, repetindo o agora identificado. Se o prédio for bem comum do casal e caso não existam outros titulares, o prédio é considerado como tendo apenas 1 titular, não sendo necessário preencher o Anexo1. Nas situações de prédio em regime de propriedade horizontal ou em propriedade total com andares ou divisões susceptíveis de utilização independente e de loteamento, caso não preencha o Anexo 1, o sistema assume como titular das fracções, andares ou lotes o nome indicado neste quadro. *Caso a sua morada não esteja de conformidade com a existente no cadastro fiscal proceda à actualização do seu NIF/NIPC.*
Campo	03	Tipo de Titular	O presente campo destina-se a identificar o tipo de titular. Caso tenha indicado o código 2, 3 ou 4 preencha o Anexo I.
Campo	04	Domicílio Fiscal	Utilizar os seguintes códigos: 1 – Território Nacional; 2 – União Europeia; 3 – Outros Países; 4 - País, território ou região sujeitos a um regime fiscal claramente mais favorável, constante de lista aprovada por portaria do Ministro das Finanças. Caso tenha indicado o código 4 escreva o nome do país, território ou região.
Campo	05	Bem Comum do Casal	O presente campo destina-se a indicar se o prédio é bem comum do casal ou não. Caso tenha assinalado "Sim", preencha no campo 6 o NIF do cônjuge.
Quadro	II	Motivo da entrega da declaração	O presente Quadro destina-se a evidenciar o motivo da inscrição ou actualização do prédio na matriz e só se deve indicar um motivo, excepto nos casos de transmissões que operem a primeira mudança de sujeito passivo de IMI após a entrada em vigor do Código e simultaneamente tenham que dar origem à avaliação nos termos do artigo 27.º do Decreto-Lei n.º 287/2003, de 12 de Novembro, caso em que devem ser preenchidos em simultâneo os campos 11 e 15.
Campo	08	Prédio Novo	Trata-se de prédio não inscrito na matriz, em que a participação para efeitos de inscrição na matriz foi feita dentro do prazo legal.
Campo	09	Prédio Melhorado/Modificado	Trata-se de prédio já inscrito na matriz, que foi melhorado/modificado sem alteração do número de fogos ou andares.
Campo	10	Prédio Melhorado / Modificado / Reconstruído	Trata-se de prédio já inscrito na matriz, que foi melhorado/modificado ou reconstruído, com alteração do número de fogos ou andares, dando origem a um novo artigo.
Campo	11	Anexo à declaração de liquidação de IMT ou I. Selo	Este campo deve ser preenchido quando a declaração é um anexo à declaração para liquidação do IMT, o que ocorre em todos os casos em que haja necessidade de avaliar o bem transmitido para liquidar o imposto.
Campo	12	Prédio Omisso	Trata-se de prédio não inscrito na matriz e cuja tributação não foi efectuada nos termos legais, por falta de apresentação da declaração para a sua inscrição.
Campo	13	Pedido de Avaliação	Trata-se de prédio já inscrito na matriz, que não foi melhorado ou modificado, e em que a iniciativa da avaliação pertence ao seu titular.
Campo	14	Mudança da afectação do prédio	Trata-se de prédio já inscrito na matriz, que não foi melhorado ou modificado, e em que o motivo de avaliação resulta da alteração da afectação do prédio
Campo	15	1ª Transmissão na Vigência do IMI	Trata-se de prédio já inscrito na matriz, avaliado segundo as regras do CCPIIA, que foi transmitido a título oneroso ou gratuito, por acto ou contracto que operou a mudança do sujeito passivo do IMI, tendo de ser objecto de avaliação segundo as regras previstas no CIMI.
Campo	16	Última renda mensal	Na situação referenciada nos campos 11 e 15, caso o prédio objecto de transmissão se encontre arrendado à data da sua transmissão por contrato vigente e que tenha dado lugar ao pagamento de rendas até 31/12/2001, indique a última renda mensal recebida.
Quadro	III	Identificação Matricial	Este quadro serve para identificar o(s) artigo(s) matricial(ais) em que, aquele que agora se pretende inscrever ou actualizar, se encontrava inscrito. Caso se trate da inscrição de prédios novos, omissos ou melhorado/modificado/reconstruído, os artigos referenciados serão anulados, dando origem a novos artigos. Nas restantes situações o número ora referenciado mantém-se. Tipo: U – prédio urbano; R - rústico. Com respeito aos restantes elementos, caso os desconheça, socorra-se da nota de cobrança do IMI ou então solicite-os no respectivo Serviço de Finanças.
Quadro	IV	Situação do Prédio	Este quadro serve para evidenciar a situação do edifício e as suas confrontações. Caso o prédio tenha número de polícia (campo 33), fica o contribuinte dispensado de preencher os campos 41 a 44. Caso se trate de um projecto de loteamento não preencha os campos 41 a 44 visto as confrontações constarem do Anexo III.
Campo	38	Freguesia	Caso o prédio se situe em mais de uma freguesia, do mesmo ou de diferentes municípios, o prédio deve ser inscrito na matriz da freguesia em que se situa a parte onde tenha a entrada principal
Quadro	V	Tipo de prédio a avaliar	Este quadro destina-se a indicar o tipo de prédio que pretende inscrever ou actualizar na matriz . Para o efeito e por cada declaração apenas poderá indicar um tipo de prédio.
Campo	45	Fracção Autónoma de Prédio em Regime de Propriedade Horizontal	Este campo destina-se a identificar a fracção autónoma em regime de propriedade horizontal. Preencha os campos 52, 54 a 57 e 59 a 61. Os elementos a indicar devem referir-se à fracção autónoma, excepto quanto aos mencionados nos campos 55 e 57, que respeitam ao edifício.
Campo	46	Terreno para Construção	Este campo destina-se a identificar o lote de terreno para construção. Para loteamento de prédio rústico preencha o campo 47. Caso o lote de terreno resulte de prédio(s) urbano(s) ou de prédio(s) rústico(s) já inscrito(s) na matriz, e que por este motivo têm de ser eliminados ou alterados, deve preencher o Quadro III, indicando o(s) artigo(s) a eliminar ou alterar. Preencha os campos 55 e 57 a 59.
Campo	47	Loteamento de Terreno para Construção	Este campo deve ser preenchido quando exista autorização de loteamento e deverá preencher o Anexo III referenciando todos os lotes a inscrever. (ver instruções referente ao campo 46 na parte que diz respeito aos prédios a eliminar)
Campo	48	Prédio em Propriedade Total sem Andares nem Divisões Susceptíveis de Utilização Independente	Este campo deve ser preenchido quando exista um prédio em propriedade total sem andares nem divisões susceptíveis de utilização independente – vulgo moradias. Preencha os campos 52 a 55 e 57 a 60.
Campo	49	Prédio em regime de Propriedade Horizontal	Este campo destina-se a identificar um prédio em regime de propriedade horizontal devendo para o efeito preencher o Anexo II.
Campo	50	Prédio em Propriedade Total com Andares ou Divisões Susceptíveis de Utilização Independente	Este campo destina-se a identificar um prédio em propriedade total com andares ou divisões susceptíveis de utilização independente devendo para o efeito preencher o Anexo II.
Campo	51	Outros	* Preenche-se este campo se se tratar de terrenos situados dentro de aglomerados urbanos que não sejam terrenos para construção; terrenos situados dentro de aglomerados urbanos que não sejam considerados prédios rústicos; terrenos situados dentro de aglomerados urbanos em que as entidades competentes vedem qualquer operação de loteamento ou construção; designadamente os localizados em zonas verdes, áreas protegidas, ou que, de acordo com os planos municipais de ordenamento do território, estejam afectos a espaços, infra-estruturas ou a equipamento públicos; edifícios e construções licenciadas ou, na falta de licença, que tenham como destino normal outros fins que não sejam habitação, comércio, indústria ou serviços. * TIPO: Utilizar os seguintes códigos: 1 – Aeródromos/Pistas de Aviação, 2 – Barragens, 3 – Campos de equitação, 4 – Campos de golfe; 5 - Campos de mini-golfe; 6 – Campos de ténis; 7 – Campos de futebol; 8 – Outros campos desportivos; 9 – Estádios desportivos; 10 – Pavilhões gimnodesportivos; 11 – Piscinas; 12 – Pistas de automóveis; 13 – Praças de touros; 14 – Carreiras de tiro; 15 - Etar's; 16 – Igrejas; 17 – Lixeiras; 18 – Marinas; 19 – Pedreiras; 20 – Zonas Verdes; 21 – Terrenos situados dentro de aglomerados urbanos onde não é permitido construir e sem afectação agrícola; 22 – Outros. * Caso se trate de edificações preencha os campos 53 a 55 e 57 a 60 e indique o custo de construção acrescido do valor do terreno
Campo	52	Afectação	Este campo destina-se a evidenciar o tipo de utilização a dar ao prédio/ edifício ou fracção autónoma). Para o efeito deverá utilizar os seguintes códigos: 1 – Comércio; 2 – Serviços; 3 – Habitação; 4 – Habitação social sujeita a regimes legais de custos controlados; 5 – Armazém e actividade industrial; 6 – Estacionamento Coberto; 7 – Prédios não licenciados, em condições muito deficientes de habitabilidade; 8 – Estacionamento não coberto.

Portaria n.º 1282/2003, de 13 de Novembro

Campo	53	N.º de Pisos	Este campo destina-se a indicar o número de pisos, acima e abaixo do solo, que o edifício integra.
Campo	54	Tipologia / n.º de Divisões	Este campo destina-se a indicar a tipologia do prédio (T0, T1, T2 etc.) ou o número de divisões do prédio (1, 2, 3 etc. - n.º de divisões = n.º de quartos e salas; não inclui casas-de-banho, cozinhas e arrecadações).
Campo	55	Área Total do Terreno	É a superfície total do terreno, medida pelo seu perímetro exterior, incluindo as áreas de implantação e descoberta.
Campo	56	Área de Terreno Integrante da Fracção	Este campo destina-se a indicar a área descoberta do terreno que, não sendo comum aos outros proprietários das fracções, integra uma determinada fracção autónoma, andar ou divisão.
Campo	57	Área de Implantação do Prédio	É a área situada dentro do perímetro de fixação das edificações ao solo medida pela parte exterior.
Campo	58	Área Bruta de Construção	Consiste na área total de construção, representada pelo somatório da área bruta privativa e das áreas brutas dependentes
Campo	59	Áreas Brutas Dependentes	As áreas brutas dependentes são as áreas cobertas de uso exclusivo, ainda que constituam partes comuns, mesmo que situadas no exterior do edifício ou da fracção, cujas utilizações são acessórias relativamente ao uso a que se destina o edifício ou fracção, considerando-se, para esse efeito, locais acessórios, as garagens e parqueamentos, as arrecadações, as instalações para animais, os sótãos ou caves acessíveis, desde que não integrados na área bruta privativa, e ainda outros locais privativos de função distinta das anteriores
Campo	60	Área Bruta Privativa	A área bruta privativa é a superfície total, medida pelo perímetro exterior e eixos das paredes ou outros elementos separadores do edifício ou da fracção e inclui varandas privativas, caves e sótãos privativos com utilização idêntica à do edifício ou da fracção.
Campo	61	Permilagem da Fracção	Caso esteja em causa a avaliação de uma fracção autónoma indique a sua permilagem constante do título constitutivo da propriedade horizontal.
Campos	62 a 65	Elementos de Qualidade e Conforto	Marque com um X a quadrícula respeitante ao número que identifica o elemento de qualidade e conforto, utilizando os campos 62 e 63 quando se trate de prédio destinado à habitação e 64 e 65 quando se trate de prédio destinado a comercio, industria e serviços. Considera-se centro comercial o edifício ou parte do edifício com um conjunto arquitectonicamente unificado de estabelecimentos comerciais de diversos ramos em número não inferior a 45.
Campo	66	Data da Licença de Utilização	Este campo destina-se a indicar a data da emissão da licença de utilização pela câmara municipal.
Campo	67	Data da Conclusão das Obras	Este campo destina-se a indicar, nas situações de inexistência de licença de utilização, a data de conclusão das obras.
Campo	68	Data de Passagem a Urbano	Este campo destina-se a indicar a data em que um prédio rústico passou a urbano ou em que um bem móvel que, pela sua característica de permanência, deva ser considerado como prédio.
Campo	69	Data de Ocupação	Este campo destina-se a indicar a data de ocupação do prédio, a data em que se verificou uma qualquer utilização desde que a título não precário, a data em que se tornou possível a sua normal utilização para os fins a que se destina, quando anteriores às referidas nos campos 66 e 67. Deve também preencher-se este campo nos casos de mudança de afectação do prédio sem ter havido a emissão da correspondente licença de utilização.
Campo	70	Início da Construção da Obra	Este campo destina-se, nas situações de constituição de direitos de superfície, a indicar a data de início da construção da obra pelo superficiário.
Campo	71	Idade do Prédio	Este campo destina-se a indicar a idade do prédio, quando se desconheçam as datas referidas nos campos 66 a 69 e se trate de prédios omissos, ou de prédios cuja avaliação tenha sido efectuada ao abrigo do CCPIIA e ocorra a 1ª transmissão na vigência do IMI ou o sujeito passivo apresente pedido de avaliação.
Quadro	VII	Documentos juntos à declaração	Este quadro destina-se a indicar o número de documentos juntos à declaração. Face ao disposto no n.º 5 do art. 13º do CIMI, têm-se por não entregues as declarações que não venham acompanhadas dos seguintes elementos: • para as construções - plantas de arquitectura correspondentes às telas finais aprovadas pela competente câmara municipal ou fotocópias das mesmas autenticadas e, no caso de construções não licenciadas, de plantas da responsabilidade do sujeito passivo. No caso de edifícios com pisos iguais bastará entregar a planta de um desses pisos; • para os terrenos para construção - fotocópia do alvará de loteamento, que deve ser substituída, caso não exista loteamento, por fotocópia do alvará de licença de construção, projecto aprovado ou documento comprovativo da viabilidade construtiva.
Campo	87	N.º de Registo da Declaração	Campo destinado a registar, pelo funcionário, o número da declaração, o qual deve ser comum a todos os anexos

Anexo I

Este anexo destina-se a ser preenchido quando o prédio (edifício ou fracção autónoma) tenha mais do que um titular, existam situações de compropriedade ou tenham sido constituídos direitos de usufruto ou superfície. Caso haja necessidade de preencher este anexo, deve referenciar, de novo, o titular indicado no Quadro I da declaração.

Só deverá preencher os campos 08/239; 09/240, 10/241 e 11/242 se existirem situações de direitos de usufruto ou superfície.

Com referência aos campos deste anexo, não referidos nas presentes instruções, ver os esclarecimentos existentes para idênticos campos do corpo da declaração.

Campo	01 a 232	Prédio / Fracção Autónoma / Lote	Este campo só deve ser preenchido caso queira associar, a um titular, uma fracção autónoma ou um lote de terreno. Para o efeito deverá preencher neste campo a referência da fracção autónoma ou do lote de terreno e, nos respectivos campos, os elementos identificadores do titular. Se com respeito a uma determinada fracção ou lote existirem vários comproprietários devem ser preenchidas tantas linhas quanto os comproprietários. Se não forem indicados neste campo quaisquer referências Quanto à fracção autónoma ou ao lote de terreno e se forem referenciados vários titulares, o sistema assumirá que as fracções autónomas ou os lotes de terreno são compropriedade dos titulares expressos neste anexo, nas proporções constantes dos campos 5 a 236. Caso não sejam expressas as proporções o sistema atribui-las-á em função do número de titulares indicados.
Campo	04 a 235	Tipo de Titular	Identifique o tipo de titular, utilizando para o efeito os seguintes códigos: 1 - Único proprietário; 2 - Comproprietário; 3 - Usufrutuário; 4 - Superficiário.
Campo	05 a 236	Compropriedade (quota-parte)	Este campo serve para, em situações de compropriedade, indicar a quota parte que cada um dos titulares possui na fracção autónoma ou no lote de terreno
Campo	06 a 237	Bem Comum do Casal	Ver instruções para o campo 5 da declaração
Campo	07 a 238	Duração	Utilizar os seguintes códigos: 1 - se o Direito de Superfície, de Usufruto ou de Propriedade Resolúvel for vitalício; 2 - caso os direitos referenciados seja temporários. Caso tenha assinalado 2 preencha os campos a 228 e 9 a 229, onde deverá indicar o ano de início e término do direito de Superfície, de Usufruto ou de Propriedade Resolúvel. Caso existam mais do que um titular da raiz ou da nua propriedade, para uma determinada fracção autónoma ou lote de terreno, deverá o facto ser evidenciado em linhas distintas, repetindo-se os elementos identificadores do usufrutuário ou do superficiário.
Campo	11 a 242	NIF do Titular da Raiz	Este campo serve para indicar o NIF do titular da raiz ou da nua-propriedade
Campo	243	N.º de Registo da Declaração	Ver instruções para o campo 87 da declaração

Anexo II

Este anexo destina-se a ser preenchido caso tenha referenciado os campos 49 ou 50 da declaração, ou seja, caso pretenda inscrever um prédio em regime de propriedade horizontal ou um prédio em propriedade total com andares/divisões susceptíveis de utilização independente.

Este anexo compreende o **Quadro I**, onde devem ser referenciados os elementos específicos do imóvel e o **Quadro II**, onde devem ser referenciados os elementos específicos e as áreas próprias das fracções autónomas ou andares/divisões com utilização independente.

Com referência aos campos deste anexo, não referidos nas presentes instruções, ver os esclarecimentos existentes para idênticos campos do corpo da declaração.

Campo	04	Área Bruta Privativa Total	Neste campo deve indicar-se a soma da área bruta privativa da totalidade das fracções (campos 10 a 146). Caso a área aqui indicada, não esteja de conformidade com a soma das áreas indicadas nos campos 10 a 146, o sistema acusará "erro", razão pela qual deverá ter o devido cuidado na inserção das áreas.
Campo	05 a 141	Fracção Autónoma ou Andar/Divisão Independente	Preencher neste campo a referência da fracção autónoma ou do andar/divisão independente.

Anexo III

Este anexo destina-se a ser preenchido caso tenha referenciado o campo 47 da declaração, ou seja, caso apresente a declaração para inscrever os lotes de terreno resultantes de uma operação de loteamento. Com referência aos campos deste anexo, não referidos nas presentes instruções, ver os esclarecimentos existentes para idênticos campos do corpo da declaração, sendo que as áreas a inscrever são as autorizadas ou previstas.

Campo	1 a 190	Lote n.º	Preencher neste campo o número do lote de terreno.

LEI N.º 6/2001
de 11 de Maio

Adopta medidas de protecção das pessoas que vivam em economia comum

A Assembleia da República decreta, nos termos da alínea *c*) do artigo 161.º da Constituição para valer como lei geral da República, o seguinte:

ARTIGO 1.º
Âmbito de aplicação

1. A presente lei estabelece o regime de protecção das pessoas que vivam em economia comum há mais de dois anos.

2. O disposto na presente lei não prejudica a aplicação de qualquer disposição legal ou regulamentar em vigor tendente à protecção jurídica de situações de união de facto, nem de qualquer outra legislação especial aplicável.

3. Não constitui facto impeditivo da aplicação da presente lei a coabitação em união de facto.

ARTIGO 2.º
Economia comum

1. Entende-se por economia comum a situação de pessoas que vivam em comunhão de mesa e habitação há mais de dois anos e tenham estabelecido uma vivência em comum de entreajuda ou partilha de recursos.

384   *Novo Regime do Arrendamento Urbano*

2. O disposto na presente lei é aplicável a agregados constituídos por duas ou mais pessoas, desde que pelo menos uma delas seja maior de idade.

ARTIGO 3.º
Excepções

São impeditivos da produção dos efeitos jurídicos decorrentes da aplicação da presente lei:

a) A existência entre as pessoas de vínculo contratual, designadamente sublocação e hospedagem, que implique a mesma residência ou habitação comum;

b) A obrigação de convivência por prestação de actividade laboral para com uma das pessoas com quem viva em economia comum;

c) As situações em que a economia comum esteja relacionada com a prossecução de finalidades transitórias;

d) Encontrar-se alguma das pessoas submetida a situação de coacção física ou psicológica ou atentatória da autodeterminação individual.

ARTIGO 4.º
Direitos aplicáveis

1. Às pessoas em situação de economia comum são atribuídos os seguintes direitos:

a) Benefício do regime jurídico de férias, faltas e licenças e preferência na colocação dos funcionários da Administração Pública equiparado ao dos cônjuges, nos termos da lei;

b) Benefício do regime jurídico das férias, feriados e faltas aplicável por efeito de contrato individual de trabalho, equiparado ao dos cônjuges, nos termos da lei;

c) Aplicação do regime do imposto de rendimento das pessoas singulares nas mesmas condições dos sujeitos passivos casados e não separados judicialmente de pessoas e bens, nos termos do disposto no artigo 7.º;

d) Protecção da casa de morada comum, nos termos da presente lei;

e) Transmissão do arrendamento por morte.

2. Quando a economia comum integrar mais de duas pessoas, os direitos consagrados nas alíneas *a*) e *b*) do número anterior apenas podem ser exercidos, em cada ocorrência, por uma delas.

ARTIGO 5.º
Casa de morada comum

1. Em caso de morte de pessoa proprietária da casa de morada comum, as pessoas que com ela tenham vivido em economia comum há mais de dois anos nas condições previstas na presente lei têm direito real de habitação sobre a mesma, pelo prazo de cinco anos e, no mesmo prazo, direito de preferência na sua venda.

2. O disposto no número anterior não se aplica caso ao falecido sobrevivam descendentes ou ascendentes que com ele vivessem há pelo menos um ano e pretendam continuar a habitar a casa, ou no caso de disposição testamentária em contrário.

3. Não se aplica ainda o disposto no n.º 1 no caso de sobrevivência de descendentes menores que não coabitando com o falecido demonstrem ter absoluta carência de casa para habitação própria.

ARTIGO 6.º
Transmissão do arrendamento por morte

Ao n.º 1 do artigo 85.º do Regime do Arrendamento Urbano, aprovado pelo Decreto-Lei n.º 321-B/90, de 15 de Outubro, é aditada uma alínea *f*), com a seguinte redacção:

«f) Pessoas que com ele vivessem em economia comum há mais de dois anos».

ARTIGO 7.º
Regime fiscal

À situação de duas pessoas vivendo em regime de economia comum é aplicável com as devidas adaptações, o disposto no artigo 14.º-A do Código do IRS, aprovado pelo Decreto-Lei n.º 442-A/88, de 30 de Novembro.

ARTIGO 8.º
Regulamentação

O Governo publicará no prazo de 90 dias os diplomas regulamentares das normas da presente lei que de tal careçam.

ARTIGO 9.º
Entrada em vigor

Os preceitos da presente lei que tenham repercussão orçamental produzem efeitos com a lei do Orçamento do Estado posterior à sua entrada em vigor.

LEI N.º 7/2001
de 11 de Maio

Adopta medidas de protecção das uniões de facto

A Assembleia da República decreta, nos termos da alínea *c*) do artigo 161.º da Constituição, para valer como lei geral da República, o seguinte:

ARTIGO 1.º
Objecto

1. A presente lei regula a situação jurídica de duas pessoas, independentemente do sexo, que vivam em união de facto há mais de dois anos.

2. Nenhuma norma da presente lei prejudica a aplicação de qualquer outra disposição legal ou regulamentar em vigor tendente à protecção jurídica de uniões de facto ou de situações de economia comum.

ARTIGO 2.º
Excepções

São impedimentos dos efeitos jurídicos decorrentes da presente lei:

b) Idade inferior a 16 anos;
c) Demência notória, mesmo nos intervalos lúcidos, e interdição ou inabilitação por anomalia psíquica;
d) Casamento anterior não dissolvido, salvo se tiver sido decretada separação judicial de pessoas e bens;
e) Parentesco na linha recta ou no 2.º grau da linha colateral ou afinidade na linha recta;

388   *Novo Regime do Arrendamento Urbano*

f) Condenação anterior de uma das pessoas como autor ou cúmplice por homicídio doloso ainda que não consumado contar o cônjuge do outro.

ARTIGO 3.º
Efeitos

As pessoas que vivam em união de facto nas situações previstas na lei têm direito a:

a) Protecção da casa de morada de família, nos termos da lei;
b) Beneficiar de regime jurídico de férias, faltas, licenças e preferência na colocação dos funcionários da Administração Pública equiparado ao dos cônjuges, nos termos da presente lei;
c) Beneficiar de regime jurídico das férias, feriados e faltas, aplicado por efeito de contrato individual de trabalho, equiparado ao dos cônjuges, nos termos da presente lei;
d) Aplicação do regime do imposto de rendimento das pessoas singulares nas mesmas condições dos sujeitos passivos casados e não separados juridicamente de pessoas e bens;
e) Protecção na eventualidade de morte do beneficiário, pela aplicação do regime geral da segurança social e da lei;
f) Prestação por morte resultante de acidente de trabalho ou doença profissional, nos termos da lei;
g) Pensão de preço de sangue e por serviços excepcionais e relevantes prestados ao Pais, nos termos da lei.

ARTIGO 4.º
Casa de morada de família e residência comum

1. Em caso de morte do membro da união de facto proprietário da casa de morada comum, o membro sobrevivo tem direito real de habitação, pelo prazo de cinco anos, sobre a mesma, e, no mesmo prazo, direito de preferência na sua venda.

2. O disposto no número anterior não se aplica caso ao falecido sobrevivam descendentes com menos de 1 ano de idade ou que com ele convivessem há mais de 1 ano e pretendam habitar a casa, ou no caso de disposição testamentária em contrário.

Em caso de separação, pode ser acordada entre os interessados a transmissão o arrendamento em termos idênticos aos previstos no n.º 1 do artigo 84.º do Regime do Arrendamento Urbano.

ARTIGO 5.º
Transmissão do arrendamento por morte

O artigo 85.º do Decreto-Lei n.º 321-B/90, de 15 de Outubro, que aprova o Regime do Arrendamento Urbano, passa a ter a seguinte redacção:

"Artigo 85.º

[...]

1.

a) ...

b) ...

c) Pessoa que com viva em união de facto há mais de dois anos, quando o arrendatário não seja casado ou esteja separado judicialmente de pessoas e bens;

d) [Anterior alínea *d)*]

e) [Anterior alínea *d)*]

2. Caso ao arrendatário não sobrevivam pessoas na situação prevista na alínea b) do n.º 1, ou estas não pretendam a transmissão e, equiparada ao cônjuge a pessoa que com ele vivesse em união de facto.

3. ...

4. ..."

ARTIGO 6.º
Regime de acesso às prestações por morte

1. Beneficia dos direitos estipulados nas alíneas *e)*, *f)* e *g)* do artigo 3.º, no caso de uniões de facto previstas na presente lei quem reunir as condições constantes no artigo 2020.º do Código Civil, decorrendo a acção perante os tribunais cíveis.

2. Em caso de inexistência ou insuficiência de bens da herança, ou nos casos referidos no número anterior, o direito às prestações efectiva-se mediante acção proposta contra a instituição competente para a respectiva atribuição.

ARTIGO 7.º
Adopção

Nos termos do actual regime de adopção, constante no Livro IV, Título IV, do Código Civil, é reconhecido às pessoas de sexo diferente que vivam em união de facto nos termos da presente lei o direito de adopção em condições análogas às previstas no artigo 1979.º do Código Civil, sem prejuízo das disposições legais respeitantes à adopção por pessoas não casadas.

ARTIGO 8.º
Dissolução da união de facto

1. Para efeitos da presente lei, a união de facto dissolve-se:

a) Com o falecimento de um dos membros;
b) Por vontade de um dos membros;
c) Com o casamentos de um dos membros.

2. A dissolução prevista na alínea *b)* do número anterior apenas terá de ser judicialmente declarada quando se pretendam fazer valer direitos da mesma dependentes, a proferir na acção onde os direitos reclamados são exercidos, ou em acção que siga o regime processual das acções de estado.

ARTIGO 9.º
Regulamentação

O Governo publicará no prazo de 90 dias os diplomas regulamentares das normas da presente lei que tal careçam.

ARTIGO 10.º
Revogação

É revogada a Lei n.º 135/99, de 28 de Agosto.

ARTIGO 11.º
Entrada em vigor

Os preceitos da presente lei com repercussão orçamental produzem efeitos com a lei do Orçamento do Estado posterior à sua entrada em vigor.

LEI N.º 46/85
de 20 de Setembro

(…)

ARTIGO 11.º
Correcção extraordinária das rendas

As rendas de prédios arrendados para habitação anteriormente a 1 de Janeiro de 1980 podem ser corrigidas na vigência do contrato pela aplicação dos factores de correcção extraordinária referidos ao ano da última fixação da renda, constante da tabela em anexo.

ARTIGO 12.º
Aplicação da correcção extraordinária

1. A correcção extraordinária das rendas far-se-á anual e sucessivamente até que os factores anuais referidos nos n.ºs 3 e 4 acumulados atinjam os valores indicados na tabela mencionada no artigo anterior, actualizados pela aplicação dos coeficientes previstos no n.º 2 do artigo 6.º.

2. Os factores anuais de correcção extraordinária referidos no número anterior constarão de tabela a publicar anualmente pelo Governo, sem prejuízo do disposto no número seguinte, sendo-lhes aplicável o disposto nos n.º 4 e 5 do artigo 6.º.

3. Os factores a aplicar no primeiro ano de correcção extraordinária são os constantes da tabela anexa.

4. Nos anos subsequentes, os factores anuais de correcção serão iguais a uma vez e meia o montante do coeficiente de actualização, publicado para vigorar no mesmo ano, até que se atinja a correcção global.

DECRETO-LEI N.º 166/93
de 7 de Maio

Estabelece o regime de renda condicionada

Os imóveis sujeitos ao regime de arrendamento social encontram-se ainda, à semelhança do que aconteceu com o mercado de arrendamento em geral, até à entrada em vigor do Decreto-Lei n.º 321-B/90, de 15 de Outubro, vinculados a mecanismos vários de actualização de renda pouco funcionais e que têm contribuído, nos últimos anos, para uma acentuada e acelerada degradação do parque habitacional afecto ao arrendamento social.

Importa, por isso, reformular e uniformizar os regimes de renda a que tais imóveis estão sujeitos, de modo que, desejavelmente, a todas as habitações destinadas a arrendamento de cariz social, quer tenham sido adquiridas ou construídas pelo Estado, seus organismos autónomos ou institutos públicos, quer pelas autarquias locais ou pelas instituições particulares de solidariedade social, desde que com o apoio financeiro do Estado, se aplique um só regime - o regime da renda apoiada, conforme dispõe o artigo 82.º do Regime do Arrendamento Urbano, aprovado pelo diploma acima citado.

Tal regime baseia-se na existência de um preço técnico, determinado objectivamente, tendo em conta o valor real do fogo, e de uma taxa de esforço determinada em função do rendimento do agregado familiar.

É da determinação da taxa de esforço que resulta o valor da renda apoiada.

Estabelecem-se, assim, os mecanismos de determinação do valor locativo do fogo – o preço técnico –, bem como do montante que o arrendatário pode efectivamente suportar – a renda apoiada.

Este valor evoluirá em função e na medida do rendimento do agregado familiar do arrendatário.

394 *Novo Regime do Arrendamento Urbano*

Foram ouvidos os órgãos de governo próprio das Regiões Autónomas dos
Açores e da Madeira.
Assim:
Nos termos da alínea *a)* do n.º 1 do artigo 201.º da Constituição, o Governo decreta o seguinte:

ARTIGO 1.º

1. O presente diploma tem por objecto o estabelecimento do regime de renda apoiada.

2. Ficam sujeitos ao regime de renda apoiada os arrendamentos das habitações do Estado, seus organismos autónomos e institutos públicos, bem como os das adquiridas ou promovidas pelas Regiões Autónomas, pelos municípios e pelas instituições particulares de solidariedade social com comparticipações a fundo perdido concedidas pelo Estado, celebrados após a entrada em vigor do presente diploma.

3. Ficam igualmente sujeitos ao regime de renda apoiada os arrendamentos das habitações adquiridas ou promovidas pelas Regiões Autónomas, comparticipadas a fundo perdido pela respectiva Região, celebrados após a entrada em vigor do presente diploma.

ARTIGO 2.º

1. O regime de renda apoiada baseia-se na determinação dos valores de um preço técnico e de uma taxa de esforço, nos termos do presente diploma.

2. Da taxa de esforço resulta o valor da renda apoiada, adiante designada por renda.

ARTIGO 3.º

1. Para os efeitos do presente diploma considera-se:
a) «Agregado familiar», o conjunto de pessoas constituído pelo arrendatário, pelo cônjuge ou pessoa que com aquele viva há mais de cinco anos em condições análogas, pelos parentes ou afins na

linha recta ou até ao 3.º grau da linha colateral, bem como pelas pessoas relativamente às quais, por força de lei ou de negócio jurídico que não respeite directamente à habitação, haja obrigação de convivência ou de alimentos e ainda outras pessoas a quem a entidade locadora autorize a coabitação com o arrendatário;

b) «Dependente», elemento do agregado familiar com menos de 25 anos que não tenha rendimentos e que, mesmo sendo maior, possua, comprovadamente, qualquer forma de incapacidade permanente ou seja considerado inapto para o trabalho ou para angariar meios de subsistência;

c) «Rendimento mensal bruto», o quantitativo que resulta da divisão por 12 dos rendimentos anuais ilíquidos auferidos por todos os elementos do agregado familiar à data da determinação do valor da renda;

d) «Rendimento mensal corrigido», rendimento mensal bruto deduzido de uma quantia igual a três décimos do salário mínimo nacional pelo primeiro dependente e de um décimo por cada um dos outros dependentes, sendo a dedução acrescida de um décimo por cada dependente que, comprovadamente, possua qualquer forma de incapacidade permanente;

e) «Salário mínimo nacional», o fixado para a generalidade dos trabalhadores.

2 Para efeitos do disposto na alínea c) do número anterior, consideram-se rendimentos o valor mensal de todos os ordenados, salários e outras remunerações do trabalho, incluindo diuturnidades, horas extraordinárias e subsídios, e ainda o valor de quaisquer pensões, nomeadamente de reforma, aposentação, velhice, invalidez, sobrevivência, e os provenientes de outras fontes de rendimento, com excepção do abono de família e das prestações complementares.

ARTIGO 4.º

1. O preço técnico a que se refere o artigo 2.º é calculado nos mesmos termos em que o é a renda condicionada, sendo o seu valor arredondado para a dezena de escudos imediatamente inferior.

2. Para os efeitos do disposto no número anterior, o valor do fogo será o que tiver sido considerado para cálculo do montante do respectivo financiamento.

3. Quando não for possível determinar o valor do fogo nos termos do número anterior ou quando esse valor for manifestamente inadequado, é considerado o seu valor actualizado, estabelecido nos termos do regime de renda condicionada, tendo em conta o respectivo nível de conforto, estado de conservação, coeficiente de vetustez e área útil e o preço da habitação por metro quadrado.

ARTIGO 5.º

1. O valor devido pelo arrendatário é o da renda apoiada.

2. O valor da renda é determinado pela aplicação da taxa de esforço (T) ao rendimento mensal corrigido do agregado familiar, sendo a taxa de esforço (T) o valor, arredondado às milésimas, que resulta da aplicação da seguinte fórmula:

$$T= \frac{0,08 \; RC}{Smn}$$

Em que:

Rc = Rendimento mensal corrigido do agregado familiar;
Smn = Salário mínimo nacional.

3. O valor da renda é arredondado para a dezena de escudos imediatamente inferior e não pode exceder o valor do preço técnico nem ser inferior a 1 % do salário mínimo nacional.

ARTIGO 6.º

1. Para a determinação do valor da renda, os arrendatários devem declarar os respectivos rendimentos à entidade locadora anual, bienal ou trienalmente, conforme opção desta.

2. Nos casos em que os rendimentos do agregado familiar tenham carácter incerto, temporário ou variável e não seja apresentada prova bastante que justifique essa natureza, a entidade locadora presumirá que o agregado familiar aufere um rendimento superior ao declarado sempre que um dos seus membros exercer actividade que notoriamente produza

Lei n.º 166/93, de 7 de Maio

rendimentos superiores aos declarados ou seja possuidor de bens não compatíveis com aquela declaração.

3. A declaração estabelecida no número anterior é ilidível pelo interessado mediante a apresentação de prova em contrário.

4. No acto da presunção deve a entidade locadora estabelecer o montante do rendimento mensal bruto do agregado familiar que considera relevante para a fixação da renda e de tudo notificar o arrendatário no prazo de 15 dias.

5. O incumprimento do disposto no n.º 1, quer por falta de declaração quer por falsa declaração, determina o imediato pagamento, por inteiro, do preço técnico, sem prejuízo de constituir fundamento de resolução do contrato de arrendamento.

6. O disposto no número anterior não prejudica, nos termos da lei geral, a eventual responsabilidade criminal do declarante.

ARTIGO 7.º

1. A renda vence-se no 1.º dia útil do mês a que respeita.

2. O pagamento da renda é efectuado no local e pelo modo fixado pela entidade locadora.

3. Sempre que o pagamento seja feito por débito do respectivo quantitativo na conta bancária do arrendatário, é dispensada a emissão do recibo de renda, desde que a entidade locadora e a data do pagamento se mostrem identificadas no extracto autenticado pelo modo em uso na instituição de crédito.

ARTIGO 8.º

1. O preço técnico actualiza-se, anual e automaticamente, pela aplicação do coeficiente de actualização dos contratos de arrendamento em regime de renda condicionada.

2. O montante da renda actualiza-se, também anual e automaticamente, em função da variação do rendimento mensal corrigido do agregado familiar, salvo o disposto no n.º 4.

3. A renda pode ainda ser reajustada, a todo o tempo, sempre que se verifique alteração do rendimento mensal corrigido do agregado familiar, resultante de morte, invalidez permanente e absoluta ou desemprego de um dos seus membros.

4. Quando, por opção da entidade locadora, o arrendatário apenas declare bienal ou trienalmente os rendimentos do seu agregado familiar, a actualização da renda é feita com base na variação percentual para esse ano do salário mínimo nacional.

5. Se o disposto no número anterior levar a uma actualização da renda superior à que resultaria da aplicação do n.º 2, o arrendatário pode sempre declarar à entidade locadora os rendimentos do seu agregado familiar para a respectiva correcção.

6. A entidade locadora deve, com a antecedência mínima de 30 dias, comunicar por escrito ao arrendatário qualquer alteração aos valores do preço técnico ou da respectiva renda.

ARTIGO 9.º

1. Compete à entidade locadora a organização dos processos tendentes à determinação do montante da renda.

2. A entidade locadora pode, a todo o tempo, solicitar aos arrendatários quaisquer documentos e esclarecimentos necessários para a instrução e ou actualização dos respectivos processos, fixando-lhes para o efeito um prazo de resposta não inferior a 30 dias.

3. O incumprimento injustificado pelo arrendatário do disposto no número anterior dá lugar ao pagamento por inteiro do respectivo preço técnico.

ARTIGO 10.º

1. É proibida a hospedagem, a sublocação, total ou parcial, ou a cedência a qualquer título das habitações sujeitas ao regime de renda estabelecido pelo presente diploma.

2. Nos casos de subocupação da habitação arrendada, a entidade locadora pode determinar a transferência do arrendatário e do respectivo

Lei n.º 166/93, de 7 de Maio 399

agregado familiar para habitação de tipologia adequada dentro da mesma localidade.

3. O incumprimento pelo arrendatário, no prazo de 90 dias, da determinação referida no número anterior dá lugar ao pagamento por inteiro do respectivo preço técnico.

ARTIGO 11.º

1. O regime de renda apoiada estabelecido nos artigos anteriores pode ser aplicado pelas entidades referidas no artigo 1.º às habitações, adquiridas ou promovidas com o apoio financeiro do Estado, que se encontrem arrendadas para fins habitacionais à data da entrada em vigor do presente diploma.

2. No acto de adopção do regime de renda apoiada deve a entidade locadora definir:

  a) Os fogos e a data a partir da qual este regime passa a ser aplicado;
  b) Os critérios utilizados para a determinação do valor do fogo, nos termos do artigo 4.º;
  c) O mecanismo utilizado para a actualização das rendas nos termos do artigo 8.º.

3. A entidade locadora deve ainda, com a antecedência mínima de 30 dias sobre a data a que se refere a alínea *a)* do número anterior, comunicar por escrito, ao arrendatário, os elementos na mesma definidos, bem como os montantes do respectivo preço técnico e da renda apoiada.

4. A adopção do regime de renda apoiada estabelecido pelo presente diploma deve ser publicitada pela entidade locadora, no mínimo por três dias, através de anúncios a publicar em jornais locais de maior tiragem e, pelo menos, num jornal de grande tiragem de nível nacional.

5. Os anúncios a que se refere o número anterior devem identificar a entidade locadora, o órgão desta que deliberou ou decidiu a adopção do regime de renda apoiada, a data da respectiva deliberação ou decisão, os elementos definidos nos termos da alínea a) do n.º 2, bem como os

locais onde os arrendatários podem ser esclarecidos sobre a aplicação do regime de renda apoiada.

Visto e aprovado em Conselho de Ministros de 18 de Março de 1993. – *Aníbal António Cavaco Silva* – *Mário Fernando de Campos Pinto* – *Artur Aurélio Teixeira Rodrigues Consolado* – *Jorge Braga de Macedo* – *Joaquim Martins Ferreira do Amaral*.

Promulgado em 26 de Abril de 1993.

Publique-se.

O Presidente da República, Mário Soares.

Referendado em 27 de Abril de 1993.

O Primeiro-Ministro, *Aníbal António Cavaco Silva*.

DECRETO-LEI N.º 13/86
de 23 de Janeiro

**Define o regime jurídico dos contratos
de arrendamento de renda condicionada**

Com a publicação da Lei 46/85, de 20 de Setembro, abre-se um novo período no enquadramento jurídico e económico do regime de arrendamento habitacional, o que, espera-se, permitirá a prazo o estabelecimento de um mercado de arrendamento privado com papel relevante na situação habitacional do País.

Mas a lei define as grandes linhas do novo regime, prevendo a publicação de um conjunto de diplomas regulamentares.

De entre eles, o mais urgente é respeitante ao regime de renda condicionada, razão pela qual a Lei n.º 46/85 revoga o Decreto-Lei n.º 148/ /81, de 4 de Junho, que o regulamentava.

Acrescem ainda razões relativas à concepção geral da política de arrendamento habitacional, que também justificam a urgência.

Um dos aspectos essenciais que se pretende venha a renda condicionada a abarcar é o poder servir como um indicador do nível de preços não especulativos no mercado de habitação.

Daqui a inevitabilidade da introdução de importantes alterações no modo como o regime foi inicialmente concebido e implementado.

A primeira e mais importante alteração diz respeito à fórmula de cálculo do valor actualizado dos fogos, a partir do qual se fixa a renda inicial do contrato por aplicação da taxa de renda fixada na lei.

O estado de conservação do fogo, a comodidade e qualidade da sua localização, a existência ou não de equipamentos essenciais de cozinha e casa de banho e ou de espaço complementar de jardim ou quintal são factores que não eram considerados e que são agora introduzidos na nova formula, permitindo uma muito maior aproximação entre o valor calculado e as diferenças reais de qualidade e conforto dos fogos.

Com o mesmo objectivo foi ainda alteara a forma de consideração da depreciação do fogo no cálculo da renda, que anteriormente estava completamente desajustada da realidade da perda de valor da habitação com a idade.

Por outro lado, a forma de cálculo da renda de fogos novos foi ligada à fórmula de determinação do valor actualizado e foi ainda introduzido um processo pelo qual o coeficiente de vetustez a considerar no cálculo do valor actualizado é reduzido no caso de realização de obras de beneficiação, o que constitui uma forma de não desincentivar a realização de tais obras.

É ainda ampliada a possibilidade de recurso da fixação da renda e introduzida uma norma que penaliza as reclamações abusivas.

Finalmente, tratam-se ainda aspectos relativos ao contrato de arrendamento, consolidando normas que se encontravam dispersas por outros diplomas, que são revogados, e especificando as menções que os contratos devem obrigatoriamente conter, por forma a contribuir para a clarificação e registo dos contratos de arrendamento e a ultrapassar progressivamente a actual situação de completo caos nesta matéria.

Assim:

O Governo decreta, nos termos da alínea *a*) do n.º 1 do artigo 201.º da Constituição, o seguinte:

ARTIGO 1.º
Contrato de arrendamento

1. O contrato de arrendamento para habitação será sempre reduzido a escrito.

2. A falta de contrato escrito presume-se imputável ao senhorio e a respectiva nulidade só é invocável pelo arrendatário.

3. O arrendatário pode provar a existência do contrato por qualquer meio de prova admitido em direito, desde que não haja invocado a nulidade.

4. O disposto no número anterior é aplicável aos arrendamentos já existentes à data da entrada em vigor do presente diploma.

ARTIGO 2.º
Menções obrigatórias do contrato

1. Os contratos de arrendamento para habitação mencionarão expressamente:

a) Os sujeitos do contrato;

b) A localização e identificação do prédio ou parte dele sujeita a arrendamento;

c) A identificação dos locais e equipamentos de uso privativo do arrendatário das partes dos equipamentos do imóvel para uso comum dos anexos que forem arrendados com o objecto principal do contrato;

d) A área útil, definida nos termos do Regulamento Geral das Edificações Urbanas, quando se trate de contrato celebrado no regime de renda condicionada;

e) A data da licença de utilização, quando exigível, e o número de inscrição na matriz predial ou declaração de que o prédio se encontra omisso;

f) O regime de renda;

g) O prazo do contrato;

h) A renda inicial do contrato, bem como eventuais alterações determinadas pela realização de obras de beneficiação, nos termos dos artigos 17.º e 18.º da Lei n.º 46/85;

i) A data do contrato.

2. No caso de as partes o terem livremente acordado, constarão igualmente de contrato outras condições especiais legalmente admissíveis, nomeadamente as previstas nos artigos 31.º e 37.º da Lei n.º 46/85.

3. Deverá ainda ser anexado ao contrato um documento, assinado pelas partes, descrevendo, detalhadamente o estado de conservação do fogo e suas dependências, bem como do prédio, aplicando-se, na sua falta ou em caso de omissão ou dúvida, o disposto no n.º 2 do artigo 1043.º do Código Civil.

4. Sempre que o arrendamento se transmita nos termos do artigo 1111.º do Código Civil, deverá ser feito um aditamento ao contrato mencionando este facto e o nome ou nomes do transmissário ou transmissários, devendo os recibos de renda ser obrigatoriamente emitidos em nome destes.

404 Novo Regime do Arrendamento Urbano

5. Será também feito aditamento ao contrato sempre que a renda seja ajustada por motivo da realização de obras de beneficiação.

6. Quando o contrato não contiver a menção referida na alínea *f)* do n.º 1, presume-se ser o regime de renda condicionada o regime aplicável, devendo o quantitativo desta ser retroactivamente corrigido, se for caso disso. Essa presunção não é aplicável no caso de prédios sujeitos ao regime de renda apoiada.

7. Quando o contrato não contiver menção do prazo, presume-se que este é o indicado no artigo 1087.º do Código Civil.

ARTIGO 3.º
Iniciativa da actualização ou correcção

1. Quando o senhorio pretender actualizar a renda, nos termos do artigo 6.º da Lei n.º 46/85, comunicará ao arrendatário, com a antecedência mínima de 30 dias, por meio de carta registada com aviso de recepção, o montante da nova renda e o coeficiente utilizado no seu cálculo.

2. A correcção anual da renda, nos termos do artigo 12.º da referida lei, está sujeita a comunicação, com formalidades idênticas às mencionadas no número anterior, devendo, no entanto, a assinatura do senhorio ser reconhecida pelo notário.

ARTIGOS 4.º A 13.º
Substituídos pelo Decreto-Lei 329-A/2000, de 22 de Dezembro

ARTIGO 14.º
Obras urgentes

O disposto no artigo 21.º da Lei n.º 46/85 não prejudica a possibilidade de o arrendatário usar da faculdade prevista no artigo 1036.º do Código Civil, quando se trate de obras urgentes.

ARTIGO 15.º
Juros das despesas

Os juros a que se referem os n.ºˢ 2 e 7 do artigo 21.º da Lei n.º 46/
/85 são calculados aplicando-se as taxas de juros de:

a) Empréstimo especial concedido no âmbito do Programa de Recuperação de Imóveis Degradados (PRID) ou de outra modalidade especial de crédito, se as obras forem financiadas ao abrigo deste programa ou modalidade de crédito;
b) Depósitos a prazo superior a 1 ano, em todos os outros casos.

ARTIGO 16.º
Restituição de rendas

Sempre que tenha sido paga renda com actualização ou correcção extraordinária, nos casos em que as mesmas são proibidas por força do artigo 45.º da Lei n.º 46/85, pode o arrendatário deduzir o excesso indevidamente pago nas rendas vincendas.

ARTIGO 17.º
Regulamentação

Os coeficientes de actualização e os factores anuais de correcção extraordinária das rendas previstas, respectivamente, no n.º 2 do artigo 6.º e no n.º 2 do artigo 12.º da Lei n.º 46/85 serão fixados por portaria conjunta do Ministro das Finanças e do Ministro das Obras Públicas, Transportes e Comunicações, a publicar anualmente, no mês de Outubro, para vigorar no ano civil seguinte.

ARTIGO 18.º
Actualização de rendas condicionadas

No ano de 1985 mantém-se o coeficiente de actualização a aplicar às actualizações das rendas no regime de renda condicionada fixado ao abrigo da legislação anterior, bem como os valores do custo de construção por metro quadrado.

ARTIGO 19.º
Norma interpretativa

Para efeitos do artigo 44.º da Lei n.º 46/85 poderão ser celebradas escritura públicas, desde que se faça prova de que foi requerida a inscrição do prédio na matriz, sempre que o mesmo se encontre omisso.

ARTIGO 20.º
Substituído pelo Decreto-Lei n.º 329-A/2000, de 22 de Dezembro

ARTIGO 21.º
Legislação revogada

São revogados o Decreto-Lei n.º 188/76, de 12 de Março, e o artigo 5.º do Decreto-Lei n.º 375/74, de 20 de Agosto.

ARTIGO 22.º
Entrada em vigor

O presente decreto-lei entra em vigor no dia imediato ao da sua publicação.

Visto e aprovado em Conselho de Ministros de 23 de Dezembro de 1985 – *Aníbal António Cavaco Silva – Mário Ferreira Bastos Raposo – João Maria Leitão de Oliveira Martins.*

Promulgado em 8 de Janeiro de 1986.

Publique-se.

O Presidente da República, ANTÓNIO RAMALHO EANES.

Referendado em 13 de Janeiro de 1986

O Primeiro-Ministro, *Aníbal António Cavaco Silva.*

DECRETO-LEI N.º 329-A/2000
de 22 de Dezembro

Regime de renda condicionada

O Regime do Arrendamento Urbano (RAU), aprovado pelo Decreto-Lei n.º 321-B/90, de 15 de Outubro, institui no seu artigo 77.º, no âmbito do arrendamento para habitação, os regimes de renda livre, renda condicionada e renda apoiada.

O regime de renda condicionada pode resultar da livre negociação das partes, presunção legal ou por imposição de lei.

No âmbito deste último regime e na prática, a imposição por lei traduz a situação mais expressiva, assumindo especial relevância nos casos de transmissão dos arrendamentos mais antigos, relativamente aos quais, como é sabido, o congelamento das rendas durante décadas veio a provocar a respectiva desactualização, originando, em consequência, graves distorções no mercado do arrendamento, embora tenha obviado ao surgimento de graves perturbações ou tensões sociais.

A renda condicionada tem, assim, na sua génese, como objectivo fulcral restabelecer uma relação de equilíbrio entre o valor actualizado do fogo e a necessidade de proporcionar ao proprietário um rendimento não especulativo do capital investido, sem deixar de se atender aos encargos inerentes à propriedade, aspectos que são complementados pela previsão de benefícios fiscais e de subsídio de renda a conceder aos arrendatários que dele careçam.

Neste sentido, a determinação da renda condicionada terá necessariamente de resultar ou ter como limite o valor actualizado do fogo multiplicado por uma justa taxa de rendimento, como está estabelecido no artigo 79.º do RAU, sendo certo que o valor dos fogos é o seu valor real nos termos do artigo 80.º do mesmo Regime, apurado nos termos do Código das Avaliações.

Porém, enquanto não entrar em vigor o referido Código, é previsto um regime transitório no artigo 10.° do Decreto-Lei n.° 321-B/90, de 15 de Outubro, nos termos do qual o valor real dos fogos é calculado de acordo com os artigos 4.° a 13.° e 20.° do Decreto-Lei n.° 13/86, de 23 de Janeiro, sem prejuízo da revogação deste último diploma operada pela alínea *j)* do n.° 1 do artigo 3.° do aludido Decreto-Lei n.° 321-B/90.

No apuramento daquele valor assumem especial relevância os factores do estado de conservação do fogo e o coeficiente de vetustez.

Os estudos que recentemente têm vindo a ser efectuados sobre a matéria revelam que a valoração de tais factores e a respectiva fórmula de cálculo podem ser aperfeiçoadas, essencialmente aquando da realização de obras de recuperação dos imóveis degradados e de melhoria das condições de habitabilidade, reflectindo-se de forma mais evidente a diferença entre o valor da renda condicionada nos casos em que não tenha havido realização de obras e naqueles em que as mesmas se tenham concretizado.

E, nestes pressupostos, actua-se no sentido de incentivar a realização de obras de reabilitação dos prédios urbanos habitacionais arrendados, relevando-se também a necessidade de uma melhor ponderação, na fórmula de cálculo, das áreas de fogos muito pequenas ou muito grandes que têm vindo a provocar distorções no apuramento do valor dos mesmos fogos.

Neste contexto e para melhor leitura da lei, substitui-se o regime dos artigos 4.° a 13.° e 20.° do Decreto-Lei n.° 13/86, embora reproduzindo parte da sua normatividade, criando-se um sistema mais justo e equitativo para vigorar enquanto não for aprovado o Código das Avaliações.

Foram ouvidas a Associação Nacional de Municípios Portugueses e a Associação Nacional de Juntas de Freguesia.

Assim:

No uso da autorização legislativa concedida pelo artigo 2.° da Lei n.° 16/2000, de 8 de Agosto, e nos termos da alínea *b)* do n.° 1 do artigo 198.° da Constituição, o Governo decreta, para valer com lei geral da República, o seguinte:

ARTIGO 1.°
Valor dos fogos em renda condicionada

1. O valor actualizado dos fogos sujeitos ao regime de renda condicionada, concluídos há menos de um ano à data do arrendamento, não pode ser superior:

Decreto-Lei n.º 329-A/2000, de 22 de Dezembro   409

a) Ao preço da primeira transmissão, acrescentado de uma percentagem igual à taxa da sisa aplicada a essa transmissão, acrescida de 2%;

b) Ao valor locativo que resultar da avaliação fiscal, tomando-se o coeficiente 14 como factor de capitalização, quando o fogo seja locado pelo próprio promotor ou construtor.

2. Nos restantes casos, o valor actualizado dos fogos em regime de renda condicionada será determinado pela fórmula:

$$V = Au \times Pc \times [0,85 \times Cf \times Cc \times (1 - 0,35 \times Vt) + 0,15]$$

Sendo *V* o valor actualizado do fogo no ano de celebração do contrato, *Cf* um factor relativo ao nível de conforto do fogo, *Cc* um factor relativo ao estado de conservação do fogo, *Au* a área útil definida nos termos do Regulamento Geral das Edificações Urbanas, *Pc* o preço da habitação por metro quadrado e *Vt* um coeficiente relativo à vetustez do fogo.

3. No caso do n.º 1, o preço da primeira transmissão não pode ser superior ao que serviu de base à liquidação da sisa ou à declaração relativa à isenção da mesma ou, ainda, ao constante da respectiva escritura de compra e venda, consoante o que for menor.

4. A renda que resultar da aplicação dos critérios enumerados no n.º 1 não poderá ser superior ao produto resultante da aplicação do factor 1,3 à renda calculada nos termos do n.º 2, sendo o coeficiente de vetustez igual a 0.

5. Nos fogos com área útil inferior a 50 m2 o valor apurado nos termos do n.º 2 será corrigido pela multiplicação do factor 1, depois de acrescido de 0,01 por cada metro quadrado de área a menos até ao limite de 0,3.

6. Nos fogos com área útil maior que 100 m2 o valor da área útil *(Au)*, para efeitos da fórmula constante do n.º 2, será determinado nos seguintes termos:

De 100 m2 até 120 m2 - 100 + 0,85 x *(Au* - 100);
De 120 m2 até 140 m2 - 117 + 0,70 x *(Au* - 120);
Maior que 140 m2 - 131 + 0,55 x *(Au* - 140).

ARTIGO 2.º
Nível de conforto do fogo

1. O valor base do factor *Cf* referido no n.º 2 do artigo 1.º será igual a 1 sempre que o fogo preencha todas as condições de habitabilidade definidas no Regulamento Geral das Edificações Urbanas.

2. Ao valor 1 do factor *Cf* será adicionado o valor de 0,1 ou 0,07 sempre que o fogo tenha garagem individual ou colectiva, respectivamente, e o valor de 0,08 ou 0,06 se o fogo tiver, respectivamente, quintal privativo ou colectivo, com uma área total ou uma quota da área total, por fogo, igual ou superior a 30 m2.

3. Ao valor 1 do factor *Cf* será subtraído o valor de 0,2 se o fogo não tiver cozinha, e de 0,2 se o fogo não tiver casa de banho.

4. Em caso de uso colectivo das divisões a que se refere o número anterior o valor a subtrair de acordo com essa disposição será reduzido a metade.

ARTIGO 3.º
Estado de conservação do fogo

1. O valor base do factor *Cc* referido no n.º 2 do artigo 1.º será igual a 1 sempre que todos os elementos construtivos, revestimentos e equipamentos do fogo estejam em boas condições de conservação e funcionamento.

2. Ao valor base do factor *Cc* serão cumulativamente subtraídos os valores a seguir indicados, sempre que os elementos ou equipamentos referidos se encontrem em condições deficientes:

a) Pavimentos, paredes e tectos no fogo 0,3
b) Os anteriores nas partes comuns, coberturas e caixilharias exteriores 0,5
c) Caixilharias interiores 0,05
d) Equipamento de cozinha e casa de banho 0,04
e) Redes de águas, esgotos e electricidade do fogo 0,06
f) Os anteriores nas partes comuns 0,05

3. Os valores constantes no número anterior são afectados pelas percentagens seguintes, quando os elementos ou equipamentos se encontrem respectivamente:

Percentagem

a) Em muito mau estado (reparação total) 120
b) Em mau estado (reparação importante) 75
c) Em estado razoável (reparação ligeira) 35
d) Em bom estado (reparação sem significado) 0

4. Sempre que da aplicação dos factores referidos nos números anteriores resulte que Cc seja negativo o mesmo tomará o valor 0.

5. Consideram-se deficientes os sistemas ou elementos construtivos que não cumpram a sua função ou que façam perigar a segurança das pessoas e bens ou, ainda, cuja aparência prejudique significativamente o aspecto geral do fogo ou do prédio.

ARTIGO 4.º
Preço da habitação por metro quadrado

1. O Governo, por portaria do Ministro do Equipamento Social, fixará, no mês de Outubro de cada ano, para vigorar no ano seguinte, os preços de construção da habitação por metro quadrado, para efeitos de cálculo da renda condicionada.

2. Os valores referidos no número anterior serão fixados por zonas do País e aglomerados urbanos, tendo em conta os diferentes custos da construção e do solo.

3. Para os fogos dos prédios construídos ou adquiridos para fins habitacionais pelo Estado e seus organismos autónomos, institutos públicos e autarquias locais e pelas instituições particulares de solidariedade social com o apoio financeiro do Estado, que tenham sido ou venham a ser vendidos aos respectivos moradores e estejam sujeitos ao regime de renda condicionada, o preço da construção de habitação por metro quadrado será de 0,8 dos valores a que se refere o n.º 1.

4. Na fixação dos valores a que alude o n.º 1 serão ouvidas as associações representativas dos arrendatários, dos proprietários e das empresas de construção civil.

ARTIGO 5.º
Coeficiente de vetustez

1. O coeficiente de vetustez (*Vt*) referido no n.º 2 do artigo 1.º é o que consta da tabela seguinte, em função do número inteiro de anos decorridos desde a data de emissão da licença de utilização, quando exista, ou da data da primeira ocupação:

Menos de 6..0,00
De 6 a 10 0,05
De 11 a 15 0,10
De 16 a 20 0,15
De 21 a 25 0,20
De 26 a 30 0,30
De 31 a 35 0,40
De 36 a 40 0,50
De 41 a 45 0,60
De 46 a 50 0,65
Mais de 50 0,70

2. No caso de realização de obras de beneficiação nos termos do n.º 4 do artigo 11.º do RAU, em fogos sujeitos ao regime de renda condicionada, o coeficiente de vetustez é calculado multiplicando o coeficiente constante da tabela prevista no número anterior (*Vt*) pelo factor K, determinado da seguinte forma:

$$K = 1 - Cb/(Au \times Pc)$$

Tendo:

Cb – custo das obras de beneficiação realizadas pelo senhorio;
Au – área útil, nos termos do n.º 2 do artigo 1.º, após a realização das obras;
Pc – preço de habitação por metro quadrado referido do n.º 2 do artigo 1.º

ARTIGO 6.º
Recurso de fixação da renda

1. A notificação da fixação da renda resultante da aplicação do presente diploma deve ser comunicada por escrito ao arrendatário, com

Decreto-Lei n.º 329-A/2000, de 22 de Dezembro   413

a antecedência mínima de 30 dias, relativamente à data em que for exigida, com indicação do respectivo montante, coeficientes e demais factores relevantes utilizados no seu cálculo.

2. A notificação referida no número anterior deve ainda conter a menção de que cabe recurso da renda fixada, no prazo assinalado no n.º 5, para uma comissão especial e desta para o tribunal de comarca ou directamente para este Tribunal.

3. Quando o senhorio ou arrendatário não concordarem com os valores dos factores, coeficientes, áreas ou outros que serviram de base à determinação do valor da renda condicionada, podem requerer a fixação da renda a uma comissão especial ou directamente ao tribunal de comarca.

4. A comissão é composta por três membros e presidida pelo representante nomeado pelo presidente da câmara municipal da área onde se situa o prédio arrendado, sendo os restantes elementos indicados pelo senhorio e arrendatário ou, na falta dessa indicação, os propostos pelas suas associações representativas.

5. O requerimento é dirigido ao presidente da câmara municipal mencionado no número anterior, no prazo de 60 dias a partir da data da notificação da renda, sem prejuízo de, no caso de haver obras, essa notificação só poder ser feita após a conclusão das mesmas, devendo, então, o presidente da câmara municipal promover no prazo de 30 dias a constituição da comissão especial referida no n.º 1.

6. À comissão aplica-se o regime previsto na legislação processual civil para o tribunal arbitral necessário.

7. Compete ao presidente da comissão especial dirigir a instrução, conduzir os trabalhos e proferir a decisão final.

8. A decisão final a fixar o montante definitivo do aumento de renda é proferida unicamente pelo presidente não podendo exceder o pedido mais alto nem ser inferior ao pedido mais baixo.

9. A renda resultante da aplicação deste diploma é actualizável nos termos da alínea a) do n.º 1 do artigo 31.º do RAU.

ARTIGO 7.º
Processo

1. As comissões, nos seus laudos, terão essencialmente em conta os critérios do RAU e do presente diploma, devendo pronunciar-se no prazo máximo de 60 dias contados da data da notificação da constituição da comissão.

2. Das decisões das comissões cabe recurso para o tribunal de comarca da situação do prédio, com efeito meramente devolutivo.

ARTIGO 8.º
Ajustamento e pagamento da renda

Na pendência da decisão pela comissão, aplicar-se-á a renda mais baixa oferecida pelas partes desde que superior à renda objecto do recurso, procedendo-se, nos meses seguintes após a decisão, aos eventuais acertos relativos às rendas vencidas, acrescidas de 1,5% do valor global desses acertos por cada mês completo entretanto decorrido.

ARTIGO 9.º
Custas

Às custas devidas pelas partes acrescerá um agravamento, calculado sobre as rendas vencidas, correspondente a 3% da diferença entre os quantitativos pedidos na petição ou indicados pela comissão ou pelo juiz.

ARTIGO 10.º
Remissões

Consideram-se feitas para o presente diploma todas as remissões legais em vigor, feitas para os artigos 4.º a 13.º e 20.º do Decreto-Lei n.º 13/86, de 23 de Janeiro.

ARTIGO 11.º
Entrada em vigor

O presente diploma entra em vigor 30 dias após a sua publicação.

Visto e aprovado em Conselho de Ministros de 19 de Outubro de 2000. – *Jorge Paulo Sacadura Almeida Coelho – Jorge Paulo Sacadura Almeida Coelho – Guilherme d'Oliveira Martins – Joaquim Augusto Nunes Pina Moura – António Luís Santos Costa – Mário Cristina de Sousa – José Sócrates Carvalho Pinto de Sousa.*

Promulgado em 13 de Dezembro de 2000.

Publique-se.

O Presidente da República, JORGE SAMPAIO.

Referendado em 14 de Dezembro de 2000.

O Primeiro-Ministro, *António Manuel de Oliveira Guterres.*

DECLARAÇÃO DE RECTIFICAÇÃO N.º 24/2006[187]

Para os devidos efeitos se declara que a Lei n.º 6/2006, de 27 de Fevereiro [aprova o Novo Regime do Arrendamento Urbano (NRAU), que estabelece um regime especial de actualização das rendas antigas e altera o Código Civil, o Código de Processo Civil, o Decreto-Lei n.º 287/ /2003, de 12 de Dezembro, o Código do Imposto Municipal sobre Imóveis e o Código do Registo Predial], publicada no *Diário da República*, 1.ª Série-A, n.º 41, de 27 de Fevereiro de 2006, saiu com as seguintes incorrecções, que assim se rectificam:

Na alínea a) do n.º 1 do artigo 1102.º do Código Civil, constante do artigo 3.º da Lei n.º 6/2006, de 27 de Fevereiro, e do anexo que republicou o capítulo IV do título II do livro II do Código Civil, onde se lê «Ser o senhorio comproprietário ou usufrutuário» deve ler-se «Ser o senhorio proprietário, comproprietário ou usufrutuário».

No n.º 1 do artigo 12.º da Lei n.º 6/2006, de 27 de Fevereiro, onde se lê «no n.º 2 do artigo 9.º» deve ler-se «no n.º 2 do artigo 10.º».

Assembleia da República, 6 de Abril de 2006. – A Secretária-Geral, *Adelina Sá Carvalho.*

---

[187] Diário da República, 1.ª série – n.º 75 – de 17 de Abril de 2006.

DECLARAÇÃO DE RECTIFICAÇÃO N.º 67/2006[188]

Para os devidos efeitos se declara que o Decreto-Lei n.º 158/2006, publicado no *Diário da República*, 1.ª série, n.º 152, de 8 de Agosto de 2006, cujo original se encontra arquivado nesta Secretaria-Geral, saiu com as seguintes inexactidões, que assim se rectificam:

1. No n.º do artigo 2.º, onde se lê «o conjunto de pessoas constituído pelo arrendatário e pelas seguintes pessoas» deve ler-se «o conjunto de pessoas constituído pelo arrendatário e os dependentes a seu cargo, bem como pelas seguintes pessoas».

2. Na alínea e) do artigo 3.º, onde se lê «'Taxa de esforço (Tx)' o valor em percentagem resultante da relação entre o RABC e a RMNA;» deve ler-se «'Taxa de esforço (Tx)' o valor resultante da relação entre o RABC e a RMNA, de acordo com a fórmula constante no n.º 1 do artigo 10.º;».

Secretaria-Geral da Presidência do Conselho de Ministros, 21 de Setembro de 2006 – O Secretário-Geral, *José M. Sousa Rego.*

---

[188] Diário da República, 1.ª série – n.º 191 – de 3 de Outubro de 2006.

RECTIFICAÇÃO N.º 1579/2006[189]

Para os devidos efeitos se declara que o aviso n.º 9635/2006, publicado no *Diário da República*, 2.ª série, n.º 173, de 7 de Setembro de 2006, cujo original se encontra arquivado nesta Secretaria-Geral, saiu com a seguinte inexactidão, que assim se rectifica:

No segundo parágrafo, onde se lê «que o coeficiente de actualização dos diversos tipos de arrendamento, para vigorar ano civil de 2007, é de 1,027.» deve ler-se «que o coeficiente de actualização dos diversos tipos de arrendamento, para vigorar ano civil de 2007, é de 1,031.».

4 de Outubro de 2006. – Pelo Secretário-Geral, a Secretária-Geral Adjunta, *Ana Almeida*.

---

[189] Diário da República, 2.ª série – 204 – de 23 de Outubro de 2006.

MINUTAS

1. Actualização do montante da renda, com regime de faseamento em 5 anos.

Victor Campos
Av. Emídio Navarro, 59 – 3.º Dt.º
3000 COIMBRA

> Exmo. Senhor
> Artur Correia
> Rua Dias da Cunha, 72 – R/c Esq.
> 3000 COIMBRA

Data:

Carta registada c/ A.R.

Assunto: Actualização do valor da renda.

Exmo. Senhor,

Em conformidade com o disposto e estabelecido no artigo 34.º do NRAU, venho, na qualidade de legítimo e legal proprietário (senhorio) da fracção autónoma inscrita e descrita na matriz predial urbana sob o n.º 123, de que V. Ex.ª é arrendatário, efectuar o seguinte esclarecimento:

424 *Novo Regime do Arrendamento Urbano*

2. Actualização do montante da renda, com regime de faseamento em 2 anos (arrendatário sem residência permanente).

Victor Campos
Av. Emídio Navarro, 59 – 3.º Dt.º
3000 COIMBRA

Exmo. Senhor
Artur Correia
Rua Dias da Cunha, 72 – R/c Esq.
3000 COIMBRA

Data:

Carta registada c/ A.R.

Assunto: Actualização do valor da renda.

Exmo. Senhor,

Em conformidade com o disposto e estabelecido no artigo 34.º do NRAU, venho, na qualidade de legítimo e legal proprietário (senhorio) da fracção autónoma inscrita e descrita na matriz predial urbana sob o n.º 123, na Conservatória do Registo Predial de Coimbra, de que V. Ex.ª é arrendatário, efectuar o seguinte esclarecimento:

3. Actualização do montante da renda, com regime de faseamento em 2 anos (RABC do agregado familiar superior a 15 RMNA).

Victor Campos
Av. Emídio Navarro, 59 – 3.º Dt.º
3000 COIMBRA

> Exmo. Senhor
> Artur Correia
> Rua Dias da Cunha, 72 – R/c Esq.
> 3000 COIMBRA

Data:

Carta registada c/ A.R.

Assunto: Actualização do valor da renda.

Exmo. Senhor,

Em conformidade com o disposto e estabelecido no artigo 34.º do NRAU, venho, na qualidade de legítimo e legal proprietário (senhorio) da fracção autónoma inscrita e descrita na matriz predial urbana sob o n.º 123, na Conservatória do Registo Predial de Coimbra, e de que V. Ex.ª é arrendatário, cumpre-me efectuar o seguinte esclarecimento:

426 *Novo Regime do Arrendamento Urbano*

4. Resposta do arrendatário à actualização do montante da renda em 2 anos RABC do agregado familiar inferior a 5 RMNA)

Petição inicial – Acção de despejo
- Contrato de arrendamento urbano habitacional –
(alínea *d*) do n.º 2 do artigo 1083.º CC)

Exm.º Senhor
Juiz de Direito
do Tribunal Judicial da Comarca de .....

A .... e mulher B............................., casados sob o regime da comunhão geral de bens residentes na Rua .... , Freguesia ....concelho de ....

Vêem intentar contra

C................. residente na Rua ....

A presente acção de despejo, sob a forma de processo ordinário, nos termos e com os seguintes fundamentos:

OS FACTOS

1.º

Os ora AA são os legítimos e legais proprietários da fracção autónoma designada pela letra ..., a que corresponde o ....Andar direito/ esquerdo do prédio constituído no regime de propriedade horizontal, sito na Rua ...., freguesia de .... Concelho de .... e inscrito na matriz predial urbana da respectiva freguesia sob o artigo ..... e descrito na Conservatória do Registo Predial .... (documentos)

2.º

Os ora AA deram de arrendamento para habitação permanente do R. a aludida fracção devidamente identificada no artigo anterior mediante contrato escrito (documento)

3.º

O contrato foi celebrado com duração indeterminada / pelo prazo de ...., com início em ...... e termo.

4.º

Foi convencionada a renda mensal de .... , a qual devia ser paga por transferência ou depósito bancário na conta dos autores com o NIB ...., no primeiro dia do mês anterior àquele a que dissesse respeito.

5.º

Esta renda inicial, mercê das autorizações legais que foi sofrendo ao longo dos últimos anos, corresponde ao valor de ..., durante o ano de 2005 e cifra-se actualmente (desde a que se venceu em 1 de Janeiro de 2006) em ....

6.º

Em Janeiro de 2005, o R. deixou de residir em permanência no locado, pois não mais aí manteve o centro da sua vida familiar, não pernoitando nem confeccionando ou tomando as suas refeições.

7.º

Também há mais de um ano que o Réu deixou de receber amigos e visitas no locado nem aí passou momentos de lazer e repouso.

8.º

De igual modo, a correspondência do Réu não mais foi enviada para a morada do locado.

O DIREITO

9.º

Os factos alegados nos n.ᵒˢ 2.º a 5.º do presente petitório revelam e demonstram que AA e R. celebraram um contrato de arrendamento urbano habitacional

10.º

Por sua vez, os factos alegados em 6.º a 8.º demonstram que o Réu deixou de utilizar o arrendado para o fim contratado, pelo menos há mais de um ano, assistindo, assim, aos Autores o direito de resolverem o contrato celebrado, por força do disposto nos artigos 1072.º n.º 1 1083.º n.º 2 alínea d) e 1084.º n.º 2 do Código Civil.

Nestes termos, nos melhores de direito e com o mui douto suprimento de V. Ex.ª e atento o disposto no alínea d) do n.º 2 do artigo 1083.º Código Civil, deve a presente acção ser julgada procedente por provada, e em consequência:

- Decretar-se a cessação, por resolução, do contrato de arrendamento relativo à fracção identificada no artigo 1.º da petição inicial;
- Condenar-se o R. a despejar imediatamente o locado e a entregá-lo aos autores livre e devoluto.

Para tanto, deve o R. ser citado para contestar, querendo sob a cominação legal, seguindo-se os ulteriores termos legais.

Junta: duplicados legais, procuração forense, comprovativo de pagamento taxa de justiça.

O Advogado

Requerimento senhorio / pedido avaliação

Exm.º Senhor
Chefe de Serviços da 1.ª Repartição de Finanças
...

F ...., casado/solteiro, portador do B.I. n.º .... de .../.../..., emitido pelo Arquivo de Identificação e, com o n.º de contribuinte ...., residente na ...., na qualidade de legítimo e legal proprietário, da fracção autónoma sita ...., tendo celebrado um contrato de arrendamento em .../.../...com F ...., vem em conformidade com o disposto na alínea *a*) do n.º1 do artigo 35.º da Lei n.º 6/2006, de 27 de Fevereiro, em conjugação com os artigos 37.º a 44.º e n.ᵒˢ 1 e 2 do artigo 46.º do CIMI, se digne mandar proceder à respectiva e competente avaliação, para efeitos de determinação do valor patrimonial tributário do aludido locado.

Pede Deferimento.

Junta. Cópia do respectivo contrato de arrendamento.

Requerimento inquilino / nova avaliação
(n.º 6 do artigo 37.º do NRAU)

Exm.º Senhor
Chefe de Serviços da 1.ª Repartição de Finanças
...

F ...., casado/solteiro, com o n.º de contribuinte ...., residente na ...., na qualidade de arrendatário, conforme contrato de arrendamento celebrado em .../.../..., após comunicação em .../.../... para actualização do montante da renda, vem em conformidade com o disposto no n.º 6 do artigo 37.º da Lei 6/2006, de 27 de Fevereiro, requerer a V. Ex.ª se digne mandar proceder a nova avaliação do local arrendado, dado discordar e considerar manifestamente exorbitante o montante comunicado, face ao valor patrimonial tributário encontrado na avaliação requerida pelo proprietário.

Pede Deferimento.

ÍNDICE

Antelóquio 5

Constituição da República 9

Lei n.º 6/2006, de 27 de Fevereiro 17

Novo Regime do Arrendamento Urbano 17

Título I – Novo Regime do Arrendamento Urbano 17

    Artigo 1.º Objecto 17

Capítulo I – Alterações legislativas 46

    Artigo 2.º Alteração ao Código Civil 46
    Artigo 3.º Aditamento ao Código Civil 46
    Artigo 4.º Alteração ao Código de Processo Civil 47
    Artigo 5.º Aditamento ao Código de Processo Civil 48
    Artigo 6.º Alteração ao Decreto-Lei n.º 287/2003, de 12 de Novembro 49
    Artigo 7.º Alteração ao Código do Imposto Municipal sobre Imóveis 50
    Artigo 8.º Alteração ao Código do Registo Predial 51

Capitulo II – Disposições Gerais 51

Secção I – Comunicações 51

    Artigo 9.º Forma da Comunicação 51
    Artigo 10.º Vicissitudes 56
    Artigo 11.º Pluralidade de senhorios ou de arrendatários 58
    Artigo 12.º Casa de morada de família 60

Secção II – Associações 63

    Artigo 13.º Legitimidade 63

Secção III – Despejo 66

    Artigo 14.º Acção de despejo 66
    Artigo 15.º Título executivo 74

432   *Novo Regime do Arrendamento Urbano*

Secção IV – Justo impedimento 77

     Artigo 16.º Invocação de justo impedimento 77

Secção V – Consignação em depósito 79

     Artigo 17.º Depósito das rendas 79
     Artigo 18.º Termos do depósito 81
     Artigo 19.º Notificação do senhorio 82
     Artigo 20.º Depósitos posteriores 83
     Artigo 21.º Impugnação do depósito 84
     Artigo 22.º Levantamento do depósito pelo senhorio 86
     Artigo 23.º Falsidade da declaração 87

Secção VI – Determinação da renda 88

     Artigo 24.º Coeficiente de actualização 88
     Artigo 25.º Arredondamento 90

Título II – Normas transitórias 91

Capitulo I – Contratos habitacionais celebrados na vigência do Regime do Arrendamento Urbano e contratos não habitacionais celebrados depois do Decreto-Lei n.º 257/95, de 30 de Setembro 91

     Artigo 26.º Regime 91

Capitulo II – Contratos habitacionais celebrados antes da vigência do RAU e contratos não habitacionais celebrados antes do Decreto-Lei n.º 257/95, de 30 de Setembro 96

Secção I – Disposições gerais 96

     Artigo 27.º Âmbito 96
     Artigo 28.º Regime 96
     Artigo 29.º Benfeitorias 97

Secção II – Actualização de rendas 102

Subsecção I – Arrendamento para habitação 102

     Artigo 30.º Rendas passíveis de actualização 102
     Artigo 31.º Valor máximo da renda actualizada 103
     Artigo 32.º Valor do locado 103
     Artigo 33.º Coeficiente de conservação 104
     Artigo 34.º Iniciativa do senhorio 106
     Artigo 35.º Pressupostos da iniciativa do senhorio 108
     Artigo 36.º Colaboração do arrendatário 108
     Artigo 37.º Resposta do arrendatário 110

Índice

Artigo 38.º Actualização faseada do valor da renda........................ 112
Artigo 39.º Actualização em dois anos 115
Artigo 40.º Actualização em cinco anos 116
Artigo 41.º Actualização em dez anos 118
Artigo 42.º Comunicação do senhorio ao serviço das finanças 120
Artigo 43.º Aplicação da nova renda 122
Artigo 44.º Comprovação da alegação 123
Artigo 45.º Comprovação da alegação 125
Artigo 46.º Subsídio de renda 126
Artigo 47.º Alteração de circunstâncias 127
Artigo 48.º Direito a obras 129
Artigo 49.º Comissão Arbitral Municipal 130

Subsecção II – Arrendamento para fim não habitacional 132

Artigo 50.º Regime aplicável 132
Artigo 51.º Rendas passíveis de actualização..................................... 133
Artigo 52.º Pressupostos da iniciativa do senhorio 134
Artigo 53.º Actualização faseada do valor da renda.......................... 134
Artigo 54.º Comunicação do senhorio 135
Artigo 55.º Resposta do arrendatário 136
Artigo 56.º Actualização imediata da renda 137

Secção III – Transmissão 138

Artigo 57.º Transmissão por morte no arrendamento para habitação 138
Artigo 58.º Transmissão por morte no arrendamento para fins não
habitacionais 142

Título III – Normas finais 144

Artigo 59.º Aplicação no tempo 144
Artigo 60.º Norma revogatória 147
Artigo 61.º Manutenção de regimes 148
Artigo 62.º Republicação 148
Artigo 63.º Autorização legislativa 148
Artigo 64.º Legislação complementar 150
Artigo 65.º Entrada em vigor 150

Código Civil 153

Republicação (em anexo ao NRAU) do Capítulo IV do Título do Livro II do Código Civil 153

Livro II – Direito das Obrigações 153

Título II – Dos contratos em especial 153

434 Novo Regime do Arrendamento Urbano

Capítulo IV – Locação 153

Secção I – Disposições gerais 153

Artigo 1022.º Noção.. 153
Artigo 1023.º Arrendamento e aluguer 154
Artigo 1024.º A locação como acto de administração 154
Artigo 1025.º Duração máxima.. 154
Artigo 1026.º Prazo supletivo 154
Artigo 1027.º Fim do contrato 155
Artigo 1028.º Pluralidade de fins 155
Artigo 1029.º (Revogado) 158
Artigo 1030.º Encargos da coisa locada 158

Secção II – Obrigações do locador 158

Artigo 1031.º Enumeração 158
Artigo 1032.º Vício da coisa locada...................................... 159
Artigo 1033.º Casos de irresponsabilidade do locador......... 160
Artigo 1034.º Ilegitimidade do locador ou deficiência do seu direito 160
Artigo 1035.º Anulabilidade por erro ou dolo 160
Artigo 1036.º Reparações ou outras despesas urgentes........ 161
Artigo 1037.º Actos que impedem ou diminuem o gozo da coisa ... 161

Secção III – Obrigações do locatário 162

Subsecção I – Disposição geral 162

Artigo 1038.º Enumeração 162

Subsecção II – Pagamento da renda ou aluguer............................ 163

Artigo 1039.º Tempo e lugar do pagamento 163
Artigo 1040.º Redução da renda ou aluguer......................... 163
Artigo 1041.º Mora do locatário.. 163
Artigo 1042.º Cessação da mora.. 165

Subsecção III – Restituição da coisa locada 165

Artigo 1043.º Dever de manutenção e restituição da coisa 165
Artigo 1044.º Perda ou deterioração da coisa 165
Artigo 1045.º Indemnização pelo atraso na restituição da coisa....... 166
Artigo 1046.º Indemnização de despesas e levantamento de benfeitorias 166

Secção IV – Resolução e caducidade do contrato 167

Subsecção I – Resolução 167

Artigo 1047.º Resolução 167
Artigo 1048.º Falta de Pagamento da renda ou aluguer 167
Artigo 1049.º Cedência do gozo da coisa 167
Artigo 1050.º Resolução do contrato pelo locatário............. 168

Índice 435

Subsecção II – Caducidade 168

Artigo 1051.º Casos de Caducidade 168
Artigo 1052.º Excepções 168
Artigo 1053.º Despejo do prédio 169
Artigo 1054.º Renovação do contrato 169
Artigo 1055.º Oposição à renovação 170
Artigo 1056.º Outra causa de exclusão 170

Secção V – Transmissão da posição contratual 171

Artigo 1057.º Transmissão da posição contratual 171
Artigo 1058.º Liberação ou cessão de rendas ou alugueres 171
Artigo 1059.º Transmissão da posição do locatário 171

Secção VI – Sublocação 172

Artigo 1060.º Noção 172
Artigo 1061.º Efeitos 172
Artigo 1062.º Limite da renda ou aluguer 172
Artigo 1063.º Direitos do locador em relação ao sublocatário 172

Secção VII – Arrendamentos de prédios urbanos 173

Subsecção I – Disposições gerais 173

Artigo 1064.º Âmbito 173
Artigo 1065.º Imóveis mobilados e acessórios 173
Artigo 1066.º Arrendamentos mistos 173
Artigo 1067.º Fim do contrato 174
Artigo 1068.º Comunicabilidade 175

Subsecção II – Celebração 175

Artigo 1069.º Forma 175
Artigo 1070.º Requisitos de celebração 176

Subsecção III – Direitos e obrigações das partes 176

Divisão I – Obrigações não pecuniárias 176

Artigo 1071.º Limitações ao exercício do direito 176
Artigo 1072.º Uso efectivo do locado 176
Artigo 1073.º Deteriorações lícitas 177
Artigo 1074.º Obras 177

Divisão II Renda e encargos 178

Artigo 1075.º Disposições gerais 178
Artigo 1076.º Antecipação de rendas 179
Artigo 1077.º Actualização de rendas 179
Artigo 1078.º Encargos e despesas 180

436 *Novo Regime do Arrendamento Urbano*

Subsecção IV – Cessação 185

Divisão I – Disposições comuns 185

Artigo 1079.º Formas de cessação 185
Artigo 1080.º Imperatividade 186
Artigo 1081.º Efeitos da cessação 186

Divisão II Cessação por acordo entre as partes 187

Artigo 1082.º Revogação 187

Divisão III – Resolução 187

Artigo 1083.º Fundamento da resolução 187
Artigo 1084.º Modo de operar 192
Artigo 1085.º Caducidade do direito de resolução 193
Artigo 1086.º Cumulações 193
Artigo 1087.º Desocupação 194

Subsecção V – Subarrendamento 194

Artigo 1088.º Autorização do senhorio 194
Artigo 1089.º Caducidade 195
Artigo 1090.º Direitos do senhorio em relação ao subarrendatário .. 196

Subsecção VI – Direito de preferência 197

Artigo 1091.º Regra geral 197

Subsecção VII – Disposições especiais do arrendamento para habitação 197

Divisão I – Âmbito do contrato 197

Artigo 1092.º Indústrias domésticas 197
Artigo 1093.º Pessoas que podem residir no local arrendado 198

Divisão II – Duração 197

Artigo 1094.º Tipos de contratos 198

Subdivisão I – Contrato com prazo certo 199

Artigo 1095.º Estipulação de prazo certo 199
Artigo 1096.º Revogação automática 200
Artigo 1097.º Oposição à renovação deduzida pelo senhorio 200
Artigo 1098.º Oposição à renovação ou denúncia pelo arrendatário 200

Subdivisão II – Contrato de duração indeterminada 201

Artigo 1099.º Princípio geral 201
Artigo 1100.º Denúncia pelo arrendatário 201
Artigo 1101.º Denúncia pelo senhorio 202
Artigo 1102.º Denúncia para habitação 202
Artigo 1103.º Denúncia justificada 203
Artigo 1104.º Confirmação da denúncia 204

Índice

Divisão III – Transmissão 204

Artigo 1105.º Comunicabilidade e transmissão em vida para o cônjuge 204
Artigo 1106.º Transmissão por morte 205
Artigo 1107.º Comunicação 206

Subsecção VIII – Disposições especiais do arrendatário para fins não habitacionais 206

Artigo 1108.º Âmbito 206
Artigo 1109.º Locação de estabelecimento 206
Artigo 1110.º Duração, denúncia ou oposição à renovação 207
Artigo 1111.º Obras 207
Artigo 1112.º Transmissão da posição do arrendatário 208
Artigo 1113.º Morte do arrendatário 209

Livro III – Direito das Coisas 209

Titulo II – Do direito de propriedade 209

Capítulo VI – Propriedade horizontal 209

Secção II – Constituição 209

Artigo 1417.º Princípio geral 209

Livro IV – Direito da Família 210

Título II – Do casamento 210

Capítulo IX – Efeitos do casamento quanto às pessoas e bens dos cônjuges 210

Secção I – Disposições gerais 210

Artigo 1682.º-A Alienação ou oneração de imóveis e de estabelecimento comercial 210
Artigo 1682.º-B Disposição do direito ao arrendamento 211

Capítulo XII – Divórcio e separação judicial de pessoas e bens 211

Secção I – Divórcio 211

Subsecção IV – Efeitos do divórcio 211

Artigo 1793.º Casa de morada da família 211

Código de Processo Civil 213

Artigo 678.º Decisões que admitem recurso 213
Artigo 930.º Entrega da coisa 215
Artigo 930.º-A Execução para entrega de coisa imóvel arrendada ... 215
Artigo 930.º-B Suspensão da execução 216
Artigo 930.º-C Diferimento da desocupação de imóvel arrendado para habitação 218
Artigo 930.º-D Termos do diferimento da desocupação 219
Artigo 930.º-E Responsabilidade do exequente 220

438 *Novo Regime do Arrendamento Urbano*

Código do Registo Predial 221

Título I – Da natureza e valor do registo 221

Capítulo I – Objecto e efeitos do registo 221

Secção I – Disposições fundamentais 221
Artigo 1.º Fins do registo 221
Artigo 2.º Factos sujeitos a registo 221
Artigo 5.º Oponibilidade a terceiros 222

Decreto-Lei n.º 287/2003, de 12 de Novembro 225

Portaria 1337/2003, de 5 de Dezembro
Estabelece os coeficientes de desvalorização da moeda a aplicar para a actualização dos valores patrimoniais tributários dos prédios urbanos não arrendados e dos
prédios rústicos 227

Código do Imposto Municipal sobre Imóveis 231

Decreto-Lei n.º 156/2006, de 8 de Agosto
Aprova o Regime de determinação e verificação do coeficiente de Conservação . 245

Decreto-Lei n.º 157/2006, de 8 de Agosto
Aprova o Regime Jurídico das Obras em Prédios Arrendados 253

Decreto-Lei n.º 158/2006, de 8 de Agosto
Aprova o Regime de Determinação do Rendimento Anual Bruto Corrigido e a
atribuição do Subsídio de Renda 283

Decreto-Lei n.º 159/2006, de 8 de Agosto
Aprova a Definição do conceito fiscal de prédio devoluto 301

Decreto-Lei n.º 160/2006, de 8 de Agosto
Aprova os Requisitos do Contrato de Arrendamento 307

Decreto-Lei n.º 161/2006, de 8 de Agosto
Aprova e regula as Comissões Arbitrais Municipais 313

Aviso n.º 9635/2006 (2.ª Série), de 07-09
Coeficiente de Actualização das Rendas 2007 331

Portaria n.º 1151/2006, de 30 de Outubro
Factores de correcção extraordinária das rendas habitacionais 2007 333

Portaria n.º 1152/2006, de 30 de Outubro
Preço de construção da habitação para efeitos de cálculo da renda condicionada 2007 337

Índice

Portaria n.º 1192-A/2006, de 3 de Novembro
Modelo Único Simplificado 339

Portaria n.º 1192-B/2006, de 3 de Novembro
Ficha de avaliação do nível de conservação de edifícios 355

Portaria n.º 1282/2003, de 13 de Novembro 373

Lei n.º 6/2001 de 11 de Maio
Adopta medidas de protecção das pessoas que vivam em economia comum 383

Lei n.º 7/2001 de 11 de Maio
Adopta medidas de protecção das uniões de facto 387

Lei n.º 46/85, de 20 de Setembro 391

Decreto-Lei n.º 166/93, de 7 de Maio
Estabelece o regime de renda condicionada 393

Decreto-Lei n.º 13/86, de 23 de Janeiro
Define o regime jurídico dos contratos de arrendamento de renda condicionada.. 401

Decreto-Lei n.º 329-A/2000, de 22 de Dezembro
Altera o regime de renda condicionada, constante do Decreto-Lei n.º 13/86, de
23 de Janeiro 407

Declaração de Rectificação n.º 24/2006 417

Declaração de Rectificação n.º 67/2006 419

Rectificação n.º 1579/2006 421

Minutas 423

   1. Actualização do montante da renda, com regime de faseamento em 5 anos   423

   2. Actualização do montante da renda, com regime de faseamento em 2 anos
     arrendatário sem residência permanente 424

   3. Actualização do montante da renda, com regime de faseamento em 2 anos
     RABC do agregado familiar superior a 15 RMNA 425

   4. Resposta do arrendatário à actualização do montante da renda em 2 anos
     RABC do agregado familiar inferior a 5 RMNA 426

   5. Petição inicial – Acção de despejo 426

   6. Requerimento senhorio / pedido avaliação 429

   7. Requerimento inquilino / nova avaliação 430